国家出版基金项目
NATIONAL PUBLICATION FOUNDATION

政治哲学史

总主编　张志伟　韩东晖　干春松

中国政治哲学史

第三卷

干春松　主编

中国人民大学出版社
·北京·

本成果获得中国人民大学科学研究基金
暨中央高校基本科研业务费专项资金（批准号：11XNL007）的支持

作者简介

蒋孝军　广西桂林人，哲学博士，中国民航大学讲师，毕业于中国人民大学哲学院，著有《“群”与“独”：个体性问题——康有为政治儒学研究》一书，研究专长为儒学、政治哲学和中国近现代哲学。

干春松　浙江绍兴人，哲学博士，现为北京大学哲学系教授。中国孔子研究院泰山学者特聘教授，中共中央党校文史部兼职博士生导师，中华孔子学会常务副会长。主要著作有《制度化儒家及其解体》《制度儒学》《重回王道——儒家与世界秩序》等。

彭春凌　中国社会科学院近代史研究所副研究员。1999 年至 2011 年期间先后获得北京大学文学学士、硕士、博士学位；2009 年 10 月至 2010 年 9 月曾在东京大学东洋文化研究所访问；2014 年 8 月至 2015 年 7 月任哈佛燕京学社访问学者。主要研究近代思想史、文学史；近年来尤为关注近代儒教、国学，新文化运动史、国语运动史，章太炎、康有为及周边思想人物的研究，以及近代东亚地区的思想文化交流。

郑匡民　北京人，文学博士，中国社会科学院近代史研究所研究员，中国现代文化学会副会长。研究领域涉及清末民初中日政治史与思想文化史，现主要从事晚清思想史尤其是中日关系史的研究。主要著作有《梁启超启蒙思想的东学背景》。

陈　凌　1988 年生于江西安远，毕业于北京大学哲学系，主要学术兴趣为魏晋玄学、宋明理学和近现代思想史。曾在《文化纵横》发表《王道政治与儒家社会主义》等文章，并曾参与修远基金会“马克思主义与儒家”“儒家传统与自由民主”“儒家与吏治”等多个课题。现供职于《人民日报》评论部。

程广云　1963 年生，安徽怀宁人。现为首都师范大学哲学系教授、博士生导师。历年发表学术论文 80 余篇，以独立和第一作者身份出版学术著作 4 部，主持国家和省部级科研项目 4 项。主要研究领域为文化哲学、政治哲学等。

总　序

呈现在读者面前的这套“政治哲学史”丛书，包括《西方政治哲学史》（三卷）、《中国政治哲学史》（三卷）和《马克思主义政治哲学史》（一卷）。

哲学中的政治哲学理论历史悠久，但是在19世纪以后沉寂多时，为政治学或政治科学所取代，直到20世纪70年代罗尔斯《正义论》的出版，政治哲学才得以复兴，并且形成了一个专门学科。因其与社会现实在实践性指向上具有密切关系，当代政治哲学俨然成为哲学中最为活跃的研究领域。伴随着中国改革开放的步伐，尤其是20世纪90年代以来，受政治体制改革和新的经济社会形态的影响，政治哲学逐渐成为汉语哲学界的显学，国内的政治哲学研究在基本史料的积累、经典著作的译述、基本概念的厘清以及最新学术前沿问题的追踪等方面，都有了一定的积累与进步。迈过新世纪门槛之后，全球知识界已越来越清晰地认识到人类正处在一个前所未有的十字路口，启蒙动力日渐衰微，现代性一再遭受质疑，新自由主义面临危机，当代中国现代化建设处在探索之中……如此种种，给政治哲学提出了一系列的问题，在此理论困境和现实问题的双重促逼下，越发凸显出中西政治哲学研究的重要性和紧迫性。

然而，与社会现实的迫切需要相比，我们的政治哲学研究毕竟刚刚起步，尤其是基础建设相当薄弱，极大地制约了中国政治哲学学科的健康发展。一方面，掌握当代西方政治哲学的发展趋势，了解哲学家们对于全球化时代的政治哲学问题的立场、观点和方法，以之为中国政治哲学的重要理论资源和主要参照系，乃是中国政治哲学学科建设的当务之急。另一方面，鉴于中国的高速发展引发的一系列问题，如何总结出中国政治哲学的独特意涵，发掘传统资源对于中国的现代化之路的积极作用，深入关注中国现实，回应中国社会的重大理论问题和现实问题，从而为中国的发展提供思想资源，亦是摆在我们面前亟待开展的工作。有鉴于此，我们向中国人民大学申请了“政治哲学史（中西政治哲学研究・第一期・七卷本）”这一“重大基础研究计划”，希望立足国际学科前沿，体现国内外最新的研究成果，凝聚各高校的优势，培育新兴的政治哲学学科，集中中国哲学、西方哲学和马克思主义哲学等各学科中相关的学术力量，借助对这些领域内政治哲学的深入研究，为该学科在中国的发展做一些基础性的准备工作，进一步激发哲学对于当代社会的“批判性”作用。摆在读者面前的这套“政治哲学史”就是该项目的结项成果。

关于这套“政治哲学史”的编写工作，有必要向读者做一些解释和说明。

第一，我们这套“政治哲学史”虽然名为“政治哲学史”，但就目前的研究成果而言，距离全面、系统、详尽的政治哲学史还有相当的差距。中国的政治哲学研究虽然近些年受到人们的普遍关注，但是毕竟基础比较薄弱，梳理基于中国传统的政治哲学基本范畴也处于起步阶段，因而现在编纂一部全面、系统、详尽的政治哲学史还不具备充分的条件。据此，我们这套七卷本“政治哲学史”主要按照历史的顺序，突出那些在政治哲学史上具有重要影响的哲学家、思想家。与此同时，强化学术研究的深度，以某个问题或主题为研究的核心，以此叙述策略来架构政治哲学史的大框架，意在为将来编纂更加全面、系统、详尽的政治哲学史做一些基础性的准备工作。

第二，与此相关，这套“政治哲学史”的编写模式是，基本上每一章研究一位哲学家或一个流派，并且强调突出相关的主题而不要求全面系统地介绍哲学家或流派的政治哲学思想，因而几乎每一章都可以看作一篇围绕一个人物或流派而展开的论文。尽管我们并没有在政治哲学史的整体性线索上多做文章，但是由于问题意识的自觉、思想谱系的传承和社会历史背景的衬托，实际上各章内容之间自有其紧密的相关性。当作者们围绕各自的主题深入论述时，历史背景、问题演变和发展线索已然隐含于其中。

第三，我们这套“政治哲学史”是集体合作的结晶，编写者包括全国多所高校和研究机构的学者，他们都是相关研究领域的专家，基本上实现了项目启动之初就确立的“最合适的人写最合适的章节”的编写原则。也正是因为如此，对个别重要人物思想的介绍和阐述由于没有合适的写作人选，暂时付诸阙如，以待将来再做补充。

第四，虽然政治哲学历史悠久，但是作为专门的学科领域，政治哲学的历史并不长，其基本研究范式以欧美学术界为主导。不过，作为对各种政治概念、问题和方法的研究，各种政治哲学思想蔚为大观，古今中外概莫能外。因此，一方面，当代的政治哲学研究所面临的思想资源、现实难题和研究方法均有共同和共通的地方，另一方面，不同的理论背景和价值取向，也使西方政治哲学史、中国政治哲学史和马克思主义政治哲学史的编纂具有各自的风格和特色。我们这套“政治哲学史”的尝试，是以各自的学科取向为基础的。相对来说，西方政治哲学的研究范式比较成熟，问题、方法与理论的线索比较清晰，而中国政治哲学则是一块有待开垦的处女地。由于中西在语言、文化、社会历史等方面的差异，中国政治哲学与西方政治哲学在许多方面存在着差异，以至于学术界关于什么是中国的政治哲学等基本问题迄今尚未达成共识，因此三卷《中国政治哲学史》具有很强的探索性。与此类似，学术界在马克思主义是否具有一种政治哲学乃至如何构成一种政治哲学等问题上亦存在着争论。由于各方面条件的限制，我们这套“政治哲学史”中马克思主义政治哲学史部分主要讨论马克思、恩格斯和列宁的政治哲学思想，至于现当代西方马克思主义以及其他丰富内容则有待来日补充。我们希望随着研究的逐步深入，我国政治哲学界在学习、借鉴、吸收的基础上，面对历史和现实中的大变局，推出富有原创性的理论和方法，深化政治哲学与政治哲学史的研究。

总而言之，由中国学者编写的这套“政治哲学史”包括《中国政治哲学史》《西方政治哲学史》和《马克思主义政治哲学史》，在学界尚属首次。我们在此抛砖引玉，希望学界同仁不吝赐教，共同努力，推进当代中国的政治哲学研究进一步健康发展。

最后，我们要向本套“政治哲学史”的各卷主编和参编的专家学者表示深切的谢意。感谢国家出版基金为本套“政治哲学史”提供出版资助，感谢中国人民大学出版社的潘宇女士和编辑们为本套“政治哲学史”的出版所做的辛勤工作。这套“政治哲学史”得到了中国人民大学科学研究基金暨中央高校基本科研业务费专项资金（批准号：11XNL007）的资助，在此表示衷心的感谢。

张志伟　韩东晖　干春松

2017 年 1 月 1 日

目 录

前　言

断裂中的重构：近代中国政治哲学问题及其效应

1840年之后，中国发生了巨大的变化，时人称之为三千年未有之大变局。在政治体制上，皇权统治体制受到最为严重的冲击，随着西方的政治哲学和其他思想的传入，国人对政治的理解方式也发生了巨大的转变，比如，超越性的宗教传统和军事力量并没有在政治上占据十分重要的地位，皇权的一统和地方自治相得益彰，国家对经济活动采取相对放任的态度。这样的政治经济特点导致在现代国家竞争中，中国很难取得优势。面对这样的困境，中国的思想家认为中国需要从制度到观念层面发生整体性的改变，只有这样才能使中国适应"万国竞逐"的新的世界格局。这使得中国政治哲学言说模式发生了历史性的变革。比如政治合法性和正当性的论证方式、国家与地方的关系、军事力量在政治版图中的作用等等，都体现出中西政治原则之间的紧张。具体体现就是，近代中国的思想家们对于政治表现出空前的热情，进而政治哲学也成为显学，高潮迭起，并且留下了众多的政治哲学文献。虽然文献浩繁，但如果通观近代中国政治哲学思潮，我们依然可以发现，这一思潮大致由几个互相关联的根本性议题铺展开来，并且在经历数十年的发展后逐渐沉淀为近代中国人理解政治的基本模式，其后续效应影响至今。简单说来，近代中国政治哲学大致由这样三个彼此关联的问题构成：政治哲学正当性问题、群独问题以及政治哲学进化论问题。这三个问题彼此影响，互为表里，共同形成了近代中国政治哲学的核心框架。

政治哲学的线索不应该是空中楼阁，其实践性极强的特点要求我们对时代思想状态作准确而深刻的把握，这就需要我们再一次回顾近代中国曾经讨论过的那些政治哲学关键问题，而对这些问题的回顾，可以重现前人曾经规划过但隐没于历史与现实深处的思想地基。

第一节　近代中国政治哲学之正当性问题

在中国两千年的帝制时代，儒家建构的天道正当性与大一统政治模式结合在一起，经过漫长的学理润饰和制度演化，在清代已经达于极致。就在这样的状态下，西方文明以一种超出中国人理解范围的方式进入了中国。面对西方文明的强大，中国人感受到空前的危机，并导致对延续数千年的传统政治和社会法则的失望，开启了对西方世界的学习和借鉴历程。在这个历程中，中国传统政治哲学的正当性言说及其相应的制度建构被一点点地腐蚀，取而代之的是西方政治哲学正当性言说系统以及民族国家诉求的正当性话语和晚近的经济效益正当性设定。

中华帝制时代的正当性言说演化自原始儒家的天道和仁政思想，这种正当性思想认为，能行仁政者则能持守天道，而能持守天道自然获得统治天下的正当性。但是，中国自秦汉以后，政权更替都是通过暴力来实现的，统治者为了掩饰这种政权获得方式的非正当性缺陷，往往会借助一些其他思想资源（比如邹衍的“五德终始说”）来论证自身的正当性并且自称“天子”，当然，其中也不乏借用儒家仁政人伦思想来充实和缘饰其政治正当性者。在这样一种正当性诉求与正当性自我掩饰双重叠加的历史中，儒家逐渐适应了帝制时代这种政治特色，其借助儒家典籍中记载和阐发的礼乐人伦制度以及对孔子的尊崇，建立了一个奠基于天道仁政正当性的制度化言说及操作系统，既策应同时也带有一定批判性地参与现实政治运行，从而形成了一种影响中国两千年的知识与权力结合模式。

在近代中西交流越来越深入的情况下，最先遭受冲击的传统政治哲学正当性话语是华夏夷狄观念。由于中国的地理环境原因，数千年来形成了以中原为中心向四方辐射的地理政治格局，中原之外为夷狄所居，夷狄在人文化成上不如华夏。但是，近代以来，西方人来到中华大地后，直截了当地挑战了这一观念。比如1858年《中英天津条约》中的第五十一款便明确规定：“嗣后各式公文，无论京外，内叙大英国官民，自不得提书夷字。”① 对华夏夷狄思想的破坏，打破了中国人持续了几千年的文化与政治优越感，使中国人逐渐睁开眼睛正视现实世界，这种正视反过来又冲击了中国传统的政治观念，比如谭嗣同说：

> 地既是圆的，试问何处是中？除非南北二极，可以说中，然南北两极又非人所能到之地。我国地处地球北温带内，何故自命为中国，而轻人为外国乎？然而此亦不可厚非也。中者，据我所处之地而言。我既处于此国，即不能不以国为中，而外此国者即为外。然则在美、法、德、日、俄各国之人，亦必曰其国为中，非其国即为外。是中外亦通共之词，不得援以骄人也。②

如果说华夏夷狄观念的解构只是近代中国人质疑传统政治哲学之正当性问题的开端，那么，传统政治哲学正当性思想被整体质疑与之相隔并没有很长的时间。因为紧接着而来的是对儒家作为整个中华民族生存之根本维系的质疑，这期间也就不过短短几十年的时间。对于近代中国这一巨变，干春松教授从制度儒家解体的角度概括为：“儒家还是真理的代言人吗？——儒家观念体系的危机。”③ 相比于华夏夷狄观念的解构，儒家观念体系的危机是一个整体性的危机。

洋务运动曾试图在不改变中国传统生存制度的情况下进行器物层面的自新，但是这种更新很快影响到人们对传统生存的信心，比如张之洞就说：“今日之世变，岂特春秋所未有，抑秦、汉以至元、明所未有也。语其祸，则共工之狂、辛有之痛，不足喻也。庙堂旰食，乾惕震厉，方将改弦以调琴瑟，异等以储将相。学堂建，特科设，海内志士发愤扼腕，于是图救时者言新学，虑害道者守旧学，莫衷于一。旧者因噎而食废，新者歧多而羊亡。旧者不知通，新者不知本。不知通，则无应敌制变之术，不知本，则有非薄名教之心。”④ 鉴于这种境况，张之洞主张应该坚持住“中学为体，西学为用”的立场，并且以中学推动西学：“中学为内学，西学为外学；中学治身心，西学应世事。不必尽索之于经文，而必无悖于经义。如其心圣人之心，行圣人之行，以孝弟忠信为

① 王铁崖：《中外旧约章汇编》，卷一，102页，北京，三联书店，1959。

② 《谭嗣同全集》，下册，401页，北京，中华书局，1981。

③ 干春松：《制度化儒家及其解体》，114页，北京，中国人民大学出版社，2003。

④ 张之洞：《〈劝学篇〉序》，见《张之洞全集》，第十二册，9704页，石家庄，河北人民出版社，1998。

德，以尊主庇民为政，虽朝运汽机，夕驰铁路，无害为圣人之徒也。”① 但是，中国传统生存模式依然在“西学为用”这种有限接纳中被损害，正当性在一点点地流失。有出洋经验的宋育仁在1895年指出了这种困境：

> 天为无物，地与五星同为地球，俱由吸力相引，则天尊地卑之说为诬。肇造天地之主，可信乾坤不成两大，阴阳无分贵贱，日月星不为三光，五星不配五行，七曜拟于不伦，上祀诬而无理，六经皆虚言，圣人为妄作。据此为本，则人身无上下，推之则家无上下，国无上下。从发源处决去天尊地卑，则一切平等，男女均有自由之权，妇不统于夫，子不制于父，族姓无别，人伦无处立根，举宪天法地、顺阴阳、陈五行诸大义一扫而空。②

宋育仁提到的只是西方天体学和地理学对中国阴阳五行以及受此支持的人伦思想的破坏，但是牵一发而动全身，观念差异的口子其实越拉越大。可见，西学似乎无处不与中国传统生存理解模式矛盾，这种矛盾绝非“中学为体，西学为用”所能弥缝的，所以奠基于中国传统意义世界的正当性思想与制度建构的坍塌只是一个时间性问题。

康有为的今文经学从传统文化内部对传统的生存模式进行了结构性的批评，进一步贬损了中国传统生存制度的意义，使其正当性进一步丧失。康有为在《新学伪经考》中把延续了两千年的古文经学批为伪学，实质上把批评的矛头指向了传统的生存制度：“始作伪乱圣制者自刘歆，布行伪经篡孔统者成于郑玄。阅二千年岁、月、日、时之绵暖，聚百、千、万、亿衿缨之问学，统二十朝王者礼乐制度之崇严，咸奉伪经为圣法，诵读尊信，奉持施行，违者以非圣无法论，亦无一人敢违者，亦无一人敢疑者。”③ 所谓“统二十朝王者礼乐制度”皆是伪法伪经，意味着康有为其实已经透彻地把传统生存制度给否定了。在这一基础上，康有为又把“三世”演化和小康、大同思想结合起来，为中国政治改变作了借重于西方政治文化的理论论证：“孔子之法，务在因时。当草昧乱世，教化未至，而行太平之制，必生大害。当升平世，而仍守据乱，亦生大害也。譬之今当升平之时，应发自主自立之义、公议立宪之事，若不改法则

---

① 张之洞：《劝学篇·外篇·会通第十三》，见《张之洞全集》，第十二册，9767页。

② 宋育仁：《泰西各国采风记》，见《郭嵩焘等使西记六种》，388页，香港，三联书店（香港）公司，1998。

③ 康有为：《新学伪经考》，见《康有为全集》，第一集，355页，北京，中国人民大学出版社，2007。

大乱生。”[①]“立宪”和“共和”成为人类进化的一个阶段，这意味着西方政治话语已经进入中国政治哲学之正当性的核心话语系统了，中华帝制时代建构的一整套正当性理论整体坍塌。

在近代中国人心目中，“宪政”是作为一种更为优越的政治模式的想象而出现的。在西方，宪政的根本意图在于限制权力，通过三权分立以及法治形式来达到权力制衡。但在近代中国人的政治正当性话语中，对宪政分权的指向和理解比较模糊。在维新变法运动中，康有为等人持模糊的宪政观念向士人们宣传也向皇帝说法，而革命派也以此来批评清王朝并致力于推翻它。人们最初乐观地认为宪政、民主和自由与国家富强是一致的，但是人们很快发现，这二者在中国的情势中不仅不太一致，而且人们对于宪政、民主和自由缺乏基本操作能力。这种政治能力的缺乏与中国原有的政治权谋思想结合在一起，恶化了政治环境，表现在近代中国就是民初混乱的议会政治和军阀势力之间的混战。为了应对这种情况乃至应付更加恶劣的国际环境，中国人逐渐强调国家富强的诉求，并且压抑其他的现代性政治诉求，使国家富强承担起政治正当性准则的角色。这种做法使国家主义思想在近代中国逐渐占有压倒性的优势，而宪政本来所包含的权力制衡机制却被有意无意地忽略了。到了半个世纪之后，经历了“文革”这样独特的政治实验之后，经济发展以一种疗伤的方式进入了中国人的视线，经过几十年的发展，经济发展成为政治正当性一条无形的准则，这意味着国家富强作为政治正当性之根本准则，在中国虽然有过跌宕起伏，但自“救亡压倒启蒙”以来的根本价值指向似乎并没有发生改变。

第二节　近代中国政治哲学之群独问题

近代政治哲学之正当性问题打开了中国近代化转型的一个关键大门，使中国人把目光转向了现代性生存方式的探索。随着现代性的生存状况在全世界范围展开，中国人对人类生存结构的理解亦由此一变，从而在政治哲学上呈现为有关群独问题的讨论。所谓群独问题，即个体和群体（国家、社群、民族等）的关系问题。近代中国群独问题的关键在于对个人权利观念的引入，使基于人

---

① 康有为：《中庸注》，见《康有为全集》，第五集，387页，北京，中国人民大学出版社，2007。

伦或者拟人伦化的传统帝制时代政治哲学转变为以权利为基础的现代政治哲学形态。不过，中国人有关权利的近代政治哲学思考，并没有坚持住个人的本体性地位，群与独二观念由最初彼此促成转变为相互挤压，甚而完全倾斜到群体考量的一方，这种情况在近代主要思想家康有为、严复和梁启超身上都有深刻的体现。

对于人类生存之群独问题的最初体认，与西方近代生存方式影响中国有关。随着西方人在香港与其他租界的经营，西方近代生存方式使中国人大开眼界，西方传教士翻译介绍的西方近代科技与政治社会观念也在影响着中国人的思想。当然，在中国两千年的帝国时代晚期，对于人的理解的转变也已经迫在眉睫。

康有为早年对于《周礼》十分推崇，曾作《教学通义》来阐发传统礼乐制度，但是在大致三年后写就的《实理公法全书》却在态度上发生了根本性的变化。康有为在《实理公法全书》中几乎完全摆脱了传统的话语体系和论证方式，转而采用他并不熟悉的西方几何学方法。在此书中，康有为认为，人类社会存在“实理公法”，最基本的“实理公法”是“人有自主之权”，人类历史就是一个不断地实现“实理公法”的过程，而部分实现“实理公法”的状态就是一种“比例”，在康有为看来中国传统社会正是一种“比例”状态。这一说法对于近代中国人来说是一种石破天惊的观点，因为传统强调人伦差序与血缘构成的生存观念不再被认为是一种理想化状态，而这一点曾经被认为是天经地义的。

康有为认为，“人有自主之权”这种“实理公法”的实现状态就是一种人人独立并且物质需求极大满足的状态，在《论语注》中，康有为进一步称之为“独人”：

> 人道进化皆有定位……由独人而渐为夫妇，由夫妇而渐定父子，由父子而兼锡尔类，由锡类而渐为大同，于是复为独人。盖自据乱进为升平，升平进为太平，进化有渐，因革有由；验之万国，莫不同风。[①]

从上一段话可以看出，康有为既把“独人”当成一种理想状态，也用“独人”观念来理解人类历史演化。在这种演化中，“群”与“独”之间的关联构成了人类历史的据乱、升平和太平这“三世”的依次进化。在这种“三世”进化的历史观中，包含了康有为对现代性之个体生存之深刻理解：人与人之间的

① 康有为：《论语注》，见《康有为全集》，第六集，393页，北京，中国人民大学出版社，2007。

关系并不是单向性地变得疏远或者紧密，而是在个体生存状况下发生了深刻重组，并且在政治上展现为个人、国家与天下秩序三个不同的层面以及不同阶段的历史状态。这说明，现代性个体观念已经深入康有为政治哲学和历史哲学的理论核心。在现实政治主张上，康有为虽然认同“实理公法”，但却试图借“实理公法”之次级形态民权观念来促进变法，在他看来民权虽低于“实理公法”但有利于现实操作：“仆在中国实首创言公理、首创言民权者，然民权则至在必行，公理则今日万不能尽行也。”①

不过，康有为流亡海外以后也基于群体生存发展的需要排斥过民权观念，这是因为随着国家衰亡的可能性越来越大，康有为意识到通过“合群”来促进国家富强的紧迫性，从而越来越向“群”这一方面倾斜，对权利观念的追求也从个人挪移到对国家权利的追求。

值得注意的是，在康有为的思想中始终存在着对国家竞争反思的一面。以 19 世纪和 20 世纪人类苦难的经历来说，康有为深知现代性国家观念对人类的负面影响，由此，康有为试图树立一种大同理想来降低国家间秩序带给人类的危害。同时，康有为的大同说也保持了对个人权利和自由的根本主张。晚年康有为在其政治主张实现无望的情况下，提出了“天游”的说法，这是一种极为个体化的生存境界言说，试图达到世间的大同。这说明，在国家竞争非常激烈的 20 世纪之初，康有为之“群”观念虽被强化，但这种强化并没有完全挤碎“独”的存在空间。

严复的“群己”观在近代中国思想家中也颇具代表性，反映了近代中国群独问题讨论的基本特点。严复在翻译约翰·穆勒《自由论》时便以“群己权界”的说法来思考群独关系。严复的思考包括两个方面：一是对自由观念的接受；二是借自由观念来推动国家的富强。对于自由观念，严复在《群己权界论》“译凡例”中说：

> 中文自繇，常含放诞、恣睢、无忌惮诸劣义。然此自是后起附属之诂，与初义无涉。初义但云不为外物拘牵而已，无胜义亦无劣义也。夫人而自繇，固不必须以为恶，即欲为善，亦须自繇。其字义训，本为最宽，自繇者凡所欲为，理无不可，此如有人独居世外，其自繇界域，岂有限制？为善为恶，一切皆自本身起义，谁复禁之！但自入群而后，我自繇者

① 康有为：《答南北美洲诸华商论中国只可行立宪不能行革命书》，见《康有为全集》，第六集，314 页。

人亦自繇，使无限制约束，便入强权世界，而相冲突。故曰人得自繇，而必以他人之自繇为界，此则《大学》絜矩之道，君子所恃以平天下者矣。穆勒此书，即为人分别何者必宜自繇，何者不可自繇也。①

严复认为“人得自繇，而必以他人之自繇为界”，对于自由观念的理解已然带有明显的现代个体色彩，因为这样的理解已然不是传统儒学意义上“推己及人”的理解方式。传统“推己及人”说法把群体生存之伦常关系内化为一种道德并施之于人，所以人己关系并没有清晰的界定，而严复认为主张“自繇”的意义在于“为善为恶，一切皆自本身起义，谁复禁之”，人己的界限在根本上是有明确界定的。严复以“群己权界”来理解这种界定，“己”是权利的根本承受者，从而把个体观念引入了进来：“以小己之利而后立群，而非以群而有小己，小己无所利则群无所为立，非若生物个体，其中一切么匿支部，舍个体苦乐存废，便无利害可言也。”②

严复以个体为基础分辨群己权界时，中国如何实现富强一直是他必须面对的关键性问题。最初，严复认为这种“群己权界”观念无疑能够促进中国国家富强，比如：“吾未见其民之不自由者，其国可以自由也；其民之无权者，其国之可以有权也。”③ 所以美国学者史华慈在《寻求富强：严复与西方》中指出：“假如说穆勒常以个人自由作为目的本身，那么，严复则把个人自由变成一个促进‘民智民德’以及达到国家目的的手段。”④ 但是，史华慈因此认为严复在翻译过程中抹杀了穆勒的个人自由与把个人尊严视为终极价值的想法，仅把个人自由当成一种手段却是有些偏颇的，严复一直认同把个人自由作为生存基本观念的思想：“方民权之起也，社会之演说，草野之诗歌，奋厉激昂，嘘唏感泣，几无时不以自由为主脑，而惊心动色于奴隶之不可为。每当酣畅淋漓，往往皆欢抃雷动。故西人于此二字，其入于脑海甚深。顾即以世俗常用之故，其名词的义，渐即模糊。凡是民生幸福，无非自由，甚至其事与自由全然不属者，而亦以此称之。”⑤

严复认为在国家危难的时候需要以国为重，以群为重，这似乎已然与其

① ［英］约翰·穆勒：《群己权界论》，严复译，1页，北京，商务印书馆，1981。

② 严复：《严复集》，第一册，315页，北京，中华书局，1986。

③ 严复：《严复集》，第四册，917页，北京，中华书局，1986。

④ ［美］本杰明·史华兹：《寻求富强：严复与西方》，叶凤美译，128页，南京，江苏人民出版社，1996。史华兹，或译史华慈。

⑤ 严复：《严复集》，第五册，1280页，北京，中华书局，1986。

“群己权界”的思想形成了逻辑上的矛盾，但严复并不以此为意，比如严复在《法意》中认为小己自由应该缓行：“特观吾国今处之形，则小己自由，尚非所急，而所以祛异族之侵横，求有立于天地之间，斯真刻不容缓之事。故所急者，乃国群自由，非小己自由也。”[①] 另外，严复还说：“群己并重，则舍己为群。”在这些论述中，严复其实已经把关注点放在了群体上面。而对于西方之自由、平等的观念，严复不再从争取权利的角度来思考，而是转而从自由导致放恣和影响合群的角度来分析：“夫言自由而日趋于放恣，言平等而在在反于事实之发生，此真无益，而智者之所不事也。自不佞言，今之所急者，非自由也，而在人人减损自由，而以利国善群为职志。”[②] 可以说，严复的“群己权界”的说法，问题就出在缺乏真正明晰的界限上，从而导致群己或者群独边界的沦陷。

基于国家富强的角度来讨论个人自由，个人自由难免被国家考量裹挟进去，从而被视为国家救亡的手段，这是近代中国人讨论群独问题的一个共同特征。不过，随着第一次世界大战的发生，严复也曾反思国家观念，然而严复并没有回到他曾经接纳的西方现代性立场，而是转而持一种文化保守主义的立场。严复这种文化保守主义立场也是一种现代意识与传统观念的杂糅。

相对康有为、严复来说，梁启超在讨论群独问题时，更直接地强调群体生存的意义。关于群己关系的理解，梁启超早期受康有为的影响非常大，比如梁启超说：“启超问治天下之道于南海先生。先生曰：‘以群为体，以变为用。斯二义立，虽治千万年之天下可已。’启超既略述所闻，作《变法通议》。又思发明群义。”[③] 如果说梁启超关于群己关系的思考与“治天下之道”有关，就意味着群体生存问题一开始就是梁启超政治哲学思考的重中之重。梁启超以“群术”与“独术”来分析群独问题：

> 今夫千万人群而成国，亿兆京垓人群而成天下，所以有此国与天下者，则岂不以能群乎哉？以群术治群，群乃成；以独术治群，群乃败。己群之败它群之利也。何谓独术？人人皆知有己，不知有天下。君私其府，官私其爵，农私其畴，工私其业，商私其价，身私其利，家私其肥，宗私其族，族私其姓，乡私其土，党私其里，师私其教，士私其学，以故为民四万万，则为国亦四万万。夫是之谓无国，善治国者，知君之与民，同为

① 严复：《严复集》，第四册，981页。

② 严复：《严复集》，第二册，337页，北京，中华书局，1986。

③ 梁启超：《说群序》，见《饮冰室合集》，文集之二，3页，北京，中华书局，1989。

一群之中之一人，因以知夫一群之中所以然之理，所常行之事，使其群合而不离，萃而不涣，夫是之谓群术。[①]

梁启超描述的群特征与荀子群学思想在结构上存在差异，荀子认为群的结合与强大在于“有分”（即差序性的组合），而梁启超则认为“善治国者，知君之与民，同为一群之中之一人”，这是一种平等的态度。另外，梁启超认为合群意味着超越私，主张以一国为合群之目的，这其实是对现代民族国家观念的主张和对传统人伦化政治结构的批评。关于“独术”，梁启超说“独术”是“人人皆知有己，不知有天下”。“独立”与“独术”截然不同：“独立者何？不倚赖他力，而常昂然独往独来于世界者也。《中庸》所谓中立而不倚，是其义也。人之所以异于禽兽者以此，文明人所以异于野蛮者以此。”[②] 梁启超如此区分的关键在于对生存结构改变的哲学领会，他说：

今我辈所亟当说明者有二语：曰独立之反面，依赖也，非合群也；合群之反面，营私也，非独立也。虽人自为战，而军令自联络而整齐，不过以独而扶其群云尔；虽全机运动，而轮轴自分劳而赴节，不过以群而扶其独云尔。苟明此义，则无所容其讬，亦不必用其避。譬之物质然，合无数“阿屯”而成一体，合群之义也；每一“阿屯”中皆具有本体所含原质之全分，独立之义也。若是者谓之合群之独立。[③]

以群扶独，以独扶群，在于“阿屯”之独立。“阿屯”本是对英语“atom”的翻译，今译为原子，以原子作为社会的基本单位包含了梁启超对社会结构的新理解，即把个人理解为一个基本单位和主体。梁启超采用了西方启蒙主义的思想理解个体之独立：“自由者，权利之表证也。凡人所以为人者有二大要件，一曰生命，二曰权利，二者缺一，时乃非人。故自由者亦精神界之生命也。……自由之德者，非他人所能予夺，乃我自得之而自享之者也。”[④] 个体的独立、自由落实到具体的政治主张上，梁启超认为就是要建立国民思想并主张国民应该有权利、责任、自由和平等独立的意识。

个人自由是梁启超早期十分强调的现代性目标，这一目标在梁启超的思想中虽然有一定的独立意义，却也被认为是群体强盛的工具。特别是梁启超在接

① 梁启超：《说群序》，见《饮冰室合集》，文集之二，4 页。
② 梁启超：《十种德性相反相成义》，见《饮冰室合集》，文集之五，43～44 页。
③ 梁启超：《十种德性相反相成义》，见《饮冰室合集》，文集之五，45 页。
④ 梁启超：《十种德性相反相成义》，见《饮冰室合集》，文集之五，45 页。

受了“国家主义”之后，个人自由的独立意义减弱，梁启超甚至进而放弃了早期主张以“个人自由”救国家的做法。梁启超说：“伯伦知理[①]之学说，与卢梭正相反对者也。虽然，卢氏立于十八世纪，而为十九世纪之母；伯氏立于十九世纪，而为二十世纪之母。自伯氏出，然后定国家之界说，知国家之性质、精神、作用为何物，于是国家主义乃大兴于世。前之所谓国家为人民而生者，今则转而云人民为国家而生焉，使国民皆以爱国为第一之义务，而盛强之国乃立，十九世纪末世界之政治则是也。而自今以往，此义愈益为各国之原力，无可疑也。”[②] 梁启超这种看似在客观地描述民权与国家观念之演变的做法，其实蕴含了梁启超在群独之间的选择，即选择一条侧重于群体的民族现代化发展之路。

应该说，近代中国人虽然认同了现代个体观念（独人），但是由于传统存在着以群为重的思想，再加上西方国家以及强大以后的日本之挤压，对群体观念的重视和对群体生存的考量逐渐超过了对独观念的认同，这不仅在梁启超思想上有深刻的体现，在康有为、严复思想上也是如此，这是近代中国人之生存观念演变和政治哲学转型过程中一个非常重要的变化，并且产生了巨大的历史影响。以至到今天，与现代个体观念相应的制度建构和文化认同并没有建立起来，而独人基本生存状态（比如都市化的个体化的生存方式）却已然进入中国人的日常生活，这二者不仅在理论上也在现实层面向人们提出了挑战。

第三节　近代中国政治哲学之进化论问题

当近代中国人面对严整的西方社会，开始反思中国保守了几千年的生存模式时，一种盛行的做法就是把东西两种不同文化处理成古今问题，由而导致政治进化论问题之讨论大为昌盛。当然，近代关于进化论的讨论对于今天来说，绝对不是一个已经进入历史深处的过往话题，由进化论讨论演化出来的各种相关话题一直在深刻地影响着中国人对政治的理解，比如马克思主义“历史五阶

---

① 伯伦知理（Bluntchli Johann Caspar，1808—1881），德国政治哲学家，生于瑞士苏黎世，当时欧洲知名的学者，在国家理论和国际法领域有一定影响，著有《一般国家法》《德意志国家词典》《国家学（论）》等。经由梁启超的推介，对近代中国政治学和国家学说产生了重要影响。

② 梁启超：《论学术之势力左右世界》，见《饮冰室合集》，文集之六，114页。

段说”以及20世纪末期有关中国现代转型和现代性的讨论中，总能看到进化论的某种身影。

在19世纪，西学最初像渗水一样缓慢进入中国，接着聚成溪流，再而汇成江河，最终在19世纪末期造成汪洋之势。在这种影响下，江南制造局所刻19世纪70年代翻译的《地学浅释》就已经介绍了进化论的思想，熊月之指出："书中述及拉马克、达尔文和生物进化论，这在中文书籍中为首见。"① 19世纪求新的中国士人在原有的知识体系下逐渐接纳西学，这种接纳还处于一知半解的状态，但这种状况倒也激发了当时中国人对于世界的创造性理解和想象。梁启超说："康有为、梁启超、谭嗣同辈，即生育于此种'学问饥荒'之环境中，冥思枯索，欲以构成一种'不中不西即中即西'之新学派。"② 这种激发就是进化论进入中国人对社会政治的理解和言说系统中，并且逐渐成为一种笼罩一切的言说方式。

在西方，作为生物学观点的进化论由达尔文诸人阐发出来之后，逐渐被运用到人类社会诸领域，对人类学、哲学和社会学乃至政治学都产生了重大影响。特别是社会达尔文主义更是力图把"适者生存"这样的进化观念运用到人类社会的解释上，并试图以此来说明人类历史的进程。社会达尔文主义的观点无疑极大地呼应了中国人对时局的理解，特别是甲午中日战争中国的战败铁证似的证明了"物竞天择，适者生存"这种进化论思想，由此严复、康有为等近代士人便都倾向于接受进化论思想，以其来理解中国即将发生的维新和政治演变，并且运用到对各个领域的解释中去。对此，王中江评价说："[19世纪] 90年代以后，进化主义在中国被注重，恰恰不是因为它在'科学'自身中的位置，而是因为它与中国社会政治改革、历史观念和文化密切相连，因为它具有了'宇宙观''世界观'（'道'）的功能。"③

康有为进化论思想便是典型的"不中不西即中即西"的思想体系。这一体系从思想资源来说有两个来源：一个是西方观念的影响，另一个是对传统资源的发挥。西方观念对康有为进化论思想的触发，我们在上一节提到的《实理公法全书》是一个非常经典的例子。康有为这个时候也许已经通过接触西学了解到进化论思想，但并没有文献资料来证实，而《实理公法全书》显示了康有为

① 熊月之：《西学东渐与晚清社会》，510页，上海，上海人民出版社，1994。

② 梁启超：《清代学术概论》，见《饮水室合集》，专集之三十四，71页，北京，中华书局，1989。

③ 王中江：《进化主义在中国》，33页，北京，首都师范大学出版社，2011。方括号中的文字为引者所加，下同。

在接触西方几何学之后直欲一探人类究竟的努力。在该书中，康有为已经把人类生存状态分为理想之实理公法状态和比例状态两种，这其实已经包含了社会进化论思想的倾向。康有为在创造性地开发今文经学资源时，也利用了《礼记·礼运》中的“大同”“小康”的说法。康有为对这些传统资源的解释已经超出了传统观念，特别是加入了一些西方的社会政治思想，从而使“三世说”实质性地变成一种进化论观点：

> 孔子之为《春秋》，张为三世：据乱世则内其国而外诸夏，升平世则内诸夏而外夷狄，太平世则远近大小若一。盖推进化之理而为之。孔子生当据乱之世，今者大地既通，欧美大变，盖进至升平之世矣。异日，大地大小远近如一，国土既尽，种类不分，风化齐同，则如一而太平矣。孔子已预知之。然世有三重：有乱世中之升平、太平，有太平中之升平、据乱。故美国之进化，有红皮土番；中国之文明，亦有苗、瑶、僮、黎。一世之中可分三世，三世可推为九世，九世可推为八十一世，八十一世可推为千万世，为无量世。①

在这一段话中，康有为已经把进化思想演绎为一种杂糅了历史和政治的哲学思想。由于康有为接触了欧美世界，视野自然比前人更加开阔，所以直接把欧美揽入“三世”之中，这是康有为不同于前人的地方，从而也把“三世”演化变得更为宏大。而进化论作为政治哲学话题，在康有为思想中的体现就是，康有为利用“三世”演化思想来批评和否定传统政治制度并认同现代性政治观念：“一统之君主专制，百世希不失。盖由乱世而至升平，则君主或为民主矣。大地各国略近，三千年皆大变，亦自然之数也。故孔子言继周百世可知，言百世之后如夏、商、周君主之治也。”②

严复则通过翻译来展现其对进化思想的理解，这也引起了中国思想界的极大震动。严复把赫胥黎的《进化论与伦理学》翻译为《天演论》，而赫胥黎本意在于反对把进化论思想运用到人类社会，因为他主张社会需要伦理原则，但这似乎并没有影响严复对进化论在人类社会中作用的发挥。严复以“天演”对应英语之“evolution”③，在对“天演”的解释上，严复采用了斯宾塞的说法：“斯宾塞尔［即斯宾塞］之天演界说曰：‘天演者，翕以聚质，辟以散力。方其

---

① 康有为：《论语注》，见《康有为全集》，第六集，393页。

② 康有为：《论语注》，见《康有为全集》，第六集，512页。

③ 严复指出：“天演西名‘义和禄尚’，最先用于斯宾塞，而为之界说，见拙译《天演论》案语中。”（严复：《严复集》，第二册，309页。）

用事也，物由纯而之杂，由流而之凝，由浑而之画，质力相糅，相剂为变者也。’”① 在采用这种形而上学化的叙述方式来解说天演观点的同时，严复认为世界上的一切都在“天演”的笼罩之中：“小之极于跂行倒生，大之放乎日星天地；隐之则神思智识之所以圣狂，显之则政俗文章之所以沿革。言其要道，皆可一言蔽之，曰：天演是已。”② 严复对于“天演”的显用则以“物竞天择”这样一个非常简洁的方式来概括：

> 以天演为体，而其用有二：曰物竞，曰天择。此万物莫不然，而于有生之类为尤著。③

严复把物竞天择和优胜劣汰这样的观念非常自然地运用于国家与民族之生存状况中，进一步说，正是国家与民族之生存状况的刺激，使严复把进化论理解成一种带有宇宙观和历史观的政治哲学思想。严复说：“顾此数十年之间，将瓜分鱼烂而破碎乎？抑苟延旦夕而瓦全乎？存亡之机，间不容发，视乎天心之所向，亦深系乎四万万人心民智之何如也。……顺天者存，逆天者亡。天者何？自然之机，必至之势也。”④ 所谓“自然之机，必至之势也”，正是“物竞天择”之“天演”规律。对于人类社会之“天演”规律，严复说：“荀卿曰：‘民生有群。’群也者，人道所不能外也。群有数等，社会者，有法之群也。社会，商工政学莫不有之，而最重之义，极于成国。”⑤ 对于人类之群体的演化，严复从整体与个体的角度来理解：

> 东学以一民而对于社会者称个人，社会有社会之天职，个人有个人之天职。或谓个人名义不经见，可知中国言治之偏于国家，而不恤人人之私利，此其言似矣。然仆观太史公言《小雅》讥小己之得失，其流及上。所谓小己，即个人也。大抵万物莫不有总有分，总曰“拓都”，译言“全体”；分曰“么匿”，译言“单位”。笔，拓都也；毫，么匿也。饭，拓都也；粒，么匿也。国，拓都也；民，么匿也。社会之变相无穷，而一一基于小己之品质。⑥

可见，严复是从个体与群体的关系来理解人类社会的演化规律的，并且把

① 严复：《严复集》，第五册，1327页。
② 严复：《严复集》，第五册，1326页。
③ 严复：《严复集》，第五册，1324页。
④ 严复：《严复集》，第四册，896页。
⑤ 严复：《严复集》，第一册，125～126页。
⑥ 严复：《严复集》，第一册，126页。

国家观念看成社会演化的极致，这显示了近代中国进化论思想作为政治哲学言说所追求的根本性目标之一乃是国家维新。在这一点上，近代中国主张革新的人都积极主张变革，这是在中西文明强烈对比下，对两种截然不同的文明进行了古今之别的线性处理，从而无意间放大了进化论之政治哲学意义。这就是不管是维新派还是革命派在政治进化的问题上几乎没有什么二致的原因，他们都主张改变中国传统的政治制度模式，转而采纳在他们看来更为进化的西方现代政治制度与模式。当然，中华文明相对于西方现代文明来说，确实有其“古”的一面，但也有自身特殊的一面，这是极需要分辨清楚的地方。但是在近代中国，放大版的进化论观点成为笼罩一切的政治哲学思想，这也间接地为弱肉强食的“丛林法则”找到了一个哲学理由。不管是国家间的竞争，还是个人之间以及个人与国家间的竞争都为进化主义所侵袭，从而从世界范围的国家竞争下贯到国家内的国家与个人生存之间的选择。弱肉强食的进化论之正当性皆被接受，而对弱肉强食的反抗导致的国家民族图强又进一步把弱肉强食的观点传导到本已十分孱弱并且缺乏现代制度保障的个人身上，从而成为中国人自近代以来一种难以背负的沉重政治负担。

当政治哲学之进化论观点正泛滥的时候，章太炎反思了进化论的观点。在《四惑论》一文中，章太炎认为进化论乃是中国思潮“四惑”之一。章太炎指出：“一切物质，本自不增不减，有进于此，亦必有退于彼，何进化之足言！且有机物界，世见其进化之幻象也。而无机物界，并此幻象亦不可睹。”[①] 而在《俱分进化论》中，章太炎虽然肯定了进化的存在，但是认为进化其实是一种“俱分进化”：“若云进化终极，必能达于尽美醇善之区，则随举一事，无不可以反唇相稽。彼不悟进化之所以为进化者，非由一方直进，而必由双方并进。专举一方，惟言智识进化可尔。若以道德言，则善亦进化，恶亦进化。若以生计言，则乐亦进化，苦亦进化。”[②] 同时，章太炎对于利用进化论来操控人们的思想的做法深恶痛绝：

> 若以进化为主义者，事非强制，即无以使人必行。彼既标举自由，而又豫期进化，于是构造一说以诬人曰：“劳动者人之天性。”若是者，正可名“进化教”耳。[③]

---

① 章太炎：《章太炎全集》（四），449 页，上海，上海人民出版社，1985。

② 章太炎：《章太炎全集》（四），386 页。

③ 章太炎：《章太炎全集》（四），451 页。

章太炎这一观点显示出极大的批判性，特别是对于政治哲学之进化论可能产生的后果和效应有足够清醒的认识。不过，章太炎的“俱分进化”思想以及后来引进的一些反思进化论的观点（比如梁漱溟的《东西文化及其哲学》）似乎并没有对作为政治的进化论思想形成有力的批判，取代近代进化论在中国思想市场上长期占主导地位的是一种更为完整的思想系统，即被改造过的马克思主义“历史五阶段说”，其明确的历史演化阶段之设想和目的论思想，使近代各种进化学说都相形见绌，并且对现实政治产生了更为显著的影响。

结　语

近代中国政治哲学之正当性、群独问题以及进化论问题从三个角度涵摄了近代中国政治哲学转型的状况。相对来说，正当性问题和群独问题与今天的政治哲学思考的关联十分直接，政治进化论问题似乎已经成为一个思想史、政治哲学史话题，但其实不然，因为各式各样的历史目的论在中国政治哲学领域中一直在无形地产生着影响，这导致中国人常把自己当成某种政治进化链条中的一环，从而难以抵抗某种浪漫主义的蛊惑且容易忽略当下具体政治的自我更新。因此，这三个近代政治哲学问题并不光是政治哲学史意义上的问题，它们从来没有离场，一直在以各种方式影响着现代中国的政治演化进程并且不断产生各种现实效应。在今天之中国，讨论政治哲学的方式与近代相比虽然已经发生了很大变化，但我们依然必须真诚地面对这三个问题并给出我们的理解或是答案，否则我们可能会自以为在某些领域做出了某种创新，而实质上只是以一种看似新的面孔重复着过去的问题，就像近十多年来国内学术界发生的一些看似热闹却缺乏实质性理论创新的争论一样。

蒋孝军

参考文献

干春松．制度化儒家及其解体．北京：中国人民大学出版社，2003.

康有为．康有为全集．北京：中国人民大学出版社，2007.

梁启超．饮冰室合集．北京：中华书局，1989.

［美］本杰明·史华兹．寻求富强：严复与西方．叶凤美，译．南京：江苏人民出版社，1996.

宋育仁．泰西各国采风记//郭嵩焘等使西记六种．香港：三联书店（香港）公司，1998.

谭嗣同．谭嗣同全集．北京：中华书局，1981.

王铁崖．中外旧约章汇编．北京：三联书店，1957—1962.

王中江．进化主义在中国．北京：首都师范大学出版社，2011.

熊月之．西学东渐与晚清社会．上海：上海人民出版社，1994.

严复．严复集．北京：中华书局，1986.

[英] 约翰·穆勒．群己权界论．严复，译．北京：商务印书馆，1981.

张之洞．张之洞全集．石家庄：河北人民出版社，1998.

章太炎．章太炎全集．上海：上海人民出版社，1982—1986.

第一章
教化、国家与大同：康有为的政治哲学

近代思想家所关注的核心问题，如果以当时的话语而言，就是保国、保种和保教的问题，并几乎一致认为，这三个目标之间存在着内在的关系，所区别者只存乎对这三个目标内容理解上的不同，并因此也导出了对其优先性选择的序列上的差异。

康有为的思想在当时显示出他的独特性。在康有为看来，属于文化价值和文化信念层面的“教”的重要性甚至要大于保国和保种，因此，他对于孔教会的思考和实践都可以从中获得理解。

康有为1858年生于广东南海，这意味着他比当时的大多数人能够更容易地体会中西文明的冲突，并意识到中西文化之间的冲突是涉及制度、物质和精神的全方位冲突。因此，他最初的政治改革设想中的大多数灵感来自西方现代制度理念以及接受了这种理念的日本的成功经验。

但是，总体而言，他在1898年推动的戊戌变法并不成功，并导致他此时至中华民国成立前大约14年的时间，一直处于流亡状态。当然，他回国之后所主张的虚君共和的主张、对于民国政治的批评导致他获得了保皇派的名号，并且在政治上被视为跟不上形势的人。

与他在政治实践上的矛盾性评价一样，他对于儒家的改革也引发了巨大的争议，争议最大的当然是孔教的设想，其次是他在经学上的主张。在1890年接受今文经学之后，他希望通过肯定公羊“口说”的方法来获得儒家解释现实的空间。他对三世说的改造很大程度上通过重构历史性的叙事，让儒家经典有了不同的问题指向，然而他对今古文经学以真伪的方式进行讨论的时候，很大程度上亦瓦解了经学的神圣性。

康有为最富有争议的作品是《大同书》，这部作品，一方面可以看作是对于儒家普遍主义理念的坚持，另一方面亦因为普遍主义而稀释了儒家解释中国问题的独特价值。而《大同书》与中国近代以来社会主义运动的发展之间产生的互动，也是康有为政治哲学中最为令人关注的部分。

第一节　孔教与现代民族国家

“保教”中所谓的“教”并不是现代意义上的宗教，不过，康有为的确试图以宗教的方式来确立国家认同和价值传承，对此，梁启超有深刻的认识，他说：“先生所以效力于国民者，以宗教事业为最伟；其所以得谤于天下者，亦以宗教事业为最多。”[①] 这个评价引用者众多。但真正意识到宗教事业在康有为思想中的重要意义的人并不多。反倒是陈独秀等人借助《新青年》将康有为的孔教设想与民国初年的专制复辟挂钩并展开猛烈攻击，使得康有为因孔教而“得谤于天下”，几乎掩盖了他在戊戌变法时期的光芒。何以梁启超认定康有为对于国民贡献至巨者是宗教事业，这一点似乎并没有获得深入的讨论。这当然是由于长期以来我们对于宗教对社会生活的作用的评价错位所致，因此，孔教会对于康有为而言，一直是他负面评价的重要依据。

一、康有为在戊戌变法前的孔教构想

康有为首次使用“孔教”这个概念是在1886年成书的《康子内外篇》中。在《性学》章中，康有为说：“今天下之教多矣：于中国有孔教，二帝、三皇所传之教也；于印度有佛教，自创之教也；于欧洲有耶稣；于回部有马哈麻。自余旁通异教，不可悉数。”[②] 从这段文字看，是将孔教和别的世界主要宗教并列为宗教之一种。但事实上康有为所要强调的是孔教与其他宗教的不同，以他的标准而言，即是否符合“人情”，并据此将教分为“阳教”和“阴教”。符合人情的是阳教，即孔教；逆人情的是阴教，比如佛教与其他宗教。其实这也是康有为对孔教的基本认识，并且他始终坚持这样的看法。从现有的资料，我们

---

① 梁启超：《南海康先生传》，见夏晓虹编：《追忆康有为》，15页，北京，中国广播电视出版社，1997。

② 康有为：《康子内外篇》，见《康有为全集》，第一集，103页。

亦可以推断，在万木草堂时期，康有为就已经存在着以西方教会体制的方式来重构儒家的想法。[①]

梁启超说康门弟子在万木草堂期间有意仿效传教士的传教行为，由此或许能断定他们师徒在教学过程中讨论过传教的问题，康有为在一篇文章中还专门从地理环境决定论的观点来论证孔教之所以传播不远，没有出现释迦牟尼这样的人的原因。《康子内外篇·地势篇》中说：

> 非圣人能为之也，天也。以环境皆山，气无自出，故孔子之教，未尝远行。数千年未闻有如佛之高僧，耶稣之神父，投身传教于异域者，盖地势使然。人民感其气而生，无以易之也。惟日本、高丽因我孔子之教者，以日本为天山、金山之余气。出既复矣，气既薄矣，不能复生圣人。而江、河二川，长流东驶，有飞渡之势，水流所趋，染荡自致，此日本所以因中学也。若印度则为昆仑中龙，故能自出圣人，造为文学、政教。川原平衍八千里，故使其教多仁而平等也。中国地域有截，故古今常一统，小分而旋合焉。印度、泰西山川极散，气不团聚，故古今常为列国，即偶成一统，未几而散为列国焉。其师之教亦祀佛之说，而以平等为教，亦以地气为之也。夫敛者、聚者、义者，皆引而入内之意也；散者、辟者、仁者，皆荡而出外之意。故二帝、三王、孔子之教，不能出中国，而佛氏、耶稣、泰西，而能肆行于地球也。皆非圣人所能为也，气为之也，天也。[②]

类似的解释正好与梁启超所说的传教行为形成互证。康有为也正是在比较宗教的视野中进行他的孔教活动的。

世界上其他宗教皆有教主作为信仰的依据，如果孔教有教主，那当然是孔子。1891 年在给朱一新的信中，康有为强调了他的“卫教”之心。他说，西方之入侵与以前金、元无教者不同。基督教“必将以其教易吾教耳。犹吾孔教本起中国，散入新疆、云南、贵州、高丽、安南也。以国力行其教，必将毁吾学宫而为拜堂，取吾制义而发挥《新约》，从者诱以科第，不从者绝以戮辱，此

---

① 黄进兴说：“康氏虽然反对耶教，另一方面却以耶教为孔教更革的蓝图，其运思模式并不脱‘师夷之长技以制夷’的窠臼。”（黄进兴：《圣贤与圣徒》，51～52 页，台北，允晨文化实业公司，2001。）唐文明将康的孔教发展分为四个阶段，其中 1890 年接受今文经学之前是第一阶段，并从《教学通义》一书中关于“教”的讨论来论证。但本章认为孔教的构想与康有为的经学立场之间没有必然的对应关系，康有为孔教的构想因为基督教的冲击而凸显。唐文明的论述可参看唐文明：《敷教在宽：康有为孔教思想申论》，55～79 页，北京，中国人民大学出版社，2013。

② 康有为：《康子内外篇》，见《康有为全集》，第一集，110 页。

又非秦始坑儒比也"[1]。这说明，康有为的孔教构想最为明确的起因是基督教的冲击，这种冲击对于儒家价值是一种替代性的，其危害比"焚书坑儒"还要严重。正因为其孔教的缘起是担心基督教的冲击，故而其反制之道也存于对手之中。

基督教独立于政府的、制度化的教会体系，给康有为留下了深刻的印象，因此，他在给光绪提出的奏章中所提出的关于孔教会的设想主要的模本就是基督教。

1895年，康有为在"公车上书"中就建言立"道学"一科来保证儒家思想的传播和影响力，以挽救"人心之坏"，抵御"异教"的诱惑。具体的举措包括设孔庙，奖励去海外传播儒家"教义"的人。他说：

> 然近日风俗人心之坏，更宜讲求挽救之方。盖风俗弊坏，由于无教。士人不励廉耻，而欺诈巧滑之风成；大臣托于畏谨，而苟且废弛之弊作。而六经为有用之书，孔子为经世之学，鲜有负荷宣扬，于是外夷邪教，得起而煽惑吾民。直省之间，拜堂棋布，而吾每县仅有孔子一庙，岂不可痛哉！今宜亟立道学一科，其有讲学大儒，发明孔子之道者，不论资格，并加征礼，量授国子之官，或备学政之选。其举人愿入道学科者，得为州、县教官。其诸生愿入道学科者，为讲学生，皆分到乡落，讲明孔子之道，厚筹经费，且令各善堂助之。并令乡落淫祠，悉改为孔子庙，其各善堂、会馆俱令独祀孔子，庶以化导愚民，扶圣教而塞异端。其道学科有高才硕学，欲传孔子之道于外国者，明诏奖励，赏给国子监、翰林院官衔，助以经费，令所在使臣领事保护，予以凭照，令资游历。若在外国建有学堂，聚徒千人，确有明效，给以世爵。余皆投牒学政，以通语言、文字、测绘、算法为及格，悉给前例。若南洋一带，吾民数百万，久隔圣化，徒为异教诱惑，将沦左衽，皆宜每岛派设教官，立孔子庙，多领讲学生分为教化。将来圣教施于蛮貊，用夏变夷，在此一举。且借传教为游历，可诇夷情，可扬国声，莫不尊亲，尤为大义矣。[2]

这份奏稿也称《上清帝第二书》，其中有许多新的构想，比如设立专门以传播教义为职能的"道学"科，向民间、海外传教。还有将民间信仰的庙宇改

① 康有为：《答朱蓉生书》，见《康有为全集》，第一集，325页。

② 康有为：《上清帝第二书》，见孔祥吉编著：《康有为变法奏章辑考》，37页，北京，北京图书馆出版社，2008。

作“孔子庙”，改变每县只有一个孔子庙的局面，事实上也将使孔子庙从官庙转变为民众参与祭祀的新的信仰场所。

戊戌变法前夕，康有为的设想越来越具体。在《请商定教案法律厘正科举文体听天下乡邑增设文庙谨写〈孔子改制考〉进呈御览以尊圣师而保大教折》［光绪二十四年（1898 年）五月］中，康有为的思路有两条：第一，通过建立孔教会来处理与教案有关的令朝廷感到相当棘手的问题，并把衍圣公改造成类似于基督教系统中主教的职务。这样的教会组织是一个具有独立性的宗教团体，其主要的功能是解决基督教传播过程中与之产生的宗教纠纷。第二，康有为认定国家衰败的原因是科举：“而弱国之故，民愚俗坏，亦由圣教坠于选举，四书亡于八股为之。故国亡于无教，教亡于八股，故八股之文，实为亡国、亡教之大者也。”[①] 孔教会是废除科举之后推行儒家教化的重要的替代性途径，根本目的在于塑造一种新的儒家人格。长期受科举影响导致儒生上无承当感，下无仁爱心。在康有为看来，要恢复儒家的传统，关键是要回到儒家的原典，别的典籍都是孔子加工的，《论语》是学生整理的，只有《春秋》可作为代表孔子为万世作法、成为教主的真正文本。

在《孔子改制考》中，康有为更是借助纬书将孔子神秘化，并许之为“大地教主”[②]。

在希望借助体制的力量推行孔教的同时，康梁师徒也试图通过社会的力量来推行孔教。光绪二十二年（1896 年）秋受传教士所办的《万国公报》影响，《时务报》在上海创刊，并开始向社会推行孔教。1897 年，康有为在当时作为广西省会的桂林设立“圣学会”[③]，并在广仁善堂供奉孔子，通过创立讲堂等方式宣传孔教，并发行《广仁报》[④]。这些活动都可以看作康有为希望模仿西方的教会方式建立孔教的一些尝试性的努力。

到 1898 年，康有为在北京建立保国会，强调他将“保国”和“保教”相联系的主张，保国会的章程中有下列条目：

---

① 孔祥吉编著：《康有为变法奏章辑考》，259 页。

② 康有为：《孔子改制考》，见《康有为全集》，第三集，3 页。

③ 在《圣学会后序》中，康有为强调了孔诞日对于孔教的重要性。（参见《康有为全集》，第二集，266 页。）

④ 参见廖中翼：《康有为第二次来桂讲学概况》，见夏晓虹编：《追忆康有为》，267～269 页。当时孔圣堂等机构的活动形式主要是模仿基督教。“光绪二十三年学会林立，桂林的圣学会，每逢庚子拜经，‘每七日行一礼拜’，长沙的南学会，讲堂设孔子位，‘开讲之日，官绅一体行礼’。徐勤主持的日本横滨大通学校，以‘尊教’为办学宗旨之一，‘立孔子像，复七日来复之仪，作尊圣之歌，行拜谒之礼，使朝夕讽诵，咸与教泽’。”（王树槐：《外人与戊戌变法》，112 页，上海，上海书店出版社，1998。）

一、本会以国地日割、国权日削、国民日困，思维持振救之，故开斯会以冀保全，名为保国会。

二、本会遵奉光绪二十一年五月二十六日上谕，卧薪尝胆，惩前毖后，以图保全国地、国民、国教。

三、为保全国家之政权、土地。

四、为保人民种类之自立。

五、为保圣教之不失。

…………

九、本会同志讲求保国、保种、保教之事，以为论议宗旨。①

这种将"国"之存亡与"教"之存亡相关联的方式是康有为深思熟虑的结果，他甚至倾向于"保教"对于"保国"的优先性。在戊戌变法期间，康有为进一步明确了他的孔教主张，除了将《孔子改制考》缮录进呈之外，还专门上了《请商定教案法律厘正科举文体听天下乡邑增设文庙谨写〈孔子改制考〉进呈御览以尊圣师而保大教折》，指出社会变乱阶段，唯有孔教才可维持人心。因此要求天下淫祠改为孔庙，并将孔庙变成民众的宗教场所。康有为设计的孔教方案，除了要处理日趋尖锐的教案之外，更为重要的任务是为变法提供合法性，并稳定变革所可能带来的社会动荡。如果说立宪与开国会是制度改革的重要举措，那么，将孔教彻底地宗教化则是思想上的维新，两者是密不可分的。

在《孔子改制考》中康有为指出：孔子之前的历史完全是孔子为了救世改制而虚构出来的，中国的历史要到秦汉之后才可考信。"由于书缺籍去，混混茫茫"，所以周秦诸子百家纷纷出来创立各自的教义，用自己心目中的理想社会制度来劝导当时的统治阶层，并假托这些制度是古代曾经实施过的。孔子也创立儒教，提出一套自己创造的尧、舜、禹、汤、文、武的政教礼法，编撰"六经"作为"托古改制"的根据。诸子百家之间经过争论，儒教逐渐取得了优势。由于儒教教义最完善，制度最完备，徒众最多，所以在汉武帝时取得一统的地位，孔子也就成为"万世教主"。

梁启超以"孔教之马丁·路德"来描述康有为："吾中国非宗教之国，故数千年来，无一宗教家。先生幼受孔学；及屏居西樵，潜心佛藏，大彻大悟；出游后，又读耶氏之书，故宗教思想特盛，常毅然以绍述诸圣普度众生为己

① 康有为：《保国会章程》，见《康有为全集》，第四集，54 页。

任。先生之言宗教也，主信仰自由，不专崇一家，排斥外道，常持三圣一体诸教平等之论。然以为生于中国，当先救中国；欲救中国，不可不因中国人之历史习惯而利导之。又以为中国人公德缺乏，团体散涣，将不可以立于大地；欲从而统一之，非择一举国人多同戴而诚服者，则不足以结合其感情，而光大其本性。于是乎以孔教复原为第一着手。”①

梁启超把康有为的这个做法类比于马丁·路德的宗教改革。这样的宗教变革，给儒家灌注了新的精神，即普世主义、进步主义和救世情怀。

尽管点出了儒教的普世面向，但在梁启超看来，康有为的宗教改革首先是为救中国，因为孔教符合中国人的文化习惯和价值期许。

康有为的宗教革命之深谋远虑之处在于，他既要用儒教思想的变革来指导社会变革，又深刻地关注到制度变革所必然带来的儒家思想的安顿问题。由此可见，理解康有为的孔教的思路是认识其维新变法运动的关键所在。在儒教变革方面，既让儒家思想接纳现代西方的观念，同时又在新的制度设计中为儒家寻找新的安身之所。

康有为之将孔子塑造成教主，是要让孔子和儒家在新的世界中依然作为中国人的价值支撑，可是，宗教化的思路所资借鉴的却主要是基督教的范型。这看上去明显是一个悖论：既想用儒家的价值来抵御基督教教义对中国人的影响，而这种抵御的方式却又要借助于基督教的形式。

这种自相矛盾式的选择是基于康有为的宗教实践和对宗教的理解。康有为早年受佛教影响巨大，同时又读基督教的一些书，借用宋明理学家的说法，算是出入释耶了。梁启超说：“先生于佛教，尤为受用者也。先生由阳明学以入佛学，故最得力于禅宗，而以华严宗为归宿焉。其为学也，即心是佛，无得无证。以故不歆净土，不畏地狱；非惟不畏也，又常住地狱；非惟常住也，又常乐地狱。所谓历无量劫行菩萨行是也。以故日以救国救民为事，以为舍此外更无佛法。然其所以立于五浊扰扰之界而不为所动者，有一术焉，曰常惺惺，曰不昧因果。故每遇横逆困苦之境，辄自提醒曰：吾发愿固当如是，吾本弃乐而就苦，本舍净土而住地狱，本为众生迷惑烦恼，故入此世以拯之。吾但当愍众生之未觉，吾但当求法力之精进，吾何为瞋恚？吾何为退转？以此自课，神明俱泰，勇猛益加。先生之修养，实在于是；先生之受用，实在于是。”② 与当时许多对佛教有兴趣的士人一样，康有为对佛教的吸收主要是从菩萨救世的精神

① 梁启超：《南海康先生传》，见夏晓虹编：《追忆康有为》，12 页。

② 梁启超：《南海康先生传》，见夏晓虹编：《追忆康有为》，15 页。

出发的，而非借助佛教来自我修行。他对基督教的看法也侧重于其平等和博爱的面向。“先生于耶教，亦独有所见。以为耶教言灵魂界之事，其圆满不如佛；言人间世之事，其精备不如孔子。然其所长者，在直捷，在专纯。单标一义，深切著明，曰人类同胞也，曰人类平等也，皆上原于真理，而下切于实用，于救众生最有效焉，佛氏所谓不二法门也。虽然，先生之布教于中国也，专以孔教，不以佛、耶，非有所吐弃，实民俗历史之关系，不得不然也。”①

在戊戌众多的变革方案中，孔教的思路不像设立制度局这样会引发巨大的政治反弹，其孔教的构想虽亦惊世骇俗，不过，这个阶段更多的是零星的试验和理论的清理，孔教会的组织架构并没有正式呈现。随着戊戌变法的失败，康梁开始流亡海外，这使康有为有更多的机会考察海外的宗教的状况，而海外的生活同样强化了他对于民族文化认同的思考，并转化为对于孔教会的理论和实践的进一步推进。

二、孔教作为人道教的独特性

戊戌变法之前康有为所提出的孔教的设计，有很强的“教争”的意味，也就是通过对孔子的神圣化，将孔子塑造成“大地教主”。在完成于1898年的《孔子改制考》的序言中，康有为说：“天既哀大地生人之多艰，黑帝乃降精而救民患，为神明，为圣王，为万世作师，为万民作保，为大地教主。”② 他认为，孔子为儒教的教主，是人所公认的，只是因为刘歆等人制作伪经，因此将孔子由圣王降为先师，从而使孔子的教主地位隐而不彰。在该书“儒教为孔子所创考”一节中，他就是要将孔子恢复为万世教主。康有为说：

> 汉自王仲任前，并举儒、墨，皆知孔子为儒教之主，皆知儒为孔子所创。伪古说出，而后吻塞掩蔽，不知儒义。……神明圣王，改制教主，既降为一抱残守阙之经师，宜异教敢入而相争也。今发明儒为孔子教号，以著孔子为万世教主。③

戊戌变法失败之后，康有为开始了他的流亡生涯。随着流亡国家的增加，康有为对于孔教的作用的理解也日趋深入。在离开日本之后，康有为有一段游历各国的经历，其足迹遍及美洲、欧洲、非洲、亚洲的许多国家。特别是他游

① 梁启超：《南海康先生传》，见夏晓虹编：《追忆康有为》，15页。

② 康有为：《孔子改制考》，见《康有为全集》，第三集，3页。

③ 康有为：《孔子改制考》，见《康有为全集》，第三集，85～86页。

历意大利、德国和英国的经历，使他进一步了解了欧洲宗教改革和政教关系的情况，从而反过来加深了他对于孔教问题的思考。

这个思考的重点就是对“宗教”与“教化”之关系的思考。康有为的思考围绕着将“religion”翻译为“宗教”这个看似技术性的问题入手。其实，随着基督教的迅速传播，关于“religion”一词的翻译，早就引起中国先知先觉人士的关注。

现代汉语中用“宗教”这个词语来对译“religion”，普遍认为是从日本移植而来。但“宗教”这个词，在中国文献中出现大约起于南北朝。刘锦藻说：“古无所谓‘宗教’也，自释氏入中国，其道自别为宗，于是六朝后有此说。”[①] 因此，严格地说，“宗教”这个词并不能算是外来词。陈熙远先生经过对中国古籍中所出现的“宗教”一词的追溯，认为其含义主要是泛称某一宗派所奉行的教义，或特指某学派教门的宗旨或教义，一般局限于特定的学派或教门，而不是像作为“religion”中译词的“宗教”这样是对于所有教派的总称。[②]

晚清较早讨论“religion”与中文的“教”的关系的彭光誉认为，中国儒家传统文献中的“教”与“religion”之间有关键性的差别。大致而言，“教”主要指的是“礼教”和“教化”，而‘religion”主要的含义包括“教人顺神、拜神、爱神、诚心事真神之理”。由此而言，彭光誉认为“religion”的最佳中文对应词应该是“巫”，而神职人员则相当于“祝”。[③] 很显然，彭光誉的辨析，有两点意义是十分值得注意的：一是通过强调“religion”与神的关系，指明以礼教为核心的孔教与其之差别；二是以巫祝来翻译神教与神职人员，以此来贬低宗教或宗教人士的社会地位，而彰显儒家教化在中国人生活世界中的重要性。

虽然我们并没有明确的证据来证明康有为阅读过彭氏的作品，但是从康有为对于“宗教”一词的辨析和对于孔教的“人道”特色的强调，可以看出彭所着力提出的礼教与神道之间的差别与康有为孔教理论的立足点不谋而合。

如果以康有为已刊的作品为依据，则我们可以断定，几乎在康有为写作的初期，他就开始对“教”字进行辨析。他的最早的系统的作品《教学通义》成书于1885年，开篇就讨论“教”。他认为“教”包括礼教伦理和事物制备两方

---

① 刘锦藻：《清朝续文献通考》，8486页，上海，商务印书馆，1936。

② 参见陈熙远：《“宗教”——一个中国近代文化史上的关键词》，载《新史学》，2002（12），46～47页。

③ 参见陈熙远：《“宗教”——一个中国近代文化史上的关键词》，载《新史学》，2002（12），40～41页。

面，也就是通常所谓的“教”与“学”。[①] 该书的重点虽然是在讨论传统中国的教化和学习制度，但文中十分明确地提出，儒家应加强在民间社会的传播。

在1886年的《康子内外篇》中，康有为已经将孔教与世界上别的宗教相提并论了。但以世俗生活和鬼神世界来区分孔教与其他宗教的差别，可以发现其后来辨别“人道教”与“神道教”的雏形。他说：

天地之理，惟有阴阳之义无不尽也，治教亦然。今天下之教多矣：于中国有孔教，二帝、三皇所传之教也；于印度有佛教，自创之教也；于欧洲有耶稣；于回部有马哈麻。自余旁通异教，不可悉数。然余谓教有二而已。其立国家，治人民，皆有君臣、父子、夫妇、兄弟之伦，士、农、工、商之业，鬼、神、巫、祝之俗，诗、书、礼、乐之教，蔬、果、鱼、肉之食，皆孔氏之教也，伏羲、神农、黄帝、尧、舜所传也。凡地球内之国，靡能外之。其戒肉不食，戒妻不娶，朝夕膜拜其教祖，绝四民之业，拒四术之学，去鬼神之治，出乎人情者，皆佛氏之教也。耶稣、马哈麻、一切杂教皆从此出也。[②]

在这段话中，康有为虽然并没有专门讨论“教”字的含义，主要还是从教化的角度来使用的，但是，当他将孔教与别的宗教对举的时候，他必然要面临孔教与别的宗教的同异问题。从他的区分中，我们隐约可以看出康之矛盾，即孔教既为宗教之一种，又与别的宗教不同，这也是他后来的一贯看法。戊戌变法时期他的孔教主张几乎都是沿袭着这样的矛盾。

在康有为游历欧美之后，他认为需要进一步对“教”的含义作出分析，以应对各种对他的孔教设想进行批评的观点。

1904年，康有为游历意大利，对其宗教活动尤其看重，他发现意大利人对于自己传统的语言文字和风俗习惯均十分热爱，因此，觉得中国人应该珍视孔子之道。他说：

各国于其本国言语、文字、历史、风俗、教宗，皆最宝爱之，敬重之，保存之，而后人性能自立，一国乃自立。故各国学堂、狱、医必有其敬礼国教之室，不如是则殆比于野蛮人。况孔子之道，既兼含并包，又为吾国所产，尤为亲切。与他国之尊他邦之圣者不同，故应与阿剌伯之敬摩

① 参见康有为：《教学通义》，见《康有为全集》，第一集，20页。

② 康有为：《康子内外篇》，见《康有为全集》，第一集，103页。

诃末同耳。[1]

在这篇游记中，康有为开始反驳只有神道才算宗教的说法，转而从功能上去理解“教”字，认为所有劝告人们为善去恶的理论均可以称为“教”，无论是以神道的方式还是以人伦的方式，抑或两者兼具，都是“教”。他说：

> 或有谓宗教必言神道，佛、耶、回皆言神，故得为宗教；孔子不言神道，不为宗教。此等论说尤奇愚。试问今人之识有“教”之一字者，从何来？秦、汉以前，经、传言教者，不可胜数。是岂亦佛、回、耶乎？信如斯说，佛、回、耶未入中国前，然则中国数千年为无教之国耶？岂徒自贬，亦自诬甚矣！夫教之为道多矣，有以神道为教者，有以人道为教者，有合人、神为教者。要教之为义，皆在使人去恶而为善而已，但其用法不同。[2]

康有为还从人类的认识发展的不同阶段来划分“教”的方法的发展。他认为远古人们因为智力发展的限制，害怕神鬼，因此，圣人就用神鬼来警示人们向善去恶。他说：

> 孔子恶神权之太昌而大扫除之，故于当时一切神鬼皆罢弃，惟留天、地、山川、社、稷五祀数者，以临鉴斯民。虽不专发一神教，而扫荡旧俗如此，功力亦极大矣！……况孔子实为改制之教主，立三统三世之法，包含神人，一切莫不覆帱，至今莫能外之。其三世之法，与时变通，再过千年，未能出其范围。朱子不深明本末，乃仅发明《论语》，以为孔子之道在是，则割地偏安多矣。此乃朱子之孔子，非真孔子也。或乃不知孔子实为儒教之祖，误以为哲学之一家，乃以梭格拉底比之，则亦一朱子之孔子而已。但孔子敷教在宽，不尚迷信，故听人自由，压制最少。此乃孔子至公处，而教之弱亦因之。然治古民用神道，渐进则用人道，乃文明之进者。故孔子之为教主，已加进一层矣。治较智之民，教主自不能太尊矣。[3]

这就是说，孔子本身已经超越了用神道的方式来教化人们的方式，但包括朱熹在内的前贤并不能体会孔子之用心，反而因为其理性化的一面而看不到其作为宗教家、教主的一面。

---

① 康有为：《意大利游记》，见《康有为全集》，第七集，374 页。

② 康有为：《意大利游记》，见《康有为全集》，第七集，375 页。

③ 康有为：《意大利游记》，见《康有为全集》，第七集，375 页。

同是在1904年，康有为造访英国，并参观了牛津、剑桥等大学。在他与剑桥大学的华文总教习斋路士的会见记中，讨论到对于日本人用“宗教”对译“religion”一词的不当之处。他说：

> 日人以神道为宗教，乃日人之妄定名词耳。因是之故，佛、耶、回之言神道者，则以为教；儒不如佛、耶、回之专言神道，则以为非教。试问教之为文义，并非日文，亦非西文，乃出于吾之古经传记者也。若《书》之称敬敷五教，在宽，教胄子，《易》言教思无穷，《论语》言子有四教，《孟子》言教亦多术，又曰教以人伦，逸居而无教，则近于禽兽，《史记》称仲尼弟子以友教于四方，此皆至近之说，人人共知；教之为义至浅，亦人人共识；岂有数千年文明之中国而可无教？又可无主持教化之人乎？若数千年之中国而可无教也，则中国人不皆沦为禽兽乎？①

在这里，康有为认为，既然中国自古就有“教”字，那么这个字的含义应该从古典中找根据，而不能以英文中的意思来规定“教”字的含义。同时，康有为从教化的意义来理解“教”，认为中国是一个有宗教的国家。

当然，在这个证明中有一个逻辑上的陷阱，即以中文中有“教”字和中国的教化传统来证明中国是一个有“宗教”的民族，这中间已经存在概念上的跳跃。这种跳跃体现了康有为的内在矛盾，即既要证明中国是一个有宗教的国家，但又要强调儒家与其他以信神为标志的世界性宗教的差别。康有为这个时期的宗教论述对于他的政治哲学思考十分重要。在了解现代西方的政治发展日渐与宗教脱离轨道的背景下，他通过将孔教人道化的方式强调儒家的世俗性，但又用宗教的形式对儒家的神性原则加以确认，这样即可以为未来的新国家提供价值凝聚点。

康有为鄙视日本人用“宗教”来翻译“religion”，认为这样的翻译与汉语的习惯不符，中国人有说宗庙、祖宗，没有说宗教的，而日本人以宗教来说佛教，但是将“宗”加在“教”的前面是很说不通的。②

康有为发挥他在《意大利游记》中所提出的不同时期的教化方式的差异的

---

① 康有为：《英国监布烈住大学华文总教习斋路士会见记》，见《康有为全集》，第八集，33页。

② 黄兴涛认为：“从康有为的论证方式来看，他却存在着以传统汉语中的‘教’字内涵，一厢情愿地强行解读religion的问题。这与今天汉语中翻译religion的‘宗教’一词流行以后，反过来影响对传统带‘教’字词汇含义的理解，造成‘儒教’、‘道教’等概念内涵狭隘化认同的问题，有着相通之处，但方向却恰好相反。”（黄兴涛：《新名词的政治文化史——康有为与日本新名词关系之研究》，见黄兴涛主编：《新史学》，第三卷，121页，北京，中华书局，2009。）

看法，提出以基督教为基准而形成的“religion”概念应该被翻译为“神道”，但是“教”并不限于“神道”，因此，如果以“宗教”来翻译“religion”，那么就应该扩大其内涵，即指一切教。这样，“宗教”一词虽是“religion”的中文翻译，但是其还应包含其他的教化方式，比如像孔教那样以人伦教化为主的人道教。他说：

> 今日人宗教之名，本由译欧美之书而出。盖因欧人向宗耶氏，别无他教，故其名谓之厘利尽 Religion。厘利尽者，谓凡能树立一义，能倡徒众者之意。然则与中国所谓教别无殊异，所含广大。或谓中含神道之义，则因耶教尊上帝，而欧土之教只有耶氏，故附会之，并非厘利尽必限于神道也。若令厘利尽之义必限于神道，则当以神道译之，而不可以宗教称之；又或以神教译之，而不可以宗教称之。……然若限于神道为教，则宇宙甚大，立教甚多，岂必尽言神道者？凡能树一义，以招徒党而传于后者，苟非神道，则以何名之？以何译之？既无其他名词，则亦不能不以厘利尽目之。则厘利尽亦应为一切诸教之广义，而不能仅为神道之专词矣。[①]

康有为晚年越来越接受以“宗教”来翻译“religion”的做法，可能的原因是这个翻译的词语已经被广泛地接受。1923 年 6 月，康有为在济南的演讲中说：

> 日本人曰宗教，英文为厘利尽，即神道教也。如婆罗门教、佛教、基督教、回教，皆劝人为善者，但只注重灵魂。译为宗教，不误也。孔子之教，不专言灵魂，而实兼身兼魂，无所不包；简而言之，曰人道教而已。[②]

不过，孔教与别的宗教的差别却是康有为始终坚持的。康有为认为，孔子教化是有异于其他以神道为基本范型宗教的人道宗教，这也是儒家所不同于别的宗教的特殊之处。而且儒家是高于其他诸教的更高阶段的宗教。“太古尚鬼，则神教为尊；文明重人，则人道为重。要神道人道，其为教人民则一也。孔子者，以人道为教，而亦兼存鬼神。譬如君主有立宪专制之异，神道之教主独尊，如专制之君主焉；人道之教主不尊，如立宪之君主焉。不能谓专制之君主为君主，立宪之君主为非君主，则不能谓言神道者为教，而言人道者非教矣。”[③]

---

① 康有为：《英国监布烈住大学华文总教习斋路士会见记》，见《康有为全集》，第八集，34 页。

② 康有为：《济南演讲辞》，见《康有为全集》，第十一集，248 页。

③ 康有为：《中华救国论》，见《康有为全集》，第九集，326 页。

康有为认为：从宗教的发展阶段上，儒家要更“先进”，而且从解决人的精神和社会的全体方面，孔教也要胜过基督教与佛教。[①] 这里，他甚至从中国传统的魂魄学说去找根据。他说：

> 祭以尊奉天神人鬼，孔子讲魂而运于人道之内，所谓声明魂魄传于罔极也。诸教只言天，只修魂，道教只修魄。基督至仁，盖专重天也；佛教至智，盖专修魂也，而佛谓战胜上帝为弟子，过矣。基督与佛同，言魂盖与佛之人天教同，故不嫁娶，独尊天，而寡及父母；言仁而寡言孝，尊魂而少言修身也。孔子则天与父母并重，故仁孝兼举，魂与体魄交养，故性命双修。[②]

康有为坚持从人道教的角度来定位儒家，是从历史风俗出发，也就是要证明中国人之所以要信奉孔子，并非一种权力压制下的结果，而是基于历史文化的合理性。这个合理性在现代民族国家的秩序体系中，显得尤其重要，因为无论是国族导向的民族主义还是种族导向的民族主义，历史风俗上的依据，几乎都是建构民族主义的最核心的素材。

在康有为及其追随者的论说中，那些更具有普遍性的、已经被世界化的宗教，并不符合当时的中国人建构民族国家的核心价值的内在要求。康有为之孔教设想明显是要为由天下-帝国体系而进入民族国家体系的现代中国寻找一个价值之基础，因为在一个弱势的国家里，“王者无外”的普遍主义只可称为一种虚妄的回忆。也因为如此，无论是康有为的孔教论还是章太炎等人的“国粹”论，对于即将要建立的国家的合法性的追寻的眼光都是投向传统的历史文化和风俗习惯的。

但是，当康有为将孔教的基础设定为历史文化的时候，信仰和事实的冲突便立刻显现出来。历史文化的复杂性和多变性的特点导致孔教缺乏其他宗教那样一种永恒性和超越性的理念，孔教必须面临一个社会生活的变化的环境而难以超迈其上。所以陈独秀认为，康有为将孔教视为人道教，似乎比将孔教视为宗教更接近儒家思想的实际，但是这样做的一个缺点是，孔教的独立性和持久

① 萧公权说康有为是从以下几个途径将儒家转化为宗教，并强调儒教的优先性的：“（一）应用儒家中可用的思想，并借用佛教和基督教中可借用者；（二）承认各教平等，但坚持儒教在学说上与实用上的优异性；（三）辩称由于在实质上的优异性，儒教在理论上适宜于全人类，是在目前的情况下唯一适合中国的宗教。”（萧公权：《近代中国与新世界：康有为变法与大同思想研究》，101页，南京，江苏人民出版社，1997。）

② 康有为：《长安讲演录》，见《康有为全集》，第十一集，276页。

性会遭受质疑，因为宗教信仰并不会随着世间事物的变化而变化，而日用人伦却是要随着世事的变化而变化的。“康先生意在尊孔以为日用人伦之道，必较宗教之迂远，足以动国人之信心，而不知效果将适得其反。盖孔教不适现代日用生活之缺点，因此完全暴露，较以孔教为宗教者尤为失败也。”①

三、孔教与国教：民族国家建构中的“宗教”因素

前文曾经讨论过，康有为建立保国会时，也提出保国、保种、保教三结合的思想，这里有一个深层的原因，即只有教的存在，才赋予这个种族与国家以意义或特性。这也是晚清许多政治家的共识。在亡国灭种的危机之中，保教的任务相比于种族和国家似乎并不迫切，但是若没有教的存在，那么保国的动力来源于何处呢？因此，张之洞就提出，这是“三事一贯”的。他说：

> 吾闻欲救今日之世变者，其说有三：一曰保国家，一曰保圣教，一曰保华种，夫三事一贯而已矣。保国、保教、保种，合为一心，是谓同心。保种必先保教，保教必先保国。种何以存？有智则存，智者教之谓也。教何以行？有力则行，力者兵之谓也。故国不威则教不循，国不盛则种不尊。②

张之洞将儒家伦常与清朝的统治的存续联系起来，回避了保国和保朝廷之间可能存在的多样化解释，而是主张抛弃异议，将保国、保种和保教合起来，并凸显保国的优先性。③ 他说：

> 今日时局，惟以激发忠爱、讲求富强、尊朝廷、卫社稷为第一义。执政以启沃上心、集思广益为事，言官以直言极谏为事，疆吏以足食足兵为事，将帅以明耻教战为事，军民以亲上死长为事，士林以通达时务为事。君臣同心，四民同力，则洙泗之传，神明之胄，其有赖乎！且夫管仲相桓

---

① 陈独秀：《孔子之道与现代生活》，见《独秀文存》，82页，合肥，安徽人民出版社，1987。

② 张之洞：《劝学篇》，50页，郑州，中州古籍出版社，1998。

③ 杨贞德说：“在中西对峙和朝野对立快速升高的过程中，保种、保教和保国主张的多重意义迅即浮现，并且与此前满、汉之间未能完全弭平的间隙和敌意，汇流成为晚清知识界无可避免的难题。其中所涉及的不仅是如何保种、保教和保国，以及保种、保教和保国三者能否兼得，更是如何界定‘种’、‘教’与‘国’三者的意义。后者例如：‘保种’意指保黄种或是保华种，保华族或是保满族？‘保教’广义而言，意指保真理还是保传统，保中国传统还是保孔教，保孔教中之‘仁学’还是‘三纲五常’的秩序，保中国既有的宗教还是保从传统转化出的新式宗教？‘保国’意指保中国还是保大清，保国家、保朝廷，还是保皇，保习自西方的共和还是保传统的君权？”［杨贞德：《从“完全之人”到“完全之平等”——刘师培的革命思想及其意涵》，载《台大历史学报》，2009（44），96页。］

公匡天下，保国也，而孔子以为民到于今受其赐。孟子守王道待后学，保教也，而汲汲焉忧梁国之危，望齐宣之王，谋齐民之安。然则舍保国之外，安有所谓保教保种之术哉？今日颇有忧时之士，或仅以尊崇孔学为保教计，或仅以合群动众为保种计，而于国、教、种安危与共之义忽焉。①

与张之洞在《劝学篇》中所强调的朝廷-国家优先性相比，康有为一直在保大清和保中国之间游离。因此，他曾经被指责保中国不保大清，这一点也成为反对孔教人士指摘康氏之罪责之一。或者我们可以把康有为理解为文化-国家主义者。在这样的意识之下，孔教和中国便成为一个互相定义的结合体，也就是说没有孔教，则国家的特性无法确立，而没有国家权力，则孔教难以确立其统摄性的地位。因此，一种将孔教定为国教的想法便从前期的宗教观念中挺立出来。

在写于1903年的《官制议》中，康有为便提出了设立教部来掌管国教的事务的设想。他说：

俄、土、波、英皆有教部，与政府对举，最为重要。法、意、普则以教部兼法部，奥、匈、瑞、希则以文部兼教部。盖各国之宪法，信仰各教，虽听人自主，而本国之政治、人心、风俗，则各有其国教之宜，不可失坠也，故皆设教部以统之。中国政治、义理、学校、选举皆出于儒，故礼部者实教部也。②

因此康有为提出，应该将礼部正名为教部，原先主持科举等事务的学正，改名为提督教事，并在各府、县皆设立教长。这里虽然使用了“国教”③之名，但是我们并没有看到康有为对“国教”的意义的解释。从他对礼部和教部的关

① 张之洞：《劝学篇》，51页。

② 康有为：《官制议》，见《康有为全集》，第七集，311页。康有为的弟子陈焕章就是以“礼”来定义“宗教”的。他说：“今欲证孔教之为教，当先定宗教之界说。宗教二字，在英文为釐里近Religion。解释之者，虽各个不同，然大致偏重于神道。若以英文之狭义求之中文，则以礼字为较近。《说文》曰：‘礼，履也，所以事神致福也。’徐铉曰：‘五礼，莫重于祭，故从示。豊者，其器也。’盖礼之起源，始于祭祀，即西人所谓宗教，而我中国亦有礼教之称。”（陈焕章：《论孔教是一宗教》，见陈焕章：《孔教论》，2页，上海，商务印书馆，1912。）

③ 在《戊戌奏稿》中，收录有《请尊孔圣为国教，立教部教会以孔子纪年而废淫祀折》，这个奏稿根据1898年递呈的《请商定教案法律厘正科举文体听天下乡邑增设文庙谨写〈孔子改制考〉进呈御览以尊圣师而保大教折》增改而成。在原折中并无“国教”而只有“大教”的提法，但因无法确定这个增改是在哪一年所作，因此，并不能断定康有为在1898年就提出了“国教”的说法。

系的处理看，教部的功能应该兼及礼制和教育。

但自此之后，康有为屡屡提及“国教”，他认为一个国家是否有“教”，是否存在“教主”，是人种是否珍贵、国家是否文明的标志，要保持人民的自尊、国家的独立，就一定要珍爱自己的教主，敬奉自己的国教。他说：

> 苟吾国人士稍能自念身为神明之胄，而不甘遂沦为野蛮禽兽也，其慎无盲从妄说而亦曰吾中国无教、无教主也。知吾国教最文明、最精深，然后吾种贵；知吾国产有教主，道最中庸、最博大、最进化、最宜于今世，可大行于欧美全地，莫不尊亲，然后吾种贵；知吾国有最盛美之教，有神明圣王之教主，我全国及各教宜尊奉之，庶将来使大地效之拜之，如欧人之尊敬耶稣然，然后吾种贵。能知吾种贵，然后不媚外为奴，不称人世纪，而卓然自立；知自立而后学盛道尊，而后种强民贵焉。[①]

康有为认为兹事体大，关系到国家信心的挺立。他说：

> 盖他教虽各有神圣，而中国数千年民俗之宜、功德之盛，无有如孔子者，此为吾国国教也。民间乡曲，宜尽废淫祠而遍祀之，立诸生以同讲劝焉，一如欧美人之祠耶稣，立祭司、牧师也。大中小学校，宜设殿拜跪，祭祀，敬礼，诵经道。创立经学科，尤宜尊崇，其诸生借以传道。如欧人学校之必有礼拜耶稣之殿以诵经讲道，又必有神学之科焉。宜立儒教为国教，而其余听民之自由信仰，如欧人之以耶稣或天主为国教，而以其余听民之信奉自由也。[②]

康有为在这段论述中，主要强调了国教与信仰自由并不冲突。但是，他在希望各级学校进行祭祀孔子活动的时候，并没有讨论世俗民族国家体制下国教活动与学校的教学活动之间的关系。换句话说，当政治干预信仰的时候，国教与信仰自由的原则之间会产生冲突。这也是后来反孔教国教化人士的主要攻击点。

1904年，康有为还写作了《物质救国论》。在这篇文章里，康有为提出了一个重要的观点，即欧洲的文明主要在于其物质文明，因此，我们所要学习的是体现欧洲文明的工艺和火炮，而不是空谈民主、革命、平等。他说，中国数十年的变法第一个失误是模仿西方的学校制度，不但没有学到西方的实用技

---

① 康有为：《英国监布烈住大学华文总教习斋路士会见记》，见《康有为全集》，第八集，36页。

② 康有为：《英国监布烈住大学华文总教习斋路士会见记》，见《康有为全集》，第八集，36页。

术，反而把中国数千年的圣贤经传、道德名义舍弃了；第二个失误是沉迷于西方的自由革命学说。

因此，康有为认为中国百事败坏的一切根源是不讲求物质之学。康有为所讨论的重点虽然是物质文明方面，但他也认识到只有精神层面的资源是难以与西方的物质文明及建立在这种文明基础之上的自由、民主的政治原则相抗衡的。而求之解决之道，则是发展中国的物质文明，而非空谈自由、共和。他说：

> 吾于四万万人中，亦为粗有知识，于中国之书既无不读，即欧美之学理、事迹风俗亦无不探检而略通之，且亦自竭至诚、舍性命以图救国矣。吾于普大地万国中不在人后，虽地球诸圣哲，吾亦未见其长。然使物质不兴，则即令四万万人者皆如我，然已无补于亡矣。盖我虽略具热诚，粗通学理，而于物质实业不能成一艺，则于救国之实事，即为无用之尤。故犹太有耶稣之生，而数十年即亡；印度有佛，而印度累灭。故苟非与时适用，虽有教主，而无救于国焉！①

这其实是从另一个角度来为孔教的合法性找根据，即中国要向西方学的是其发展物质生产层面的内容，至于精神层面，则要留给孔教。

在中华民国成立之后，康有为的危机感更为深刻。虽然民权和宪政这样的政治制度是他在戊戌变法的时候就竭力主张的，但是在以共和为口号的新的民国建立之后，康有为却开始批评民国的政治现状，甚至开始批评起共和与民主的政治体制来。

从理论的层面来说，康有为对于民国激进式革命的反对，与其建立在公羊三世说基础上的渐进式的政治改良主张有关；就正面论述而言，康有为保留君主象征性权力的“虚君共和”政治设想与其建立孔教为国教的主张可以称得上

---

① 康有为：《物质救国论》，见《康有为全集》，第八集，82页。康有为强调物质文明重要性的文章并不多见。而在1902年，梁启超发表了明确与康有为立场相左的《保教非所以尊孔论》，其中尤其反对康有为教强则国强的论断。他说：“至先生谓各国皆以保教，而教强则国强。以弟子观之，则正相反。保教而教强，固有之矣，然教强固非国之利也。”（丁文江等编：《梁启超年谱长编》，183页，上海，上海人民出版社，2009。）这个时期，梁启超受严复、黄遵宪等人的影响，反对保教的主张，认为孔学不适应新世界，导致康梁师徒关系紧张。1904年康有为在《物质救国论》中对于物质文明的强调，可以看作是对于梁启超教强并不必然国强的说法的正面回应。但是康有为与梁启超的差别在于，梁启超反对保教，其目的是思想自由。在康有为看来，自由和共和本身就属于不切实用的非物质文明，对于救中国并无用处。关于这个问题的讨论还可以参见彭春凌：《康梁在孔教能否为国民义思想上的分合》，载《近代史研究》，2011（5），39～61、161～162页。

是体用一元的逻辑必然。也就是说，孔教会所要承担的功能主要有两个：一是对于传统价值和生活习俗的继承；二是提供民族国家的合法性基础，而孔教凝聚了历史和文化甚至民意上的合法性资源。

康有为这个阶段的孔教主张都与上述两个主题相关。1912 年 6 月，康有为撰写了《中华救国论》一文。与同时期别的文章一样，康有为在这篇文章中表达了对中华民国成立之后的政治现状的极度失望，据此，他认为表面上的政治制度的移植相对简单，关键是要注意政治背后的道德问题。他首先要批评的就是层出不穷的新成立政党的道德问题。在他看来，民国政治的乱象是因为这些随着政治变革而成立起来的新政党在政治学说上普遍无知，在道德层面上普遍自私和没有社会良知。因此，必须采取两种手段来改良政党。这两种手段包括输进通识和崇奖道德。对于输进通识，他说：

> 今试问吾国人乎，知共和与立宪之政体何别乎？吾国与万国之交关何要乎？吾国孰不如人宜改，孰为国粹宜保，此皆各国人所通习，而吾国老儒博士，或有未解，况欲责之全国之民乎？然既共和矣，一切国民有权参政，全国之民，苟皆无天下万国之通识，必将是者非之，非者是之，颠倒得失，而挟其多数行之，国之不颠蹶，殆无幸也。故输进通识最要也。①

近代以来中国人对于民主的警惕始终是存在的，比如，严复对于民智的强调，也是看到了这个新的政治秩序因为吸纳了所有的民众，因而民众本身的知识和修养就成为一个新秩序能否顺畅运行的重要基础。

至于崇奖道德，康有为引用孟德斯鸠的话说，专制国尚威力，立宪国尚名誉，共和国尚道德。他还引述英国学者的论断说，民主制度需要有道德的辅助才能使人建立爱法守法的精神。那么如何增进国民的道德呢？康有为认为宗教是不二的选择。康有为继续发挥他的观点，主张我国数千年一直奉孔子之道为国教，所以应该继续尊奉。他说：

> 今吾国数千年奉孔子之道以为国教，守信尚义，孝弟爱敬，礼俗深厚，廉耻相尚。……大地各教，佛、回久入中国，已千余年，各行其是，并行不悖，成效得失，已昭然不待论矣。佛尚慈悲，又明罪福，以训蒙、藏，化民成俗，固不可易。基督尊天爱人，养魂忏罪，其在欧美，教化大彰，以之发人敬畏之心，向善远恶之效，固无不可矣。且亦与孔子之道，

---

① 康有为：《中华救国论》，见《康有为全集》，第九集，324～325 页。

多有符合焉。其稍异者，孔子尊天而兼敬祖，故仁孝并重，基督专于敬天，故但尚仁。然今在中国，欲立废祠墓之祭扫，弃祖宗之系，恐未能也。然则苟不欲去教，而欲宜其民之风气事势，以养其性情，而形其法律者，不能舍孔子之道矣。①

康有为认为孔教注重人伦道德，是与共和政治相辅相成的。在这里，他继续自己对于人道教和神道教的区分，认为这两者是宗教的不同形式，而且在理性时代，人道教才是符合时代精神的。对于孔子重纲常、不符合共和体制的质疑，康有为用其一贯的公羊三世说来化解。

对于政治和宗教相分离的世界大势，康有为认为不能简单地套用，而要根据中国的实际情况进行变通，一切应以是否有利于国家的建立和发展为衡量标准。而孔教因为在历史上素来主张兼容他教而无碍，因此，以孔教为国教最可以维护信仰自由的原则。他说：

夫政治法律，必因时地而行方制，其视教也诚，稍迂阔而不协时宜，若强从教，则国利或失。故各国皆妙用政教之分离，双轮并驰，以相救助；俾言教者极其迂阔之论以养人心，言政者权其时势之宜以争国利，两不相碍而两不相失焉。今吾国亦宜行政教分离之时矣！即蒙、藏为佛教之地，然佛言出世法，与孔子言入世法，两无相碍。其在中国，儒、佛并尊，行之二千年，亦无流弊。且蒙、藏同为共和，必当同化，乃后能选其才而用之。然则教以经传，尤为今治化之本矣。盖孔子之道，敷教在宽，故能兼容他教而无碍，不似他教必定一尊，不能不党同而伐异也。故以他教为国教，势不能不严定信教自由之法。若中国以儒为国教，二千年矣，听佛、道、回并行其中，实行信教自由久矣。然则尊孔子教，与信教自由何碍焉？②

在康有为看来，相对于别的宗教来说，孔教除了其注重人伦教化这样的特色之外，还预先为不同的历史阶段设定了不同的教义准则，因此，孔教才既适用于中国古代，也符合未来中国的需要。他说：

圣者创教，达知未然，预观将来，必以通变曲成，乃可大可久，不能通变曲成，则能应当时，必不能应后时之用也。麦加穆护之教，婆罗门弩

① 康有为：《中华救国论》，见《康有为全集》，第九集，326页。
② 康有为：《中华救国论》，见《康有为全集》，第九集，327页。

> 斯之制，只明据乱之治，而无太平大同之道；故印度、突厥、波斯之民，既难弃其旧教，即无以适其时用也。使孔子无平世大同之道，只言修身，犹虑其偏而不全，缺而不备，即不能曲成不遗也，则置之可也。今孔子有平世大同之道，以治共和之世，吾国人正可欢喜恭敬，讲明而光大之，俾吾四万万人，先受平世大同之乐，而推之大地与万国共乐之。①

按照康有为的看法，佛教与伊斯兰教等因为只是阐发了据乱时期的教义，所以不适应当下时代的发展，只有儒家的大同思想才是向未来开放的。

这个时候，留学美国哥伦比亚大学并一直有建立孔教设想的陈焕章的回归，给了康有为的孔教设想以现实化的可能。为了给孔教的国教化提供组织上的基础，陈焕章在康有为的支持之下组织孔教会。1912 年 10 月 7 日，孔教会在上海成立。1913 年 8 月，陈焕章、严复、夏曾佑、梁启超、王式通等，为请定孔教为国教撰写请愿书，认为共和政体应该奉孔教为国教。请愿书中说：

> 今日国体共和，以民为主，更不容违反民意，而为专制帝王之所不敢为。且共和国以道德为精神，而中国之道德，源本孔教，尤不容有拔本塞源之事。故中国当仍奉孔教为国教，有必然者。或疑明定国教，与约法所谓信教自由，似有抵触，而不知非也。吾国固自古奉孔教为国教，亦自古许人信教自由，二者皆不成文之宪法，行之数千年，何尝互相抵触乎？今日著于宪法，不过以久成之事实，见诸条文耳。信教自由者，消极政策也，特立国教者，积极政策也。②

在为孔教会的成立写作的两个序言中，康有为开始着重讨论孔教与国家认同之间的关系，认为孔教是中国之为中国的依据。在写作于 1912 年的《孔教会》序一中，康有为明确地说，国家的意识要立足于宗教之上，因为宗教的功

---

① 康有为：《中华救国论》，见《康有为全集》，第九集，327 页。

② 《孔教会请定孔教为国教请愿书》，载《孔教会杂志》，1913，1（6），14 页。对此请愿，张东荪赞同孔教是国教的看法，但是认为立孔教为国教是多此一举。“世人对于国教，殊多误解。第一，须知国教非可以强定者也。古代专制之国，其君主具莫大之权力，可以强制人民。政治以力服人，宗教以德服人，政教不分之专制国，可以政治之力，扶植宗教。若夫共和国，政教既分，则断无强制人民服从宗教之理。而人民固有之服从，亦不能摒弃而禁绝之。此所以专制政教不分之国，其国教之性质，大异于共和政教既分之国中所谓国教者也。第二，须知信教自由，非国民之权利，不过一种消极状态。此消极状态，无关于国教。诚以国教非以政治之力而定，乃本于国民自觉心而定耳。是故，国教者，社会上之事业，非政治上之事业。往往一语及国教，辄联想专制，此误解之尤不可不辨也。”［张东荪：《余之孔教观》，见经世文社编：《民国经世文编（交通·宗教·道德）》，影印版，5040～5041 页，台北，文海出版社，1983。标点为引者所加。］

能是政治活动所不能及的。他说：

> 夫国所与立，民生所依，必有大教为之桢干，化于民俗，入于人心，奉以行止，死生以之，民乃可治。此非政事所能也。……今中国人所自以为中国者，岂徒谓禹域之山川、羲轩之遗胄哉？岂非以中国有数千年之文明教化，有无量数之圣哲精英，融之化之，孕之育之，可歌可泣，可乐可观，此乃中国之魂，而令人缠绵爱慕于中国者哉？①

康有为说，宗教本应着眼于全人类，而不能专为一国利益着想。但是在国与国之间激烈竞争的今天，宗教也要承担激发国民意识的重任。这是民族国家的兴起所造成的社会现实的内在要求。如此，孔教也要以一种教会化的方式建立，以与西方的文化和宗教展开竞争。他说：

> 夫教为天下，不为一国而设。日本近者广厉儒学，崇祀孔子，况吾宗邦而自弃之。且吾国人本皆覆帱于孔教中，不待立会，犹吾国人人皆为中国民，不待注籍也。惟今列国交逼，必有国籍，诸教并立，亦有教籍，则孔教会之立，不可已也。②

在清末民初的国家意识建构中，以章太炎、黄节等人为核心的国粹派就强烈主张以中国的历史文化作为“国粹”“国魂”以激发民族独立的意识。这样的观念也被康有为曲折地分享，虽然章太炎等人是坚决反对孔教国教化的主张的，但是这并不妨碍康有为将孔教视为中国的国魂。1913 年 2 月 11 日，他在给《中国学会报》的题词中指出：

> 夫所谓中国之国魂者何？曰孔子之教而已。孔子之教，自人伦、物理、国政、天道，本末精粗，无一而不举也。其为礼也。陈之以三统，忠、质、文之迭代也；其变易也，通之以三世，据乱、升平、太平之时出也。体之以忠信笃敬，而蛮貊可行；张之以礼义廉耻，而国维不败；推心于亲亲仁民爱物，则仁覆天下矣。立本于事天、养心、尽性，则天人一致矣。其直指本心，至诚无息，必自慎独发之，无使隐微之有馁也；其原本天命，上帝临汝，则必自照临有赫，无使旦明之贰心也。自其中庸言之，则以人为道，被服别声，饮食男女，不离人以为道，故曰道不可须臾离也。自其深微言之，则原始反终，而知死生之说，精气为物，游魂为变，

① 康有为：《孔教会·序》，见《康有为全集》，第九集，341 页。
② 康有为：《孔教会·序》，见《康有为全集》，第九集，346 页。

而知鬼神之情状。故自鬼神、山川、昆虫、草木，皆在孔教之中。①

康有为认为，国魂若亡，那么国家则一亡而永亡。所以他支持中国学会的成立，以收集“国粹”，来“补教化，存礼俗，守道揆，正人心”。

康有为所指出的救国的路径就是，以孔子之教为本，辅之以欧美之物质、政治，这甚至有点张之洞中体西用的影子。他说：

> 吾有自产之教主，有本末精粗其运无乎不在之教主，有系吾国魂之教主，曰孔子者。吾四万万人，至诚至敬，尊之信之，服其言，行其行，通其变，身心有依，国魂有归，庶几不为丧心病狂之人。然后能人其人，道其道，国魂不亡，国形乃存。然后被以欧美之物质，择乎欧美之政治，或不亡耶，且由此而致强可也。②

1913年7—8月，他撰写《中国颠危误在全法欧美而尽弃国粹说》一文，进一步讨论孔教在铸造国魂过程中的作用。他说：

> 凡为国者，必有以自立也。其自立之道，自其政治、教化、风俗，深入其人民之心，化成其神思，融洽其肌肤，铸冶其群俗，久而固结，习而相忘，谓之国魂。国无大小久暂，苟舍此乎，国不能立，以弱以凶，以夭以折。人失魂乎，非狂则死；国失魂乎，非狂则亡。此立国之公理，未有能外之者也。③

康有为认为，如果自身的文化习俗中有一些短处，那么有所补正也是需要的，但是如果不问是非得失将自己的政治教化风俗皆革而去之，对欧美的政治教化风俗皆迎而从之，那么这将是天下至愚之事。他说：

> 夫政治非空言理想所能为也。以政治法律皆施于人民者，必与人民之性情习俗相洽相宜，乃可令下如流、施行无碍也。非可执欧美之成文，举而措之中国而即见效也。岂徒不效，其性情风俗不相宜者，且见害焉。……今吾国一知半解之士，于欧美之立国根本茫然也，乃大声疾呼曰：一切法欧美。又操觚执简，而为宪法律令，曰法欧美。抄某国之条文，则曰足为自由之保障矣。学某国之政俗，则曰足致国民之治安矣。若是则数留学生稍抄写各国宪法、法令章程，而中国已治已安、已富已强矣。无如皆为纸

① 康有为：《〈中国学会报〉题词》，见《康有为全集》，第十集，16页。
② 康有为：《〈中国学会报〉题词》，见《康有为全集》，第十集，18页。
③ 康有为：《中国颠危误在全法欧美而尽弃国粹说》，见《康有为全集》，第十集，129页。

上之空文，而非政治之实事矣。①

任何的政治原则如果不能与本土的价值理念相结合，其所能发挥的效益就是可疑的。

民国之后，教育部废弃读经，并没收孔庙学田，而新学堂不再礼拜孔子，所以康有为于1913年农历五月致书教育部，提出教育部将孔庙学田充公来补充学校经费的做法就是废黜孔子。在这篇文章中，康有为尤其强调教化、习俗与法律制度之间的关系，认为只有宜乎中国人的习俗的新制度、新法律才能真正体现共和政治以民为本的实质。他甚至了解西方尤其是英国的习惯法（不成文宪法）对于政治变革过程中维护秩序稳定的意义，因此，在中国处于社会变革的关键阶段，尤其不应该抛弃中国固有的价值和信仰体系。②

民国初年新的学制的引入，割裂经学为文学、历史、哲学等学科，而孔子相应地被视为教育家、政治家、哲学家等分科之专门家。对此，康有为坚决反对把孔子看作一个“一业之名家”，反对割裂孔子精神之完整性，强调要保持孔子思想的完整性，就必须将孔子视为“教主”。他说：

> 窃谓诸君子无意于保中国则已也，诸君子而有意保中国，则不可不先保中国魂也。中国之魂维何？孔子之教是也。窃闻诸君子未尝不尊孔也，但所以尊孔者，不尊为教主也。或如今妄人之言，谓之曰大政治家，谓之曰大教育家，谓之曰大哲学家。夫政治、教育、哲学，乃所谓一器一能，庄子所谓耳、目、鼻、口，各明一用，不能相通，不能见天地之容。圣人之大，暗而不明，郁而不发，道术遂为天下裂。……降教主，革圣号，而为一业之名家，此真谤圣之蜚言，毁教之诡术，不可不疾呼而明辨也。③

康有为看到的是，如果将孔子专家化，那么，孔教的神圣性便无所依靠。由此，建立孔教更可以被看作是对学科化体系下孔子去神圣化的一种补救。

1913年3月，康有为还做了一件很有意味的事，即自己创制了一部中华民国宪法。我们知道立宪政治的基础在于宪法，宪法决定了一个国家的性质及其基本特征。显然康有为的宪法草案体现了他自己对于未来中国的设想，其中尤可关注的是他对于孔教的法律地位的思考。

---

① 康有为：《中国颠危误在全法欧美而尽弃国粹说》，见《康有为全集》，第十集，130～131页。

② 参见康有为：《覆教育部书》，见《康有为全集》，第十集，116～117页。

③ 康有为：《〈中国学会报〉题词》，见《康有为全集》，第十集，17页。

康有为的《拟中华民国宪法草案》第十一章第九十六条中说："凡国民苟不扰治安，不害善俗，不妨民事政事之义务者，许其信教之自由。而以孔教为国教，惟蒙藏则兼以佛教为国教。其特别之制，以法律规定之。"①

在对这一条文的解释中，康有为首先说明了信教自由在欧洲的来历，并认为中国传统中儒家与其他宗教之间并不存在天主教与别的宗教之间或天主教与基督教之间那样激烈的冲突，而是一直将信教自由作为"公理"。因此，一些因为宗教信仰自由而反对将孔教立为国教者，则被认为"大愚"。

康有为认为立孔教为国教，并非于史无据。他指出秦国立博士，诸生皆诵法孔子，就说明秦国已经立孔教为国教。而后，汉代定孔子为一尊，立"六经"于学官，这样的制度延续两千年，充分说明儒教乃国教。

康有为指出，中国传统的民族认同主要仰赖孔教。他说：

> 孔教与中国，结合二千年，人心风俗，浑合为一，如晶体然，故中国不泮然而瓦解也。若无孔教之大义，俗化之固结，各为他俗所变、他教所分，则中国亡之久矣。……故不立孔教为国教者，是自分亡其国也。盖各国皆有其历史风俗之特别，以为立国之本；故有孔教乃有中国，散孔教是无中国矣。②

康有为还认为西方这些在宪法中明文规定信教自由的国家如英国、德国等，各有其国教，而"印、美信教自由之纯粹者矣，而总统即位，手按其新教之经而发誓，则亦不成文之国教矣"③。

康有为甚至引用瑞士有奉三种宗教为国教的历史，说明除了孔教之外还可以将佛教并列为当时蒙、藏等地的所谓"国教"。他说：

> 君子治国，不求变俗，谨修其故而审行之。佛之博大精微，又能明罪福以劝戒，入中国久远相安久矣。故在中国，以孔子为国教，在蒙、藏兼以佛为国教，并得其宜，有何碍哉？故必以孔教著为国教，明著宪法。④

令人不解的是，与康有为对于"religion"这个词的翻译再三讨论不同，他对于"国教"这个词基本上没有进行过基于词源和意义的辨析，所以，当他引用国外的宪法中的国教条款的时候，我们或许应该假定他了解这个"国教"在

① 康有为：《拟中华民国宪法草案》，见《康有为全集》，第十集，81页。

② 康有为：《拟中华民国宪法草案》，见《康有为全集》，第十集，82页。

③ 康有为：《拟中华民国宪法草案》，见《康有为全集》，第十集，83页。

④ 康有为：《拟中华民国宪法草案》，见《康有为全集》，第十集，83页。

西方政治或宗教体系中的意义。但是，康有为在讨论孔教为“国教”的时候，所采用的意义也并不一致。在1913年发表的《以孔教为国教配天议》一文中，康有为所谓的“国教”其实就是礼俗教化，以及这样的大传统渗透之下的小传统，即民间习俗。所以，他说：

故凡国，必有所谓国教也。国教者，久于其习，宜于其俗，行于其地，深入于其人心者是也。虽诸教并立，皆以劝善惩恶，然宜不宜则有别焉。①

其实，以私意度之，康有为之所以并没有着力讨论国教在西文中的本义，或许是要避免国教带给人的破坏信仰自由的口实。但在新建立的共和国家中确立儒家的排他性优势却同样是康有为所追求的，尽管很明显这两种目标是互相矛盾甚至对立的。在康有为看来，将孔教上升为国教又是儒家体制解体之后之必需，否则儒家之旧有地位便难以保障，他甚至将之视为真正的民意，体现出儒家的“人民性”的一面。② 曾亦说：如果只是着眼于治教分途——

南海之孔教主张，不免降低了孔子及其学说的地位，此绝非南海之本愿。是以南海实欲进一步使孔教上升为国教，发挥其政治教化及世俗教育之权，并且，又谓孔教为人道教，不重神权，最宜于今之世俗社会。儒学经此一番改造，不独未失其旧有地位，又能切合当今之现实也。③

孔教会希望通过法律程序来实现立孔教为国教的提案，分别在1913年9月与1916年两次提出，但最终都没有获得通过。当然，反对者的理由十分复杂，艾知命所作的《上国务院暨参众两院信教自由不立国教请愿书》，可以说集中地表达了反对者的理由，虽然这些理由康有为和陈焕章都作了不同程度的回应性解释。该请愿书强调信教自由是欧洲人基于长期的宗教战争而争取的权利，而制定国教本身也是为了定一统而消弭战争。在这样的大背景下，中国却提出立国教的动议，则势必会造成恶劣影响：（1）激起宗教之纷争；（2）破坏五族共和；（3）违背民国之约法；（4）阻碍政治之统一。“总之，中国本不以

---

① 康有为：《以孔教为国教配天议》，见《康有为全集》，第十集，91页。1923年11月，康有为在陕西孔教会演讲中讲了这样一个故事：“吾前在美时，门人陈焕章与各教中人辩论，问于吾。吾曰：汝问之。曰：汝食乎？曰：食。曰：汝衣乎？曰：衣。汝居室乎？曰：居。汝有夫妻乎？曰：有。汝须忠信乎？须文行乎？曰：须。应之曰：衣、食、住、夫妻、文行、忠信，即孔子之教也。然则汝实孔教矣。”（康有为：《长安讲演录》，见《康有为全集》，第十一集，283页。）

② 参见［美］列文森：《儒教中国及其现代命运》，164页，北京，中国社会科学出版社，2000。

③ 曾亦：《共和与君主：康有为晚期政治思想研究》，256页，上海，上海人民出版社，2010。

宗教为重轻，则国教可不必立，而一言五族共和，则国教尤不可立。”① 因此提出立孔教为国教的请愿书，不但是昧于时势，也是对孔子的歪曲，因为孔子是教育家、政治家，而不是宗教家，这是东西学者所共同承认的事。还有学者甚至担心立孔教为国教将使从来未曾出现过的教祸“发现于中国”②。

陈独秀认为孔教并不能以宗教视之，孔子也不是教主，即使孔教存在，也不能牵入政治，因为“政教分途，已成公例，宪法乃系法律性质，全国从同，万不能涉及宗教道德，使人得有出入依违之余地”③。陈独秀认为孔教与共和国体是格格不入的：

> 我想主张孔教加入宪法的议员，他必定忘记了他自己是共和民国的议员，所议的是共和民国的宪法。与其主张将尊崇孔教加入宪法，不如爽快讨论中华国体是否可以共和。若一方面既然承认共和国体，一方面又要保存孔教，理论上实在是不通，事实上实在是做不到。④

张勋对于立孔教为国教之事的热心和康有为对于复辟的“有限”参与似乎坐实了陈独秀对于孔教的一贯批评。因此，当张勋复辟事件出现之后，陈独秀就从孔教的尊君等观念出发，认为“主张尊孔，势必立君；主张立君，势必复辟，理之自然，无足怪者。故曰：张、康复辟，其事虽极悖逆，亦自有其一贯之理由也”⑤。

当康有为对于“虚君”的政治设计落实为袁世凯与张勋的复辟之后，虽然康有为曾激烈地反对袁世凯称帝，或他并不一定同意张勋的作为，但是事实上是强化了反对者对孔教与传统专制政治之间关联的指责。遗憾的是，孔教的反对者并没有从文化民族主义的角度去考虑康有为在孔教与国家意识和国民精神培养方面的意图，以及关于文化传统与政治的关系的复杂思考。因为这些在政治理想主义的陈独秀眼里一并被认为是中国接受现代民主政治体制的障碍。这样的结果是对于西方政治的反思过程被忽视，进而导致中国的政治为一种脱离中国现实的浪漫主义情怀所笼罩。

---

① 艾知命：《上国务院暨参众两院信教自由不立国教请愿书》，见经世文社编：《民国经世文编（交通·宗教·道德）》，5144页。

② 丁义华：《教祸其将发现于中国乎?》，见经世文社编：《民国经世文编（交通·宗教·道德）》，5146页。

③ 陈独秀：《再论孔教问题》，见《独秀文存》，92页。

④ 陈独秀：《旧思想与国体问题》，见《独秀文存》，104页。

⑤ 陈独秀：《复辟与尊孔》，见《独秀文存》，115页。

第二节　如何构造一个新的国家：康有为对现代中国内部结构的思考

清季民初的国人都会承认：中国正经历着一个前所未有的历史变局，而这个变局的关键点，在于如何看待中国由一个帝国-王朝体系向民族国家体系的转型。困境是明显的，一个由多民族构成的帝国-王朝体系向民族国家转型的过程，必然构成一个内在的矛盾：要成为一个现代国家，那就意味着必须通过整合国家意识来提升国家在国际竞争格局中的实力，这就需要对国家之中的多个民族的种族意识与文化意识进行相当程度的“同质化”建构，但是，不同民族因其民族特性所强调的血缘及历史的差异因素，会使得国族建构在“同质化”过程中造成一种离心倾向，这将会导致帝国的崩解。在近代以来许多帝国的转型过程中，原本的帝国被分裂为一系列由不同民族建立的新的国家。

这两个问题在晚清时期都表现得十分明显。一方面，无论是立宪派还是革命派，对于国人缺乏国家认同意识的现象都表示出极大的忧心，试图通过建立一种“公心”来培育爱国精神；而另一方面，由满汉矛盾而生发出的民族主义精神，当体现为汉族人的“民族身份”时，会导出建立“汉族共和国”的目标。在这一问题上，革命派和立宪派之间存在尖锐的对立。对此，康有为的思路是明确的：首先，希望通过建立孔教的方式来建立起国家意识和共同价值之基础；其次，保全帝国的领土和人口遗产，强调必须将一位超越民族的君主作为一个国家的代表，并认为民族凝结而非联邦分离对于提升中国在国际竞争中的能力是必不可少的；再次，要完成政治体制改革。

在康有为对国家内部的政治结构的设计中，康有为的方案是中央权力和地方自治之间的平衡。从路径上看，根据当时的政治局势，他认为可以从“地方自治”入手来提升公共行政的能力，进而平衡中央与地方的利益。基于此，康有为对晚清所流行的联邦制、各省自立等国家形态方案提出了批评。在康有为看来，中国的首要问题是建立一个强大而独立的现代国家，联邦制等设想都极大地背离了这样的目标。

一、建国途径和目标差异所导致的康有为阵营的分化

基于保全中国的目标，1900年之后，最令康有为焦虑的是以强烈的民族主义立场为标识的革命派的兴起。作为民族主义的延伸性产物，“各省自立”的主张成为革命派摆脱清朝统治的一个策略。在革命派激烈主张的影响下，许多康门弟子开始呈现出倾向革命派的立场，其中甚至包括梁启超和徐勤这样的核心成员。

在义和团运动及《辛丑条约》签订之后，清政府的统治危机日益明显，虽然在压力之下开始推行“清末新政”“仿行宪政”等变革措施，但以“排满”为旗帜的更为激烈的革命势力渐成气候，并日益获得民众的支持。在这个阶段，康门弟子梁启超甚至与孙中山等人开始了密切的交往，梁的立场明显亲近于革命派，而其他康门弟子也多有接近革命者，最为典型的是欧榘甲（署名太平洋客）1902年在《文兴报》以连载27期的方式主张“广东自立”。他指出，既然满族人连其发源地东北三省都不能保护，那么何不各省自己保护自己？欧榘甲甚至提议，两广可以独立为一国，而其他区域比如两湖、云贵等地可以建立“独立国”。在欧榘甲的设计中，广东因其独特的文化和经济实力，应率先行动，其具体方案也包括开报馆、设立自立学校等等，并提出应该借助会党和民间武装作为武力上的支持。[①]

因欧榘甲倡言革命和广东自立，康有为一怒之下，要将其革出教门。因为此事，徐勤在1902年4月前后致信康有为，书信大致内容一是替欧榘甲求情，二是进一步向康坦陈革命及各省自立已是大势之所趋。徐勤认为，驱逐欧榘甲会导致人们认为康门内讧，因而必将影响保皇会之大业，并说，欧虽然有错，“然在此主持报事，使《文兴》日有进步，使会事日有进步，实不为无功。今稍以言语出入之故即见逐，则使人人自危，貌合神离，又何为者？今日各埠之稍聪明者，无一人不言革命，即现在同门同志，同办事之人，亦无一人不如是。即使强制之，口虽不言，而心亦终不以为然也”[②]。

徐勤进一步解释道，康门弟子之言革命与自立，其实与保皇存在内在的关联，且如果不言革命和自立，则保皇会几乎无法“下手运动”：“近日西报，皇

① 参见欧榘甲：《新广东》，见张枬、王忍之编：《辛亥前十年时论选》，第一卷，上册，269～311页，北京，三联书店，1960。

② 《徐勤致康有为（1902年4月后）》，见张荣华编校：《康有为往来书信集》，452～453页，北京，中国人民大学出版社，2012。

上又复困瀛台矣，各国袖手，顽固日多……今各埠之人，弟子所到者动问曰：皇上不复位，则如何？则必应之曰：求自立。欲保救皇上，则如之何？则必应之曰：起兵。若云待时听天，则失人心矣。……起兵及自立之说，实与保皇相因而至也。若云起兵不可，自立不可，则人必曰开会何用，又何必筹款乎！”①由此可见，不言革命，已难以使保皇会保持对民众的吸引力。

康有为对徐勤的书信很是不以为然，更对于徐勤等从不言革命则无从筹款这样的现实考虑来主张自立和革命很不满，认为这是为“啖饭”而丧失立场。在他 1902 年 6 月 3 日致徐勤等人的信中，康的态度可谓痛心疾首：

> 近得孟远决言革命，头痛大作，又虐发□；复得汝书，头痛不可言。汝等迫吾死而已。欲立绝汝等又不忍，不绝汝又不可，汝等迫死吾而已。记己亥汝责远之决绝，且安有身受衣带之人而背义言革者乎！今不三年，汝又从洞若矣。吾始于同门中，以汝为忠毅可倚，今汝若此，吾何望矣！今不能转人，乃致为人所转，吾志自立、义自定，岂关他人之何如耶？……即天下转，吾不转自若也。……所言啖饭尤谬陋，任大事岂为啖饭处耶！……
>
> 总之，我改易则吾叛上，吾为背义之人；皇上若生，吾誓不言他。汝改易，则为叛我。汝等背义之人，汝等必欲言此，明知手足断绝，亦无如何，惟有与汝等决绝，分告天下而已。②

而在此时，同受责备且与革命派过从甚密的梁启超写给康有为的信则更为意味深长。他首先强调，学生背叛老师并非本意；其次言徐勤和欧榘甲显然比他更为激进；最后却是要说明，主张革命乃是时势所趋，不得不然。

> 先生惧破坏，弟子亦未始不惧，然以为破坏终不可得免，愈迟则愈惨，毋宁早耳。且我不言，他人亦言之，岂能禁乎？不惟他人而已，同门中人猖狂言此，有过弟子十倍者，先生殆未见《文兴报》耳。徐、欧在《文兴》所发之论，所记之事，虽弟子视之犹为詟慄，其《论广东宜速筹自立之法》一篇稿凡二十七续，“满贼”、“清贼”之言，盈篇溢纸。檀香山《新中国报》亦然。《新民报》之含蓄亦甚矣。……夫树园、君勉，岂肯背师之人哉，然皆若此，实则受先生救国救民之教，浸之已久，而迫于

---

① 《徐勤致康有为（1902 年 4 月后）》，见张荣华编校：《康有为往来书信集》，453 页。

② 《康有为致徐勤（1902 年 6 月 3 日）》，见张荣华编校：《康有为往来书信集》，454 页。

今日时势，实不得不然也。[①]

桑兵教授指出，此时，革命风潮已在全国蔓延，康有为也看到自己的弟子们已然对保皇的政治主张产生了怀疑。在这样的根本分歧面前，康有为已经不能以“私了”的方式来处理门内的立场差异。因此，他想把对美洲华侨的信写成公开的“政治宣言”，意图对与革命派立场之差异的关键，比如满汉矛盾、革命还是改良、自立还是统一等问题作出系统的回应，更兼有警示门下的意味，所以，很快发表了公开信。

康有为的《答南北美洲诸华商论中国只可行立宪不能行革命书》和《与同学诸子梁启超等论印度亡国由于各省自立书》这两封信，在发表后不久即以《南海先生最近政见书》为名出版单行本，这可以视为康有为面对当时所流行的各种观点的系统回应。《答南北美洲诸华商论中国只可行立宪不能行革命书》中的诸多问题，因在讨论章太炎《驳康有为论革命书》一文中已有涉及，所以，此处主要围绕“自立”即各省独立的问题来阐述。

在这两封信中，康有为着力强调了方法论的问题。对于晚清盛行的中西政体比较之方法，康有为指出，不能随意比附，首先必须审视什么样的比较是可行的。他说，许多人之所以提出“各省自立”这种“亡国奴种”的想法，主要是因为“但读欧美之新书，而不能考亚洲之故事也”[②]。在康有为看来，不同的国家有不同的国情，有些是因为地理环境特别，有些则因为宗教之差异，皆不可进行随意比附。比如，就欧洲小国自立的问题而言，康有为就认为，此类小国国土面积虽小，但是皆尚武事，又有大国的牵制，“故能久而不灭。积此千年，国界久定，国势久立，人心久坚，故能历久相持。近乃有商战、学战而无兵战，凡此皆为欧洲千年之老国能之”[③]。而中国各省自古则并无独立之格局，一旦自立便只能自取其乱。

在康有为看来，欧榘甲在《新广东》一文中所列举的南非布亚人、菲律宾、古巴等自立的例子，以及革命党喜好引用的美国、法国的例子，皆是“不

① 《梁启超致康有为（1902年5月）》，见张荣华编校：《康有为往来书信集》，593页。

② 康有为：《与同学诸子梁启超等论印度亡国由于各省自立书》，见《康有为全集》，第六集，334页。

③ 康有为：《与同学诸子梁启超等论印度亡国由于各省自立书》，见《康有为全集》，第六集，345页。在康有为看来，文明古国之所以为一统之大国，而欧洲却小国林立，跟人们的智力水平无关，而与地理环境有关。在眼下看，欧洲这种格局有利于竞争，并建立起议会体制。但从长时段看，则各有利弊。“中国万里数千年，已享一统之乐利。欧洲列国分立，经黑暗中世，千年战争，惨祸酷矣，乃得产此议院以先强，则有其害者亦有其利。”（康有为：《意大利游记》，见《康有为全集》，第七集，383页。）

学而误读书之毒”的表现。他说，与中国同处亚洲且人口和文明发展之历史、人性特征都类似的国家只有印度，因此，如果要进行比较，最为适合的参照物就只能是印度。通过对印度自立历史的描述，康有为得出结论：印度作为一个育有两亿人口，且具有数百年一统历史的国家，却不能与遥远的英国相抗，最主要的原因就在于各省求自立。因此，一个大国如若被分割成众多小国，则难免势力分散，最终将难以抵御欧洲的强国。

康有为接着说，中国的土地广博，延绵四百二十万八千四百平方英里，如果按照“排满革命党”的设计，不将东三省、新疆、内蒙古、西藏等地纳入中国版图，仅留下内地十八省，则只有一百三十三万平方英里，比印度的国土面积略小，如果内地各省再进行分省独立，那么每一小国之国力就只能相似于朝鲜和菲律宾，步印度后尘的后果不言而喻。

因此，在康有为看来，绝不能盲目排满，而是应当正确认识到满族人入关其实并无损于中国，而是让中国成为一个地球上的大国。在这个万国竞长的时代，应该提倡满汉合汇，而不能恶国土之广大而擅自分拆，自生内讧。对于欧榘甲的言论，康有为也作了专门的批驳：“或者又言广东自立，详论之至二十七篇，则广东尚不能如印之孟加拉也。当孟加拉自立时，安有门户咫尺之地，而有香港、广州湾两大国处其间哉？安有汕头、梧州两埠穿其胸胁哉？一有变乱，半日之顷，异国三色之旗、战舰万吨之炮，已翩翩珠江上流矣。是欲为孟加拉之自立二十年，坚固其势，而又必不可得者也。”① 所以，康有为希望主张革命自立的人，以印度为教训，“相与保全国而合大群，求民权而立宪法，以祈天永命也”②。

---

① 康有为：《与同学诸子梁启超等论印度亡国由于各省自立书》，见《康有为全集》，第六集，346～347页。

② 康有为：《与同学诸子梁启超等论印度亡国由于各省自立书》，见《康有为全集》，第六集，348页。反对各省自立而强调大一统的观念，可以说是康有为始终坚持的观点之一。他在1918年所写的文章中，依然在批评欧榘甲等人的“自立”观点，认为这给民国初的军阀割据提供了理论基础。他说：“近廿年来，自吾愚妄无知之门人梁启超、欧榘甲等妄倡十八省分立之说，至今各省分争若此，此则梁启超之功也。欧榘甲作《新广东》一书，流毒至今。今《新广东》如其愿矣，而新广东分为七政府，生民糜烂，则欧榘甲之功也。……统合十余年来各新学者之说，拾欧美唾余，高谈革命、自由、共和、联邦一切之论，自以为知新得时，皆盲人骑瞎马，夜半临深池，奇谬大愚，发愤以亡中国而已。……此书当时专为教告梁启超、欧榘甲等，二子离索既久，摇于时势，不听我言，谬倡新说以毒天下。吾国人尚慎鉴之，勿甘从印度之后也。”此为1918年辑录《不幸而言中不听则国亡》时的跋，见《康有为全集》，第六集，349页。

二、康有为论联邦与一统、地方自治与中央权力的关系

在对欧榘甲及革命派提倡分省自立之言论进行批评的过程中，康有为既要强调各省自立所带来的国家整体能力遭受削弱的可能性，同时又必须指出，一个集权的大国，如何解决因自然、文化环境不同而可能产生的政令不畅、制度失灵等现象。而对此类问题的思考，也正是主张自立者所倚重的理据。

关于地方自治和国家统治力的问题，在传统中国语境中，可以“比附”为封建制与郡县制之辨。“封建制”某种意义上可以理解为地方自治，而“郡县制”则可以比附为“中央集权”。关于封建抑或郡县的问题，在汉以后一直被议论。概而言之，封建制占有话语优势，原因在于它是三代圣王的治理体系，在体现出历史合法性的同时，还符合儒家的“亲亲尊尊”的原则，于是进而获得价值上的合法性。但是，在学术思想史上，亦有如柳宗元和苏轼等为郡县制辩护的声音。不过，即便是如黄宗羲、顾炎武等将郡县制视作“视天下人之公利为一家之私利”的制度形态的学者，亦会认为郡县制乃时势之必然，所以他们提出的改进办法是“寓封建于郡县之中”（顾炎武），通过让县令世袭的制度设置来增强地方的自治权力。顾炎武的逻辑并非要割裂地方和中央，而是相信，如果地方政治经济得到发展，国家的实力则自然会随之增强，换而言之，顾炎武的思路在于给予地方活力以换取整体的增长。

基于晚清王权衰落的现状，对于郡县与封建制度的讨论又一次兴盛起来。康有为对于中国国家形态的考虑，也是在对封建和郡县的反思中展开的。然而，因有戊戌政变后游历世界各国的经验，所以康有为能够将中国的国家形态置于世界历史的发展视野之中，对新的国家秩序的建构具有自己的独特见解。

在康有为看来，要理解世界上不同的国家类型，首先要注意到地理环境的影响。他的这一强调或许与他长时间在世界各国游历的经验有关。他坚信一统与分立也受地理环境的影响：中国三面环山，所以倾向于定一；欧洲因为临海和岛屿众多，所以小国林立。一统与分立，论其制度本身各有优劣：一统之世，较少争乱；而国家分立，则富有竞争而促进文明发展。总之，对于中国而言，评判其优劣，既要顾及历史和地理的原因，也要考虑当下的国际格局。

通过自己的观察与推测，康有为甚至接受了被进化论“包装”的殖民逻辑是一种“自然之理”的观点，认为弱小的国家势必会被强大的国家“吸纳”，最后世界上可能只有少数强国存在。“夫今地球竞争，为何时乎？自吾身所见，弱小之邦，岁月被灭，不可胜数。……自尔之后，霸国之义大倡，日人称为帝

国主义者也，小国必为大国所并，殆于必然。观春秋时二百余国，至战国所余仅七国耳；虽有鲁、卫、中山，不过如安南之隶入藩属。盖自今之后，第二等国以下，亦必不能存。弱肉强食，鲸之吞鲵，乃理势之自然也。计百数年后，所存必仅数大国，自英、美、俄、德、法五国外，其余皆不可知者矣。”① 就积弱的中国而言，应该庆幸的是只是割让了一些土地，而没有像周边的朝鲜、暹罗等小国一样落入殖民国家的口中。摆在国人面前的选择就只能是维护住一个“大国”，才有力量来进行抵抗。如果按照革命党所主张的自立的方法，将中国割裂为数十个小国，那么便会如印度那样，因内乱而各邦独立，最终为英国所殖民。所以，中国所应效仿的对象是德国和意大利，这两个国家能够通过联合各邦而组成一个强大的国家。

由此，康有为提出中国的“国家建设”的核心任务是建立一个统一而强大的国家，具体治理策略都必须服从这样一个基本的前提。

因此，革命派及诸如欧榘甲、梁启超等康门弟子所主张的分省独立、联邦国家，在康有为看来，皆有可能有损于一个强大国家的建立，因此在确立制度时必须进行仔细斟酌，更不能简单地照搬美国的联邦制。

关于“在现代国家的框架下如何确定国家与地方的关系”这个问题，康有为依然试图将这类基于现实考虑而得出的对应性策略置于他的公羊三世说中。② 在他的叙述框架中，封建、郡县和郡县自治形成了政治秩序的“进化”状态。在康有为的“序列”中，封建制度处于人类的初创阶段，而郡县制、同时由中央政府任命官员则是据乱世的制度形态，要到升平之世才能实现郡县自治。这样，他的国家观念便具有了正当性依据：

> 凡封建之后必行郡县；郡县者，乃治法必至之势也。大约封建世及，行于草昧初开之时，据乱之制也；郡县派官，行于大国一统之时，升平之世也；郡县自治，皆由民举，太平之世也。③

---

① 康有为：《答南北美洲诸华商论中国只可行立宪不能行革命书》，见《康有为全集》，第六集，323～324页。

② 公羊三世说原本只用于解释中国和周边的世界，而当三世说置于世界的环境中后，中国在三世说中的地位变得复杂了，所以康有为有许多补救性的方案，比如三世中复有三世的说法，主要就是为了容纳国家之间发展程度的复杂性。康有为说：“盖尝论之，以古今之世言之，有据乱、升平、太平之殊，不可少易。而以大地之世言之，则亦有拨乱、升平、太平之殊，而不可去一也。……故今者大地之中，三世之道并行，法则悖矣，而治世之意各得其宜，则未尝小悖也。”（康有为：《中庸注》，见《康有为全集》，第五集，389～390页。）在此书中，康有为还用一统三世来解释王天下有三重。（参见康有为：《中庸注》，见《康有为全集》，第五集，387页。）

③ 康有为：《日耳曼沿革考》，见《康有为全集》，第八集，252页。

这个序列的现实意义在于，它为晚清的政治变革设置了路线图。它还强调，通过现实的变革，可以实现一种国家集权下的郡县制。

与同时代的大多数改革设计者不同，康有为还会将他的考量置于世界政治变革的视野中。康有为认为，中国虽早于西方走出封建制，但是欧洲却吊诡地收获了由于封建国家林立而产生的竞争的优势。他说：中国人在秦汉之际由郡县制取代了封建制，因而早就享受了“大一统”所带来的承平天下；而欧洲的封建制则绵延千余年，其间经历了激烈的争竞和战争。

同时，当今世界所通行的新世、新法、新理，也皆是由封建制破茧而出的。康有为总结了封建制的五大“后果”。其一，“有封建，则贵族大侯势力厚盛，不能听一君之专制，有恶则放废之”。中国因为封建早废，所以没有能与帝王抗衡的势力。其二，“有封建，则帝者无大权，虽日穷兵，而兵力常为内讧所掣”。这导致帝王无法一统天下，小国并峙，互相制约，互相竞争，从而使政治日益改善。其三，有封建，各国互相牵制，所以只能“求地于海外，以辟殖民地为事”。由于新的地域管理的需要，诸多新的发明和治理原则得以出现。没有封建，一统之大国管理困难，所以便会倾向于闭关、立海禁。其四，“有封建，则有世诸侯大夫，生长富贵，不知稼穑，骄奢淫佚”，所以有宫室之美，器什之精。其五，“以有封建而竞争之国，于是国王与侯相争而自立之，城邑因联卫而产出……而平等、民主、共和之制乃酿生，美国政体由此而渐入大同”[①]。相比于欧洲，“吾三代封建，地大竞争矣，而不能产今新世界者，则以上无教皇之崇尊，下无大夫之立国，君无掣肘，故一统可成。外多荒地未辟，故不暇寻诸海外，而新识不能出。缘是数者，故新世之业中国未能产也”[②]。不同的历史进程产生了不同的后果，而对于中国而言，大一统的政治格局所带来的缺憾在于，中国缺失了因竞争而产生的创新。

康有为说，中国大多数时期处于一统天下的状况，而欧洲则长期处于分裂的状况。[③] 康有为自然倾向于将中西之别归结为地理环境的差异，也相信这样的差异致使中国难以开创“新世”，成为地球之主人翁。

“新世”是康有为对于西方新的科技发现和经济社会组织方式的一种描述。

---

① 康有为：《日耳曼沿革考》，见《康有为全集》，第八集，239～240 页。

② 康有为：《日耳曼沿革考》，见《康有为全集》，第八集，240 页。

③ 康有为说，中国虽有战国、三国、六朝、五代的分裂，算起来有六七百年，但欧洲马其顿、罗马统一的时间也不过六七百年。由此可见，欧洲统一的时间与中国分裂的时间大致相当。（参见康有为：《意大利游记》，见《康有为全集》，第七集，389 页。）

在“新世”的局面中，康有为最为看重政治制度层面的发展。在他看来，“新世”表面上表现为声光电化这类科技的发现和生产方式的进步，从而带来了物质的文明，世界的繁荣为数千年之所未有。不过，他更为重视政治上发生的巨大变化，这个变化如果以法国革命作为起点的话，则主要体现为民权对于贵族统治的取代。在此之后，议院产生，公共教育体系逐渐形成，社会公共服务系统得以建立。“工艺之精美，政律之修明，此新世之文明乎，诚我国所未逮矣！今且当舍己从人，折节而师之矣。”①

由此可知，康有为关于封建与郡县问题的讨论，与顾炎武、黄宗羲等人的论述有了很大的不同。如果说顾炎武、黄宗羲等人倾向于论述儒家的民本和皇权独尊的领域的话，康有为所关注的问题，则首先是现代国家形态中中央和地方的关系问题，其次是封建或郡县制度所产生的社会创新的能力问题。

从中央和地方的关系来观照封建与郡县的问题，康有为反对晚清呼声越来越高的各省自立的问题。革命派的“自立”背后即隐含着国家的分裂，而国家分裂的后果则是使中国在万国竞逐的国际格局中更加失去竞争力。所以，一统的大国形态是康有为所期待的；同时，一统的大国所带来的上下政情不通的局面也是可以通过制度变革而加以改变的。

康有为认为，新的大国最好采用联邦制。康有为看重的是整合之后的国家形态，在康有为看来，联邦制只是一个由自立向一统大国过渡的阶段性形态。其方法是逐渐统一文教价值来归并各国。

> 近代联邦之国，其体至奇。创体本于希腊及德诸自由市，而结合不同。今美、德是也。然窃谓联邦政体，其初虽甚难，而将来吸收大国一统，则莫妙于联邦之制也。其制各国独立，保其尊崇而不干其政，各国小君主或王或公侯皆与各大国平等，即与德帝亦平等，此其便人之归合甚矣。夫使若中国之待属国，必屈以臣礼，则人情或难之。今以公侯与帝霸平等，国政自治，但外交与兵权属之，霸王何损焉？以强大国而办外交，益纵横得力，固国民所乐附也，胜小国独立多矣。……德政俗之盛，事事

① 康有为：《法兰西游记》，见《康有为全集》，第八集，201页。在《日耳曼沿革考》中也有类似的表述：“方今新世绝出于旧，及欧人之凌吞大地，而欧美化之震靡万国者，岂非平等、共和之公，立宪、民权之变，汽电、新器之奇，美、澳太平洋之辟，政法之密，与其宫室、什器之精哉！”（康有为：《日耳曼沿革考》，见《康有为全集》，第八集，240页。）康有为认为学习西方是必要的，这是从时势的角度考虑的，是不得不然的，而并非认为这样的原则是正确的。“今欧洲新理，多皆国争之具，其去孔子大道远矣。一二妄人，好持新说，以炫其博。迷于一时之权利，而妄攻道德。”（康有为：《意大利游记》，见《康有为全集》，第七集，374页。）

第一，人主世有令闻，而人种最繁，地处欧中，又特有联邦之例，以阴纳各小国，天将兴之，以为欧洲一统之国，岂无故哉？①

康有为十分推崇德国的经验，甚至从德国的经验推论出欧洲将成为一统之国的未来。联邦制之所以比以前的殖民制度或帝国外藩制度更容易建立一种持续的凝聚力，关键即在于平等，属于“以德服人”。但是，如果由联邦进一步凝聚为统一的国家，则需要在价值观和文化上加以统一，这依然会产生多元文化之间的冲突。因此，这就需要以一种国家的力量来“规定”某一种国家性的语言文字，需要“以力服人”，即借助国家的力量来统合。所以，联邦制虽然是基于平等的制度结合，但结合之后的“凝固”则需要国家的力量。

德、意由联邦之盟而合一，美、瑞由联州县之盟而合一。然天下由散而合其事至难，美、瑞以自立而竭力御外，其政为民主公举，其理至公，其益易著，中虽经南北之乱，几致分离，而林肯以兵力定之，至于今日，人受其功效，故愈合而胶粘愈坚，人有同心，甚且纷纷愿内附矣，此以德服人者也。意、荷以人种自立，而其王有大功，故始则合诸侯而立国，中间纷纷败亡，而封建且废焉，渐混为一，此以功服人者也。普久与奥争盟，既而胜法，诸侯皆归焉。以小侯既多，普得收议院之权而行其政，令语言文字皆须从普，百政皆听其令，名为联邦实同侯国，于是控制极固，团结渐一。诸小邦多有怨者，巴威尤甚，咸议普人之骄，然势力已定，无可如何，此以力服人者也。②

康有为在肯定儒家的王道政治理想的同时，也有限度地接受了霸道治理的必要性。

1912年，在民国成立之后，联省自治逐渐成为一种社会风潮，其甚至被视为抑制专制和模仿欧美的先进国家构成方式。然而，当时各个党派及政治团体

① 康有为：《德国游记》，见《康有为全集》，第七集，448页。在民国成立之后，康有为甚至提出了“主权在国”的观念，以与一般所谓的“主权在君”和“主权在民”相区别。其目的依然是看重国家力量在世界竞争阶段的重要性。而“主权在国”的代表则是德国，与“主权在民”的法国相比较，康有为认为德国的优势已经得到事实的证明，所以他甚至认为国会代表所代表的不是国民而是“国家”。他说：“国会者，国民之所会也。广土众民，国民不能尽会，则选代议士以代表国民之意，于是选举法出焉。法初选举时，天赋人权之说盛，则以民为主。既而德争霸于国竞之时，则以国为重；今各国从之，盖时宜也。故凡议员皆代表全国，而非以表人民地方焉。”（康有为：《国会选举案》，见《康有为全集》，第九集，303页。）当然这里涉及康有为将nation理解为国家而非人民之公案。对此问题的讨论可见章永乐：《旧邦新造》，98页，北京，北京大学出版社，2011。

② 康有为：《补奥游记》，见《康有为全集》，第八集，394页。

虽以联邦制为理想之政体，但实际的政治主张却经常随现实政治的变化而变化。按李剑农的说法，袁世凯大权独揽之后，“鼓吹联邦论、鼓吹扩大省自治权的人，大概是感于袁氏专制淫威的滥用，使得各派新人士全无活动插足的处所；想借联邦自治之说，一方面挑动各省反抗袁氏独裁的情感，一方面为新派人士谋活动机会。所以一到洪宪帝制推翻后，甚嚣尘上的联邦论又反于消沉的状态了”①。所以，李剑农才说，民国初期提倡联邦论者，大多并不了解联邦论的实质。

民国建立之后，康有为看到国家政治之混乱局面，作为晚清地方势力之延续的军阀割据天下，他对联邦制的评价愈发低下，将之视为一种“不得已”的过渡办法，即“以大团小”。他说，因为主张联邦者失去了统一国家之目标，所以联邦制就可能成为国家“自散”的推动力。“夫联邦者，欲合一而未能，乃出此不得已之法，以为过渡耳。若吾诸直省，本自数千年之统一，乃忽议分立，而自斳散之乎？出于敌人散弱我也，则良法也；若我自散也，则至愚而已矣。”②

民国初年，为了反对将省作为单元的独立倾向，关于“废省”的争论也愈加激烈。以国家一统为核心追求的康有为是坚决支持“废省”主张的，并于1912年冬作《废省论》，进一步阐述其在《官制议》中提出的关于重新设定中国行政区划的想法。

在《废省论》中，康有为对当时盛行的几种实行分省自立的理由进行了驳斥。首先，对于分立以制衡的说法，康有为认为，制约专制的权力在于立宪，然后需以立法、司法和行政权力牵制的办法来对抗行政专断。而如果不采取制度上的牵制，只是使用分立自治，那么，国家将只是变成一个个小的专制国而已。其次，对于美国、欧洲强国或者日本采取自治而强的做法，康有为认为，政治模式的设计一定要因应其历史风俗而定，不可以人力而强为。同为民主国家，德国和日本是君主制，美国和法国则是民主制，各有不同。自古以来，强国的形成，要么以吞并小国以为王，要么就是联合诸弱以为霸，国家分立均是国势孱弱而不得已的结果，怎么可以将已经形成的大国自行拆散而任人欺负呢？③

晚清时期，联邦制的鼓吹者们对此问题其实有两种方向引导：一种是各省

---

① 李剑农：《中国近百年政治史》，514～515页，北京，商务印书馆，2011。

② 康有为：《共和政体论》，见《康有为全集》，第九集，250页。

③ 参见康有为：《废省论》，见《康有为全集》，第九集，360页。

自治，以避免军阀之间因势力范围的争议而导致的战乱；另一种则是通过联省达成国家的统一。民国之后，康有为所看到的则是在自治之名下可能导致的分离倾向，而革命者则从形形色色的独裁举动中看到联邦制的制约作用。正是在这样的现实困境面前，康有为的废省论经常被视作“为独裁张目”的主张。

三、行政区划和管理体制的新思考

为了对付联省自治的策略，康有为希望将中国的省级区划进行拆分，以遏制地方势力的独大。而行政层次上则要适应时代的需要，不断细化。康有为认为，不同的行政区划，就需要不同的官制。康有为撰写《官制议》来讨论“官制原理”，表面上看似乎是一种类似于古代“职官”制度的设计，实际上则是要建立适应现代社会的治理之道。他依然沿用公羊三世说来证明不同时代应采用不同的“官制”，即不同的治理之道：

> 据乱专制之世，君权过尊，则官制多为奉君而设；平世则民能自治，君长皆以民而立，不设多官以事君，故为民事之官制优于为君事之官制。康有为又曰，野蛮之世，国治简略，故分职可少；文明之世，政治繁剧，故分职宜多，故多职优于少职。康有为又曰，据乱之世，道路难通，故不得不听外藩之分权；文明之世，道路通，机尤捷，故行中央之合权，故合权胜于分权。[①]

在这段话中，康有为指出，在不同的时代，官员设置的目的有所不同。在据乱时代，官吏主要为皇帝服务；在平世，则民事官员要多于为皇帝服务的官员的数量。在野蛮时代，管理疏阔，所以官员数量很少；到了文明时代，则政治活动要复杂得多，所以需要更多的官员来管理和服务于民众。然而，以国家形态而言，据乱世是外藩分权的，文明世则要中央集权。我们可以看到，在康有为的时代划分中，据乱世相当于野蛮时代，而平世则相当于文明时代。根据这样的分析，康有为点明了他写作《官制议》的三个核心论点。“一曰举公民而自治，二曰增疆吏以分治，三曰改官制以增员。”[②] 意思是说，要激发公民的政治参与意识，实现公民自治；为适应现代社会分工的要求，增加官员的数量，改变官制，提高管理的专业性，以处理日趋复杂的社会事务。

按照他的理解，在现代社会中，治理结构的合理性取决于行政层级的多寡

---

① 康有为：《官制议》，见《康有为全集》，第七集，231页。

② 康有为：《官制议》，见《康有为全集》，第七集，233页。

和治理区域的广窄。“强吏、官大、地广而级数多者，治必疏；弱吏、官小、地狭、级数不多者，治必密。汉、宋之守、令二级，地小官适，气疏以达，是也。各国略同之。今之中国，有督、抚，司、道，府，县四级，则疏阔壅塞甚矣。古者有乡、遂之官，皆乡官自治，故能纤悉皆举。各国同之，英国则大至县官亦民举而自治。而中国则隋后尽去乡官，相反甚矣。凡自下起者自治之制盛，则民治昌；自治之制不行，则民生瘁。”① 康有为认为，减少行政层级、削弱各级官员的权力、扩大地方的自治权力，这三点可以确保中央政府和地方政权之间政情通畅。中国官制发展的历程是不断剥夺地方政治权力的历史，所以自治之制才被破坏殆尽。在康有为看来，如果上下通气，那么地方自治和中央集权之间就能产生相辅相成的作用。

康有为提倡地方自治，是希望从传统的制度资源基础上寻求一种新的自治体制的可能性。在他看来，晚清的团练组织虽然有点类似于地方自治的组织，也有征税和办理地方公益事业之功能，但是这个组织还不能算是真正的民治组织，因为这些团练或“同人局”组织的设立是由国家决定的，其统领也并非由民所举，而往往是由世家巨族所把持。

据此，他设计的地方自治制度，意图在中国原有的地方组织的基础上加以展开，并希望以广东省为先行者进行实验，制定乡官议员的相关制度。按康有为的说法，这样做只不过是将已有的地方自治方式进行改制，只要将这些“同人局”的组织由国家建制改为由民间建制，就可收“民治”之效。

超大规模国家的地域差异复杂丰富，设计小区域行政区划是一种应对之策。但是，这并不意味着中央政权统治力的减弱。相反，小区域的行政建制恰好需要强大的中央权力来协调。康有为对宋代的“中央集权”是如此描述的：“一曰集州郡之权于政府而不隶于藩镇，二曰集财用之权于政府而不隶于藩镇，三曰集刑法之权于政府而不隶于藩镇，四曰集兵马之权于政府而不隶于藩镇。”② 康有为对中央集权的肯定，其直接的刺激来自对晚清以来地方势力不断膨胀的一种忧虑。他说：“若夫大权不集，皆分于外，欲运动而不能，欲振发而不可，犹夫废疾之人，其国殆可知矣。夫立国之道，兵、食为先。而财政、兵政皆散在各省，如何筹饷，如何炼兵，如何开制造局，如何开军械局，如何开银行，如何铸钱币，一皆听各省督、抚之各自为谋，为者听之，不为者亦听

---

① 康有为：《官制议》，见《康有为全集》，第七集，235页。

② 康有为：《官制议》，见《康有为全集》，第七集，252页。

之。”① 在如此情形下，就出现了地方政府对中央政府的掣肘：朝廷钦差如曾国藩者，在江西得不到地方巡抚的支持，甚至在八国联军进攻北京的时候，地方统帅按兵不动，观望不前。

对国家能力的肯定，体现了康有为对于国家管理层面的一种独特理解。在康有为的理解中，民族国家体系既然体现为国家之间的竞争，那么国家对于财政、军队和外交的统制权则是必须掌控的，否则就难以应付国内和国际的新格局。而面对晚清如此羸弱的政府，康有为认识到，国家之强大乃是国民利益的最后屏障。“既立国矣，民虽为重，而当以国为先。”②

康有为认为，中国政治体制的一个最大的问题在于官民分隔。从官的方面说，自隋朝之后，乡官权力被取消，虽有督抚、司道、守令等多级官员，但是乡里却不再归属于行政系统控制，因而只有国官而没有乡官，只闻大官而失小官，其结局就是官员众多，但分职不清，百姓具体的事务无人来管。从民的方面说，百姓丧失了议政的权力，进而对于公共的事务也不甚关心。

康有为所提出的主张与当时的大多数人一样，就是推行地方自治。在晚清政府意欲仿行宪政的新政大背景下，康有为认为，在百姓还未具备基本的政治意识和政治能力之前，地方自治可以作为议会政治的预备性行动。

> 中国今日亟宜行立宪法，亟宜开议院，此议官制有一无二之要政也。开议院则人有政权，民气得伸，民愿得达，民隐皆周。人有参政之责任，则民智日开，民才日长，民力日厚，国民之资格进而国之资格自进矣。③

立宪法和开议院是政治变革之目标，而实现这些目标的前提是国民政治素质的提升。然而，政治素质的提升要依赖于政治操作能力的训练，地方自治就是政治素质提升的最佳途径。

康有为有时也将地方自治与封建制进行类比。他说：地方自治，其实就是古代的封建制。所不同的是，古代的封建制所封乃一人，且为贵胄，而地方自治则“封建众人”，且由民选。“儒生开口言三代，即及封建、井田、学校。夫地方自治，即古者之封建也。但古者乱世，封建其一人，则有世及自私争战之患，此所以不可行也。今者升平，封建其众人，听民自治，听众公议，人人自谋其公益，则地利大辟，人工大进，风俗美而才智出。”④ 因此，对康有为而

---

① 康有为：《官制议》，见《康有为全集》，第七集，263页。

② 康有为：《官制议》，见《康有为全集》，第七集，258页。

③ 康有为：《官制议》，见《康有为全集》，第七集，265页。

④ 康有为：《官制议》，见《康有为全集》，第七集，274页。

言，地方自治带有多重效果：(1) 作为立宪的预备甚或体现方式。(2) 是最有利于国家富强的方式，当然，通常采用的论证方式是举例，即举例论证当时世界上主要的富强的欧洲国家尤其是新兴国家等皆实行地方自治，美国亦实行地方自治，而日本也更因实行地方自治而迅速强盛。(3) 地方自治是改善中国政治效率的手段。(4) 地方自治是对最为美善的古典政治形式的恢复。

在康有为的意图中，他觉得，如果能实现地方自治的试验，那么对于开议院就能产生很大的帮助。“今中国民智未开，不能骤立议院，而各省、乡、县必当先举议员以自治，俟风气稍开，民智日明，而后开议院焉。”因此，在康有为的政治体制改革路线图中，地方自治便成为“第一要图”：

> 地方自治何以为第一要图也？以吾中国一统守令之治至粗疏，故有广土众民而不善用之，以致贫弱也。反其道而求治，即在精密；欲精密之治，舍地方自治无由也。今欧土以千数百小国，数百万寡民，而能立国富强且乐者，以行地方自治，则寸地一民可得而有用也。夫寸地一民之治，至精密也，此必非千里一守、百里一令所能致之，况于守令之才乎？故每县之中，令各乡村自开议局，自举议员，自为主、伯、亚、旅分治各政，以举行户籍、地图、修道、卫生、兴学、恤贫、水利、农田、市场、税收诸政，令其至纤至悉，毫发毕见，而后百政可得而渐举也。[①]

清末的地方自治的观念，最初是由传教士通过介绍西方地理和政情的书籍传入中国的，后来被魏源的《海国图志》引述。随后，冯桂芬等人对此有了进一步的论述，提出乡董制度，并将这种制度安排与古代的乡官制度进行了比附。然而，从理论上对地方自治和国家富强的逻辑关系展开系统论述的则是维新派人士，比如梁启超、麦孟华等人。梁启超说：“国者何？积民而成也；国政者何？民自治其事也；爱国者何？民自爱其身也。故民权兴则国权立，民权灭则国权亡……故言爱国必自兴民权始。”[②] 从民的角度来理解国家，是对国家认识的一个新阶段。这样，国民便成为国家的主体，从而导出民权和“民自治其事”。因此，无论是维新派还是当时迅速崛起的革命派，均援引卢梭的《社会契约论》（当时译为《民约论》）的“主权在民”的观念，从而推出民权天赋，人民有自治的权利。据此，地方自治论者相信地方政府拥有相对独立于中央政府的自主权，而民众对地方事务则拥有相对独立于地方权力机关的自决

---

① 康有为：《复刘观察士骥书（1908年2月8日）》，见《康有为全集》，第八集，371页。

② 梁启超：《爱国论三·民权论》，载《清议报》，第二十二册，1899-07-28。

权。拥有自决权的人不再是传统政治意义上的草民，而转变为“国民”“公民”。这样的新政治名词的出现，意味着地方自治观念的根本转变。所以，有人指出：“甲午之后特别是戊戌前后，地方自治思想提出的立场却发生了巨大的变化，它的话语与主题总是与民权、民主紧密地联系在一起，总是从民权、民治或民主的高度被提出和阐释。这与甲午之前自治论者从养民、安民、驯民等立场来倡导、阐释地方自治截然不同。”[①]

地方自治和中央集权的互补，是康有为基于中国的现实而提出的治理模型，同时，他提出要从传统的宗族和团练等地方组织发展出有别于官方机构的地方自治机构。在这个主张中，特别值得关注的是康有为对于自治主体的思考，尤其是他所提出的“公民自治”的主张。

1902年4月8日到5月8日，康有为在《新民丛报》分三期刊出《公民自治》一文，后收入《官制议》一书中。在该文中，康有为指出，历史上的改革之所以没有成功，主要的原因在于改革并不是为了“民”。君民之间的隔阂、民众无权参与国家的事务，使得民众并不能建立起“国家意识”和对于国家的责任感，这导致中国虽拥有四万万人，但他们却都是“不分任”之人，即不分担国家责任之人。所以，康有为认为改革的一个重要步骤是培养公民，让公民实行自治，培育其对于国家的责任感。

“公民”这个概念为近代翻译名词，最初大约在林乐知等人编的《万国公报》中已经有人使用“公民”来翻译西文 Citizen/Citizenship。[②] 后来何启等人在《资政新诠》中也使用这个词，但更多的则是梁启超等人用“国民”来指称与传统的百姓有别的能够对公共事务行使权利的人。

康有为虽然与《万国公报》有很深的渊源，但他是如何了解并使用这个概念的至今并无确切的线索。不过，他对这个概念有相对明确的界定，即“人人有议政之权，人人有忧国之责，故命之曰公民”[③]。如果说议政之权属于权利的话，那么为国家分忧则属于责任。因此，康有为的公民概念与晚清大多数对于民权的论说一样，必然与其国家意识有密切的关联。甚至我们可以做出这样的推论，即之所以要提倡公民的观念，就是要培养国家意识。这是处于亡国灭种危机中的知识分子的自然的价值指向。所以，康有为在《官制议·公民自治》

① 汪太贤：《从治民到民治——清末地方自治思潮的萌生与变迁》，93页，北京，法律出版社，2009。

② 参见郭忠华：《近代公民概念与翻译的现代性》，载《中国社会科学报》，2013-05-26。

③ 康有为：《官制议》，见《康有为全集》，第七集，267页。

篇中认为，“立公民”可以达成“爱国”“亲上”。“夫欧美、日本各国之立公民也，使人人视国为己，而人人公讲其利害而公议之。故上之有国会之议院，下之有州、县、市、乡之议会，故其爱国之心独切，亲上之心甚至。”[①] 对于有保皇情结的康有为而言，爱国和亲上之间是具有逻辑的一致性的。

康有为还列举了公民的四个益处：“凡既为公民有四益：一爱国之心日热，一恤贫之举交勉，一行己之事知耻，一国家之学开智。……以无公民，则散四万万而为数人；有公民，则合数千万而为一人。”[②] 而一个人要获得公民之资格，则需满足一些基本的条件，诸如：“今中国举公民之制，凡住居经年，年二十以上，家世清白，身无犯罪，能施贫民，能纳十元之公民税者，可许为公民矣。凡为公民者，一切得署衔曰公民，一切得与齐民异，如秦、汉之爵级然矣。既为公民，得举其乡、县之议员，得充其乡、县、府、省之议员，得举为其乡、市、县、府之官。”[③] 不具备公民资格的人，则既没有选举权，也没有被选举权。如此这般，那么民众就会因期待获得公民的身份而乐善好施、奉公守法、行己有耻，并将有爱国之心。

在康有为来看，公民固然具备议政之权，但是这个权利并非是要对最高权力进行制约，而是要增强国家的统合能力。而且康有为也视“公民”为增强政府能力的一种策略，这就遭到了梁启超的批评。梁启超在《新民丛报》连载《公民自治》时写了按语，评论道：公民的身份是自立而非由别人所立，如果只是一种凝聚国民的方式，那么难以判定其是否是真的公民。

的确，在《公民自治》一文中康有为强调更多的是国民对于国家的责任，因此，其“公民”概念与西方启蒙思潮中侧重于从个体权利出发的 Citizen 不同，或许康有为故意使用“公民”概念的目的就在于要对抗忽视国家目标的政治倾向。

第三节　三世说和大同论：儒家的历史哲学与普遍主义

近代西方的挑战与晚明时期基督教传入所带来的冲击有很大的不同，它带

---

① 康有为：《官制议》，见《康有为全集》，第七集，267 页。

② 康有为：《官制议》，见《康有为全集》，第七集，268 页。

③ 康有为：《官制议》，见《康有为全集》，第七集，269 页。

来的是经济、政治、军事甚至信仰的全方位挑战。因此，康有为在面对保国之急务时，始终没有放弃对于普遍主义问题的思考。而建立在公羊三世说和进化论基础之上的历史观，使康有为对于当下和未来的双重任务有了合理的安排。

儒家如果要解释不断尖锐化的来自现代性的挑战，一个十分重要的使命就是重新解释儒家的普遍主义特质，而这种特质的呈现既要从儒家自身的理论资源中去获得，也要应对自由、民主这样的新观念的挑战。所以康有为在哲学上是通过重新解释“仁”，而在历史观上则是依据三世说的理论，通过对儒家学说的适应性的分期，来说明普遍主义与未来儒学的关系的。就仁学理论的阐发来看，将孔子之仁道贯通于三世说中，亦是康有为之基本立场。

从哲学的立场出发，康有为理想中的大同世界所要确立的是一种普遍主义的立场，这一价值设定来自儒家的“公”思想。儒家所讨论的“公”自然有其层次。比如对于个体而言，家即是公；对于国家而言，家即是私。那么对于天下而言，国家便会成为私。康有为在流亡期间对此所进行的系统性的经典解释[①]，就是试图通过对于经典的重新理解，发展出儒家的“天下学”。

要确立天下学，康有为首先要重新厘定“人”的角色和地位。在《中庸注》中解释“天命之谓性”这一章的时候，康有为提出：“人非人能为，天所生也。性者，生之质也，禀于天气以为神明，非传于父母以为体魄者，故本之于天。”[②] 从这里我们可以意识到康有为是要将秩序的基点落实到个体化的人之上。

康有为在《论语注》中，就着重强调了通行本的《论语》是由曾子一派的学者所编定，主要反映的是孔子因时立说而展开的“小康”时期的一些思想。在康有为看来，这不能反映孔子思想的全貌，更为严重的是，曾子系的学生将孔子大同论的面相遮蔽了。[③] 这样，为了突出春秋公羊托古改制的思想，长期以来被认为最为集中地体现了孔子思想的《论语》，在康有为所构想的儒家经典体系中却被边缘化了。

因此，康有为不再从家庭伦理的角度来讨论仁的意义，而是直面仁所具备

① 康有为在离开日本之后，有一段时间致力于经典解释，作品包括《中庸注》（1901）、《孟子微》（1901）、《礼运注》（1901—1902）、《论语注》（1902）和《大学注》（1902）。这个时期的经典解释活动，一方面是要将公羊三世说融贯到宋以后的儒家核心经典中；另一方面是阐发儒家的万物一体之境界，并突出了礼运，以此来与他同时期所集中完成的《大同书》的精神相一致。

② 康有为：《中庸注》，见《康有为全集》，第五集，369页。

③ 康有为认为：“《论语》只为曾门后学辑纂，但专守约之绪言，少掩圣仁之大道。”所以《论语》不足以反映孔子思想的全貌。（康有为：《论语注》，见《康有为全集》，第六集，377页。）

的普遍性的态度，即对于“公”的追求。在写于1901年的《春秋笔削大义微言考》一书中，康有为以仁为基础，对儒家的精神做了重新阐述：“孔子之道，其本在仁，其理在公，其法在平，其制在文，其体在各明名分，其用在与时进化。夫主乎太平，则人人有自立之权；主乎文明，则事事去野蛮之陋；主乎公，则人人有大同之乐；主乎仁，则物物有所得之安；主乎各明权限，则人人不相侵；主乎与时进化，则变通尽利。故其科指所明，在张三世。其三世所立，身行乎据乱，故条理较多；而心写乎太平，乃神思所注。虽权实异法，实因时推迁，故曰孔子圣之时者也。”① 在这段话中，我们可以看到，由仁为起点，其政治秩序体现为“公”“平”“文”“分”，在进化的原则下，康有为以现代社会中的“自立其权”和“各明权限”等来表明他对于儒家精神本质的重新定位。

康有为对于儒家精神的重新定位，推出了一个极其重要的论断，就是他将现存的儒家经典视为孔子为“小康”时期所立的法，而儒家对未来世界的构想，则在孔子的“口说”中。

“我国从前尚守孔子据乱之法，为据乱之世，然守旧太久，积久生弊，积压既甚，民困极矣。今当进至升平，君与臣不隔绝而渐平，贵与贱不隔绝而渐平，男与女不压抑而渐平，良与奴不分别而渐平，人人求自主而渐平，人人求自立而渐平，人人求自由而渐平。其他一切进化之法，以求进此世运者，皆今日所当有事也。此董子所谓‘以奉仁人’。虽以据乱之法不同，乃正以救其弊，子思所谓‘并行而不悖’。若守旧法，泥古昔，以为孔子之道尽据乱而止，是逆天虐民，而实悖乎孔子者也。《春秋》三世之法，与《礼运》小康、大同之义同，真孔子学之骨髓也。”② 以此逻辑而言，尊奉传世的经典，反而是对孔子思想的背离。在康有为看来，刘歆等人伪造古文经典，导致公羊学有书无师，否则，中国在魏晋时期就已经可以进入升平世，而到现在则可能已经是太平世了。③

在1898年戊戌变法失败后流亡海外的最初几年里，康有为试图通过重新解读经典的方式来发现孔子的“口说”。所以，他对《论语》《孟子》《中庸》等作品的解读侧重于两个方面：一是将一些西方的价值灌注到经典解读中；二是以大同的价值作为儒家价值排序的基准。这两点的结合，使他在儒家价值的

---

① 康有为：《春秋笔削大义微言考》，见《康有为全集》，第六集，3页。

② 康有为：《春秋笔削大义微言考》，见《康有为全集》，第六集，17～18页。

③ 参见康有为：《春秋笔削大义微言考》，见《康有为全集》，第六集，18页。

定位中，尤其关注“仁”和“礼”作为不同“世”的价值规范，并突出“仁”作为普世性的“爱”。后一点，他在《中庸注》和《孟子微》中都有特别强调。他说孟子以不忍人之心，隐然自任地默默传播孔子的大同思想，而不是如其他的儒家传人一般只是传递孔子的小康之教。[①] 而小康之教，与老子的天地不仁的态度接近。“孔子以天地为仁，故博爱，立三世之法，望大道之行。太平之世，则大小远近如一，山川草木，昆虫鸟兽，莫不一统。大同之治，则天下为公，不独亲其亲，子其子，务以极仁为政教之统。后世不述孔子本仁之旨，以据乱之法、小康之治为至，泥而守之，自隘其道，非仁之至，亦非孔子之意也。”[②] 虽然康有为流亡初期的经典注释，并不如《新学伪经考》时期那样，将许多儒家的经典直接判定为刘歆伪造的，但是这样的解读，本质上依然会贬低许多儒家经典的意义，从而对经典的神圣性产生消解。

在仁本论的基础上，康有为对于“天下国家”的理解并没有像以往儒家那样天下国家不分，以国家的视野来理解“天下”。在他那里，“天下”与“国家”是两个不同阶段的行为准则。“岂知国士之所为，仅私其国，而圣人之所为，乃为天下。当国界分明之时，众论如饮狂泉，群盲共室，但知私其国，不知天下为公。至国界既平时，即觉其私愚可笑。今欧美诸国并立，其论议行事，自私其国，而不求天下公益，与战国同，故有议孔孟之学为天下学，而无国家学者。夫圣人以天下为一体，何为独亲一国，而必独私之哉？”[③]

在仁本论的思路之下，康有为突出了人有自主之权，并从“公理”的角度指出，一个人的身体虽然由父母生养，但如果因此失去了人生的自主权利，那就是与公理相违背的。而未来的世界必将是公理的世界：“至于平世，则人人平等有权，人人饥溺救世，岂复有闭门悬不出位之防哉？若孔子生当平世，文明大进，民智日开，则不必立纲纪，限名分，必令人人平等独立，人人有权自主，人人饥溺救人，去其塞，除其私，放其别，而用通、同、公三者，所谓易地则皆然，故曰‘礼时为大’。”[④]

康有为在讨论孟子的思想时，用“乱世”和“平世”来梳理孟子的思想，认为在乱世，人们不免会有家和国的观念，但这并不是圣人之大道。因此，针

① 参见康有为：《孟子微》，见《康有为全集》，第五集，505 页。
② 康有为：《中庸注》，见《康有为全集》，第五集，379 页。
③ 康有为：《孟子微》，见《康有为全集》，第五集，499 页。
④ 康有为：《孟子微》，见《康有为全集》，第五集，422 页。

对大家所肯认的欧美国家这样的类型，他亦提出了自己的反思，认为这些新型的“民族国家”自私其国，不求天下公益，因此在普遍性上有所缺失。

如果说仁学理论是儒家普遍主义的根基，而根据三世说来阐发的大同理论，则是康有为结合历史哲学和秩序创设所进行的探究。

一、“三世说”与《大同书》

在1888年《上清帝第一书》中，康有为就开始使用不同的“世”应采取不同的治理方式的说法。他说：

> 今之时局，前朝所有也，则宜仍之，若知为前朝所无有，则宜易新法以治之。夫治平世，与治敌国并立之世固异矣。①

虽然文中只是引用了孟子的平世与乱世之别，而不直接关涉“三世”，但强调了不同“世”需应之以不同的治理秩序，这是康有为提出其变法思想的主要理论依据。

按照康有为自己的说法，1893年在参加癸巳科考的草稿中，他在解读“如有王者必世而后仁”时阐述了春秋三世说：

> 《春秋》明王道，王道本于仁，故《春秋》之义，莫重于仁。而必张三世，何哉？盖《春秋》托始乱世，中进为升平世，而终为太平世，然后教化流行，德泽大洽，人人有士君子之行，故王者必世而后仁。②

在康有为的思想体系中，《大同书》是一部特别的作品。此书写作时间很长，按照康有为的自传性作品《我史》的说法，光绪十一年（1885年）二月，他头痛发作，医生束手无策，他数月不出门，从容待死，“乃手定大同之制，名曰《人类公理》。以为吾既闻道、既定大同，可以死矣”③。如此这般朝闻道夕死可矣的自得之意，可以看出大同思想对于康有为的极其特别的意义。

《人类公理》或是《大同书》的雏形。按梁启超在《清代学术概论》里的论述，康有为写完《大同书》后秘不示人，亦不在教学过程中讲述大同原理，仅有梁启超、陈千秋等学生看过这部书，由他们开始在康门弟子中宣传，于是

---

① 康有为：《上清帝第一书》，见《康有为全集》，第一集，183页。

② 康有为：《如有王者必世而后仁》，见《康有为全集》，第二集，4页。

③ 康有为：《我史》，17页，北京，中国人民大学出版社，2011。梁启超将这部书的影响称为“火山大喷火也，其大地震也”（梁启超：《清代学术概论》，见《饮冰室合集》，专集之三十四，57页）。

万木草堂的弟子才开始谈论大同。但是，在万木草堂期间，康门弟子所阅读的是否是《大同书》，其实大可怀疑，这是因为于1913年之后开始连载的《大同书》中可见大量的流亡期间的见闻记录，而康有为却曾标记说《大同书》撰写于1884年。于是，目前更多的人愿意相信《大同书》是一部逐步写成的著作，其基本定型是在1901—1902年。

康有为之所以不愿意将《大同书》示人，或许原因在于：在公羊三世说和进化论基础上建构起坚固历史观的康有为坚信，历史的发展自有其规律，在不同的阶段其政治法律制度和价值观念各不相同，而大同作为未来社会的形态的描述，如果过早公布则会造成天下大乱。但康有为之所以还是要将其著成文字，是由于其作为改制者，需要将关于现在和未来的圣人之制作传达出来，以作为人类发展的指向。

《大同书》的内容分为十部。甲：入世界，观众苦。乙：去国界，合大地。丙：去级界，平民族。丁：去种界，同人类。戊：去形界，保独立。己：去家界，为天民。庚：去产界，公生业。辛：去乱界，治太平。壬：去类界，爱众生。癸：去苦界，至极乐。梁启超把其中的内容概括如下：

一、无国家。全世界置一总政府，分若干区域。

二、总政府及区政府皆由民选。

三、无家族。男女同栖不得逾一年，届期须易人。

四、妇女有身者入胎教院，儿童出胎者入育婴院。

五、儿童按年入蒙养院及各级学校。

六、成年后由政府指派分任农工等生产事业。

七、病则入养病院，老则入养老院。

八、胎教、育婴、蒙养、养病、养老诸院，为各区最高之设备，入者得最高之享乐。

九、成年男女，例须以若干年服役于此诸院，若今世之兵役然。

十、设公共宿舍、公共食堂，有等差，各以其劳作所入自由享用。

十一、警惰为最严之刑罚。

十二、学术上有新发明者，及在胎教等五院有特别劳绩者，得殊奖。

十三、死则火葬，火葬场比邻为肥料工厂。[①]

由于两千年的儒家历史被康有为描述成为据乱世的“小康”立说，而《大

① 梁启超：《清代学术概论》，见《饮冰室合集》，专集之三十四，59页。

同书》为太平世立制，所以其中多有与传统儒学之核心观念相抵触处。比如，宗族和家庭是儒家价值之最主要载体，但在《大同书》中，家的存在则是导致社会普遍存在的自私现象的总根源。因此，在这样的意识下，是不能养成“独人自立”之人格的。“欲人性皆善，人格皆齐，人体得养，人格皆具，人体皆健，人质皆和平广大，风俗道化皆美，所谓太平也。然欲致其道，舍去家无由。故家者，据乱世、升平世必须之要，而太平世最妨害之物也。”① 废除家庭之后，原先由家庭所承担的老吾老幼吾幼之事悉数由社会承担，康有为在《大同书》中对于男女婚姻的理解也十分超前。他说，到了大同世界，因为人人平等，所以夫妇这种束缚男女的关系也可以消失了。男女之间的关系，可以通过一种契约结合，如果有男女愿意永远凝合，那么也可以听其自由，但前提是要遵循个人自愿的原则。

> 假令果有永远欢合者，原听其频频续约，相守终身，但必当因乎人情，听其自由。故不可不定期限之约，俾易于遵守，而不致强其苦难，致有乖违也。约限不许过长，则易于遵守，即有新欢，不难少待。约限不得过短，则人种不杂，即使多欲，亦不毒身。两人永好，固可终身；若有新交，听其更订；旧欢重续，亦可寻盟。一切自由，乃顺人性而合天理。②

既然已经到太平之世，那么，所有基于家庭伦理的制约就不再具有道德上的正当性，而需要一种新的伦理秩序。

> 太平之世，人皆独立，即人得自由，人得平等；若强苦难之，损失自由多矣。既不如乱世之俗立夫妇以正父子之亲，则何不顺乎人情，听其交欢，任立期限，由其离合？相得者既可续约而永好，异趣者许其别约而改图。爱慕之私可遂，则欢者益欢；厌恶之意已生，则去者即去。法律所许，道德无讥，人人皆同，日月常见。③

康有为在《大同书》中反复强调男女婚姻百年好合这样的论调只是据乱和升平世的观念，实际上构成了对于人的自由权利的制约。

康有为特别赞同男女基于感情而聚合是“公法”，或聚或散，完全自由；其次者为“人立之法”，虽许立婚约以固结之，然依然要强调以感情为基础，故必有期限，否则不免为感情之限制矣。康有为说：

---

① 康有为：《大同书》，见《康有为全集》，第七集，91页。
② 康有为：《大同书》，见《康有为全集》，第七集，76页。
③ 康有为：《大同书》，见《康有为全集》，第七集，77页。

凡男女相悦者，则立约以三月为期，期满之后，任其更与他人立约。若原人欲再立约，则须暂停三月，乃许再立。亦许其屡次立约，至于终身。

…………

凡男女立约久暂，听其自便。约满则可更与他人立约，亦可再与原人换约。[①]

康有为还说：

婚姻期限，久者不许过一年，短者必满一月，欢好者许其续约。[②]

既然对婚姻的理解如此，那么建立在婚姻基础之上的家庭价值也必然会产生巨大的变化。论家庭之害曰：

虽然乡人之酬酢，里妇之应接，儿童之抚弄，宗姓之亲昵，耳闻皆勃谿之声，目睹皆困苦之形。或寡妇思夫之夜哭；或孤子穷饿之长啼；或老夫无衣，扶杖于树底；或病妪无被，卧于灶眉；或废疾癃笃持钵行乞，呼号而无归。其贵乎富乎，则兄弟子姓之阋墙，妇姑娣姒叔嫂之勃谿，与接为构，忧痛惨悽。号为承平，其实普天之家室，皆怨气之冲盈，争心之触射，毒于黄雾而塞于寰瀛也。呜呼！人患无家，有家之害如此哉！[③]

以吾居乡里之日殆三十年，所闻无非妇姑诟谇之声，嫂叔怨詈之语，兄弟斗阋之状。[④]

所以，在《大同书》中，康有为甚亖列举十数条家庭的危害，视其为据乱世向太平世转化的最大障碍。他说：

故家者，据乱世人道相扶必需之具，而太平世最阻碍相隔之大害也。[⑤]

康有为将家庭视为对自由的最大压制，以其为烦恼之根，苦难之源。如果将来家庭消亡，那么，“人人皆独立于世界之上，不受他之牵累，而常得非常最大之自由也”[⑥]。家庭的存在，是人类进入太平世的“妨害之物”。“故家者，

① 康有为：《实理公法全书》，见《康有为全集》，第一集，149页。
② 康有为：《大同书》，见《康有为全集》，第七集，77页。
③ 康有为：《大同书》，见《康有为全集》，第七集，3页。
④ 康有为：《大同书》，见《康有为全集》，第七集，88页。
⑤ 康有为：《大同书》，见《康有为全集》，第七集，91页。
⑥ 梁启超：《南海康先生传》，见《康有为全集》，第十二集，附录一，433页。

据乱世、升平世必须之要，而太平世最妨害之物也。以有家而欲至于太平，是泛绝流断港而欲至于通津也。不宁唯是，欲至太平而有家，是犹负土以浚川，添薪以救火也，愈行而愈阻矣。故欲至太平独立性善之美，惟有去国而已，去家而已。”①

除了对家的价值的否定，康有为还进一步提出对国家价值的质疑。

在大同的视野中，康有为倾毕生精力所注的“保国”的事业，亦成为人类痛苦的重要缘由。任一国家的形成，都经历了无数的战争和兼并：“夫自有人民而成家族，积家族吞并而成部落，积部落吞并而成邦国，积邦国吞并而成一统大国。凡此吞小为大，皆由无量战争而来，涂炭无量人民而至，然后成今日大地之国势，此皆数千年来万国已然之事。”② 由王者无外的天下秩序转变为国与国竞争的民族国家体系，是中国加入现代社会的一个必经的阶段，即不得已的自保。康有为对国与国之间所存在的不平等的世界秩序有着深入的反思，即去国界而救人民。“是故国者，在乱世为不得已而自保之术，在平世为最争杀大害之道也。而古今人恒言皆曰天下国家，若人道不可少者，此大谬也。今将欲救生民之惨祸，致太平之乐利，求大同之公益，其必先自破国界去国义始矣，此仁人君子所当日夜焦心弊舌以图之者也，除破国界外，更无救民之义矣。”③

国家的合法性因为建立在对于国家内部利益的强调基础之上，所以在国与国发生冲突的时候，国家的利益就成为衡量利弊的最高标准，那些试图吞并别的国家、积极拓展自己的领土的政治和军事领袖就会被视为国家英雄，而且在当时的国际格局之下，国家内部的秩序可以由法律进行制约，但国家之间的争夺却难有真正的制约力量。“国者，人民团体之最高级也。自天帝外，其上无有法律制之也。各图私益，非公法所可抑，非虚义所能动也。其强大国之侵吞小邦，弱肉强食，势之自然，非公理所能及也。”④ 康有为意识到在以民族国家为基础的国与国之间并没有有效的机制来制约大国对于小国的侵凌，因此需要在意识和制度上进行转变。

在更高价值的衡量之下，首先要反思国家的正当性。康有为认为，将国家利益视为最高的错误认识在数千年中被人视为天经地义，而不知反省。这就是

① 康有为：《大同书》，见《康有为全集》，第七集，91 页。
② 康有为：《大同书》，见《康有为全集》，第七集，118 页。
③ 康有为：《大同书》，见《康有为全集》，第七集，128 页。
④ 康有为：《大同书》，见《康有为全集》，第七集，128 页。

因为人们不能超越对国家的认识局限。康有为认为，站在“大同”的立场上，国家的正当性需要重新思考，因为国家只是据乱和升平时期的“自保之术”。康有为对《中庸》和《孟子》中对于“天下国家”合用的方式提出了异议，他认为国家并非是“人道不可少”，要摒弃基于国家利益而发生的争杀，这就需要“破国界”。

在制度设计方面，康有为认为破除国界的构想并不是一种难以实现的乌托邦，是“实景而非空想”。理由有二：其一，世界进化是一个由分而合的过程。康有为认为国家的数量是随着社会的发展而不断减少的，因此，大国不断兼并小国并最后定于一是可能的。其二，民权进化也会促使公益意识的建立。康有为说，如果是君主制国家，因为国家属于君主私有，所以难以合一。而到了民权时期，人们则容易建立起公益意识。“民权之起，宪法之兴，合群均产之说，皆为大同之先声也。”①

康有为的逻辑在于，国家的形态是由君主制国家向民权国家发展的，在君主制度下，国家是君主的私产，所以国家之间的争夺实际上是君主之间的私利的体现。到了民权社会，国家成为百姓的公产，因此，大家所关注的是如何改善生活，而不是侵害别人的利益。这时候的国家有类于股份制的公司，所以合作共赢的意识就可以达成，并成为向大同发展的阶梯。

康有为梳理了建立大同世界的步骤，并认为这是根据国家发展历史总结而成。“今欲至大同，先自弭兵会倡之，次以联盟国缔之，继以公议会导之，次第以赴，盖有必至大同之一日焉。”② 可能是受到当时俄罗斯倡议成立万国和平会的启发，康有为特别看重“弭兵会”，即各国限制自己的军事开支和军事活动，然后逐渐建立起一个国与国之间的联邦，成立“公议政府”，最后过渡到“公政府”。

康有为对于正在形成的资本主义生产方式表现出了足够的批评性，他认为机器化的大生产必将带来更为严重的贫富分化，最终的结果是“富主如国君，其百执事如士大夫，其作工如小民，不止贫富之不均远若天渊，更虑昔者争土地、论贵贱之号为国者，改而争作厂、商场以论贫富为国焉，则旧国土之争方息，而新国土之争又出也”③。他几乎天才地预见到资本竞争将取代土地竞争，人类将开始以金钱的多寡来决定其社会地位，而这些发展均是以牺牲普通人群

① 康有为：《大同书》，见《康有为全集》，第七集，129 页。
② 康有为：《大同书》，见《康有为全集》，第七集，129 页。
③ 康有为：《大同书》，见《康有为全集》，第七集，154 页。

的利益达成的。在存在着禀赋性差异的人类社会，提倡自由竞争，则只宜于据乱世，并不是一种理想的社会秩序安排，所以，他认为要取消这种不平等，就必须去人之私产，以公有制来解决财富的聚集，由政府根据不同地方的生产资料状况来合理支配生产和消费。那么如何避免人的自私心对于政府公心的干扰呢？在康有为看来，太平世不再有家庭、国家，又辅之以教化，自然会以公共利益为生活目标。

这种使《大同书》与三世说展现出丰富的思想面貌，并熔铸各种思想的雄心，只有梁启超才能窥探。他说：

> 有为以《春秋》"三世"之义说《礼运》，谓"升平世"为"小康"，"太平世"为"大同"。《礼运》之言曰："大道之行也，天下为公，选贤与能，讲信修睦，故人不独亲其亲，不独子其子，使老有所归，壮有所用，幼有所长，鳏寡孤独废疾者皆有所养，男有分，女有归，货恶其弃于地也，不必藏诸己，力恶其不出于身也，不必为己……是谓大同。"此一段者，以今语释之，则民治主义存焉，（天下……与能）国际联合主义存焉，（讲信修睦）儿童公育主义存焉，（故人不……其子）老病保险主义存焉，（使老有……有所养）共产主义存焉，（货恶……藏诸己）劳作神圣主义存焉。（力恶……为己）有为谓此为孔子之理想的社会制度，谓《春秋》所谓"太平世"者即此。①

与"五四"之后的文化虚无主义者所不同的是，晚清的许多思想家并没有为西方令人眼花缭乱的思潮所迷惑，而是具有强烈的反思精神。康有为的《大同书》中对于理想社会的设计无不是建立在对中国古代和现代西方的社会制度和价值体系的批判性反思基础之上的。其论敌章太炎也是如此，对于进化论、代议制度、平等观念等都有超越时代的精研覃思。所以说，要摆脱近百年来的思想贫乏和缺乏自主性创造力的困境，就要回到康有为、章太炎的思考中，这是理解中国近代政治发展的重要维度。

二、《大同书》与儒家社会主义

康有为的《大同书》承继中国传统的大同观念，这种观念有其独特性，并成为中国接受社会主义思想的重要基础。对此，沟口雄三可谓颇具慧眼：他将中国近代视为"大同式近代"，并认为这是一种与西方不同的近代化的模式，

---

① 梁启超：《清代学术概论》，见《饮冰室合集》，专集之三十四，58～59页。

体现了中国的独特性。“比起个人自由更志向于总体的自由，而这种排除个人自由即私人自利的、反专制性质的总体自由，由于其排除个人私利的独特的共和原理，从而使民权主义不只是停留在政治层面上，同时和经济上的总体的自由，即追求四亿人民总体的丰衣足食的民生主义联系在了一起，这是中国近代的一个重要特征。”①

沟口雄三还认为，毛泽东领导的革命起源于传统的大同思想：“毛泽东革命以农村无产阶级为基础，实行农村包围城市的革命战略，并因此而更有资格成为大同式近代正统的继承人。”②

沟口雄三的说法并非无所依凭。许多材料证明，毛泽东在思想的形成期深受康有为、梁启超的影响。毛泽东自己回忆说，《新民丛报》的许多篇章他甚至能背诵。李锐在《毛泽东早年读书生活》一书中对此也有所描述：

> 1917年8月23日，毛泽东致黎锦熙信中说：“孔子知此义，故立太平世为鹄，而不废据乱、升平二世。大同者，吾人之鹄也。”也是将《春秋公羊传》的“三世”之说结合《礼运》“大同”说来谈，跟康有为在《大同书》中的说法相同。想来此时他已读过《大同书》了，当然只是已经发表的甲、乙两部。
>
> 《大同书》中对理想社会的政治、社会生活、工农业生产，乃至家庭与婚姻等等，都有十分具体的描写。毛泽东对这些极感兴趣。从1919年12月《湖南教育月刊》上发表的他所作的《学生之工作》一文中，可以明显看出所受于《大同书》的影响。文中说：“我数年来梦想新社会生活，而没有办法。七年（1918）春季，想邀数朋友在省城（长沙）对岸岳麓山设工读同志会，从事半耕半读……今春回湘，再发生这种想象，乃有在岳麓山建设新村的计议，而先从办一实行社会说本位教育说的学校入手。此新村以新家庭新学校及旁的新社会连成一块为根本理想。”③

其实，康有为的“大同”思想对毛泽东的影响并没有随着时间的推移而减弱。1958年，毛泽东在成都的一次会议讲话中说：“家庭是原始共产主义后期产生的，将来要消灭，有始有终。康有为的《大同书》即看到此点。”④ 也有人

---

① ［日］沟口雄三：《作为方法的中国》，17页，北京，三联书店，2011。

② ［日］沟口雄三：《作为方法的中国》，19页。

③ 李锐：《毛泽东早年读书生活》，65～66页，沈阳，辽宁人民出版社，1992。

④ 毛泽东：《在成都会议上的讲话》（四）（一九五八年三月二十二日），见《毛泽东思想万岁》，第四卷，39页，武汉，1968。

说，毛泽东的农村社会主义改造主张中有很多《大同书》的影子，甚至中央农村工作干部到徐水县时手里还会带一本《大同书》。①

儒家始终存在一种向往平等和正义的理想，因而现代的儒学运动始终具有一种社会主义的指向，梁漱溟和熊十力均对中国的社会主义体制进行了正面的肯定。熊十力说，康有为特重《礼运》与公羊三世的做法来自宋儒胡文定，并贬斥康有为的看法只是一种自己的意见，并没有坚实的证据。不过，他自己的想法却与康有为有许多重合之处。他在解释《论语》中“老者安之”“少者怀之”时说：“明是社会主义，以养老、育幼由公共团体负责，与《礼运》不独亲亲子子适合。尧舜禹汤本为小康世之圣王，《礼运》称美之词恰如其分。……判大夫、谋革命，而孔子皆欲往，可见孔子已有实行民主、废弃统治阶层之志。”他说汉宋群儒均未发现孔子之“圣意”。“若识孔子志在进世太平，期全人类抵于群龙无首之盛，则尧舜禹汤只是小康时代之圣王，夫复何疑？”② 熊十力看重《周官》，解释“惟王建国”，即以王道仁政观念治理国家，并由此反对一切的剥削和不平等，以及帝国主义欺负弱小的霸权行为。这都是《大同书》精神的一脉传承。

作为熊十力的学生和精神的传承者，牟宗三对于自康有为以来的大同设计中对于国家和家庭的否定十分警惕，认为文化的理想必须在现实中加以展开，这一“现实”就包括国家、家庭和个人。文化根植于人性之中，任何具有人性尊严的人，必然会尊重国家和家庭，因此那种超越了具体国家和民族的“真理”是虚妄的。“我尊重我自己，我亦必尊重他人。我尊重我自己民族的圣哲及其所铸造之文化，我亦必尊重他民族的圣哲及其文化。真理之为普遍的，岂必即因而抹杀国家乎？横逆之来而无动于衷，这种人根本无悱恻之感的良知之觉，根本是陷溺于个人的自私而无客观精神。无悱恻之感，无客观精神的人，根本说不上追求真理。”③

在此，牟宗三认为，只有儒家的理想社会是具体的和现实的，而非如佛教和基督教那样是外在于现实世界的，“天下一观念之有意义，完全在其对家庭国家之肯定而期有以融合之上而有意义。若谓天下离开家庭国家而可以自成一阶段，则它那个阶段便是空乏的、荒芜的”④。

---

① 参见李锐：《毛泽东早年读书生活》，68页。

② 熊十力：《论六经·中国历史讲话》，25页，北京，中国人民大学出版社，2006。

③ 牟宗三：《道德的理想主义》，58页，长春，吉林出版集团有限公司，2010。

④ 牟宗三：《道德的理想主义》，65页。

牟宗三所设想的天下大同的制度是一个大一统的整体系统，与家国个人这样的纵贯系统不同的是，天下所要处理的是国与国之间的关系，因此其内在的精神要求不能是力量型的，而必须是理性、精神的谐和。天下“是国家间的一个综合，它是容许‘各自发展的异’中之同，它是承认它们而又处于它们之上的一个谐和，它不是由一个国家强制其他，因此，它不能不王道，不能不代表理性”[①]，否则就是一种侵略性和强制性的“同”。因为天下至大无外，所以它与一般民众的生活的关系是间接的：政治家之间的活动体现了民众与这一体系之间的关系。牟宗三认为康有为式的大同是一个“梦想”，这个梦想以“外部的时间阶段之观点，以为家庭国家的阶段都已过去，以为要实现大同，必须否定已经过时的家庭国家之封界，以为大同为时间上一个可以独立的阶段，一个可以不要家庭国家为其充实之内容的阶段，把大同完全看成是一个外部的虚悬阶段”[②]。这样只可能否定个体，难以落实。

如果说，《大同书》的普遍主义倾向弱化了儒家的面向的话[③]，那么牟宗三的论述则既顾及了儒家观念的连续性，也考虑到了多元一体的文化普遍主义的图景，从而避免了康有为《大同书》中消除一切差异甚至消除种族差异这样的极端主义倾向。消除一切差异的“进步”，其下一步必然是暴力专权和埋没个体，最终只可能是灾难。

康有为的政治哲学的思考涉及国家的合法性资源的整合、大一统国家在转入现代国家体制时的制度性设计和儒家政治理想等多方面的内容，在思维方式上，既深受儒家经典解释模式的影响，也试图批判性地吸收西方现代政治哲学的一些内容。因此，康有为提出了许多对于解释现代中国发展极其重要的思考指向，故而理解他的思想是理解现代中国的一个门径。

干春松

① 牟宗三：《道德的理想主义》，63 页。

② 牟宗三：《道德的理想主义》，61 页。

③ 萧公权就认为康有为在将孔子世界化的时候，削弱了中国性和儒家性。他说：“康氏在《大同书》以及其他著作中，显然将孔子世界化了，孔子不再是中国的至圣先师，而是全人类大同理想中的先知。因此康氏神化孔子，似也同时降低了孔子的中国性格。作为《大同书》的作者，康氏当然并不特别关怀如何荣耀孔圣，而是要使人间制度完美，以指出通往全人类快乐之路。《大同书》的结论也能看出康氏不以某派儒者自居，他于结论中预见儒教与其他由个别文明所产生诸教，都将消逝。”（萧公权：《近代中国与新世界：康有为变法与大同思想研究》，391～392 页，南京，江苏人民出版社，1997。）

参考文献

干春松．康有为与儒学的“新世”：从儒学分期看儒学的未来发展路径．上海：华东师范大学出版社，2014.

蒋孝军．“群”与“独”·个体性问题：康有为政治儒学研究．合肥：安徽人民出版社，2015.

康有为．康有为全集．姜义华，张荣华，编校．北京：中国人民大学出版社，2007.

孔祥吉．康有为变法奏章辑考．北京：北京图书馆出版社，2008.

李剑农．中国近百年政治史．北京：商务印书馆，2011.

茅海建．从甲午到戊戌：康有为《我史》鉴注．北京：三联书店，2009.

唐文明．敷教在宽：康有为孔教思想申论．北京：中国人民大学出版社，2012.

萧公权．康有为思想研究//萧公权文集．汪荣祖，译．北京：中国人民大学出版社，2014.

曾亦．共和与君主：康有为晚期政治思想研究．上海：上海人民出版社，2010.

张荣华，编校．康有为往来书信集．北京：中国人民大学出版社，2012.

第二章
探索民族革命：章太炎的政治哲学

革命与战斗，是中国现代伟大的文学家鲁迅为自己的老师章太炎所撰写的“墓志铭”。鲁迅 1936 年在《关于太炎先生二三事》中总结章太炎的一生，称：“我以为先生的业绩，留在革命史上的，实在比在学术史上还要大。”“考其生平，以大勋章作扇坠，临总统府之门，大诟袁世凯的包藏祸心者，并世无第二人；七被追捕，三入牢狱，而革命之志，终不屈挠者，并世亦无第二人：这才是先哲的精神，后生的楷范。”“战斗的文章，乃是先生一生中最大，最久的业绩。”[①] 章太炎的政治哲学，本质上是植根于战斗的、反抗的政治哲学。他关键性的政治哲学术语——齐物平等、“六经皆史”、俱分进化、真如、个体为真、团体为幻、文言一致……似乎都能在浩茫的儒释道诸家典籍、近代东西洋学说中找到依据。然而，当章太炎把它们都凝聚到“革命”的逻辑中时，章太炎的政治哲学就成为独一无二、具有拆解性的锋利的战斗武器了。他要抵抗的，不仅是 19 世纪末 20 世纪初东西洋不同形态的帝国主义政治，更是各种压抑个体独立性的现代化的制度和观念。在章太炎那里，我们总能找到“无待自由”的甘泉，探寻另一种想象现代性的方式。

章太炎（1869—1936），名炳麟，字枚叔，号太炎，浙江余杭人，清末民初著名学者、思想家、革命家。自幼承外祖父朱有虔训教，文字、音韵、训诂学方面受过严格的训练。读蒋良骥《东华录》，获知戴名世、吕留良、曾静等人的事迹，胸中愤愤不平，甚念《春秋》贱夷狄的宗旨，再加上父死“深衣

① 鲁迅：《关于太炎先生二三事》（1936），见《鲁迅全集》，第六卷，565、567 页，北京，人民文学出版社，2005。

殓”的记忆，都孕育了他反清的汉民族意识。1890 年至杭州诂经精舍，师从朴学大师俞樾，在此期间撰述了《膏兰室札记》《春秋左传读》等读书笔记。1897 年离开诂经精舍，先后参与编撰《时务报》《经世报》《实学报》《译书公会报》等。鉴于“土崩又非百姓之利”，清政权的存亡关涉诸夏苍生的切身利益，太炎赞成康有为“以革政挽革命”的渐进改良主张。

戊戌政变后，章太炎因参与维新运动被通缉，流亡我国台湾、日本。1900 年，太炎立志革命，与改良派“割辫与绝”。1903 年因发表《驳康有为论革命书》及为邹容《革命军》作序，宣传革命，被捕入狱。1906 年出狱后，东渡日本，参加同盟会，主编同盟会机关报《民报》，在此期间与改良派报刊《新民丛报》展开思想论战。章太炎主编《民报》期间，开国学讲习会，听课受业者包括沈士远、沈兼士兄弟，以及马裕藻、马衡、朱希祖、钱玄同、任鸿隽等人；他在《民报》社小班授课时，学生中则有鲁迅、周作人、许寿裳等，皆一时英俊。太炎讲授的是其最为得意的小学，包括段玉裁《说文解字注》、郝懿行《尔雅义疏》等。太炎成为新文化人的导师以及新文学运动的“不祧之祖”[①]，应从此时算起。其“积年讨论以补前人所未举”，甚或“一字千金”[②] 的《訄书》初刻本与重订本、《新方言》、《文始》、《齐物论释》、《国故论衡》等，皆撰修于戊戌至辛亥期间。章太炎 1911 年回国后，曾主编《大共和日报》。1913 年因反对袁世凯而被禁锢。1914 年撰写《检论》。1934 年在苏州设立章氏国学讲习会，创办《制言》杂志。1936 年，章太炎病逝于苏州。

章太炎继承了清代朴学的传统，以文字、音韵之学为根基，博涉诸子学、佛学及西方哲学，为现代中国的思想学术奠定了基础。侯外庐评价章太炎，“在近代中国学术史上，是自成宗派的巨人”，“运用古今中外的学术，糅合而成一家言的哲学体系，在近世他是第一个博学深思的人”[③]。

章太炎政治哲学的对话对象，首先是他终生的论敌——康有为。章太炎与康有为的论辩，是中国思想史上继孟荀之争、朱陆异同之后，同一个历史时期“双峰并峙、二水分流”现象的再次上演。中国自汉迄清两千余年的君主专制体制面临现代转轨之际，康有为倡导维新立宪，章太炎主张民族革命。他们各据近代政治变革思潮的半壁河山，虽然表面上各执一端，实际上却共同撑开了

---

① 曹聚仁：《章太炎与周作人》，见曹聚仁：《文坛五十年》，190 页，上海，东方出版中心，1997。

② 章太炎：《自述学术次第》，见章太炎：《菿汉三言》，虞云国标点整理，177、165 页，沈阳，辽宁教育出版社，2000。

③ 侯外庐：《中国近代启蒙思想史》，黄宣民校订，214、215 页，北京，人民出版社，1993。

传统政治思想现代转轨的宽阔的空间。自汉武帝“罢黜百家，独尊儒术”，中国学术进入了经学时代，两千余年来知识人就经今、古文学的异同展开层出不穷的学术辩难。到了清末，康有为和章太炎作为经学今文、古文两派的领袖，引领了两派学术的对决。身处社会转型时期，就传统经学如何变革而重新为现代世道人心提供“道之本源”的价值归宿问题，他们开辟出有丰富可能性的不同路径。

章太炎政治哲学潜在的对话对象，一直包括明治维新之后的日本思想界。同处儒教圈的日本，在明治维新之后领先于东亚各国，走上了独立自主、富国强兵的近代化之路。明治时期的儒学自然也呈现出丰富的面貌，如重野安绎代表的学院式的实证主义，中村正直所表现的形而上学的思想，中江兆民和田冈岭云等世界性的普遍主义或以民众为中心的思想，以及涩泽荣一所表现的经济道德等。然而，对东亚地区的近代史产生深远影响的明治儒学，却是被吸附进“国体论”的“克忠克孝”。它拥护天皇“万世一系”，形塑普通日本民众的通俗道德，维系近代天皇制权威主义政治。甲午中日战争之后，日本殖民统治台湾。章太炎 1898 年 12 月因戊戌政变避祸台湾，担任殖民地官方媒体《台湾日日新报》汉文版编辑。在那里，他首次接触到的明治日本思想，正是近代日本的国家主义及强权色彩，使祛除汉意、坚固和魂的国学思想愈发膨胀，并重新吸附儒学忠孝等部分伦理条目包装出的“国体论”。章太炎具有独立意识的儒学思想的形成即在此期间。可以说，他与明治儒学的对话，实质上是经历千余年各自发展的中、日两国儒学在近代的正面冲突，是东亚儒学花开两朵之后的一场遭遇战。这样的冲突，揭示出“同源”的儒家思想，依据不同的民族文化，按照不同的政治逻辑，可能走出不同的路径。

明治日本的思想界始终在国粹保存主义与欧化主义之间徘徊转移。而随着明治三十年（1897 年）之后天皇制国家观念和社会规范的日益强固，通过接引欧洲叔本华和尼采的哲学、印度的古代思想，日本也兴起了浪漫主义、个人主义的思潮；以幸德秋水为代表的社会主义、无政府主义者，更与西欧、北美抵抗帝国主义和资本主义的社会潮流同声相应。它们同日本的国家主义展开了或隐或显的对抗。章太炎 1902 年 2 月至 7 月、1906 年 6 月至 1911 年 11 月期间旅次日本，他经由阅读日本的书籍，大量吸收西洋近代思想，通过交往日本的社会主义、无政府主义者，他更加深入地思索和体验“革命”。与此同时，在全球化的浪潮中，如何保护风雨飘摇的民间社会、匹夫匹妇的生存世界，保存人类文明的多样生态，日本的国粹保存思潮也给予太炎正面的启迪。可以说，在与日本强势的国家主义相对抗之外，章太炎也和抵制西洋帝国主义政治的日本思想界站在一起，以儒教文明的整体姿态，回应基督教文明的挑战。章太炎与明治日本思想的纠葛，揭示出东亚儒教文明的伦理价值与政治秩序在走向近代化的过程中面临的一些根本问题。

第一节　“儒术”为“革命”合法性溯源

章太炎戊戌之前独尊荀子、韩非，到清末十年激烈“订孔”，潜心佛学，兼览东西洋、印度学说，以佛释庄，之后又以庄释孔，1913—1914 年癸丑、甲寅之际，则重新确认孔子学说的地位。他的一生，大体经历了对儒家学说从反叛到回归的历程。他自述道：“自揣平生学术，始则转俗成真，终乃回真向俗。”① 章太炎在学术“俗”与“真”之间的变化和转移，与他思考及实践政治革命的历史相始终。

《儒术真论》是理解章太炎早期思想格局最为关键的作品，表明了他对儒术的认知根底。《儒术真论》由正文及两篇附文《视天论》《菌说》构成。该文从 1899 年 8 月 17 日至 1900 年 2 月 10 日，连载于《清议报》第二十三、二十四、二十五、二十八、三十、三十一、三十二、三十四册“支那哲学”栏。《儒术真论》确立了“真儒术”的标准，即“仲尼所以凌驾千圣，迈尧舜，轹公旦者，独在以天为不明及无鬼神二事”②。

章太炎融汇西方近代天文学、生物学等科学知识，秉承清代朴学无征不信的科学传统，拒绝天有神性的观念，否定一切鬼神之说，这体现了章太炎对康有为孔教思想的根本驳议。因为推崇“敬天”、包容“明鬼”，恰恰是康有为兼容墨家，以基督教为参照，对儒教进行宗教改革的思路。康有为将具有“天志”“明鬼”思想的墨子归入传统儒家圣人谱系，称“尧、舜、禹、汤、孔、墨”，乃是天下与中国“其觉识益大，其爱想之周者益远”③的人物。《清议报》“支那哲学”栏刊出《儒术真论》前，一直在连载谭嗣同的《仁学》和康有为

① 章太炎：《菿汉微言》，见章太炎：《菿汉三言》，61 页。

② 章氏学（章太炎）：《儒术真论》，载《清议报》，第二十三册，1899－08－17，1507 页，北京，中华书局（影印），1991。

③ 康有为：《觉识篇》，载《清议报》，第十八册，1899－06－18，1164 页。

的《阖辟篇》《未济篇》《理学篇》《爱恶篇》《性学篇》《不忍篇》《知言篇》《湿热篇》《觉识篇》（现统称为《康子内外篇》），以及体现经今文学立场的《读〈春秋〉界说上》《读〈孟子〉界说》，梁启超演绎康氏宗教改革思想之《纪年公理》《论支那宗教改革》。[①]《儒术真论》的发表本就有区别谭、康、梁，思想独树一帜的用意。

康有为以“深思天人之故”自命。他推崇“敬天”，《未济篇》谓：“人之气质，受成于地，感生于山川物质，触遇于风露寒暑，争欲相炽，心血相构，奈之何哉！躁者不知察此，急于一时以赴事功，事功有天焉，即天眷助之，其成也于人之益无几矣。”[②] 这里，他继承了儒学“天人论”中典型的“居易以俟命”（《中庸·子思》）说。上天大致依据人们行为的善恶降下福祸，但也并不全然如此，贤者、仁者亦有不寿、不禄之事。人们不能怨天，对于天命，必须“修身以俟之”（《孟子·尽心上》）。

康有为也包容“明鬼”，《性学篇》称“鬼神巫祝之俗”与“君臣父子夫妇兄弟之伦，士农工商之业”“诗书礼乐之教，蔬果鱼肉之食”一样，皆属“孔氏之教”。“鬼神巫祝”的信仰民俗本乎人性，圣人只是“调停于中，顺人之情，而亦节人之性”[③]，劝导民众勿泛滥、尚节制而已。康有为在人性论上偏于荀子，很欣赏董仲舒《春秋繁露·深察名号》篇“民之号，取之瞑也”的判断[④]，还屡屡以“冥”通“瞑”，谓“民者冥也”[⑤]。人性并非本善，百姓往往冥顽愚昧。这就需要为政者敷教于民间，培养良好的社会风俗。康有为早年的《教学通义》主张，敷教之书既要有“纯取经文切于民质日用”“儒先史传之嘉言懿行”的内容，还应该“兼取鬼神祸福之根”[⑥]。康有为在1904年的《意大利游记》中对此有详尽的解说：“古者民愚，阴冥之中事事物物皆以为鬼神，圣者因其所明而怵之，则有所畏而不为恶，有所慕而易向善。”[⑦] 圣人并非不知

① 《清议报》“支那哲学”栏中，谭嗣同《仁学》连载于第二、三、四、五、七、九、十、十二、十四册；康有为的《康子内外篇》诸文，则连载于第一、十三、十五、十八、十九册。事实上，谭嗣同《仁学》、康有为《康子内外篇》、章太炎《儒术真论》涉及人性论时，论点相当接近，三部作品的比较及可能存在的影响、对话关系，是值得进一步研究的问题。《读〈春秋〉界说上》载于第六、八册。《读〈孟子〉界说》，载于第二十一、二十二册。梁启超《纪年公理》及《论支那宗教改革》分别载于十六、十九、二十册。

② 康有为：《未济篇》，载《清议报》，第十三册，1899-04-30，813页。

③ 康有为：《性学篇》，载《清议报》，第十五册，1899-05-20，953、952页。

④ 参见康有为：《春秋董氏学》，见《康有为全集》，第二集，385页。

⑤ 如康有为：《中庸注》，见《康有为全集》，第五集，382页。

⑥ 康有为：《教学通义》（1886），见《康有为全集》，第一集，53页。

⑦ 康有为：《意大利游记》（1904），见《康有为全集》，第七集，374页。

鬼神的诬妄，既然民众中确实存在鬼神信仰，在一时难以让他们获得更好的心灵寄托之际，大可因势利导，劝其向善。这是康有为包容“明鬼”的原因，也是中国传统社会儒家士大夫虽然推崇理性、不语怪力乱神，但对民间社会善男信女的鬼神信仰大都采取宽容姿态的原因。

章太炎对传统中国社会这一套信仰与治理原则是十分清楚的。他此时期以“尊荀”为先，特别认同以外在的礼义教化来矫正人性之恶。章太炎之所以从根本上否认天的神性、否定神怪幽鬼的存在，是因为他看到了“敬天明鬼”的意识，尤其是由此衍生出的帝王“感生”之说，以及以自然现象解释人类社会活动、否定人的主观能动性、为人间的现实统治秩序提供合法依据的“天意论”，完全可以发展出一套压迫性的、培养顺民的政治统治逻辑。而这种恐怖统治当时正在殖民地台湾上演。它们构成了日本天皇“万世一系”“国体论”的信仰基础，是儒学传入日本与神道教相结合而本土化的产物。《儒术真论》发表于章太炎离开台湾之后，和他在台湾体会到的被殖民经验息息相关。章太炎感觉到，儒教的“敬天论”包含着产生日本式帝国主义思想的基因，他以彻底否认天之神性这一最激进的方式，试图打造一个完全“干净”的儒学，为崇尚人的主体性与能动性、推翻暴政的“革命”提供信心。

宣扬神道，表彰神威，无限钦服超绝于人间的神力及无道理可讲之“天意”，这是巩固日本“国体论”的信仰基础；拥抱现在、无条件顺应似乎“自然而然”发生的现实与形势，则构成其行为之逻辑。君权神授的观念，是万世一系天皇制的源头。据日本8世纪出现的《古事记》及《日本书纪》，天祖天照大神将“丰苇原瑞穗国”日本赐给天孙，令其管辖，同时还授予镜、剑、玉三件宝物，作为皇位承继的凭据，天皇自此起“万世一系”，从未中断。14世纪，北畠亲房（1293—1354）撰《神皇正统记》，“力言日本国体之所以度越万邦，是因为皇位继承，永远不替，一如天祖之所神敕”；江户时代，日本国学运动兴起。本居宣长（1730—1801）提出“祛除汉意、坚固和魂”等思想，复兴《古事记》等所载日本固有之神道，确认日本“皇国之道”是通往世界的普遍之道。[①] 1899年，新渡户稻造（1862—1933）用英文发表传世之作《武士道》，指出天皇“不是法律国家的警察的首长，或者文化国家的保护人”，“他是昊天在地上的肉身代表，在他那尊贵的身上同时具备昊天的权力和仁爱”[②]。接受“国体论”的日本普通民众认为，“日本的国家是为超绝人间的思虑、超

① 参见［日］源了圆：《德川思想小史》，177～209页，东京，中央公论社，1973。

② ［日］新渡户稻造：《武士道》，张俊彦译，19页，北京，商务印书馆，1993。

绝人间的力的一种伟大的力所领导”[①]。在“国体”的论述中，“一国犹之一家，我天祖之勅，即祖宗之训也”[②] ——天祖天照大神是大和民族的共同祖先，天皇不仅是君，亦是民族大家长“父”。它要求民众“克忠克孝”，辅翼天皇。儒教忠孝的伦理条目被整合到日本的国体论之中。

日本占领台湾后，灌输“国体论”成为管控意识形态的重要举措。殖民政府通过《台湾日日新报》宣扬国史，要求台湾人“上戴万世一统之皇室，而下为首先效顺之臣民”[③]。殖民当局围绕“国体论”进行了诸种意识形态的建构与政治运作：宣扬君权神授论，散布占领台湾的“天意”说，要求民众不断歌颂天皇的神圣、赞美日本在台湾推行的同化政策，以臣子对天皇单向度、无条件的忠诚来否定“革命”等。章太炎对此进行了虽隐晦但针对性极强的驳斥和抵制。这些都是《儒术真论》产生“天为不明及无鬼神”这一真儒术标准的背景。

第一，抨击君权神授论。

日本报人频繁使用儒家经典中的“天意”二字来描绘君权神授，认为天皇是天神在地上的肉身。在介绍宫崎宫神苑时，强调“天祖肇建鸿基，位即天位，德即天德”，授予皇孙三神器“比德于玉，比明于镜，比威于剑，体天之仁，则天之明，奋天之威，以照临万邦”，神器既是“天胤之尊，严乎其不可犯，君臣之分定，而大义以明矣”的象征，又是“神人相感”的媒介。[④] 章太炎碍于寄人篱下的客居身份，虽然始终未在《台湾日日新报》上予以正面回击，但是，发表于《台湾日日新报》的《书〈原君〉篇后》，增改后更名为《冥契》，编入《訄书》，添加了一段驳斥中外天人感应神秘传说的文字，回应日本“国体论”。文章认为，传说中商周两朝“创业之主，其母必上帝冯身以仪之”，简狄吞玄鸟蛋生契，姜嫄履巨人脚印生弃，此类“天子”神话实乃愚民的统治术：“自东自西，自南自北，凡长人者，必雄桀足以欺其下，以此羑民，是故拱揖指麾，而百姓趋令若牛马。”[⑤]

《儒术真论》指出，“感生”说作为上古民俗，普遍存在于人类各个文明之中，“中国之羲、农，日本之诺、册二神，印度之日朝、月朝，犹太之耶稣，

---

① ［日］武内义雄：《日本之儒教》，见［日］武内义雄：《儒教之精神》，高明译，125、130页，上海，太平书局，1942。

② 《国体说》，载《台湾日日新报》，1899-02-22，汉文第3版。

③ 《礼法示民》，载《台湾日日新报》，1898-06-19，汉文第5版。

④ 参见《宫崎宫神苑、宫崎大社》（图文），载《台湾日日新报》，1899-04-02，日文第2版。

⑤ 章太炎：《〈訄书〉初刻本·冥契》，见《章太炎全集》（三），30页，上海，上海人民出版社，1984。

无不相类”。对中国而言，“炎、黄异德兄弟婚媾之说”“尧之厘降，不避近属”，以至“夏商以来，六世而通婚姻”，近亲通婚的风俗都受感生说的感染。周代乱伦现象减少，“百世远别”，这是周公旦的地位“所以什伯于尧、舜、汤、武”的原因。但周公旦依然“依违两可，攻其支流，而未堙其源窟”，唯有孔子“明于庶物，察于人伦，知天为不明，知鬼神为无，遂以此为拔本塞源之义，而万物之情状大著。由是感生帝之说诎，而禽兽行绝矣。此所以冠生民横大陆也”[①]。孔子因驱逐“感生”说而成为唯一之圣，《訄书》初刻本以《独圣》终篇的用意就在于此。事实上，章太炎后来对经今文学的批判，主要就是“感生”之说认可超人间的天神。他抨击“《诗》齐、鲁、韩，《春秋》公羊，说圣人皆无父，感天而生”；比如《生民》之言“履帝武敏”[②]，周王祖先承天意而生，就非常类似于日本“记纪”神话中天照大神传神器给天孙。

第二，批评日本占领台湾乃“天意”之说。

《台湾日日新报》上有《承天意论》之文，将“台湾归我帝国”的原因解释为“天意实足显征”。“天意”的表现有以下三点：(1)“方兵戎之有事在辽阳，不在瀛岛，操胜券者何尝料将来结和必以台湾相授受哉?”日本顺从和约，“不便舍此他求”地领有了台湾，在没有人力主动作用的情况下，日本领台，乃是天意。(2) 台湾在 1884 年中法战争中能成功抵抗法国，于乙未年（1895 年）却不能抵御日军，缘于“天意”征验。(3) 中法战争后台湾建省，从人力车、凿喷水井皆取“东洋”之名，从民众对日本器物包括龙银、洋装的喜欢上，就能看出人心也验证了天意的存在。[③] 在驻台日本人中，也有官员存此神秘“感应”。比如，台湾首任“民政局”长官水野遵（1851—1900)，1897 年在巡视恒春时训话，称日本领有台湾并非“人为”，而是“天为”“因缘”注定。因为明治七年（1874 年）时，他曾跟随西乡从道（1843—1902)，参与“征台之役”（牡丹社事件)，登陆的地方就是恒春。水野认为，20 年之后台湾归日，当时就已见因缘征兆。就他本人来说，如今以民政长官的身份重旅故地，重见故人，更证明了日本领台乃“天为”之意。[④] 日本还可凭没有任何制约条件的“天意”去争夺世界霸权：“我帝国承天眷顾，增广版图，将必有进乎此焉。岂

① 章氏学（章太炎)：《儒术真论》，载《清议报》，第二十三册，1516 页；第二十四册，1571 页。

② 章太炎：《〈訄书〉初刻本·独圣》(下)，见《章太炎全集》(三)，105 页。

③ 参见《承天意论》，载《台湾日日新报》，1899-01-14，汉文第 3 版。

④ 参见《水野遵民政局長の巡台日記》，见中京大学社会科学研究所台湾史料研究会编：《日本領有初期の台湾——台湾総督府文書が語る原像》，33 页，東京，創泉堂出版，2006。

必泥开此疆域者与我有瓜葛缘始，得复旧而抚治之乎？或者不察，谓土地可以力争，蒙故作《承天意论》。”[①]“天意”论显示了日本殖民统治的强权实质。

中国儒家思想中的“天道”，乃超越性的伦理法则和道德理性，是人类社会终极的规范及“道理”。日本人举出的领有台湾的“天意”征兆，以感受者的执信及对自我的不断催眠为基础，是必须依赖人的精神感应加持才能建立的神秘性联系。它不是中国的“天道”，而是无思想可言、无道理可讲的独断的神道。这是一种将社会的现有秩序及历史视作自然而然发生，乃一个接一个不断生成的趋势，而与人的能动性无关的思想。日本战后思想家丸山真男（1914—1996）分析“记纪”神话的思维模式，认为这种思想就是“日本历史意识的古层”，构成日本思想史中“执拗的持续低音”。此种历史想象的核心不在“过去”或“未来”，而是拥抱“现在”[②]，无是非善恶标准，无条件地顺应当前的形势。在丸山看来，这一“执拗的持续低音”使日本乐于接受外来思想，而阻碍了日本人民具有能动性的现代自我主体之生成。

章太炎在《台湾日日新报》上发表《人定论》，从理论上回击《承天意论》。《人定论》，标题即是对“承天意论”的宣战，开篇曰：“乘猋风而薄乎玄云之上，视苍苍之天者，其果能为人世祸福乎？抑亡乎？……借曰有之，禨祥之说，则上古愚人所以自惑，而圣人回其诬妄，以为劝戒，亦犹蚩尤之作五刑，而圣人因之，以为鲸［黥］墨劓刖而已矣。夫愚人之无识也，盖较蚩尤为尤甚。如京房、刘更生诸公，推迹五行，极陈灾异，以效忠于人主，其所救正，诚有足多者，而害亦自此始。何者？不数见之事，以忤人为灾，则必以其合人为瑞。是故天有甘露，地有河清，木有连理，草有紫芝，鸟有爰居，兽有角瑞，总是数者而得其一，则皆以为合符于上帝。凡所以烦有司，竭财赋，兴征调，尽民力者，且不可胜数。由是观之，始以为劝戒，而终以致败亡……实验之学不出，而上古愚人之惑，亘千世而不解。是故前乎子厚者有王仲任，后乎子厚者有王介甫，其所立说，盖并以天变为不足畏，而迫于流俗，犹时时蒙其讪议。自今之世，有实验也，而其惑始足以淘汰。”[③]

章太炎迅速将日本报人对“天意”的宣传，整合到中国儒教传统中来反思与批判。因为此问题已触动了他长期艰难思索的经今、古文学异同。章太炎认

① 《承天意论》，载《台湾日日新报》，1899-01-14，汉文第3版。

② 丸山真男：《歴史意識の“古層”》（1972），见《丸山真男集》，第十卷，東京，岩波書店，1996。

③ 支那章炳麟（章太炎）：《人定论》，载《台湾日日新报》，1899-01-24，汉文第3版。

为苍天能够主宰人间祸福的思想，肇祸于西汉经今文学的禨祥、灾异之论，《承天意论》开篇也引用了五德终始说，曰："国家之得土地，何一不关乎天意乎？是故五德有递嬗之机，一姓无再兴之局。土地之得与丧，悉视天意为推移。"[①] 章太炎早年的学术笔记《子思孟轲五行说》根据《荀子·非十二子》对子思、孟子的批判，将五行思想的源头上溯到子思"天命之谓性"，以木金火水土对应仁义礼智信，以及《表记》"以水、火、土比父母于子"，并认为董仲舒"以五行比臣子事君父"乃师承子思。太炎认定"子思始善傅会，旁有燕、齐怪迂之士，侈搪其说，以为神奇，燿世诬人，自子思始"[②]。子思-孟子-董仲舒，太炎勾勒了一个经今文学的早期学术谱系。如今日人宣传"天意"、五德，他亦将之归入这一学脉之中。

事实上，于无意间，章太炎已将西汉涉及禨祥灾异、融合阴阳和墨家学说的儒学思想与以感性为基础、无道理可讲、无人的能动性可言的神秘主义神道作了区分。因为无论是讲灾异的今文《易》学"京氏学"开创者京房（前77—前37），还是编撰《洪范五行传论》、集"上古以来历春秋六国至秦汉符瑞、灾异之记"[③]的刘向（刘更生）（前77—前6），他们"推迹五行，极陈灾异"，都是为有所"救正"。基于天道代表道德正义的原则，以天听自我民听、天视自我民视为依据，他们宣扬"天人感应"、天之灾异，目的都是制约皇权，警告统治者应时刻谨言慎行、选贤用能，使自己的统治策略符合民生道德的标准。太炎后来的《儒术真论》《榦蛊》等文亦对儒学中"天人感应"之说表示了一定程度的理解。因为在皇权独大、儒者制约皇帝的手段非常有限的情况下，最具有理性精神的儒家，"于巫方相，故未尽去也"[④]，实在有不得不然的无可奈何与胸中之苦。

当然，《人定论》主要还是指出经今文学家的禨祥之说与"天意"逻辑的联系。太炎认为，当儒家在借助"五行""灾异"劝诫统治者时，遗留了巨大隐患。一方面，"不数见之事，以忤人为灾，则必以其合人为瑞"，宣讲使统治者惧怕的灾异，就必然要连带出让其欢喜的"符瑞"。为了追求"天有甘露，地有河清，木有连理，草有紫芝，鸟有爰居，兽有角瑞"的符瑞，统治者不惮"烦有司，竭财赋，兴征调，尽民力"，反而危害民生。另一方面，儒者为推动

① 《承天意论》，载《台湾日日新报》，1899-01-14，汉文第3版。

② 章太炎：《子思孟轲五行说》，见《章太炎全集》（四），19页。

③ 《楚元王传》，见《汉书》，卷三十六，1950页，北京，中华书局，1964。

④ 章太炎：《〈訄书〉初刻本·榦蛊》，见《章太炎全集》（三），35页。

胸中的道德理性，顺应“无识”愚人的诬妄，纵容其对神秘性天象的敬畏，由此又必然会衍生出对超越人间之上帝的信仰，以及木、草、鸟、兽等万物有神论的泛滥。结合《承天意论》，可说间接导致凡事“视天意为转移”的神秘主义思想之蔓延。比如汉代《齐诗》学派有“五际”的说法，逢“五际”，即卯、酉、午、戌、亥之年，“阴阳终始际会之岁”，政治上就必然要发生大变动。[①]这些观念影响到民间，台湾人也“治禳而依巫祝以求解者，犹上古之民”。太平天国运动戊午年（1858 年）及中法战争前壬午年（1882 年）曾有彗星出现，台湾“数千人争相征信，托于王相，以天道为果有知”[②]。老百姓既然相信“戊午、壬午”之乱有天意显征，那么相应也会迷信日本人宣传的“甲午”战争背后的天意。太炎认定，这就是经今文学禨祥之说的流毒。《訄书》初刻本《独圣》下篇即声讨《齐诗》“五际”之说。[③]《訄书》重订本《清儒》篇更直指“《齐诗》怪诞，诚不可为典要”[④]。

章太炎欣赏荀子的《天论》，继承王充（27—约 97）、柳宗元（773—819）、王安石（1021—1086）一脉“天变不足畏”的思想，又秉承清代朴学“无征不信”的科学精神，同时抱持对西方近代格致学的巨大热情，坚决要扫清儒学中残留的神秘主义。

章太炎与梁启超还就鬼神、灵魂观念与中华民族前途之间的关系展开了一场论争。梁启超继承康有为的孔教论，认为孔教乃“重魂主义、非爱身主义”[⑤]。康有为用《周易·系辞上》“精气为物，游魂为变，是故知鬼神之情状”，来佐证孔子言“灵魂”。康氏称：“孔子系《易》以明魂学，使人知区区躯壳，不过偶然幻现于世间，无可爱惜，无可留恋，因能生大勇猛，以舍身而救天下。”[⑥]重魂主义是孔教与世界其他宗教相似的特征。灵魂之说，为仁人志士慷慨赴死提供了慰藉，在担负救国救民重任的危机时代具有现实价值。梁启超戊戌政变后流亡日本，对日本“祈战死”的武士道精神十分钦佩，他号召发扬中国之武士道精神，血性救国。

章太炎在《儒术真论》及由该文发展而来的《幹蛊》之中，发挥朴学家的看家本领，竭力证明“精气为物，游魂为变”之说与灵魂无关。“精气为物”，

---

① 参见《汉书》，卷七十五，《翼奉传》颜师古注引孟康之言，3173 页。

② 支那章炳麟（章太炎）：《人定论》，载《台湾日日新报》，1899 - 01 - 24，汉文第 3 版。

③ 参见章太炎：《〈訄书〉初刻本·独圣》（下），见《章太炎全集》（三），106 页。

④ 章太炎：《〈訄书〉重订本·清儒》，见《章太炎全集》（三），155 页。

⑤ 梁启超：《论支那宗教改革》，载《清议报》，第一九册，1899 - 06 - 28，1232 页。

⑥ 梁启超：《南海康先生传》，载《清议报》，第一百册，1901 - 12 - 31，6314 页。

意味着“人死而为枯骼，其血之转邻，或为茅蒐；其炭其盐，或流于卉木；其铁在卝；其肌肉或为虫蛾蚕豸”，“精气被于水土卉木以成物矣”。“游魂为变”，表明“其游魂则散乎无形埒之宇，归乎野马，其智识则未尝有气也”[①]。就是说，精气已经变成了具体的物，散开的游魂甚至连气都没有，根本没有灵魂的存在。在致梁启超的函件中，他指出：

> 抑儒者之说，多言无鬼神……异于释迦基督之言灵魂者。夫肢体一蹶，亘万世而不昭，则孰肯致死，民气之懦，诚无足怪。然惟无鬼神，而胤嗣之念乃独切于佗国，形家之说，至欲以枯骨所藏福利后裔。今知不致死以御侮，则后世将返为蛮獠猩狒，其足以倡勇敢也明矣。然则儒者之说，固不必道及无色界天，无间地狱，而后可作民气也。[②]

释迦、基督言灵魂，拥有彼岸世界，这一彼岸世界构成人希望的根源，促成人赴死的决心。儒家思想则“多言无鬼神”。由于“肢体一蹶，亘万世而不昭，则孰肯致死”，世人留恋现世、珍惜躯体生命，往往怯弱畏死。那么，没有彼岸的儒家文化怎样才能激发出勇猛刚劲、不甘人后，面临侵略奋发作为的信心呢？章太炎认为，儒家虽不讲鬼神，不讲无色界天与无间地狱，但“胤嗣之念乃独切于佗国，形家之说，至欲以枯骨所藏福利后裔”，以“亲亲”的家庭伦理为基础的社会，子孙繁衍的欲求远远大于他国，考虑到自身的苟且偷生，恐怕会使子孙后代沦为野蛮的生番，才是激起儒家社会“民气”的根本。正所谓“今知不致死以御侮，则后世将返为蛮獠猩狒，其足以倡勇敢也明矣”[③]。

上文所引致梁启超书信的段落，太炎后来几乎完全搬进了《儒术真论》的附文《菌说》之中，并进一步阐发道：“是故不言鬼神，而能使人致死者，必于爱类，爱类必于知分。”中国要在列强欺凌之际奋起自保，唯有遵循荀子“合群明分”的学说，团结起来抵御外辱：“合群明分，则足以御他族之侮；涣志离德，则帅天下而路。”[④] 章太炎这一时期几乎完全依据荀子学建立自己的政

---

① 章太炎：《〈訄书〉初刻本·榦蛊》，见《章太炎全集》（三），34页。

② 支那章炳麟（章太炎）：《答梁卓如书》，载《台湾日日新报》，1899-02-05，汉文第5版。

③ 支那章炳麟（章太炎）：《答梁卓如书》，载《台湾日日新报》，1899-02-05，汉文第5版。章太炎忧虑，面临帝国主义的侵略，中国人可能身体沦为奴隶，精神降至野蛮，中国由文明之国而退为“生番”。这个观念受到当时比较流行的斯宾塞进化思想的影响。

④ 章氏学（章太炎）：《菌说》，载《清议报》，第三十册，1899-10-15，1970页；第三十一册，1899-10-25，2034、2035页。

治哲学。然而，他挽救民族危亡，以“人力”来抗衡“天意”，抵制日本式帝国主义的动力，又洋溢着近代的气息。

第三，否定“颂诗”的价值。

日本殖民统治台湾后，特别注意在舆论中营造盛世欢歌、皇恩浩荡、万民称颂的场面。日本军官的升迁、调任，有台湾民众为其戴上“云汉章天”“万民戴德”的夸张道德大帽。各地国语传习所的开校仪式，更是“祝颂”高唱之所。首先是学生诵读《教育敕语》。然后有教场主任说“训辞”，如谓“圣天子在于上，仁风被四海，稜威冠绝万国矣。此故新附之民，亦浴一视同仁之皇化”[①]；生徒代表朗读“祝辞”，如谓“尝考唐虞之世，五谷既熟，必教人伦，孔圣之道，富庶而后则曰教之，学校之兴，由来久矣，恭惟我大日本帝国天皇陛下，乃圣乃神乃武乃文，窃虑初领之地，新附之民性情各异，言语不通，故烽烟甫净，戎马才平，各地建设学校其培养人才，尤殷殷之致意者”。这些祝词无一例外都歌颂天皇的神圣，并赞美日本在台湾推行同化政策（教习日文）如同中国古代的圣君贤主重视教育，符合孔圣之道、儒教精髓。“棫朴作人”“寿考作人”“菁莪造士”，更是典出《诗经·大雅·棫朴》《诗经·小雅·菁菁者莪》，古雅文华，乃高雅的谄媚。这与其他台湾民众恭叩天恩或赞颂天皇、语出《诗经》《尚书》等经典宏文的语言“相映相辉”。此类雅颂太平之美词，被放在“兵马倥偬”后的台湾，透过鲜血的腥味，尤其令太炎产生饱含愤怒的荒谬之感。

章太炎撰写《绝颂》，力图戳破这一伪景幻象。文章追溯“颂”之源流：“谄谀之美名谓之颂。古者之有颂，其注威盛德，足以高世，故受之而无所忸。且非其臣子，固莫为言者。然大小《雅》至百篇，而《颂》特三十一章，亦吝惜其词矣。”太炎既肯定上古三代的“颂诗”确是人们衷心表彰圣贤的心声，所歌颂者因自身的盛德，有资格毫无惭愧地接受。尽管如此，但古人对受颂者的德行要求极为苛刻，所以比起描述士民生活的大小《雅》达百篇的数量，谄谀之文，周、鲁、商三《颂》仅三十一章。同时他又表明“尊主抑臣之论”盛行，法家治理体系逐步完善之后，“颂”却成为谄谀取容之士的工具。太炎认为法家并不忌讳言颂，但或如法家的倡导者韩非根本否认“颂”的道德价值，或如窃法家之说的李斯，懂得非常有分寸地运用颂。[②]

① 《台北国语传习所大稻埕分教场开校式诸辞报告及训辞》，载《台湾新报》，1898-01-19。

② 参见支那章炳麟（章太炎）：《绝颂》，载《台湾日日新报》，1899-02-07，汉文第3版。

太炎此时“寻求政术，历览前史，独于荀卿韩非所说谓不可易”[①]。韩非、李斯学出于荀子，认同荀子的“性恶”说及礼乐隆盛之治，因而必会倾向于欣赏法家。尊荀的太炎，对法家也颇为赞赏，声明“儒者之道，其不能摈法家，亦明已”[②]。太炎已明确地意识到，日本的荻生徂徕（1666—1728）和太宰春台（1680—1747）与清代朴学顾炎武（1613—1682）、阎若璩（1636—1704）、惠栋（1697—1758）、戴震（1724—1777）等，是两国孟子心性之学渐衰、荀子汉学逐步兴盛的表征。[③] 日本明治维新的思想动力之一是江户时代荀子学兴起推动的法家治理观念。《绝颂》提及法家“尊主抑臣之论”，也很可能影射日本“国体论”天皇地位神圣不可动摇。但太炎认为真正的法家，虽有“尊王”之说，但无论是韩非，还是李斯，或者绝颂，或者言有分际，根本不会去“夸诬”地媚上。这里暗示，日本媚君之“法”并非中国的“真法家”。

太炎认为，“后世之为颂，垂头悲鸣，以觊旦夕之廪禄者，特人主迫之，使必出于是也”，君权的淫威才是颂诗颂文不衰的根源，讽刺的是，“颂”的存在，恰恰是人主“自彰其过，而非以自彰其美”的表现。太炎还用世界交通发达、文明普及带来的评价机制转变来看待“颂”这个文体。现代社会必须斩绝“颂”，即使出现“成、康之德”，太平盛世，也不能再现“颂”。原因是“四邻之国，皆文明矣”，周边的国家都逐步进入现代文明社会，即使统治者的确“伐有可旌，德有可录”，也大可由邻国来作客观评价。令臣子歌功颂德，“以其美自衒，斯则适以取疑，而非以取信也”[④]，不仅不能表彰自己的美德，反而足以使世人怀疑统治者的心术与治术。此言虽然具体针对明治后以“文明国”自诩，但臣子仍频频称颂天皇的日本，但大可推而广之，为即将步入现代社会的儒教文明建立新的“治者”与“被治者”间的话语交流方式。

第四，捍卫“革命”。

拒绝或接受“革命”，对君臣关系理解的差异，是促成中日近代不同政治走向的思想根源。

“除去中国儒教中所包含的革命思想，使它和日本的国体趋于一致”[⑤]，这是儒学在日本本土化的重要环节。儒典《孟子》有肯定汤武放伐之论，“与日

---

① 章太炎：《菿汉微言》，见章太炎：《菿汉三言》，60页。

② 章太炎：《〈訄书〉初刻本·儒法》，见《章太炎全集》（三），10页。

③ 参见章太炎：《照井氏遗书序》（1899），见關儀一郎編：《日本儒林叢書》，第六册，照井一宅《莊子論》卷首，1、2页，東京，東洋圖書刊行會，昭和四年（1929年）。

④ 支那章炳麟（章太炎）：《绝颂》，载《台湾日日新报》，1899-02-07，汉文第3版。

⑤ ［日］武内义雄：《日本之儒教》，见［日］武内义雄：《儒教之精神》，166页。

本神道之御意不合”，因此它被视为威胁现有秩序的洪水猛兽，相传赴日之船“如载有此书，必遭覆没”[①]。而《春秋公羊传》“承认革命是自然的倾向”，“例如言儒教的开山祖孔子既据鲁行王政，有将周室降为诸侯，使与殷之后裔——宋同等之想”，“这种思想，不消说是与拥戴万世一系的皇室的日本的国体不能相容”，因此，日本奈良时代全面学习隋唐文化，依据唐令和唐律制定了《养老令》，但相比于唐令，最大的差别是排除《春秋公羊传》《春秋穀梁传》。[②] 这样的儒学传统加上明治维新后建立的天皇制国家，致使日本国体论背景下的君臣伦理观念表现为：皇帝的绝对权威与正确地位是神圣不可动摇的，即使万方有罪，亦罪在臣躬，不杀身成仁、报答君恩，就是道德上的亏欠；拒绝任何形式的“革命”；儒学“忠”“孝”伦理条目在“国体论”中显现为万民作为臣子单向度对天皇效忠的道德观。日本人对戊戌政变后康有为在海外公布光绪皇帝的“密诏”十分愤慨，认为这种行为没有考虑幽囚中的皇帝的安全，逼迫慈禧废帝，是变更皇权的变相“革命”。

相反，如日本 9 世纪儒学大家菅原道真（845—903）所言，革命是中国的“国风”。[③] 儒学一直为中国的政治革命提供思想资源和伦理支撑。不仅章太炎欣赏汤武革命之论，就连保皇派康有为 1902 年在题为《答南北美洲诸华商论中国只可行立宪不能行革命书》的政论中都声明，“君而无道，不能保民，欲革命则革命耳”[④]；虽然康氏主张当下不宜革命，但他不否认革命在价值上的正义性。康氏后来更通过《易传》《春秋公羊传》《孟子》阐述孔孟之道与“革命”的关系：“莒人弑其君庶其，《公羊》曰：书人以弑者，众弑也。君无道也。岂止诛臣弑君而已哉？故孟子曰：闻诛一夫纣矣，未闻弑君。孔子曰：汤武革命，顺乎天而应乎人。今之言革命者，实绍述于孔子。”[⑤] 章太炎坦承自己与康有为在学术上不可调和的分歧在于“左氏、公羊门户师法之间”；但又强

---

① 周作人：《和魂汉才》（1926），见钟叔河编：《周作人文类编》（7），177 页，长沙，湖南文艺出版社，1998。

② 参见［日］武内义雄：《日本之儒教》，见［日］武内义雄：《儒教之精神》，114 页。

③ 参见［日］加藤熊一郎：《民间信仰史》，304～305 页，东京，秀英舍，1925。

④ 康有为：《答南北美洲诸华商论中国只可行立宪不能行革命书》（1902），见《康有为全集》，第六集，330 页。

⑤ 康有为：《以孔教为国教配天议》（1913），见《康有为全集》，第十集，92 页。按：“莒人弑其君庶其”出自《春秋公羊传・文公十八年》“莒弑其君庶其”。《春秋公羊传》的解释参见《春秋公羊传注疏》，368 页，北京，北京大学出版社，2000。孟子曰“闻诛一夫纣”云云，参见《孟子・梁惠王下》（朱熹：《四书章句集注》，221 页，北京，中华书局，1983）。“汤武革命，顺乎天而应乎人”出自《周易・革・彖辞》。

调，他们在政治思想上，"黜周王鲁、改制革命，则亦未尝少异"。"黜周王鲁、改制革命"乃《春秋》公羊学的术语，但章太炎"细绎周秦西汉诸书，知左氏大义与此数语吻合"①。他一再宣称，"《春秋》称国弑君者，君恶甚，《春秋》三家所同也"②；换言之，《春秋》三传都秉承公道、正义的价值，认同驱逐恶君、进行"革命"的正当性。后来，在政治策略的选择上，康、章代表的不同政治派别容或有异，但关于"革命"则并无根本的价值分歧。

章太炎在《台湾日日新报》上发表《书〈原君〉篇后》（收入《訄书》后改名为《冥契》），论述君臣伦理关系的本质是基于道义原则的契约关系，即在治理天下时分司其职，承担不同责任，"犹县令之于丞簿"③，两者间并无不可逾越的等级。黄宗羲《明夷待访录》谓："夫治天下尤曳大木然，前者唱邪，后者唱许；君与臣，共曳木之人也"；"君臣之名，从天下而有之也，吾无天下之责，则吾在君为路人"④。此种"官天下"视野中的君臣关系，已成为晚清向往民主制度的儒学家的共识。康有为《礼运注》定义"官天下"为"天下为公，选贤与能"；谓"君臣之公理"在于"夫天下国家者，为天下国家之人公共同有之器，非一人一家所得私有，当合大众公选贤能以任其职，不得世传其子孙兄弟也"⑤。

这里就涉及中国儒教中的天道与日本儒教带有神秘主义色彩的"天意"之间的差别。"把天看作万物的依据，承认天的生成万物的条理性，想使人的道德与天的条理性相贯通等等这些天本思想基础上的东西"，正是"中国儒教区别于日本或朝鲜儒教的特征"⑥。《周易·乾卦》云："天行健，君子以自强不息。"《周易正义》曰："'天行健'者，谓天体之行，昼夜不息，周而复始，无时亏退，故云'天行健'。此谓天之自然之象。'君子以自强不息'，此以人事法天所行，言君子之人，用此卦象，自强勉力，不有止息。"儒者承担着上天赋予的公道，是行为的主体，完全可以凭借着上天所赋予的人心同然之良知，以确立对体制有某种超越性的道德立足点。奉行天下真正的公义和大道，这才

---

① 章太炎：《〈康氏复书〉识语》，载《台湾日日新报》，1899-01-13，汉文第3版。

② 章太炎：《艾如张、董逃歌序》，见《章太炎全集》（四），240页。

③ 支那章炳麟（章太炎）：《书〈原君〉篇后》，载《台湾日日新报》，1899-02-10，汉文第3版。

④ 黄宗羲：《明夷待访录·原臣》，见《黄宗羲全集》，第一册，5页，杭州，浙江古籍出版社，1985。

⑤ 康有为：《礼运注》，见《康有为全集》，第五集，555页。

⑥ 沟口雄三：《〈儒教ルネサンス〉に際して》，见《方法としての中国》，192页，東京，東京大学出版会，1989。

是政教伦理更高的基点，是儒者立身制法的根本，也是“革命”合法性的来源。章太炎此时的文章中也偶有言及“天道”之处。他为康有为在海外公布密诏的举动辩护，称“夫为康氏者，其当杜门宛舌，以责成亏于上天乎”，儒者承担着上天赋予的公道，就不能将成损归于上天而无所作为。所以康有为“哗扣而与天下陈其义”①，完全正当。而康氏的孔教规划中，作为信仰之天与帝制君王并无必然关联，所以“凡圆颅方趾之黔黎，莫不为天之子”②，人人皆有祭天之权。儒学的“天”，本是针对每一个个体而言，希望个人将自身本性绝对化，在天人合一中寻找到道德依归。信仰天命之自由与良心之自由、道德之自由是一体的。康有为视儒家“事天、养心、尽性”的天人一致为塑造每个个体道德修养的核心。③ 如此的“天命”和日本近代“国体论”下“敬天”等于尊天皇、等于对帝国意志和独断神道的顺从之思想相去何啻万里。

章太炎态度决绝的“真儒”“伪儒”之分，既是他与康有为经今文学长期鏖战的归宿，也是他在殖民地台湾与以儒学的个别条目和语汇包裹的明治日本国体论述相决斗的结果。以日本为照镜，中国近代变革期儒教在伦理政治、宗教信仰层面的“真面容”得以凸显。从太炎处理经今文学理论时表述中的紧张和歧义，可以见出中日之间的差别。

一方面，无论是《齐诗》“五际”说、“午亥之际为革命”④的革命论，还是公羊学视孔子为玄圣素王、中国文化的共主，其包含拨乱反正、九世复仇、以天统君诸义，在建构近代儒教伦理价值及政治蓝图的变革诉求时，经今文学都构成了儒教政治思想转型的主要动力。政治思想层面上，经今文学的价值毋庸置疑，它成为太炎此时期文章反复援引、不能回避的资源，尽管他本人常用“《春秋》三家所同”⑤来做自我申辩。另一方面，章太炎无比厌恶明治国体论对儒学经典词汇“天意”概念的搬用。在他看来，这一切都肇端于儒学典籍中那些本来存在的“敬天明鬼”之所在，比如《齐诗》“五际”说认为逢卯、酉、午、戌、亥年乃“阴阳终始际会之岁”，会产生政治变动。⑥ 这类容纳阴阳五

① 支那章炳麟（章太炎）：《答学究》，载《台湾日日新报》，1899-01-22，汉文第6版。

② 康有为：《人民祭天及圣袝配以祖先说》（1914），见《康有为全集》，第十集，200页。

③ 参见康有为：《〈中国学会报〉题词》（1913），见《康有为全集》，第十集，16页。

④ 章太炎：《论学会有大益于黄人亟宜保护》（1897），见章炳麟（章太炎）：《章太炎政论选集》，上册，13页，北京，中华书局，1977。

⑤ 章太炎：《艾如张、董逃歌序》，见《章太炎全集》（四），240页。

⑥ 参见《汉书》，卷七十五，《翼奉传》颜师古注引孟康之言，3173页。章太炎《独圣》《清儒》持续批评该观点。

行、沟通天人，以自然现象解释社会活动的思想具备相当大的危害性。于是，章太炎以最为激进的方式，割掉了在他看来会衍生出日本式帝国主义思想肿瘤的儒教“病菌”——敬天论，打造出一种完全“干净”的儒学。

然而，这一刀切下去，固然能清理掉人格神的诬妄，但对“敬天”不作明确界定和分疏，就意味着不仅要摒除以“天理”为基盘的宋明理学之全部[①]，亦几乎将汉代儒学（尤其是今文学）中与宗教体验相关的“天人之际”学说一概抛弃。儒学中“主静”与“主敬”两派皆无立锥之地。这是对形而上学的放逐。从学问的角度看，儒学的阵地将仅存以训诂考订、无征不信为基础的清代朴学。这还不是最致命的。真正的问题是，从信念的角度，先不谈个人的身心安顿及精神支撑问题，如果对上天代表的终极意义上之公道和正义的价值理性不具备宗教信仰般的笃信，单是改变外部世界，“革命”和“政治”如何成为可能？从太炎自身的思想、行动以及此后中国一次次的革命浪潮来看，对终极正义的信念之笃信，对理想主义宗教信仰般的追求与守护，这个意义上的“敬天”不仅并未消失，而恰恰是中国“革命”的源头所在。

太炎《儒术真论》“真儒术”的论据出自《墨子·公孟》篇中墨子论敌公孟子之口，也就是说，乃是儒家曾经最大的对手墨家对儒学的界定。《诗》《书》言“天”、言“帝”，不好着力，太炎“真儒术”不从“六经”取材；孔子本人“祭神如神在”，太炎“真儒术”也不在《论语》中摘句。太炎就是从如此特立独行的“真儒术”出发，拉开了近代经学今古文学论争的帷幕，掀起了新文化运动反孔批儒的浪潮。

第二节　“革命”的展开（上）：建立“宗教信心”

章太炎1899年刊行的《儒术真论》根本否定超绝于人间之神力，赋予人力以绝对的价值，从理论上解决了推翻暴政的革命的合法性与正当性问题。然而，彼时“土崩又非百姓之利”，“内乱不已，外寇间之”[②]，清政权之存亡关涉

---

① 太炎此时对理学的认识并不透彻，根据马叙伦的回忆，太炎1915年幽囚于北京钱粮胡同时，“谈到理学，他倒感觉兴趣，原来他对这门，以往还缺少深刻的研究，这时他正在用功，所以谈上劲了”（马叙伦：《我在六十岁以前》，52页，北京，三联书店，1983）。

② 章太炎：《论学会有大益于黄人亟宜保护》，见《章太炎政论选集》，上册，13页。

诸夏苍生的切身利益，有鉴于此，太炎赞成“以革政挽革命”的渐进改良主张。1900 年庚子事变，章太炎认为，汉民轻视满族的统治，骨子里将清政权视如欧美列强，这是联军攻陷北京后，民称“顺民”的原因。由此，“满洲弗逐，欲士之爱国，民之敌忾，不可得也”。避免成为“欧美之陪隶”[①]的前提只有革命，推翻清政权。至 1911 年辛亥革命的约十年间，太炎思考的重心便是实际展开的革命：如何通过调整革命主体的精神和心理状态，调动人的能动性，从而获得最终的胜利。实践层面的“干事”“办事”，乃是太炎最关心的问题。他主编革命刊物《民报》，主张用佛教的信仰，使人“勇猛无畏，众志成城，方可干得事”；而“近日办事的方法，全在宗教、国粹两项”，即“用宗教发起信心，增进国民的道德”，“用国粹激动种姓，增进爱国的热肠”[②]。

对章太炎的研究，至今有许多困惑。而这些困惑都可通过讨论他对革命实践的思索而得到厘清。

一则是章太炎从儒入佛的转向。

太炎从早年“独于荀卿韩非所说，谓不可易”，到辛亥革命之前十年“谓释迦玄言，出过晚周诸子，不可计数”[③]，由儒入佛，通常被视为太炎思想“转俗成真”的标志。然而，章太炎对佛教的认知是有急剧转向的。他早期的《鬻庙》倡导庙产兴学。他对于能证之于日常经验、能进行精密分析而得到论证的实验学派保持好感，而颇为厌恶那些关注空华理想、心理作用的学说。《儒术真论》指出：“儒、佛、庄子三家，皆属理想，亦皆参与实验，较之袄教各家，诚若玉之视燕石矣。而佛必以空华相喻，庄亦间以死沌为词，斯其实之不如儒者。”[④]《幹蛊》批评《涅槃经》执着于“灵魂”观念，倡导“形体之外，必有一灵异之身”，由此认定佛教“犹不免于上古野人之说”[⑤]，而到《民报》时期，却力主用佛教之“宗教”来“发起信心，增进国民的道德”。之所以崇尚佛教，太炎在《答梦庵》中解释得很直白清楚：“吾所主张佛教者，特欲其发扬风烈，使好之者轻去就而齐死生，非欲人人皆归兰若。”章太炎并非期望人人都出家当和尚，而是期待通过佛教让革命者能够从精神上战胜对死亡的恐惧，抛弃对现世欢乐的眷恋，不怕牺牲地去战斗。用佛教增进道德，即“以勇猛无畏治怯

---

① 章太炎：《〈訄书〉重订本·客帝匡谬》，见《章太炎全集》（三），119～120 页。

② 太炎（章太炎）：《演说录》，载《民报》，第六号，1906-07-25，7、14、4 页。

③ 章太炎：《葑汉微言》，见章太炎：《葑汉三言》，60 页。

④ 章氏学（章太炎）：《〈儒术真论〉附录》，载《清议报》，第三十二册，1899-12-13，2104 页；《清议报》，第二十九册，1899-10-05，1903 页。

⑤ 章太炎：《〈訄书〉初刻本·幹蛊》，见《章太炎全集》（三），33 页。

懦心，以头陀净行治浮华心，以惟我独尊治猥贱心，以力诫狂语治诈伪心”[1]。

再则，是章太炎从坚信荀子学转变到某种程度上认可孟子、陆王心性一派的学说。内在的逻辑，其实与他由儒入佛是一致的。

太炎本是荀子学的忠实拥趸。他认可荀子的核心思想：“性本恶，其善者伪也。”他也认同荀子学基于对人性的判断而建构起来的社会治理之道，即强调通过外在的礼义来矫正人心之恶：“以积伪俟化治身，以隆礼合群治天下。”[2]人类彼此间以兵刃、毒药、水火互相亏害，“与接为构、日以心斗”，都源于人的恶性。无论互相争斗、尔虞我诈之“恶”，还是“晌慄楸悲”之“善”，又皆生于人心的“爱”（欲求），“爱为百性俶”（欲求为人性的开端）。人类社会的治理之道在“制其爱”，管理、克制而非放纵欲望，“恣其爱，则为痕痏，而制其爱，则为善之长”[3]。章太炎政治哲学的理论基础就是荀子对“礼”之起源的分析：“人生而有欲，欲而不得，则不能无求；求而无度量分界，则不能不争；争则乱，乱则穷。先王恶其乱也，故制礼义以分之。”（《荀子·礼论》）在太炎看来，欲求使人类不可能停止争斗，“合群明分”[4]，建立强大的社会伦理规范、“制其爱”以防“恣爱”，才是社会良性运转的法则。

章太炎曾经站在荀子儒学的立场，讥讽孟子以降儒学心性一派张扬扩充人性之善、涵养灵明。《〈訄书〉初刻本·独圣》上篇指出，积仁而生成之“灵”，不过能够察知“痾养”之感、“怖怒哀喜”之情、“蚒如蟋蟀”之声、“积算”之数而已，“贵仁”并不能阻止人类为满足欲求而争斗。争斗是必然的，“天地之间，非爱恶相攻，则不能集事”[5]。由此，他对讲仁学、心力的康有为和谭嗣同等同代学者发起挑战。而整个革命时期，章太炎显露出向心学一脉回归的倾向。其根本原因，还是王学能够培养革命者“自贵其心”、抛弃利害、悍然独往的行事勇气。而这恰恰是革命人最需要的精神气质和心理素质，也是太炎革命时期倡导树立宗教信心的首要目的。

《民报》载《答铁铮》曰：“仆所奉持，以‘依自不依他’为臬极。佛学、王学虽有殊形，若以楞伽、五乘分教之说约之，自可铸熔为一。王学深者，往往涉及大乘，岂特天人诸教而已；及其失也，或不免偏于我见。然所谓我见

---

① 太炎（章太炎）：《答梦庵》，载《民报》，第二十一号，1908-06-10，128～129页。

② 章太炎：《〈訄书〉重订本·订孔》，见《章太炎全集》（三），134页。

③ 章太炎：《〈訄书〉初刻本·独圣》（上），见《章太炎全集》（三），102～103页。

④ 章氏学（章太炎）：《菌说》，载《清议报》，第三十一册，1899-10-25，2035页。

⑤ 章太炎：《〈訄书〉初刻本·独圣》（上），见《章太炎全集》（三），102页。

者，是自信，而非利己……犹有厚自尊贵之风，尼采所谓超人、庶几相近……排除生死，旁若无人，布衣麻鞋，径行独往，上无政党猥贱之操，下作懦夫奋矜之气，以此揭橥，庶于中国前途有益。”[①]《检论》中《议王》一篇表白自己欣赏王阳明的原因，就是他“敢直其身，敢行其意”，乃“匹士游侠之材”[②]。有研究者指出，太炎“一个圈子兜下来，却回到了他早先批评过的康有为的见解”，章太炎对陆王的论调，“简直是康有为所谓陆王‘直捷明诚，活泼有用’的回声”[③]。

章太炎的革命同志刘师培在《民报》上发表《利害平等论》，对于王学促成革命的机制解释得非常清楚，其关怀、论理与太炎两无殊别。刘师培指出，王阳明的良知学说，“以为圣人之道，吾心自足，不假外求，惟良知易蔽于物，能致良知，斯不为外物所蔽”，“从其学者，于己心则自重”，“盖既以己心为标准，则自信之心日固。凡作一事施一议，均可任情自发，不复授旨于他人”。自贵己心的阳明学，有助于破除功利主义思想，令“物我齐观，死生平等，不为外欲所移，不为权威所惕”。辛亥时期，民众心中并非没有种族革命、政治革命、经济革命的愿望，而心中的愿望蓄积不发，不能表现为历史行动，原因主要是“利害之心胶固于中，而一二倡邪说者复以利害之说相煽，利心日炽，遂至自丧其真心”。所以，在革命中提倡王学，“使人人晓然于利害为幻象，舍趋利避害之妄念而用其固有之真心，成则为万国之导师，不成则墟中原为赤地，夫何事不可行哉”。欣赏王学，延伸到对王学所远宗的孟子“尽心”学说表示好感，因为孟子强调“物由意造，物备于我，斯我外无物”，“故能重义轻利，不以富贵贫贱移其心，不以威武屈其志”[④]。

章太炎从持守荀子学说，转而欣赏孟子以降陆王派的心性学说，与他自身建构政治哲学时立足点的变化有关。这一立足点的改变，从侧面说明，儒学中荀、孟两派可以在政治和社会建构的不同阶段发挥不同的作用。荀子的合群明分学说，特别适宜于常态环境下建构社会秩序，管理国家政权。每一个社会成员明了自己在社会中的名分位置，并依据自己的位置，遵循相应的礼俗仪轨，规范自己的行为。这确实是缓和、抑制因人欲望泛滥而导致的摩擦、争斗，令

---

① 太炎（章太炎）：《答铁铮》，载《民报》，第十四号，1907-06-08，122页。

② 章太炎：《检论·议王》，见《章太炎全集》（三），460、457页。

③ 朱维铮：《章太炎与王阳明》，见章念驰编：《章太炎生平与思想研究文选》，291页，杭州，浙江人民出版社，1986。

④ 韦裔（刘师培）：《利害平等论》，载《民报》，第十三号，1907-05-05，14、15页。

社会秩序良性运转的基本途径。章太炎在戊戌时期倡导稳步的政治改良，以自上而下的全局性眼光俯视社会秩序建构及国家的管控问题。由此，他特别尊奉荀子学说以及由荀学成长出来的韩非、商鞅辈法家。而他崇儒抑法的好友宋恕（1862—1910）则对他深恶痛绝，申明与太炎“绝论交”，并猛烈批判法家“灭文学、禁仁孝，以便独夫，祸万世”①。

然而，如何自下而上颠覆现有秩序，则是革命时期章太炎考虑的核心问题。他转而欣赏孟子、陆王，可谓顺理成章。因为孟子、陆王的心性学说，通过鼓动人的心力，以直接有效的方式破除人的利害乃至生死考量，令空华的理想进入实践领域，落实为社会行动。人们受此触动，可对秩序进行激烈的破坏、重组，从而使社会产生根本变革。清末民初，中国社会面临千年未有的大变局，倡导心力、良知、觉悟的阳明心学事实上一直受到趋新知识界的推崇。从康有为、谭嗣同到陈独秀，几乎凡主革命者，无论是政治革命还是文化革命，皆崇尚阳明心学，原因也不外于此。

章太炎十分清楚王学所能承担的政治功能及其适用范围的限度。在《检论·议王》篇中，章太炎对比程颢和王阳明的学说。针对学界以往的习见，即王阳明学说近于程颢，章太炎指出，两者学说有内在的差别。程颢《定性书》“顺众而无诚”，非常类似于《庄子·天下》篇描述的彭蒙、田骈、慎到。他们都主张与物宛转，而这的确是君人南面之术、帝王统治之道。然而，程颢过于偏向“群众所公是”，其实只见“道之一隅”。因为“不用己则无内心，所谓精神之运，心术之流者，安在乎”；完全顺从外物的变化，不使用自己的心智，就意味着愈加丧失自我内心的独特判断。因为“精神之动，心术之流”，往往会产生“犯众人所公惎”的见解。王阳明不同于程颢之处，恰恰是拥有“外绝牵制，内断疑悔”的精神生活，在行动上也敢于一往无前、与众不同，“虽骞于大古，违于礼俗，诛绝于《春秋》者，行之无悔焉”。程颢学说，强调以顺应群众意志的方式进行治理，属于“外德”；王阳明学说，表彰敢于坚守内心的信仰并付诸行动的人，乃是“至德”。程颢学说与王阳明学说“分职并行，乃为齐物，乃见道之全矣”。也就是说，太炎认为，“顺众”与“犯众”两种政治行动都有价值，但所适用的范围并不相同；能够“分职并行”，在不同时期运用不同的政治方式，才是“见道之全”，明了完整的政治哲学。具体说来如下：

---

① 宋恕：《答章枚叔书》（1898年7月30日），见胡珠生编：《宋恕集》，590页，北京，中华书局，1993。

至德者，惟匹士可以行之。持是以长国家，适乱其步武矣。故曰：文成之术，非贵其能从政也，贵夫敢直其身，敢行其意也。[①]

王阳明的学说在社会急剧变动时期以独抗众的革命活动中能发挥积极作用，但并不适于在和平时期治理国家。《菿汉微言》中，太炎坦陈："陆王之奋迅直捷，足以摧陷封蔀，芟夷大难，然有破坏而无建设。"[②] 章太炎革命时期积极鼓吹王学，辛亥革命成功后，他则明确指出王学的适用限度，此处可见出太炎政治哲学辩证而多元的面貌。

虽然说王学倡导个体的心力，有利于建立革命的宗教信心，然而太炎接受心性一派学说，并非一蹴而就。他对于"立义至单"的心性之论并不满意。《王学》谓："性情之极，意识之微，虽空虚若不可以卷握，其腮理纷纭，人鬓鱼网，犹将不足方物。是故古之为道术者，'以法为分，以名为表，以参为验，以稽为决，其数一二三四是也。'……其后废绝，言无分域，则中夏之科学衰。况于言性命者，抱蜀一趣。务为截削省要，卒不得省，而几曼衍，则数又亡以施。"性情、意识这些空无虚渺的观念，本就难以用论理的方式予以条分缕析的解说。周末以来，科学风气衰颓，谈"性命"的学者，往往坚守单一的概念，但言说含糊笼统，不能运用科学逻辑的分析方式清楚阐释人类心理运转的原理。尤其是对照"浮屠诸论、泰西惟心合理之学说，各为条牒，参伍以变者"，更能见出中国学术的弊端。中学与佛学、西学比较，就好像"蛰之与昭、跛之与完也"[③]——沉睡与苏醒、跛足与完好之间的区别。

章太炎革命时期的重要理论工作，就是取径佛学、西学，对宗教作用于人心的原理进行了条分缕析的剖析，将建立"宗教信心"奠基在坚实的学理之上。太炎1906年在《民报》第八、九两期分别登载《无神论》与《建立宗教论》，阐述自己的宗教观念。佛教的法相宗，与"近代学术渐趋实事求是之途"[④]的论理方式吻合，深为太炎所喜。他以法相唯识论眼、耳、鼻、舌、身、意、末那、阿罗耶"八识"，圆成实自、依他起自、遍计所执"三性"，来构筑自己的理论话语。在唯神、唯物、唯我三类宗教中，太炎倾向于与佛家唯识论相近的唯我论。他指出，近代西哲中，与唯我论最相近的则是吠息特（今译费希特，Johann Gottlieb Fichte，1762—1814）与索宾霍尔（今译叔本华，Ar-

① 章太炎：《检论·议王》，见《章太炎全集》（三），460～461页。

② 章太炎：《菿汉微言》，见章太炎：《菿汉三言》，38页。

③ 章太炎：《〈訄书〉重订本·王学》，见《章太炎全集》（三），148、149页。

④ 太炎（章太炎）：《答铁铮》，载《民报》，第十四号，1907-06-08，114页。

thur Schopenhauer，1788—1860)。[①]

借助于法相唯识学的理论，章太炎阐述了他在建立“宗教信心”上的两种趋向。一方面，太炎有明确的建立宗教的高尚目标：“不得于万有之中，而计其一为神，亦不得于万有之上，而虚拟其一为神。”既非唯神教，也非唯物教，而是唯识教。“今之立教，惟以自识为宗。识者云何？真如即是。惟识实性，所谓圆成实也。而此圆成实者，太冲无象，欲求趋入，不得不赖依他。逮其证得圆成，则依他亦自除遣。故今所归敬者，在圆成实自性，非依他起自性。若其随顺而得入也，则惟以依他为方便。一切众生，同此真如，同此阿赖耶识。”另一方面，太炎也有判断世间既有宗教的标准：“高下胜劣，不容先论，要以上不失真，下有益于生民之道德为其准的。”换言之，只要能够促进道德的建立，无论是崇拜草木、龟鱼、徽章、咒印的民间宗教，还是已经建立自身文明体系的吠陀、基督、天方诸教，在太炎看来价值都是相等的，都是可以包容的。虽然从道理上讲，它们都有偏误，即“以遍计所执自性为圆成实自性”，“以为道只在是，神只在是，则亦限于一实，欲取一实以概无量无边之实，终不离于遍计矣”[②]。

章太炎对宗教以上两个方面的认知，和革命实际展开中的需求是一致的。

在革命人的道德建设上，提倡“依自不依他”，自贵其心，不依他力，推崇心性一派祛除功利的信仰。他表彰刺杀安徽巡抚恩铭而牺牲的革命烈士徐锡麟、陈伯平、马宗汉，特别歌颂他们能抛弃一切的利害考量，勇敢赴死。章太炎指出，世上“从容大言者多矣，临事多全躯保妻子，而世方被以荣名，光复之绪斩矣”。徐锡麟则拥有“必死”之心，乃真正道德高尚的革命烈士。他计划行刺恩铭，不但未将家属滞留海外，予以保全，反而偕家眷一起归国，曰：“人皆有妻子，可悉移异域乎？以至安自处，诒人以危，吾耻之。”[③] 章太炎还欣赏自裁的革命烈士陈天华、姚宏业、陈天听等人，认为他们“爱身之念，自我主之，不爱身之念，亦自我主之，我既绝对，非他人所得与其豪毛”，他们也未有以自裁来“求生天宫，求趣极乐”，而是以死来警醒世人、有功于社会。[④] 再则，宽容民间宗教和“与会党为伍”[⑤]，跟当时的革命政策强调和具有

---

① 参见太炎（章太炎）：《无神论》，载《民报》，第八号，1906-10-08，1页。

② 太炎（章太炎）：《建立宗教论》，载《民报》，第九号，1906-11-15，11、19、9～10页。

③ 章太炎：《徐锡麟陈伯平马宗汉传》，见《章太炎全集》（四），220页。

④ 参见太炎（章太炎）：《四惑论》，载《民报》，第二十二号，1908-07-10，6、7、8页。

⑤ 反：《去矣，与会党为伍!》，载《新世纪》，第四十二号，1908-04-11。

宗教性质的民间秘密社会结盟也是契合无间的。

事实上，早在引入法相唯识学的理论之前，章太炎 1902 年左右已经通过西学特别是叔本华一系的表象主义和意志学说对宗教的价值有正面的体认，也从观念上破除了基督教与民间宗教有文明、野蛮之分的世人习见。这为他从戊戌革政时期反感诬妄之思，到革命时期以佛教建立“宗教信心”做了理论上的铺垫。这也是他破除“文野之见”，建构最重要的“齐物平等”政治哲学的思想起点。

章太炎最初接触到叔本华一系的哲学是经由日本宗教学家姊崎正治(1873—1949)。[①] 姊崎正治是日本宗教学的先驱，曾先后就读、任教于东京帝国大学。他求学期间，受到时在东大任教的德籍教授开培尔（R. Von Koeber，1848—1923）影响。而开培尔在思想谱系上属于叔本华及哈特曼（Eduard Von Hartmann，1842—1906）一系的德国形而上学。姊崎正治 1900—1903 年期间赴德国留学；1910—1911 年间，姊崎还翻译出版了叔本华《作为意志和表象的世界》[《意志と現識としての世界》（上、中、下），東京，博文館，1910—1911]。可以说，姊崎正治是日本接受并传播叔本华一系哲学思想的先驱。1900 年，姊崎正治出版《宗教学概论》《上世印度宗教史》。

《訄书》重订本是章太炎清末革命时期的重要著作。《訄书》重订本中《原学》《清儒》《通谶》以及《订文》所附《正名杂义》等文，皆有部分段落译自姊崎正治的《宗教学概论》及《上世印度宗教史》；《原教》上篇则几乎全部译自姊崎《宗教学概论》之附录——《宗教概念的说明契机》。叔本华的哲学思想，通过姊崎正治间接影响章太炎。章太炎一直对叔本华学说兴趣盎然，其文章经常出现的“削宾霍野尔”“索宾霍尔”“菴卢知”“肖宾诃尔”，指的都是叔本华。章太炎思想深受叔本华影响，则以姊崎正治《宗教学概论》为开端。

以姊崎正治学说为中介，章太炎对宗教的本质、宗教的作用都有了正面的理解，这为他倡导革命需要建立“宗教信心”提供了理论支撑。而姊崎学说从宗教的本质出发，等齐基督教与其他宗教以及各民间宗教的倾向，又和中国革命破“文野之见”、联络会党组织的策略相通，并为章太炎后来升华出《齐物论释》“齐物平等”的政治哲学播下了思想种子。《訄书》重订本《原教》上

① 姊崎正治的相关情况、明治思想史的背景，可参见姊崎正治先生生誕百年記念会编：《新版わが生涯・姊崎正治先生の業績》，東京，大空社，1993；磯前顺一、深澤英隆编：《近代日本における知識人と宗教：姊崎正治の軌跡》，東京，東京堂，2002。

篇，太炎赞叹姊崎学说，称："余闻姊崎生言教，齐物论而贵贱泯，信善哉。"[①] 姊崎学说与齐物论说之间的关联不容争辩。

章太炎"齐物平等"的政治哲学受姊崎刺激影响至深。但是，章太炎与姊崎的思想是略有区别的。因为，中日两国的历史经验、文化传统以及 1900—1910 年间的国情都有明显的差异。明治日本富国强兵之后国家主义思想膨胀，乃是日本进步知识界需要反思的问题，而中国当时面临的是建立现代国家的难题。但是，从整个东亚儒教圈思想的现代转轨角度来看，他们的思想关联，可以说是中日两国顶尖的思想家在东亚儒教圈整体面临基督教的文明压力，在东洋整体遭受西洋帝国主义的政治压迫之下，对两国共同经验的总结和思考。下面简要清理一下姊崎宗教学说影响太炎的学理脉络，并进而探讨章太炎"齐物平等"的政治哲学。

太炎从学理上汲取了姊崎如下的宗教观：宗教是由人以有限追求无限的天性决定的，人类自我扩张的意志需要以感性的现象、可见的形式作表象，来理解超验的神的存在。基于此，章太炎指出："朙法鬼神之容式，芴漠不思之观念，一切皆为宗教。"[②] 相比于今天人们通常理解的"宗教"，其所指范围更为广泛，举凡巫觋下咒驱鬼降妖、世人崇事鬼神，乃至种种无边无际不可思议的观念，均包括在内。

以语言文字学之"管籥"入于真理之"堂奥"[③]，以小学充当中文世界思想话语的构件，是太炎思想方法的一大特点。"假借"是传统小学"六书"的主要范畴之一，"表象主义"则是姊崎论述宗教问题所采用的一个具有核心价值的概念。章太炎对姊崎的汲取，表现为他接受了这位日本学者对表象主义的论说，由此解释假借的根源，拓展对宗教等人类精神和社会现象的认知。

姊崎所言"表象主义"即 symbolism（今译为"象征主义"），指人类用直观、感性的形式来表示抽象的概念，表达内心的欲求。姊崎用表象主义来理解宗教，认为宗教的本质是意志的自我扩张；它以感性的现象、可见的形式作表象（亦即象征和表现的中介），来理解超验的神的存在[④]，反映了人类企图在有限中追求无限的天性。不过，直观的现象和形式终究不能完全与抽象的概念吻

① 章太炎：《〈訄书〉重订本·原教》（上），见《章太炎全集》（三），283 页。

② 章太炎：《〈訄书〉重订本·原教》（上），见《章太炎全集》（三），285 页。

③ 载《国粹学报》，1909-11-02，"通讯"，1 页。

④ 参见姊崎正治：《宗教学概論》，60～62 页，见《姊崎正治著作集》，第六卷，東京，國書刊行會，1982。

合，因此表象主义必然存在缺陷，以表象主义为基础的宗教也不例外——其感性现象不能完全追及超验之神。一旦人们内心的欲求过深乃至发狂，宗教的这种病状就会加重，出现程度不一的情绪亢进或减退的征候。

章太炎对姉崎界定的表象主义大感兴趣，认为它其实就是“六书”中“假借”的起源。许慎“以令长为假借，令者发号，长者久远，而以为司号令、位复高者之称”，可见假借就是引申，即从意义的相似性与关联性出发，由本义引申出他义。[①] 假借之所以流行，是由于表示事物本义的符号原本非常有限，而数以万计之物需要命名，人事端绪繁多，心理精微，又有大量相关或抽象的对象需要界定，因此必须通过符号的“假借”来进行联结：“夫号物之数曰万，动植、金石、械器之属，已不能尽为其名。至于人事之端，心理之微，本无体象，则不得不假用他名以表之。若动静形容之字，在有形者，已不能物为其号，而多以一言概括，在无形者，则更不得不假借以为表象。”[②] 章太炎认为，用“假借”来达成“表象”，这两个概念具有内在的相通性。

姉崎《宗教学概论》“宗教病理学”部分描写表象主义的病质时，涉及了语言学上的表象主义。他以“雨降”为例，称该词不免以人格化的迹象来表象雨落，“风吹”“水流”诸词语也都是如此。[③] 而太炎《文学说例》在引用姉崎的原文后，对这一分析加以扩充，即提供了语源学的材料，指出“降”本义是人从丘陵高处走下，“吹”本义是人口出气急，二字常被用来叙述雨之落、风之行，证明姉崎对“雨降”“风吹”两词具备拟人化表象的判断是正确的。[④]

姉崎指出，表象主义具有普遍性，适用于宗教乃至人间一切精神、社会现象。太炎从语言学出发，凭借“假借”概念与“表象”的相通性，进而接受了姉崎的宗教观：“宗教者，人类特性之一端也。”宗教存在于人类一切文明形态中，无论“文明”还是“野蛮”。太炎指出：“天下凡从生而不毛者，其所趋向无问为贞信荧惑，其事无问为翑法鬼神不也。人心不能无嗜欲祈冀，思之至于热中，饮冰不寒，颎然征忪，若有物焉，灵运而能直接于形躯者，则爱之任之

① 太炎对假借的看法前后有变化，他后来对假借有简单明了的定义：“有意相引申，音相切合者，义虽少变，则不为更制一字，此所谓假借”；认为假借的特点是“志而如晦，节文字之孳乳”（章太炎：《转注假借说》，见章太炎：《国故论衡》，36、39页，上海，上海古籍出版社，1998）。这合乎他在本章研究的这一时期的认识，可资参考。

② 章氏学（章太炎）：《文学说例》，载《新民丛报》，1902（5），76页。

③ 姉崎正治原文：“言語は決して外界其物と吻合し得る者にあらず、必や之を表象せざるべからす。雨降るといへば、其中には幾分が雨を人格的に表象するの跡あるを免れず、‘風が吹く’‘水が流る’も皆然り。”（姉崎正治：《宗教学概論》，457页。）

④ 参见章氏学（章太炎）：《文学说例》，载《新民丛报》，1902（5），76～77页。

惮之敬之，犹其在人格则有社会交际也。有求而遇人，则凄怆也，悲泣也，欣凯也，鞠躍也，跽拜也，此亦情之至也。凡有血气心知者，孰不具斯机能矣！”① 天底下所有的人，内心都有“嗜欲祈冀”，由此而产生人性的各种外在形态，甚而产生神鬼诸信仰对象。太炎由语言学进而深化了对宗教的理解，而姊崎正治对表象主义的阐发充当了外来的思想媒介，启发他更深刻地认知人类的精神现象及社会现象。

姊崎《宗教学概论》之“宗教心理学”部分，对宗教观念的“豫言”作用于人心进而掀动现实的原理做了理论诠释。《宗教学概论》曰：“热情憧憬，动生人最大之欲求。是欲求者，或因意识，或因半意识，而以支配写象，印度人所谓佗掐斯者也。以此，则其写象界中所总计之宗教世界观，适应人人程度，各从其理想所至，以构造世界。内由理想，外依神力，期于实见圆满。若犹太诗篇所载豫言，从全国人心之敬畏，以颂美邪和瓦。每饭弗谖，辄曰‘何时得见弥塞亚也’。其在支那，是等宗教观念之豫言，亦甚不少。‘周虽旧邦，其命惟新’，亦冀望成就之辞也。然则世界观之本于欲求者，无往而或异。下逮琐末鄙事，宁能遁是？勿论何人，勿执何时，有不亲历其境者乎？亦有不以神力天助之憧憬佐其欲求者乎？是皆反省而可知也。世之实验论者，谓此欲求世界观与设定世界观，梦厌妄想，比于空华。然不悟理想虽空，其实力所掀动者，终至实见其事状，而获遂其欲求，如犹太之弥塞亚，毕竟出世。由此而动人信仰者，固不少矣。”②

章太炎认为，姊崎提到的“宗教观念的豫言”其实就是中国传统的“谶”。姊崎对宗教心理的阐述，为太炎从学理上阐述中国传统之“谶”发挥作用的机制提供了理论资源。太炎将相关论述全部译出，写入了《訄书》重订本《通谶》篇，来建构对谶的认知。章太炎纵览历史，发现成功的底层革命几乎都借用过谶的力量。前有光武帝刘秀响应“刘秀发兵捕不道，卯金修德为天子”（《后汉书·光武纪》）的谶语，起兵光复。后有元末韩山童、韩林儿父子以佛书“释迦去后，弥勒出世”为谶，率领红巾军（香军），借白莲教聚众起义，宣传“弥勒降生”“明王出世”。最终，红巾军的一支朱元璋夺得天下，“奉其正朔”，国号称“明”，显示“帝王之符”。虽说此类谶记只是“假设其事”，但由于“谶记既布，人心所归在是，而帝者亦就其名以结人望”，最终使谶记实

---

① 章太炎：《〈訄书〉重订本·原教》（上），见《章太炎全集》（三），283～284页。

② 姊崎正治：《宗教学概論》，66页。译文参见章太炎：《〈訄书〉重订本·通谶》，见《章太炎全集》（三），165页。

现。谶作为“宗教观念之豫言”，能够激发人的热情憧憬，从而被人实践，由意识界进入现象界，精神力量转化为具体的物质能量。由此可见，“爱而几通于艻漠矣”①，人心之欲求，力量无限。理想并非空华，它可以鼓动能量无穷的心力，使之成为作用于历史的伟力。

章太炎通过姉崎正治学说，认同宗教作为人类社会现象是普遍存在的，他也认同激发宗教信心有利于革命的组织动员工作。这样的理论准备，是他此后以佛学和王学为革命者建立宗教信心以及联络带有宗教性质的会党参与革命必不可少的前奏。因为革命展开的基础就是“合群”，要将民间社会“一碗的干麨子”“团得成面”②。章太炎的革命同志们都意识到宗教能发挥积极作用。陶成章鉴于“中国人迷信最深”，“约陈大齐在东京学习催眠术”，“以为立会联络之信用”③。而“催眠学者，一灵妙不可思议之学科也，居心理学中之一部……宗教家所借以成立者”④。蔡元培和章太炎又合译了井上圆了（1858—1919）的《妖怪学讲义》，予人的主观精神以高度关注。他们都意在探索宗教如何影响人心，以利于革命活动的组织和动员。

第三节　“革命”的展开（下）：构建“齐物平等”的政治哲学

1911年的辛亥革命，推翻了中国两千余年的帝制统治，中华民国因此而诞生。辛亥革命是一场对内反对君主专制统治、对外抵抗帝国主义侵略的民族革命。章太炎“齐物平等”的政治哲学，某种意义上说，正是中国的辛亥革命贡献给全世界的值得珍藏的关于民族革命的理论遗产。

《齐物论释》写成于1910年。在这部以阐释《庄子·齐物论》面目出现的作品中，章太炎开篇点题：“齐物者，一往平等之谈，详其实义，非独等视有情，无所优劣，盖离言说相，离名字相，离心缘相，毕竟平等，乃合‘齐物’之义。”⑤《齐物论释》的核心，在为“平等”下定义。而追求平等，则是20世

---

① 章太炎：《〈訄书〉重订本·通谶》，见《章太炎全集》（三），164、165页。
② 太炎（章太炎）：《演说录》，载《民报》，第六号，1906-07-25，4页。
③ 魏兰：《陶焕卿先生行述》，见汤志钧编：《陶成章集》，431页，北京，中华书局，1986。
④ 陶成章：《催眠学讲义》，见汤志钧编：《陶成章集》，319～320页。
⑤ 章太炎：《齐物论释》，见《章太炎全集》（六），4页，上海，上海人民出版社，1986。

纪初这场伟大革命的根本思想动力和引擎。

章太炎指出："兼爱酷于仁义，仁义憯于法律，较然明矣。齐其不齐，下士之鄙执；不齐而齐，上哲之玄谈，自非涤除名相，其孰能与于此。"[①] 世间万物由于性状、特征、喜好、利益等与生俱来或后天形成的差异性，本身是不整齐、不均衡的。而完全忽视这些"不平等"，试图以外在的强力来等齐世间万物，所谓"齐其不齐"，是受限于下士内心偏执之念的拙劣的平等观。尊重差异，任由世间万物自然发展、变化，又不以内心偏执的观念来歧视这些差异，涤除名相之后的平等观，所谓"不齐而齐"，才是应该提倡的上哲的平等观。

正如乌目山僧黄宗仰在《齐物论释》"后序"中所言："《齐物》者，一往平等之谈，然非博爱大同所能比傅。"[②] 一往平等之谈，不能用博爱大同的说法进行比附。"齐物之至，本是无齐"[③]，章氏"不齐而齐"的平等观念，产生的重要动机，恰恰就是抵制"博爱大同"观念所隐藏着的以众暴寡的取向，或者限制个体的自主精神价值，或者鄙薄个体的自主生活状态。彼时，章太炎的民族革命要抵抗、要对话的两个理论对手，都在宣传兼爱仁义、博爱大同。

这两个对手，一个是 19 世纪中后叶席卷全球，以"文明"征服"野蛮"为旗号的"文明论"，文明论成为近代东西洋帝国主义对外殖民侵略、扩张的重要理论工具；另一个对手，则是随着资本主义的扩张，同样在全球范围内兴起的无政府主义（兼及社会主义）的思想潮流，这一潮流从反思政府和国家压迫个人、反对资本压榨和剥削无产者的角度深度质疑了以种族革命为号召的民族主义革命的合理性。这两种思潮皆从西欧资本主义的发展中生长出来，表面上看，两相冲突，彼此尖锐对立。但是，两者骨子里其实享有推崇进化、公理等相同的思想逻辑。在从庚子（1900 年）到辛亥（1911 年）的十多年间，章太炎长时间居住在日本，他吸取、反思、批判了文明论与无政府主义（兼及社会主义）这两个对手的思想基础，并以此为重要擎托，塑成了"齐物平等"的政治哲学。

一、抗衡"文明论"

福泽谕吉（1835—1901）是近代日本著名的启蒙思想家。他倡导文明开化、脱亚入欧，奠定了日本现代化的基本路径。1875 年，在《文明论概略》

---

① 章太炎：《齐物论释》，见《章太炎全集》（六），4 页。

② 黄宗仰：《齐物论释·后序》，见《章太炎全集》（六），58 页。

③ 章太炎：《齐物论释》，见《章太炎全集》（六），36 页。

中，福泽谕吉将“进而追求文明”还是“退而回到野蛮”这一命题摆在日本人面前。福泽谕吉指出，当前“世界人民所公认”的价值观是以文明开化为取向的价值观。人类历史遵循从野蛮、半开化到文明的发展秩序。而以文明作为人类历史进步的标准，可以对现代世界各国进行类别划分。其中，“欧洲各国和美国为最文明的国家，土耳其、中国、日本等亚洲国家为半开化的国家，而非洲和澳洲的国家算是野蛮的国家。这种说法已经成为世界的通论”①。

福泽谕吉界定了文明的含义，从狭义上理解，文明是指“单纯地以人力增加人类的物质需要或增多衣食住的外表装饰”；从广义上理解，“就不仅在于追求衣食住的享受，而且要砺智修德，把人类提高到高尚的境界”。文明的根本是“人类智德的进步”②。福泽谕吉指出：“人类的目的唯有一个，就是要达到文明。为了达到文明的目的，不能不采取种种措施。”③ 换言之，无论采取何种手段，只要为了文明的目的，一切措施都是合理的。这就为号称文明的国家打着文明的旗号征服所谓的野蛮国家提供了依据。

福泽谕吉头脑很清楚，文明征服野蛮论背后，是弱肉强食的丛林法则以及由此衍生出的国际秩序的基本逻辑。他举例说，桑德威治岛从1778年被英国人发现，到1823年的40多年所谓“开化”过程，人口从三四十万减少到十四万。如此而言，开化的意义，“只不过是指该岛土人停止了吃人肉的恶习，而能适合做白种人的奴隶而已”④。作为半开化国家日本的知识人，福泽谕吉为国家的命运忧心忡忡。尽管一视同仁、四海皆兄弟、大公无私的宗教精神相比于划分国家、以爱国为畛域的私情要更加善美与博大，但是，“现今的地球，已经被分成许多区域，各自划分国界，人民各自在其境内结成集团，称为国民，为求其集团的利益而设立政府，甚至有拿起武器杀害界外兄弟，掠夺界外土地，争夺商业利益等等”。这是世界的大势，日本不能回避。唯有在这场以国家为单位的争斗中处于强者的位置，实现“国富民强”——“政府善于保护人民，人民善于经商，政府善于作战，使人民获得利益”⑤，才最符合日本的利益。由此，福泽谕吉的《文明论概略》实际上展开了近代日本国家主义的蓝图。

---

① ［日］福泽谕吉：《文明论概略》，北京编译社译，8、9页，北京，商务印书馆，2009。

② ［日］福泽谕吉：《文明论概略》，32页。

③ ［日］福泽谕吉：《文明论概略》，43页。

④ ［日］福泽谕吉：《文明论概略》，196页。

⑤ ［日］福泽谕吉：《文明论概略》，183～184页。

福泽谕吉是明治日本最具代表性的知识人，他文明征服野蛮的理论，不仅描绘了西方帝国主义殖民统治全球的理论外衣，还展示了新兴的现代化国家日本对外殖民、扩张的雄心。在东西洋帝国主义加紧侵略中国的时代背景中，福泽谕吉的“文明论”就成为近代中国知识人必须直面的政治现实。梁启超积极接受了福泽谕吉的观点，其《饮冰室自由书·文野三界之别》几乎完全袭自《文明论概略》。梁启超也承认，“夫以文明国而统治野蛮国之土地，此天演上应享之权利也，以文明国而开通野蛮国之人民，又伦理上应尽之责任也”①。由此，他将“新民”，将建立富强的国民国家作为“今日中国第一急务”②。

从《訄书》重订本（1904）到《民报》时期（1906—1908）的诸篇论文，再到《齐物论释》（1910），如何回应福泽谕吉、梁启超等“文明论”的观念，怎样从思想根基处瓦解帝国主义侵略扩张的逻辑，一直都是章太炎持续不断关注的问题。

姊崎正治《宗教学概论》从宗教角度进入文明论中文明-野蛮的对立问题，并申明“齐物论而贵贱泯”的立场。他率先提醒了章太炎，庄子的“齐物”之论，是回击文明论的有力武器。本着对东亚地区儒教及其他民间宗教的感性经验和亲近感，姊崎正治《宗教概念的说明契机》认为一切“罚法鬼神之容式，芴漠不思之观念”都体现着宗教的本质，因而都可称为宗教。由此，他反击基督教传教士“多言某种族无宗教”的偏狭立场。他批评传教士由于“视察之疏”，以旅客心态到其他地区，“途见负贩，而遽问以信造物之有工宰不？以是定宗教有无”；且由于“专己黜人”，“以造物为人格之神”作为宗教的标准，而无视其他文明中“祖祢崇拜”“崇祀人鬼，信诸仪式”，以及“谓形体有神力，神力宅于芦苇池沼间，投牢醴则获之，故猎者得兽必祭”等，故统统将其罢黜为“无教”。姊崎批评基督教自以为“文明”，蔑视“野人”之宗教，认为二者其实并无贵贱之分，须一视同仁，“齐物论而贵贱泯”③。姊崎由此出发来破除文野观念的偏见，章太炎是赞成的。太炎后来在《建立宗教论》中进一步指出：“说神教者，自马步诸逑而上，至于山川土谷；稍进则有祠火，与夫尊祀诸天之法；其最高者，乃有一神、汎神诸教。其所崇拜之物不同，其能崇拜

---

① 梁启超：《张博望班定远合传》，见《饮冰室合集》，专集之五，1页，北京，中华书局，1989。

② 梁启超：《新民说·论新民为今日中国第一急务》，见《饮冰室合集》，专集之四，2页。

③ 姊崎正治：《宗教学概論》，558～564页。译文出自章太炎：《〈訄书〉重订本·原教》（上），见《章太炎全集》（三），283～285页。

之心不异。”① 这其实就是引申了齐物正治的观念。

近代的文野之争，当然不仅局限于宗教，它涉及制度、习俗、医药、艺文、烹饪、建筑等社会生活的所有领域。在章太炎看来，它本质上是一种文明对另一种文明因区别心、执着于自我的观念而产生的歧视。《国故论衡·原学》中曾言：“饴豉酒酪，其味不同，而皆可于口；今中国之不可委心远西，犹远西之不可委心中国。”② 所谓中国和远西不可互相“委心”之处，往往是西洋以“文明论”的眼光，打量中国的文明成果，并将其视为“野蛮”的地方。章太炎从来都认为，中国本就是政治学术灿烂之文明国。作为国粹的承担者，他深感有责任为“自国自心”③的文明说话，弘扬中华文明的价值。这是章太炎后来通常被视为文化民族主义者的主要原因。细究章氏立场的起点，并非文明的自大与傲慢，其实是文明的防御与抵抗。

章太炎指出，庄子《齐物论》中“尧伐三子”的寓言，最能映照出文明论的本质。他赞其“精入单微，还以致用，大人利见之致”④。《论佛法与宗教、哲学以及现实之关系》一文更评价该寓言道：“庄子只一篇话，眼光注射，直看见万世的人情，大抵善恶是非的见，还容易消去，文明野蛮的见，最不容易消去。”⑤

所谓“尧伐三子”，《庄子·齐物论》曰：

> 故昔者尧问于舜曰：“我欲伐宗、脍、胥敖，南面而不释然。其故何也？”舜曰：“夫三子者，犹存乎蓬艾之间。若不释然，何哉？昔者十日并出，万物皆照，而况德之进乎日者乎！”

尧欲讨伐“存乎蓬艾之间”的三个简陋小国——宗、脍、胥敖，内心却“若不释然”，隐隐不安。郭象注解该段落时，特别点明，其讲述的正是“齐一之理”，“夫物之所安无陋也，则蓬艾乃三子之妙处也”。万物最好的生存状况是满足于自身所处的状态，身心俱安。即便如“蓬艾”那样看似卑微的草野生活，只要生活于其中的人能够自享其乐，“蓬艾”就不应该成为被歧视、被讨

---

① 太炎（章太炎）：《建立宗教论》，载《民报》，第九号，1906-11-15，6～7页。

② 章太炎：《原学》，见章太炎：《国故论衡》，103页。

③ 章太炎：《教育的根本要从自国自心发出来》，见陈平原选编：《章太炎的白话文》，88页，贵阳，贵州教育出版社，2001。

④ 章太炎：《〈齐物论释〉序言》，见《章太炎全集》（六），7页。

⑤ 章炳麟（章太炎）：《论佛法与宗教、哲学以及现实之关系》（1911年10月），309页，北京，三联书店，1981。

伐的理由。郭象指出，尧内心“不释然”，原因就在于：“今欲夺蓬艾之愿而伐使从己，于至道岂弘哉？”想要夺去蓬艾小国自得的欢乐，讨伐它们，迫使它们遵从自己的标准难道就是至道之弘吗？真正的“齐一”，乃是“物畅其性，各安其所安，无有远近幽深，付之自若，皆得其极，则彼无不当尔我无不怡也”[①]。太炎由此得出庄生之旨：

> 原夫《齐物》之用，将以内存寂照，外利有情，世情不齐，文野异尚，亦各安其贯利，无所慕往，飨海鸟以大牢，乐斥鷃以钟鼓，适令颠连取毙，斯亦众情之所恒知。然志存兼并者，外辞蚕食之名，而方寄言高义，若云使彼野人，获与文化，斯则文野不齐之见，为桀跖之嚆矢明矣。[②]

在20世纪初帝国主义争霸的世界格局中，“言文明者，非以道义为准，而以虚荣为准”[③]。世界许多野心家，“不论东洋西洋”，不管是西洋的基督教世界，还是包装忠孝等儒教伦理、宣传“王道”的东洋日本，“没有一个不把文明野蛮的见横在心里”，“有意要并吞弱国，不说贪他的土地，利他的物产，反说那国本来野蛮，我今灭了那国，正是使那国的人民获享文明幸福，这正是尧伐三子的口柄”[④]。

太炎指出，“世情不齐，文野异尚”才是天地间万物的真实存在状况。而在帝国主义瓜分世界的背景下，谈文明对野蛮的征服，不过是存兼并之心、欲蚕食他国的野心家的借口而已。太炎主张：“诚欲辨别是非者，当取文明野蛮之名词而废绝之。”[⑤]“第一要造成舆论，打破文明野蛮的见，使那些怀挟兽心的人，不能借口。”[⑥]实际上，“文明”与“野蛮”两词何错之有？太炎欲打破文野之见，从根本上说，并非要消除“文明”“野蛮”之类的字眼，以及它们分别指涉的生活地域、礼俗仪规、文化习惯等各方面的差异；太炎自己就常使用“文野异尚”等说法。太炎真正要打破的，是附着在这些名号之上的人们各种主观的“有情想”。其《人无我论》曰：

> 方见五事，不应遽起五有我想。一，见形色已，惟应起形色想，不应起有情想；二，见领纳苦乐诸心行已，惟应起领受想，不应起胜者、劣者

① 郭庆藩：《庄子集释》，89、90页，北京，中华书局，1961。
② 章太炎：《齐物论释》，见《章太炎全集》（六），39页。
③ 太炎（章太炎）：《定复仇之是非》，载《民报》，第十六号，1907-09-25，29页。
④ 章炳麟（章太炎）：《论佛法与宗教、哲学以及现实之关系》（1911年10月），309页。
⑤ 太炎（章太炎）：《定复仇之是非》，载《民报》，第十六号，1907-09-25，29页。
⑥ 章炳麟（章太炎）：《论佛法与宗教、哲学以及现实之关系》（1911年10月），310页。

各种有情之想，三，见言说名号已，惟应起言说名号想，不应起支那人、日本人、印度人等想；四，见造作染净诸业已，惟应起造作事业想，不应起愚者、智者、善人、恶人等想；五，见转识随境变迁已，惟应起心识想，不应起有我能见、有我能取等想。如上五事，皆由先不思觉，以瞬息间而起五种有情之想。①

现代所谓文明社会不能从“现量”（即事物本身呈现出的性状）之差异来理解“形色、领受、名号、作业、心识”，而偏执地以为“形色、领受、名号、作业、心识”背后蕴含着人与人之间胜-败、优-劣、民族-国家、智-愚、善-恶、文明-野蛮诸本质区别——这其实是基于遍计所执性的“有情想”。

那么，究竟应如何对待文明与野蛮的关系呢？章太炎赞赏王弼对《周易》的阐发。《周易·睽》上九之爻辞曰：“睽孤。见豕负涂，载鬼一车，先张之弧，后说之弧。匪寇，婚媾，往，遇雨则吉。”意思是说：“睽违至极，孤独狐疑。恍如看见丑猪背负污泥，又见一辆大车满载鬼怪在奔驰，先是张弓欲射，后又放下弓矢。原来并非强寇，而是与己婚配的佳丽，此时前往，遇到阴阳和合的甘雨就能获得吉祥。”② 王辅嗣《易说》曰：“以文明之极，而观至秽之物，睽之甚也。豕而负涂，秽莫过焉。至睽将合，至殊将通，恢恑憰怪，道将为一，未至于治［洽］③，先见殊怪，故见豕负涂，甚可秽也，见鬼盈车，吁可怪也。先张之弧，将攻害也，后说之弧，睽怪通也。”太炎感叹，王弼的分析张扬了庄子不齐而齐的意境，可谓“庄生之素臣”④。事实上，王注的核心正出自《庄子·齐物论》：“可乎可，不可乎不可。道行之而成，物谓之而然。恶乎然？然于然。恶乎不然？不然于不然。物固有所然，物固有所可。无物不然，无物不可。故为是举莛与楹，厉与西施，恢恑憰怪，道通为一。”⑤ 从“文明”的眼光看那些极端污秽之物，颇觉乖离怪异，如见丑猪背负污泥、大车满载鬼怪。但是，最乖离怪异的事物与最文明的事物，在表面迥殊、“恢恑憰怪”背后，“至睽将合，至殊将通”，“道将为一”，有着相同的本质。

章太炎指出，相比于庄子的“齐物”哲学，墨家和儒家各有缺陷。墨家、

---

① 太炎（章太炎）：《人无我论》，载《民报》，第十一号，1907-01-25，2页。

② 黄寿祺、张善文：《周易译注》，294页，上海，上海古籍出版社，2004。

③ 太炎（章太炎）《齐物论释》与《齐物论释定本》的原文“未至于治”，似乎有笔误，应是“未至于洽”，见《周易正义》，192页上。

④ 章太炎：《齐物论释》，见《章太炎全集》（六），40页。

⑤ 郭庆藩：《庄子集释》，69～70页。

儒家都有和文明征服野蛮论调相似的思维结构，无能应对当前帝国主义的“文明灭国”之论。

首先是墨家学说。“墨子虽有禁攻之义，及言《天志》《明鬼》，违之者则分当夷灭而不辞，斯固景教、天方之所驰骤，亮不足道。”[①] 墨子主张兼爱、非攻，从理念上反对战争，但其《天志》《明鬼》诸篇却体现着观念上的专断论，大有凡违背其观念者皆可诛灭的取向，这就与常发动宗教战争的景教、天方等宗教趋同了。章太炎批评墨子，往往有针对康有为孔教论的指向。康有为对“敬天”与“明鬼”情有独钟。他勾勒了“其觉识益大，其爱想之周者益远”的人物谱系，认为“尧、舜、禹、汤、孔、墨，是其人矣”[②]。他将具有“天志”“明鬼”思想的墨子归入传统儒家圣人谱系之列，兼容墨家，以基督教为参照，对儒教进行宗教改革。章太炎在《訄书》初刻本中撰写了《忧教》《争教》，就是担心孔教显露宗教的面向只会加剧与其他各教的冲突。

在章太炎看来，中国文化的优势在于人民“徇通而少执著”，敏捷通达地接受外来的学术、宗教，“故终无涉血之争”。只有墨家主张“兼爱、尚同、尊天、明鬼”，并着意于讨伐与自己理念不同者。墨家所谓的“非攻”，仅“施于同义者尔”，“苟与天志殊者，必伐之，大戡之”。这种因理念不同而兴起的战争，难以止息。因为普通的战争，“徒为疆易财利之事，胜负既决，祸亦不延”，“而为宗教战争者，或亘数百年而不已”。宗教战争，或泛泛而论，所有因理念、意识形态差异而引发的战争，由于导致争执的源头，即理念、信仰本身是难以更革的，所以此类战争往往就不会有最终的胜负结果，而只能持续不断地维系战争的状况。所以，《庄子·徐无鬼》中有言：“为义偃兵，造兵之本。”在太炎看来，“墨子之教实与天方基督同科”。墨子从观念上“强欲从同”，齐其不齐，与现如今西洋以博爱、大同、文明为名号的侵略是相通的。章太炎庆幸墨学不用于后世，否则，“十字军之祸，夙见于禹域矣”[③]。

其次是儒家学说。本来，儒道两家在这一点上极为相似，即都承认万物不齐、世法差违。孔子“和而不同”之说主要是就人际而言的[④]，推及更普泛的物际，便接近了太炎的“不齐而齐”之论。《孟子·滕文公上》载孟子之言曰：

---

① 章太炎：《齐物论释》，见《章太炎全集》（六），40页。

② 康有为：《觉识篇》，载《清议报》，第十八册，1899－06－18，“支那哲学”栏，1164页。

③ 章太炎：《菿汉微言》，见章太炎：《菿汉三言》，36页。

④ 《论语·子路》篇载子曰：“君子和而不同，小人同而不和。”（朱熹：《四书章句集注》，147页。）

"物之不齐，物之情也；或相倍蓰，或相什百，或相千万，子比而同之，是乱天下也。"其说直接针对的是市易，然推及更普泛的物际，则更接近太炎的"不齐而齐"。太炎早年就推崇荀子合群明分的学说，断言"平等难"，"夫父子夫妇之间，不可引绳而整齐之"，"以不平平，其平也不平"，"平等之说，非拨乱之要"①。太炎最终没有发挥儒家哲学，而选择了《庄子·齐物论》来阐述自己"齐物平等"的政治哲学，有他的现实忧虑。

《孟子·滕文公下》记孟子举葛伯仇饷之事，谓汤居亳，与葛为邻，葛伯放肆，不守礼法，不祭祀鬼神。汤使人问之，葛伯以"无牺牲""无粢盛"来推脱。汤赠以牛羊，葛伯食之；汤"使亳众往为之耕"，葛伯率其民抢夺老弱为耕田者所送之饭食，还杀了一个送黍肉的童子。汤以此为理由征讨葛伯，天下人都赞汤曰："非富天下也，为匹夫匹妇复雠也。"

章太炎指出，孟子"以善战当服上刑"，表面上看，是反对战争的。但孟子欣赏葛伯仇饷，则埋下了人类争斗的巨大隐患。比照当时东西洋自诩的文明国侵略他们说的野蛮国，章太炎对号入座，反复咀嚼葛伯仇饷背后成汤、伊尹叵测的居心。他批评成汤、伊尹"借宗教以夷人国"；"诚知牛羊御米，非邦君所难供，放而不祀，非比邻所得问"，他们故意诱导葛伯说谎，从而"遣众往耕，使之疑怖，童子已戮，得以复仇为名"。太炎警示说："今之伐国取邑者，所在皆是。"② 在《訄书》重订本《忧教》篇的修改稿上，太炎还明确将远西诸国政府纵使景教侵入中国，"趋于相杀毁伤"，"得挟其名以割吾地"等行为，类比于"古者'葛伯仇饷'，'汤一征，自葛载'"。总之，太炎认为，葛伯"无粢盛"乃是搪塞之辞，"诚无粢盛，则一国君民何食"。汤对这些情况十分清楚，"乃反借其浮辞，使亳众为之耕稼，盖明知必相杀夺，以为征葛起本也"③。至于孟子也夸赞汤此举"非富天下"，而是"为匹夫匹妇复雠"，章太炎痛惜他受奸人蒙蔽，感慨地说："以彼大儒，尚复蒙其眩惑。"④ 太炎还直接质问道："令孟子生今日，不知何以论远西诸国?"⑤

太炎指出，孟子受葛伯仇饷的蒙蔽，而庄生"虽文明灭国之名，犹能破其隐匿也"，"二者之见，长短相校，岂直龙伯之与焦侥哉"⑥。时人接受文明征服

---

① 章太炎：《〈訄书〉初刻本·平等难》，见《章太炎全集》（三），38页。

② 章太炎：《齐物论释》，见《章太炎全集》（六），40页。

③ 章太炎：《忧教》（北图本），见《章太炎全集》（三），292页。

④ 章太炎：《齐物论释》，见《章太炎全集》（六），40页。

⑤ 章太炎：《忧教》（北图本），见《章太炎全集》（三），292页。

⑥ 章太炎：《齐物论释》，见《章太炎全集》（六），40页。

野蛮之论，部分源自认同物竞天择的竞争观念，认可“物相竞争，智力乃进”。太炎并不否认竞争有利于人类智力的进步，但也指出，这和伤害邻人的暴力没有关系，因为“物有自量，岂须增益，故宁绝圣弃知而不可邻伤也”。他期望庄子“不齐而齐”“齐物平等”的政治哲学，在这个列强攻战的时代发挥它醍醐灌顶的批判效用，至少让帝国主义不能再打着文明征服野蛮的招牌侵略他国。正所谓：“向令《齐物》一篇，方行海表，纵无减于攻战，舆人之所不与，必不得借为口实以收淫名，明矣。”①

事实上，章太炎强调，齐物平等——“非独等视有情，无所优劣”②，并非自身没有立场和判断，随意趋附他者，而是在坚守自我认同的同时，能够跳出自身的局限性，体认到他者存在的价值。以信仰问题为例，章太炎始终认同儒教“察于物”的理性精神与“笃于亲”的亲亲伦理是应当弘扬的正确信仰。士人精英宣扬“正信”，引导社会思潮，是理所当然的。然而，妇孺庶民偶或尊奉“淫祀”，亦无伤大雅。最重要的是，尊重“世法差违”“两不相伤”，士人精英与乡野村民，于雅俗各安其趣。

章太炎非常清楚，“《齐物》之用，廓然多途”③，他自身亦从伦理观、是非观、学术取向等多个层面来贯彻齐观物类、以不齐为齐的齐物哲学。如伦理上，《释戴》篇强调“行己”与“长民”有区别：“行己”，对待自己的立身之术，可以程朱理学、“洛、闽诸儒”之言严格要求；而“长民”，管理百姓，则宜选用道家“辅万物之自然，而不敢为”的方式。④ 评价是非时，太炎坚持有“存乎己者”与“系乎他者”两种不同的标准：“系乎他者，曲直与庸众共之；存乎己者，正谬以当情为主。”⑤ 在知识的取向上，《菿汉微言》区分二元认知类别——“成就俗谛者，依分别智忍识；成就真谛者，依无分别智忍识”⑥，追求“真谛”或是解决“俗谛”，不同目的、趋向的知识或学术都有合理性。“齐物之至，本自无齐。”⑦

然而，在《齐物论释》中，太炎紧紧抓住“尧伐三子”寓言中对“蓬艾”的态度，集中讨论“文野”问题。所谓“独以蓬艾为言”，原因何在？太炎曰：

---

① 章太炎：《齐物论释》，见《章太炎全集》（六），40页。
② 章太炎：《齐物论释》，见《章太炎全集》（六），4页。
③ 章太炎：《齐物论释》，见《章太炎全集》（六），40页。
④ 参见章太炎：《释戴》，见《章太炎全集》（四），122～124页。
⑤ 章太炎：《齐物论释》，见《章太炎全集》（六），16页。
⑥ 章太炎：《菿汉微言》，见章太炎：《菿汉三言》，9页。
⑦ 章太炎：《齐物论释》，见《章太炎全集》（六），36页。

文野之见，尤不易除，夫灭国者，假是为名，此是梼杌、穷奇之志尔。如观近世有言无政府者，自谓至平等也，国邑州闾，泯然无间，贞廉诈佞，一切都捐，而犹横著文野之见，必令械器日工，餐服愈美，劳形苦身，以就是业，而谓民职宜然，何其妄欤！故应务之论，以齐文野为究极。[①]

此段文字提示出太炎齐物平等的政治哲学，除针对东西洋打着文明论旗号的帝国主义之外，另一个重要的对话对象是彼时方兴未艾的无政府主义思潮。

二、对话无政府主义学说

无政府主义是清末革命思潮中的一支重要力量。在1905年以前上海的革命风潮中，革命党人就号召模仿俄国虚无党人，以暗杀、暴动等暴力的方式进行革命。《警钟日报》（及其前身《俄事警闻》）宣传俄国虚无主义，一般被认为是中国无政府主义思潮兴起的开端。1907年，流亡在日本东京及法国巴黎的革命党人，分别创办了《天义》及《新世纪》这两份宣传无政府主义的报纸、杂志。《天义》的创办者刘师培（1884—1919）、《新世纪》诸成员，与彼时主编同盟会会刊《民报》的章太炎一样，都是同盟会会员。

《天义》的宗旨是“破坏固有社会，实行人类之平等”；其定名“天义”，目的在“提倡女界革命外，兼提倡种族、政治、经济诸革命”[②]。《新世纪》则宣称：“本报议论，皆凭公理与良心发挥，冀为一种刻刻进化，日日更新之革命报。”“本报纯以世界为主义，同人之意以为苟能发愿与世界种种之不平等为抵抗，一切自包其中，不必支支节节对于一方隅、一事类而言。”[③]《天义》与《新世纪》均以实现人类的平等作为革命的最终诉求。而太炎《齐物论释》“齐物平等”的政治哲学要解决的根本问题，也是诠释平等。他们处于同一个思想话语的生产和对话场域。事实上，从巴黎、东京两地的无政府主义者与全球无政府主义思潮的紧密联系中，能够窥见，20世纪初的中国革命，虽有自身的源头，但也汇入19世纪中后期资本主义全球扩张以来全世界革命浪潮之中。

法国是欧洲无政府主义运动的中心。无政府主义者蒲鲁东（Pierre-Joseph Proudhon，1809—1865）是法国人，巴枯宁（1814—1876）、克鲁泡特金

① 章太炎：《齐物论释》，见《章太炎全集》（六），40页。

② 《天义·简章》，载《天义》，第一号，1907-06-10，封二。

③ 《新世纪发刊之趣意》，载《新世纪》，第1号，1907-06-22。

（1842—1921）也经常在法国传播无政府主义思想。20世纪初，在法国思想界最流行的学说，是克鲁泡特金和邵可侣（Elisée Recluse，1830—1905）的无政府共产主义。无政府主义宣传家格拉佛（Jean Grave，1854—1939）主编《新世纪》杂志，宣传克鲁泡特金的无政府共产主义思想，介绍刚刚兴起的无政府工团主义，在法国的中国留学生中产生影响。受影响者就包括李石曾（1881—1973）、张静江（1877—1950）、褚民谊（1884—1946）、吴稚晖（1865—1953），他们模仿法文《新世纪》创办了中文刊物《新世纪》。

而在日本，明治维新后确立了以天皇“万世一系”为中心的国体。在天皇制权威主义政治日益巩固的同时，社会上也兴起了自由民权运动。19世纪末20世纪初，来自西方的社会主义、无政府主义学说得到传播。这一时期，传播社会主义、无政府主义最有代表性的人物是幸德秋水（1871—1911）和片山潜（1859—1933）。幸德秋水1905年被克鲁泡特金吸引，后在美国东海岸了解到欧洲的无政府主义运动，从社会主义者转变为无政府主义者。1906年，日本社会党成立，随即又分裂为主张直接行动、总同盟罢工，否定议会斗争，倡导无政府主义，以幸德秋水、堺利彦（1870—1933）、山川均（1880—1958）、大杉荣（1885—1923）为代表的强硬派，以及以片山潜、田添铁二（1875—1908）为代表，主张通过议会道路来实现革命的温和派。中国革命党人张继（1882—1947）、刘师培、章太炎主要与幸德秋水强硬派一系接触，并受到他们的影响。

东京的《天义》与巴黎的《新世纪》这两支无政府主义的革命力量，尽管在对待国粹的态度、对东西方文化的认知取向，以及和孙中山派的关系亲疏上有差异，内部人事关系也颇为复杂，然而，在无政府主义的共同信仰指导下，二者还是呈现出极为相似的思想面貌。其主题是在实践平等的旗帜下，重新定义“革命”，进而挑战了民族革命的理论。

《新世纪》杂志发行《新世纪丛书》，首期为真民所著《革命》。《革命》开篇立论：“政治革命为权舆，社会革命为究竟。”推翻专制政府的政治革命仅仅是革命的开端，而非革命的最终目的，而发展到社会革命，才算是“完全之革命”。所谓社会革命，“即平尊卑也，均贫富也，一言以蔽之，使大众享平等幸福，去一切不公之事”。社会革命倡导社会主义，坚决抵制国家主义。在作者看来，保护帝王、君主、富者、强权者等少数人利益的国家主义，与以“自由、平等、博爱、大同”为基础的社会主义，在价值上是截然对立的。革命的归宿，乃是“合世界众人之力，推倒一切强权，人人立于平等之地，同作同食，无主无奴，无仇无怨”[①]，实现大同世界。《新世纪》杂志上，《续普及革命》一文简要地复述了这一观点，曰：“无政府则无国界，无国界则世界大同矣。人不长人而不役于人，人不倚人而不倚于人，人不害人而不害于人，所谓自由、平等、博爱是也。”[②]

《天义》要“破坏固有之社会，颠覆现今一切之政府，抵抗一切之强权，以实行人类完全之平等”[③]，同样对民族主义、国家主义发起挑战。从民族主义倡导的种族革命，到以民约论为宗旨、推翻暴君的政治革命，再到打破阶级制度、消除贫富差距的经济革命，《天义》为革命制订了一套逐步推进的计划。[④]刘师培撰文《论种族革命与无政府革命之得失——驳鹤卷町某君来函》，试图澄清种族革命与无政府革命的关系。对于当时的中国来说，“排满”的种族革命有正义性，其目的是扫清满族的特权，实现民族平等。但种族革命之后，并非要建立一个民族国家，而是应朝无政府的革命努力。刘师培指出，民族主义有三个方面的差谬：一是学术之谬，“华夏之防，种姓之说”是“宗法时代之遗风”，革命的目的不应该是推翻满族的特权后建立各族“服从汉族之政治”的另一种特权制度；二是心术之恶，革命当“为民生疾苦计”，而不应该为少数革命党人牟利，但民族主义革命很可能只使少数有帝王思想、想做开国元勋的人获利；三是政策之偏，当前革命只依赖学生和会党，而“出于多数平民，斯为根本之革命”[⑤]。刘师培倡导的无政府革命，要废兵废财、人类均力，“实行人类天然的平等，消灭人为的不平等，颠覆一切统治之机关，破除一切阶级社会及分业社会，合全世界之民为一大群，以谋人类完全之幸福”[⑥]。

提倡无政府主义者，多同时提倡社会主义。在无政府主义者看来，社会主义是实现无政府主义必经的中间步骤。刘师培、张继等就在东京举办“社会主义讲习会”，章太炎也参与其间，并演说《国家论》。他们已自觉地辨析无政府主义与社会主义的区别和联系。《新世纪》发表《社会主义释义》，指出，社会

① 真民：《革命》，见《新世纪丛书》，晦鸣学舍印赠，1、2～3、5页，1912。复刻1907年巴黎《新世纪丛书》。

② 民：《续普及革命》，载《新世纪》，第17号，1907－10－12，第3版。

③ 《天义报广告》，载《民报》，第十五号，1907－09－25，广告。

④ 参见《天义报启》，见万仕国辑校：《刘申叔遗书补遗》，661页，扬州，广陵书社，2008。原载《复报》，第十号，1907－06－15，附录，原题《天义旬报启》。

⑤ 震、申叔（何震、刘师培）：《论种族革命与无政府革命之得失——驳鹤卷町某君来函》，载《天义》，第六卷，1907－08－10，“社说”栏，142～144页。

⑥ 申叔（刘师培）：《无政府主义之平等观》，载《天义》，第七卷，1907－09－01，“社说”栏，3页。

主义从经济层面立说，“即以生财之物与所生之财属于社会”，而无政府主义则指涉政治与道德层面之“无强权”。社会主义包括“产业为众所集有”的集产主义与“产业为众所共有”的共产主义。集产主义与共产主义又各自包含有政府与无政府两派。总之，“无政府党未有非社会党者，而社会党未必皆无政府党也。”① 换言之，无政府主义者从经济上一定是赞成社会主义的，而社会主义者从政治上却未必认同无政府主义。刘师培也说：“社会主义之实行，以劳动集合为嚆矢。欲行无政府主义，亦以劳动集合为权舆。”“故吾人欲行无政府，亦从劳动集合入门。其宗旨虽与社会党不同，至其行事，则固未尝迥殊也。”②

章太炎在无政府主义这一最激进、最具破坏效力、号称终极革命的思潮中，汲取了丰沛的思想能量，并以之为依据，反思、批判、彻底拆解各种现行或将行的现代政治、经济体制和观念。无政府主义为太炎的革命思想注入了根本性、全盘性地挑战现代性的理论资源。章太炎从破除积弊的角度着眼，热情赞颂无政府主义乃是涤荡社会风气的良药，谓其“批捣政家，钽犁驵侩，振泰风以播尘壒，鼓雷霆以破积坚。堕高堙卑、邱夷渊实，荡覆满盈之器，大庇无告之民，岂弟首途，必自兹始”③。章太炎《国家论》消解“国家”的神圣性，称“国家之自性，是假有者，非实有者”，“国家之作用，是势不得已而设之者，非理所当然而设之者”，“国家之事业是最鄙贱者，非最神圣者”④。《代议然否论》解构资本主义现代化国家奉为民主圭臬的代议制政体，谓“必欲闿置国会，规设议院，未足佐民，而先丧其平夷之美”⑤。章太炎还亲自参与无政府主义者们组织的“亚洲和亲会”，担任会长，倡导联合被欺压的弱小民族，“一切亚洲民族，有抱独立主义，愿步玉趾、共结誓盟”；他们主张以中国、印度为核心，联合“越南、缅甸、菲律宾”等陵夷衰微之国，“反对帝国主义而自保其邦族”⑥。这些政治思想大论，均可见出无政府主义思想熏染的印记。

无政府主义学说在给予章太炎思想营养的同时，也成为章太炎“齐物平等”的政治哲学主要批判反思的对象。在章太炎看来，无政府者，自称最重视

① 《社会主义释义》，载《新世纪》，第21号，1907-11-09，第1版。

② 申叔（刘师培）：《欧洲社会主义与无政府主义异同考》，载《天义》，第六卷，1907-08-10，148页。

③ 太炎（章太炎）：《无政府主义序》，载《民报》，第二十号，1908-04-25，130页。

④ 太炎（章太炎）：《国家论》，载《民报》，第十七号，1907-10-25，1页。

⑤ 太炎（章太炎）：《代议然否论》，载《民报》，第二十四号，1908-10-10，3页。

⑥ 章太炎：《亚洲和亲会约章》(1907)，见汤志钧编：《陶成章集》，456页，北京，中华书局，1986。

平等，事实上仍“横著文野之见”，表现就在于，无政府主义“必令械器日工，餐服愈美，劳形苦身，以就是业，而谓民职宜然”。换言之，无政府主义与文明论本质是相通的，都是进化论和观念论的产物。无政府主义者虽然标榜平等，但他们想要追求的平等与“不齐而齐”的真正的平等境界相去甚远。太炎《五无论》《四惑论》这两篇政治哲学的理论作品及其《民报》时期的大量创作，通过质疑进化、公理的逻辑，直接挑战无政府主义的平等观。在这一过程中，从荀子学出发的人性论，始终构成太炎的理论基石。而“齐物平等”的政治哲学，在挑战无政府主义的过程中，也逐步凸显自身以个体为本位的特质。

无政府主义者笃信其学说符合人类从野蛮进化到文明的公理。从无政府主义者的学缘上就可见一斑：幸德秋水崇拜福泽谕吉，蒲鲁东、施蒂纳（Max Stirner，1806—1856）则是黑格尔（Hegel，1770—1831，在近代，常见“海格尔”“海智儿”等译名）的信徒。《新世纪》表白：“吾辈之革命，惟以伸公理为目的，使较不文明之社会，变而为较文明。”“由个人自私主义而进至种族革命与祖国主义，由种族革命与祖国主义而进至社会主义，同为公理良心之进化。所异者，先后大小耳。”① 他们非常有把握，“无政府主义，全世界之知道明理者，公认为至公之主义”②。总之，选择社会主义、无政府主义符合进化公理。刘师培倡导人类均力，“一人而兼众艺”，破除分业社会。在这个理想的社会中，人人“苦乐适均，而用物不虞其缺乏”；“处于社会，则人人为平等之人；离于社会，则人人为独立之人。人人为工，人人为农，人人为士，权利相等，义务相均”，乃是“人道为公之世”。在刘师培看来，这样的社会“适于人性”，“合于人道”，“合于世界进化之公理”③。

章太炎否定无政府主义进化论的逻辑，与他对进化学说一向持有疑惑有关。章氏在《民报》上发表的第一篇论文是第七号所载《俱分进化论》，该文开篇即直指问题核心：近世进化论开端于黑格尔。黑格尔虽没有明文讲进化，但其“世界之发展，即理性之发展”的观念论孕育了进化学说。达尔文、斯宾塞分别从生物现象与社会现象两个层面演绎、论证了黑格尔的历史哲学，即理性乃是世界的主宰，人类的历史是一种合理的过程。章太炎将之概括为“如彼所执，终局目的必达于尽美醇善之区，而进化论始成”④。《四惑论》更揭示出，

① 《与友人论新世纪》，载《新世纪》，第3号，1907-07-06，第1版。
② 民：《续无政府说》，载《新世纪》，第33号，1908-02-08，第3版。
③ 申叔（刘师培）：《人类均力说》，载《天义》，第三卷，1907-07-10，30～31页。
④ 太炎（章太炎）：《俱分进化论》，载《民报》，第七号，1906-09-05，1页。

无政府主义者虽然形式上攻击国家与神教，但无政府主义的内在逻辑与主张国家与神教者完全一致。比如蒲鲁东称："天下一事一物之微，皆将有而非现有，转变化成，体无固定。而百昌之在恒沙世界，节族自然，盘旋起舞，合于度曲，实最上极致之力使然。有此极致，故百昌皆向此极致，进步无已，是虽必然，而亦自由。是故一切强权，无不合理。凡所以调和争竞者，实惟强权之力。"这些论调的立论根基于黑格尔"以力代神，以论理代实在"的观念。让事物都朝向尽美醇善的最终目的发展，此类说法发展到极致，终致尊奖强权，"名为使人自由，其实亦一切不得自由也"[①]。

章太炎从人类历史的实际出发抨击进化论，认为人类的智识或许可以称得上在进化。但就道德来说，"善亦进化，恶亦进化"，以生计而言，则"乐亦进化，苦亦进化"；善与恶、苦与乐，往往"双方并进，如影之随形，如罔两之逐影"，不存在单向度朝善、乐演进的人类历史。其根源则在人性本身。人性中有好真、好善、好美的面向，但除此以外，人还有好胜心。好胜心又包括两种：一是追求五欲、财产、权位、名誉等有目的的好胜；二是没有具体的目标，仅仅是"以胜为限界"，追求胜过别人的无目的的好胜，"如鸡、如蟋蟀等，天性喜斗，乃至人类亦有其情，如好弈棋与角力者，不必为求博贶，亦不必为求名誉，惟欲得胜而止"。这种无目的的好胜之念，"由于执我而起，名我慢心，则纯是恶性矣"[②]。无目的的好胜心使人类不可能停止纷争，恶亦不可能消灭。

无政府主义以实现人类的"平等"为终极目的。刘师培论证平等之所以能实现，原因之一是人类有恢复平等的天性。其理由是，人的嫉妒心、自利心"愤己之不能与人平等"，所以或"欲奋己身，冀与人齐"，或"欲抑他人，使与己平"；而人的"良善心"则"悯人之不与己平等"，比如"孺子入井，乍见者皆思援救，是则良善之心，由自然而生"。儒家的仁、康德的博爱、克鲁泡特金的互相扶助的感情，归根结底都指向人的良善心。由此可见，"己身不能与人平等，久为人类所共愤，他人不能与己平等，又为人类所共悯。在己，则欲其与人平；在人，则欲其与己平等。岂人民之天性，均以人类平等为心乎？使人人充其嫉忌之心，扩其良善之心，则凡不平之社会，必扫除廓清"[③]，人类的平等最终能够实现。

---

① 太炎（章太炎）：《四惑论》，载《民报》，第二十二号，1908-07-10，3～4页。

② 太炎（章太炎）：《俱分进化论》，载《民报》，第七号，1906-09-05，2、6～7页。

③ 申叔（刘师培）：《无政府主义之平等观》，载《天义》，第四卷，1907-07-25，18～20页。

章太炎从《俱分进化论》到《五无论》，对人性的认知一以贯之。《五无论》就刘师培的观念针锋相对地指出："云性善之说，不可坚信，人心好争，根于我见"；人之所好，不仅在真善美，"人皆着我，则皆以为我胜于他，而好胜之念见之为争"，好胜之心导致人世间的纷争不可能止息。他又进而解构良善之心的观念，指出：孟子所谓的"恻隐之心"，"人之所怜，在彼弱小于我，而所憎在其敌对于我"；"虽甚凶戾，无不怜弱者；虽甚仁慈，无不憎怨家"。换言之，人只能对弱于己者施以恻隐之心，而"体力智勇与我相若者，一有小忿，常存必杀之心"。恻隐之心，本质上是好胜之心的另一种表现方式。由于人不能摒除好胜之心，所以即便实现了无政府的社会，只要有人类存在，人间也就不可能取得完全的平等自由。所谓"人之相争，非止饮食牝牡之事；人之争具，宁独火器刚铁之伦。睚眦小忿，则憎怨随之；白刃未获，则拳力先之。纵大地悉无政府聚落，销兵共产之制得以实行，而相杀毁伤，犹不能绝其愈于有政府者"[①]。

章太炎从人性中的好胜之心出发，认为人世间纷争、不平的事实不可能止息，不可能改变，世间的恶与善将永远并存下去。由此，章太炎推翻了无政府主义所依存的人类终将进化到尽善醇美世界的逻辑，从而动摇了无政府主义的根基。太炎虽然容纳了佛教法相唯识学（在《国故论衡·辨性》中，他以佛教术语"我慢"心来解说好胜心）、叔本华意识哲学的理论，但其政治哲学始终以荀子学的性恶论为基调，此处仍旧分明可见。

《四惑论》是《民报》时期章太炎集中批判无政府主义学说的政治哲学作品。他认为，当前思想界之四惑，"一曰公理"，"二曰进化"，"三曰惟物"，"四曰自然"。蛊惑人心的罪魁祸首就是"公理"说。公理之论，为巴黎《新世纪》、东京《天义》两个无政府主义派别所深深服膺。章太炎指出，公理者，"犹云众所同认之界域，譬若棋枰方卦，行棋者所同认，则此界域为不可逾"。公理之"理"，"非有自性，非宇宙间独存之物，待人之原型观念应于事物而成"。宣扬公理之说，不过是部分人挟"人类所公认"的气势，挟带私货，"以己律人"的方式，他们所谓的"公"，"非以众所同认为公，而以己之学说所趋为公"[②]。太炎列举了当时公理论者的说辞，曰："不与社会相扶助者，是违公理；隐遁者，是违公理；自裁者，是违公理。"其矛头直指无政府主义者克鲁泡特金的互助学说。在太炎看来，这样的公理论，实质是"以世界为本根，以

① 太炎（章太炎）：《五无论》，载《民报》，第十六号，1907-09-25，11、12、8页。

② 太炎（章太炎）：《四惑论》，载《民报》，第二十二号，1908-07-10，1、8页。

陵藉个人之自主”。“公理”与程朱理学的“天理”一样，都是束缚人的学说，“天理之束缚人，甚于法律；而公理之束缚人，又几甚于天理矣”[①]。

章太炎反对有人借公理说来陵藉个人之自主，其立说的根基是对个体与他者之间伦理关系的认知。《四惑论》曰：

> 盖人者，委蜕遗形，倏然裸胸而出，要为生气所流，机械所制；非为世界而生，非为社会而生，非为国家而生，非互为他人而生。故人之对于世界、社会、国家，与其对于他人，本无责任。责任者，后起之事。必有所负于彼者，而后有所偿于彼者。若其可以无负，即不必有偿矣。然则人伦相处，以无害为其限界。过此以往，则巨人长德所为，不得责人以必应为此。[②]

章太炎界定了个体和群体的关系。人本来就是独自来到世间，并非为了他者而出生及存在的。人有自主决定自己生命、生存方式的权利，而没有天然地对于他者的道德义务。人与人之间相处，只要彼此“无害”，即为合宜。任何外在于个体的群体，无论该群体是以世界、社会、国家还是神教的面目出现，都没有资格对无害于他人的个体进行道德和责任的要求，也没有权利以道德模范“善”的言行来要求个体。在《国家论》一文中，太炎将上述观点总结为“个体为真，团体为幻，一切皆然”[③]。将确保个体的自主性作为思考世间伦理价值、政治制度的起点，乃是章太炎政治哲学的基本立场。

太炎批评国家“责其民以从军应役”，而神教以“上神之命”来规范个体。国家、神教皆是束缚个体。太炎此处明显接受了无政府主义学说对国家与宗教的抨击。这也证明了太炎与无政府主义学说的复杂关系。

一方面，无政府主义学说当时分为以个人为主与以社会为主两派。章太炎明显倾向于施蒂纳主张唯我论的个人无政府主义，而反对以克鲁泡特金互助学说为代表的社会无政府主义。太炎“以个体为真”，摒除外界强加于个体的任何道德要求，极类似于施蒂纳的学说。施蒂纳在《唯一者及其所有物》中说：“什么叫善，什么叫恶？我自己就是我的事业，而我既不善，也不恶。两者对我都是毫无意义的。……我的事业不是神的事业，不是人的事业，也不是真、善、正义和自由等等，而仅仅是我自己的事，我的事业并不是普通的，而是唯

---

① 太炎（章太炎）：《四惑论》，载《民报》，第二十二号，1908－07－10，2页。

② 太炎（章太炎）：《四惑论》，载《民报》，第二十二号，1908－07－10，2页。

③ 太炎（章太炎）：《国家论》，载《民报》，第十七号，1907－10－25，1页。

一的，就如同我是唯一的那样。对我来说，我是高于一切的！”① 章太炎从个体独立、自主的立场出发，解构克鲁泡特金个人必须与社会相扶助的观念，指出：“个人离于社会，则非不可以独活。”章太炎认为，个人不从社会中索取，就没有对社会担责任的义务。他甚至对人道伦理中比较基本的养育小孩的责任提出质疑，认为生子不养，只要“未至于戕杀侵陵之界，即不可以放弃责任相稽”。所谓的“亲对于子之责任”，实质乃是“人民对于国家之责任”，是国家以公理束缚人的体现。②

另一方面，章太炎不满于无政府主义学说，无论其倾向于个体还是社会，它们都以进化论和观念论为导向设置了人类的黄金世界，都是公理论。在章太炎看来，无政府主义者所设计的理想社会是不可能实现的，而人类试图去实现这些理想社会的过程，必然会以强制暴力去伤害世间原本不齐之物。比如，施蒂纳也主张人类社会遵从进化发展的规律，但进化的方向，是从政治上之自由主义到社会上之自由主义，再到人道上之自由主义。所谓人道的自由主义社会“不得有人己之见存，一任人人各现其个人之性，人人各忘其为己之心”，也就是说，虽表面上无秩序，但由于人人无私己之心，因而秩序井然，从而实现“近世社会之最高伦理”③。

章太炎敏锐地感觉到，如此极端地尊崇个人、摒弃社会，其实骨子里仍旧是强权思想，仍旧对有意愿形成社会和团体的个体构成压制。所以章太炎指出，所谓的“公理”，往往是“以己律人，非人类所公认”，而“人类所公认者，不可以个人故，陵轹社会；不可以社会故，陵轹个人”④。社会固然不能“陵轹”个人，个人也不能打着“个人”的公理旗号去“陵轹”社会。由此可见，章太炎的个人主义具有消极的特征。他并非积极主张人人都离群索居、远离社会，而是倡导社会应该包容个体的存在，给予衣皮茹草、离群索居，思想、言行与众不同者生存的空间。

《无政府主义序》集中批评无政府主义之处，就是它对人类存在状态的专断设计。本来，“人之形躯，不异鸟兽，而好尚所至，是有两端：州居萃处，人之情也；及其独居深念，中有秘藏，肺府周亲，憎若虫蚋，此亦根性然也。

---

① ［德］麦克斯·施蒂纳：《唯一者及其所有物》，金海民译，5页，北京，商务印书馆，2007。

② 参见太炎（章太炎）：《国家论》，载《民报》，第十七号，1907-10-25，4～5页。

③ 自由：《斯撒纳尔无政府主义述略》，载《天义》，第八、九、十卷合册，1907-10-30，243页。

④ 太炎（章太炎）：《四惑论》，载《民报》，第二十二号，1908-07-10，8页。

故有乐群就众，亦有介特寡交，人心不同，虑如面颊”。人类无论是群居还是独处，皆属于自然存在的状态，不能加以强力使之改变。无政府主义偏向社会者过于强调社会互助道德的价值，使群体凌驾于个体之上；偏向个体者又太过执着于实现人人无私的个体社会，而不能容忍群居者的存在。相比于无政府主义的偏狭，章太炎主张，只有庄子的“齐物哲学”妥恰地谋划了人类社会群体、个体彼此相安的状态：“循齐物之眇义，任夔蚿之各适，一人百族，势不相侵。井上食李之夫、犬儒裸刑之学，旷绝人间，老死自得，无宜强相陵逼、引入区中，庶几吹万不同，使其自己。”①

无政府主义学说，受黑格尔观念影响明显。偏向个体的施蒂纳本身就是青年黑格尔派的一员，偏向社会的蒲鲁东、克鲁泡特金观念中也明显存有黑格尔观念论的元素。最终，章太炎将对无政府主义学说的批判，提升到庄子“齐物平等”的政治哲学与黑格尔追求尽善醇美、以“公理”为绳尺的历史哲学之间的对话的高度。

他指出，如果说宋明理学的“天理”论为强者暴凌弱者提供了口实，那么，当前的“公理”论则实现了“以众暴寡”，“以社会抑制个人，则无所逃于宙合”。“公理”之“惨刻少恩”，更甚于“天理”。章太炎曰：

> 庄周所谓“齐物者，非有正处、正味、正色之定程，而使万物各从所好”，其度越公理之说，诚非巧历所能计矣。若夫庄生之言曰“无物不然，无物不可”，与海格尔所谓“事事皆合理，物物皆善美”者，词义相同。然一以为人心不同，难为齐概；而一以为终局目的，借此为经历之途。则根柢又绝远矣。②

曾几何时，《新世纪》《天义》的无政府主义论对民族革命的理论提出了根本的挑战。章太炎则通过批判无政府主义学说，回过头来，其实为民族革命理论的合理性和实践的可行性提供了论证。

章太炎指出，无政府不仅是一个不可能实现的乌托邦，而且是一个即便实现也将成为人类噩梦的所在。他提醒世人，“诚欲普度众生，令一切得平等自由者，言无政府主义不如言无生主义也；转而向下为中国应急之方，言无政府主义不如言民族主义也”③。

---

① 太炎（章太炎）：《无政府主义序》，载《民报》，第二十号，1908-04-25，129页。

② 太炎（章太炎）：《四惑论》，载《民报》，第二十二号，1908-07-10，9～10页。

③ 太炎（章太炎）：《排满平议》，载《民报》，第二十一号，1908-06-10，1页。

群居的人类“好胜”的本性是人世间纷争与苦痛的来源。无政府主义者认为无政府能够消除人世间的纷争和苦痛。但国家政府的出现乃是人类群居生活、保护本聚落利益的历史演变之结果，要实现无政府除非人类无聚落；以聚落的方式生存是人类的本性，要实现无聚落除非无人类；人类是由微生物几经进化而来，要实现无人类除非无众生；众生是由以太环绕的世界自然生成的，要实现无众生除非无世界。无政府、无聚落、无人类、无众生、无世界，几个层级环环相扣，要无政府必须无聚落、无人类、无众生，最终无世界。这就是章太炎说“言无政府主义不如言无生主义”的原因。当然，“无生主义”是不可能实现的。即便假设一下，地球爆炸，世界消失，人类毁灭，无生主义实现，从而无政府主义得以完成，这样的无政府主义对于已经毁灭的人类而言，又有何意义可言呢？

既然如此，那么，转回头来，脚踏实地地思考中国的当下和未来，民族革命就是最切实、最能解决当前问题的政治选择。毕竟，“人生之智无涯，而事为空间时间所限。今日欲飞跃以至五无，未可得也。还以随顺有边为初阶，所谓跛驴之行。夫欲不为跛驴而不得者，此人类所以愈可哀也”[①]。对于永远存在纷争的人类而言，最好的黄金世界——无政府主义的理想——是不可能实现的，人类只能追求苦痛不能消失但统治有所改善的较为良性的社会而已，此即为“跛驴之行”。

章太炎正是从现实中国所面临的内外的民族压迫问题，以及政治目标具有可行性的角度来捍卫民族革命的价值的。他指出，“若夫民族必有国家，国家必有政府”，在所有政治体制中，共和体制相较而言祸害较轻。为了避免共和之下“爵位废而兼并行”的乱象，当“置四法以节制之”：“一曰均配土田，使耕者不为佃奴；二曰官立工场，使佣人得分赢利；三曰限制相续，使富厚不传子孙；四曰公散议员，使政党不敢纳贿。”[②] 而这就是辛亥时期民族主义的革命理论家章太炎所构想的革命后的政治图景。

章太炎不但吸收并且已经彻底反思了无政府主义无国界、无畛域、人类大同的乌托邦思想，并以此为参照和对立面，脚踏实地地谈论民族主义与建国理想。只有明了这一点，才有可能超越类似狭隘、保守等评价，在“务俗”的层面，对章太炎的民族主义及中华民国构想做出更加公允和通达的理解。

---

① 太炎（章太炎）：《五无论》，载《民报》，第十六号，1907－09－25，22页。

② 太炎（章太炎）：《五无论》，载《民报》，第十六号，1907－09－25，2～3页。

章太炎谓："经国莫如《齐物论》。"[①] "齐物平等"的政治哲学，以不齐为齐，一方面回应"文明论"的观念，从思想根基处瓦解帝国主义以文明征服野蛮的侵略扩张逻辑，传达被压迫、被损害的弱小民族的心声；另一方面，又破解社会主义、无政府主义为人类设计的黄金世界乌托邦，坚决抵制以众暴寡的趋向，维护个体精神选择及生活方式的自主性。在《菿汉微言》中，章太炎比较了儒释道三家。释迦"详于内圣"，孔、老之学"世间之法多，而详于外王"，只有庄子"齐物平等"的政治哲学能够兼综二者的长处，乃内圣外王之道。其谓："《齐物》一篇，内以疏观万物，持阅众甫，破名相之封执，等酸咸于一味；外以治国保民，不立中德，论有正负，无异门之衅，人无智愚，尽一曲之用，所谓衣养万物而无不为主者也。远西工宰亦粗明其一指，彼是之论，异同之党，正反为用，撄宁而相成，云行雨施而天下平。故《齐物论》者，内外之鸿宝也。"[②]

第四节　民族主义的形式和质料

章太炎在《〈社会通诠〉商兑》中说："盖民族主义，乃吾人种智之所固有者，而无待于外铄，特遇事而显耳。"[③] 划分自我与他者界限的民族观念和体验，属于人类群体生存中固有的重要元素；作为"自在"的民族实体，并不由外在的"教育"而产生。然而，民族主义观念在不同时期的确有锋芒毕露与隐匿不张的差别，一旦某民族"自觉"地强烈意识到民族的存在，则往往世事动荡，该民族与他民族呈现相争之势。中国近代民族主义高涨，既与近代饱受列强欺凌而被激发的共同体经验密切相关，与此同时，又带有民族主义理论西学东渐的显著痕迹。

作为近代民族革命的理论家，章太炎的"民族"观念当然也受到西学的触发。但是，章太炎所勾勒的民族主义的外形，从民族主义要解决的应对清帝国瓦解之后社会秩序崩溃的难题，到实现"中华民国"的方案，都既不能局限于"排满"这一看似种族主义的口号中予以简单的理解，也不能凭借外来的民族

---

① 章太炎：《原学》，见章太炎：《国故论衡》，102页。

② 章太炎：《菿汉微言》，见章太炎：《菿汉三言》，23页。

③ 太炎（章太炎）：《〈社会通诠〉商兑》，载《民报》，第十二号，1907-03-06，14页。

主义理念得到完整的解释。

此外，正如太炎在《民报》演说词中言，《民报》宗旨在“用国粹激动种姓，增进爱国的热肠”[①]；《答铁铮》更说，“仆以为民族主义，如稼穑然，要以史籍所载人物制度、地理风俗之类，为之灌溉，则蔚然以兴矣。不然，徒知主义之可贵，而不知民族之可爱，吾恐其渐就萎黄也”[②]。纵观太炎一生的著述事业，正在以充沛、丰富的养料灌溉民族主义的“作物”，使其生机不绝，茁壮成长。太炎意识到，维持民族主义的根本，在人民深知民族的“可爱”，知其可爱而爱之愈深、护之愈切；而发动意识形态宣传机器，宣扬民族主义的口号，只能令民族主义沦为理论、“主义”的空转，无养料滋养，而致“渐就萎黄”。

作为民族主义养料的“国粹”，具体说来，即“汉种的历史”，而“其中可以分为三项：一是语言文字，二是典章制度，三是人物事迹”[③]。太炎晚年又将三项归并为两项，谓“夫国于天地，必有与立，所不与他国同者，历史也，语言文字也；二者国之特性，不可失坠者也”。他声明：“尊信国史，保全中国语言文字，此余之志也。”[④] 语言文字与历史，是真正的民族主义者章太炎毕生学问之所系，也是他所定义的民族主义的质料。太炎曾言：“学说之弊，莫若舍常觉所能知，而取思慧所不了，毁有体之太璞，而立无相之名言。”[⑤] 如此凿实、物质化地经营“民族主义”，恰恰体现了以抵制“观念论”为基础的他的政治哲学所呈现的方法论特色。“一返方言”的语言文字理想从人类传情达意的言语符号中投射地方、国家与世界的关系。“六经皆史”的历史本位论，则以史为新经，在数千年经典所营构的价值秩序瓦解之际，用史擎托起新的“道原”。

深受传统儒学滋养的中国近代知识人清醒而痛楚地面对天下秩序的崩溃和解体，明了中国“在大地中为五十余国之一，非复大一统之治也”[⑥]。依恋和恐惧的情感复杂交错，令他们在拟定中国向近代国家转型的政治蓝图时，仍力图创造新的统一方案。康有为戊戌前，“望在上者而一无可望，度大势必骎骎割

---

① 太炎（章太炎）：《演说录》，载《民报》，第六号，1906－07－25，5页。

② 太炎（章太炎）：《答铁铮》，载《民报》，第十四号，1907－06－08，116页。

③ 太炎（章太炎）：《演说录》，载《民报》，第六号，1906－07－25，9页。

④ 诸祖耿记录：《记本师章公自述治学之功夫及志向》，载《制言》，1936（25），6页。

⑤ 章炳麟（章太炎）：《读〈灵魂论〉》，见楼庵道人：《日本及日本人》，第五百六十五号，100页，东京，政教社，1911。

⑥ 康有为：《日本书目志》，见《康有为全集》，第三集，357页。

鬻至尽而后止”，“专以救中国四万万人为主”[①]。他以孔子为改制新王，希望在时代剧变中，平衡维系国家统一与实现社会变革的诉求。将孔子作为数千年中国文化、天下归往之“王”，事实上具备“改正朔”、颠覆清朝统治合法性的革命效果，是所谓“保中国不保大清”[②]。在明确以“民族主义”为革命兼统一的旗号之前，章太炎信奉的，正是康有为以孔子为王，以孔子后裔为中国数千年之共主、以历代帝王为掌握行政权的“客帝”这一颠覆清朝正统并建构中国一统的方案。

1899年的《客帝论》谓，“仲尼之世胄”，“自汉以来，二千余年，而未尝易其姓”，为掌握政教伦理统系的“支那之共主”，而“二千年之以帝王自号者”均系履行治理权的“霸府”。衍圣公“自汉之封绍嘉以至于今，更十七姓，七十有余主，而不能以意废黜之”。衍圣公的制度凌驾于王朝频繁更替的政治变动之上，从既往的历史成事论，拥有赓续至今的权威性。文章认为，“逐满之论殆可以息”，其政治前提是，清帝承认衍圣公的“泰皇”地位，并交付其帝王的象征及威严，自已仅以“客帝”的身份保留执政权。章太炎以明治维新前幕府与天皇的关系，比拟清帝与孔子后裔的关系，以此为理论基础和现实参照物，倡议清帝将帝王符号奉还衍圣公：“若犹是世及也，冠冕未裂，水土未堙，则支那之共主，国［其］必在乎曲阜之小邑，而二千年之以帝王自号者，特犹周之桓、文，日本之霸府也。苟如是，则主其赏罚而不得窃其名位。支那有主，则为霸府于丰、镐、北平者，汉乎？满乎？亦犹鹳雀蚊虻之相过乎前而已矣。”[③]

章太炎后撰《〈客帝〉匡谬》，放弃了不切实际的主张，即客帝主动“引咎降名，以方伯自处”，“禘郊之祭，鸡次之典，天智之玉，东序之宝，一切上之于孔氏”[④]。他愈加清醒，统治者是不会自动交出权力和利益的，没有自主权的人们要推动变革，唯有“血战”“以兵刃得之”[⑤]。然而，《客帝论》一文对于观察章太炎政治思想的演变仍有特殊的意义。学界已普遍认识到，“排满”是章

---

① 康有为：《与赵曰生书》，见《康有为全集》，第五集，400页。

② 黄彰健：《论康有为“保中国不保大清”的政治活动》，见黄彰健：《戊戌变法史研究》，1～54页，上海，上海书店出版社，2007。

③ 支那章炳麟（章太炎）：《客帝论》，载《台湾日日新报》，1899-03-12，汉文第6版。

④ 章太炎：《〈訄书〉初刻本·客帝》，见《章太炎全集》（三），68页。

⑤ 章太炎：《驳康有为论革命书》，见《章太炎政论选集》，上册，201页。

太炎“政治革命的权宜之计”[①]。然而，章太炎曾说，“秩乎民兽，辨乎部族”，“一切以种类为断”[②]。他还用消极口吻阐述过，“汉人以一民族组织一国家，平等自由，相与为乐，虽曰主义狭隘，然以自私为乐，亦未尝非一义”[③]。这些都令人忧虑民族革命理论威胁一统秩序。事实上，从《客帝论》出发，可以更妥帖地解释他政治思想的演变。与其说章太炎思想有阶段性的发展——从因“革命”而搁置“一统”到重新建构“一统”，不如说，在勾勒中国的政治蓝图时，他始终持守儒学的这两种价值。只不过随着他吸收新的知识营养，其构建统一理论的资源有所移易。而由于“物势之相因若激湍”[④]，不同时期他选择的政略不同，故对这两者的强调亦各有偏重。

革命时期的章太炎，主观上有意挣脱康有为保皇纪孔思想的制约；而客观上，他日益深入地理解了外来的“历史民族”观念。[⑤] 主客观两方面的因素，促使他逐步确立了如下构想：先通过革命打破满汉不平等、民族压迫的现状格局，再融合成新的中华民族，建立中华民国。章太炎解释“排满”，就说：“排满洲者，岂徒曰子为爱新觉罗氏，吾为姬氏、姜氏，而惧子之淆乱我血胤耶？亦曰覆我国家，攘我主权而已。”[⑥] 新的统一蓝图愈加清晰了，以孔子后裔为共主的思想渐次淡出。

太炎《驳康有为论革命书》申明：“近世种族之辨，以历史民族为界，不以天然民族为界。”[⑦]《訄书》重订本《序种姓》上篇则进一步指出，人类产生以来，二十万年间，由于居住的地理温度条件、部族征战引发的复杂婚姻融

① 汪荣祖：《章太炎对现代性的迎拒与文化多元思想的表述》，载《中国文化》，2004（1）。

② 章太炎：《〈訄书〉初刻本·原人》，见《章太炎全集》（三），24页。

③ 太炎（章太炎）：《中华民国解》，载《民报》，第十五号，1907-07-05，15页。

④ 章太炎：《藩镇论》，见《章太炎政论选集》，上册，102页。

⑤ 章太炎《序种姓》展现的历史民族观念，有明显的西学痕迹。梁启超在同时期作《政治学大家伯伦知理之学说》，称引伯伦知理的民族界说，强调民族有八个最重要的特质，即“同地，同血统，同面貌，同语言，同文字，同宗教，同风俗，同生计（地与血统二者就初时言之）”，“而以语言文字风俗为最要焉”。和太炎的认知非常相似。有趣的地方在于，章、梁对“民族”的认知虽然高度相似，但梁启超却根据伯伦知理的民族界说，批评章太炎是“汉族对于国内他族”而言的“小民族主义”，而自己则是“合国内本部属部之诸族以对于国外之诸族”的“大民族主义”（载《新民丛报》，第三十八、三十九号，32页，标署出版日为1903年10月4日）。这一贴标签的做法，误导了后世对章太炎民族观念的理解。章太炎用民族生成的历史性来解释“中华民族”的过去，形构它的未来，这是清末民初众多思想家的共同理路。如梁启超《历史上中国民族之观察》（载《新民丛报》，第六十五、六十六号，1905-03-20、1905-04-05）、吴贯因《五族同化论》（载《庸言》，第一卷第七、八、九号，1913年3、4月）等，均循此路径。

⑥ 太炎（章太炎）：《〈社会通诠〉商兑》，载《民报》，第十二号，1907-03-06，15页。

⑦ 章太炎：《驳康有为论革命书》，见《章太炎政论选集》，上册，195页。

合，以及其他文明方式的差异，生成了不同的民族："燥湿沧热之异而理色变，牝牡接构之异而颇骨变，社会阶级之异而风教变，号令契约之异而语言变。"而"民族"始终是历史的概念，"今世种同者，古或异；种异者，古或同。要以有史为限断，则谓之历史民族，非其本始然也"[①]。

"历史民族"的观念，一方面，帮助章太炎回顾过往，厘清了华族（或曰汉族、夏族）的历史形成和演变："建国大陆之上，广员万里，黔首浩穰，其始故不一族"，自古帝太皞以降，"力政经营，并包殊族，使种姓和齐，以遵率王道者"，"自有书契，以《世本》、《尧典》为断，庶方驳姓，悉为一宗，所谓历史民族然矣；自尔有规划者，因其类例，并包兼容"。太炎指出，"历史民族"形构的标志，是言语文字与政教风俗的趋同，"文字政教既一，其始异者，其终且醇化"[②]。《中华民国解》中，他详细辨析了"汉""华""夏"三种名称的异同，在种族、地域、文化的交互指称中定义"中华民国"，曰："就汉土言汉土，则中国之名以先汉郡县为界。""雍州之地东南至于华阴而止，梁州之地东北至于华阳而止，就华山以定限，名其国土曰华，则缘起如是也。其后人迹所至，遍及九州。至于秦汉，则朝鲜、越南皆为华民耕稼之乡，华之名于是始广。华本国名，非种族之号。然今世已为通语。"又曰："正言种族，宜就夏称。"又曰："汉家建国，自受封汉中始，于夏水则为同地，于华阳则为同州，用为通称，适于本名符会。是故华云、夏云、汉云，随举一名，互摄三义。建汉名以为族，而邦国之义斯在。建华名以为国，而种族之义亦在。此中华民国之所以谥。"[③]

另一方面，由太炎对未来的展望，可知"历史民族"观念主导下的民族主义，可以促成中国"宗法社会之镕解"，打破国家内部宗族势力以血缘、地缘为纽带形成的团体势力和利益圈子，消解隔阂。"以四百兆人为一族，而无问其氏姓世系。为察其操术，则曰人人自竞，尽尔股肱之力，以与同族相系维；其支配者，其救援者，皆姬、汉旧邦之巨人，而不必以同庙之亲，相呴相济；……民知国家，其亦夫有奋心，谛观益习，以趋一致。如是，则向之隔阂者，为之瓦解，犹决泾流之细水，而放之天池也。"[④] 与此同时，历史民族的观念，还有助于中华民国的最终实现。比如，关于如何将西藏、回部、蒙古三

---

① 章太炎：《〈訄书〉重订本·序种姓》（上），见《章太炎全集》（三），170页。

② 章太炎：《〈訄书〉重订本·序种姓》（上），见《章太炎全集》（三），172页。

③ 太炎（章太炎）：《中华民国解》，载《民报》，第十五号，1907-07-05，1～2页。

④ 太炎（章太炎）：《〈社会通诠〉商兑》，载《民报》，第十二号，1907-03-06，18页。

“荒服”纳入中华民国，太炎倡言，“语言文字之化当尽力者莫西藏若也”，“居食职业之化当尽力者莫蒙古若也”，“法律符令之化当尽力者莫回部若也”，着力点和目标，则在于“言语风俗渐能通变，而以其族醇化于我”[①]。简单地说是以文字、政教两端的融合作为依据。太炎从解释历史、谋划未来两个层面上夯筑了建立中华民族的理论基础。

语言文字学关乎“国性”，“为一切学问之单位之学”[②]，具“国故之本，王教之端”[③]的文化意义，与民族革命、建立民国的理想息息相关。这些认识伴随着太炎思考、探研语言文字学的始终。清末的文字改革运动有两大目标：一是用拼音以实现“言文一致”，文字简易便于普及教育；一是制定国语以求得“语言统一”与国家强盛。章太炎立足于返回方言，创作不朽名著《新方言》，表明了自己以方言为根基打通古今的“言文一致”观，以言语之“展转缘生”为依据，建立在文化地域亲缘性基础上的“语言统一”论。他既反对以文辞压抑言语，又主张保持汉字的稳定性：“今若以语代文，便将废绝诵读；若以文代语，又令丧失故言。文语交困，未见其益。”[④] 由“管籥”入于“堂奥”，形、义、声三者相统一，不但是其治小学的基本方法，更赋予了其统观世界的眼光。从方言出发，可以见出，太炎沟通古今、笼络南北，从绵延、持续的历史时间之中，在横跨东西、纵贯南北的广袤国土之上，赋予民族主义以具体的身形体貌，可听可见，可闻可感。

中国的近代化过程，敞开国门，“与异域互市，械器日更，志念之新者日蘖”[⑤]。两千个常用汉字与六万余英文单词相比，难以承载新的观念和意义，汉字数量的寡少，严重影响汉字本身的前途以及现代文明的进程。在“作新名”、汉字革新的过程中，中日两国出现了“汉字统一”的论调，张之洞还参与了日本人倡导的“汉字统一会”。

章太炎坚决抵制“汉字统一”论。主因是此论认可现存的通行语，主张摒弃久不出现在当下书面文中的“废弃”言语，同时倡导少用新造之词。所谓“汉字统一”，乃是“选择常用之字以为程限，欲效秦皇同一文字”。而对汉字“强立程限”的后果，“非直古书将不可读，虽今语亦有窒碍不周者”。将“限

---

① 太炎（章太炎）：《中华民国解》，载《民报》，第十五号，1907－07－05，8、9页。

② 章绛（章太炎）：《论语言文字之学》，载《国粹学报》，1906－12－02，2页。

③ 章太炎：《小学略说》，见章太炎：《国故论衡》，10页。

④ 章太炎：《正言论》，见章太炎：《国故论衡》，44页。

⑤ 章太炎：《订文》，见徐复注：《訄书详注》，379页，上海，上海古籍出版社，2000。

制文字为汉字统一之途”[①]，最后导致的结果只能是阻塞汉字革新之路。他指出，中国汉字的革新，也就是“新造语”的诞生，实赖于对所谓“废弃语”的重新发掘，就是使“千百年以上所必用，而今亡佚者”在汉语中转化为新造语。章太炎提出，打通过去与当下，展望汉语之未来，其枢纽就是方言。因为日本学者所谓的“人所不晓，致减神味”的“废弃之语”，“固有施于文辞，则为间见；行于繇谚，反为达称者矣”。虽然在文辞中已不多见，但在各地方言口语中留存甚多，即“旷绝千年，或数百稔，不见于文辞久矣！然耕夫贩妇，尚人人能言之”[②]。以“今方言”为领地，打通文人俗士所谓的“废弃语”进入“新造语”的渠道，乃是太炎文字改革的基本策略；以“现在”沟通“过去”与“未来”，筑就了太炎的时间意识。方言以其“现在性”，疏通着过往与未来。

清末主张拼音化或白话化的文字改革者，其理论根基几乎皆是“言文一致”，即改变作为书写方式的“文”，迫其与“言”一致，建立以语音为中心的书写和文化传播系统。章太炎的思路与众不同之处在于，他认为“言文一致”也好，“文言一致”也罢，这类文与言相合的理想，所要解决的都是言语（声音）与文词的关系问题。是否尊重语言的自然发声状态，并找到与言语相对的文词来表达，是检验“言文一致”真伪的标准。太炎以为，晚清以普及教育的功利目的所展开的“言文一致”运动，诞生的所谓“白话”与“通俗文体”，最终只是强扭“言”使之与“文”一致，而放弃了对声音、言语的执着，因此并非真正的“言文一致”。他说：“俗士有恒言，以言文一致为准，所定文法，率近小说、演义之流。其或纯为白话，而以蕴藉温厚之词间之，所用成语，徒唐、宋文人所造。”[③] 而日本的“汉字统一会”，限制汉字只能用常用字，其所谓的“文言一致”，与其他的“言文一致”观相同，所导致的结果都是以“文”压“言”，以限制汉字作为汉字改革的前途。“通行文字，形体不过二千，其伏在殊言绝语中者，自昔无人过问。近世有文言一致之说，实乃遏绝方言，以就陋儒之笔札，因讹就简，而妄人之汉字统一会作矣。”

在反对“汉字统一会”及其他以“言文一致”为帜的文字改革方案基础上，太炎提出了自己独特的“言文一致”观，即“果欲文言合一，当先博考方

① 章太炎：《论汉字统一会》，见《章太炎全集》（四），319～322页。

② 章太炎：《正名杂义》，见徐复注：《訄书详注》，400、444页。

③ 章太炎：《论汉字统一会》，见《章太炎全集》（四），320页。

言，寻其语根，得其本字，然后编为典语，旁行通国，斯为得之”[①]；“一返方言，本无言文歧异之征，而又深契古义……殊言别语，终合葆存”[②]。他认为中国本没有言文分离的问题，那些普通人能说却不能写之字，是“士大夫不识字”所导致的，“方言处处不同，俗儒鄙夫，不知小学，咸谓方言有音而无正字，乃取同音之字用相摄代”。在章太炎看来，方言里面保留的恰恰是众多古字：“若综其实，则今之里语，合于《说文》、《三仓》、《尔雅》、《方言》者正多。双声相转而字异其音，邻部相移而字异其韵；审知条贯，则根柢豁然可求。”[③] 因此要实现“言文一致”，只有“一返方言”。追索方言沟通古今之处，为汉语言文字的改革提供可能。正因如此，“今世方言，上合周、汉者众，其宝贵过于天球、九鼎，皇忍拨弃之为”[④]。

太炎强调“文辞则千年旷绝，繇谚则百姓与能”。“汉字统一”之见解，会导致闭塞天下之言的后果；而太炎的“言文一致”理想恰恰是对专制力量的反抗。太炎《正名杂义》引述《大戴礼·小辨》之言曰：“十棋之变，犹不可穷，而况天下之言乎？”并举了一个有意思的例子：“自秦以后，人臣不敢称‘朕’，而今北人尤自称‘晵’，斯朕之音变矣。”[⑤] 在收入《新方言·释言》后，又加入了意味深长的一句：“自秦以来文字无敢称朕者，而语言不能禁也。”[⑥] 文字可能成为压抑性的专制力量，恰是语言（声音），以其多义性和难以规定性，成为对暴力和思想桎梏的反抗。所谓“防民之口甚于防川”。“书同文”固然有利于国家的一统，声音却保护了个性的差异，方言更是维持了国家内部多元的文化生态。所谓的废弃语，在章太炎看来，很多是留存在民间，至今仍生机勃勃的言语和声音。所谓“不晓者仅一部之文人，而晓者乃散在全部之国民”[⑦]；废弃它们，意味着方言的合法性、声音的合法性愈加得不到保障。对“废弃语”的认定甚至是出于可怕的权力关系的唆使，是文化的挤压和摧毁。因此，章太炎提出，在面临文化转折的关头，所谓的“废弃语”不但不能被抛弃，反而正应成为“新造语”的来源。

---

① 章太炎：《博征海内方言告白》，载《民报》，第十七至二十四号，1907-10-25—1908-10-10，封底广告。

② 章太炎：《论汉字统一会》，见《章太炎全集》（四），320页。

③ 章太炎：《论汉字统一会》，见《章太炎全集》（四），319～320页。

④ 章太炎：《论汉字统一会》，见《章太炎全集》（四），320页。

⑤ 章太炎：《正名杂义》，见徐复注：《訄书详注》，445页。

⑥ 章太炎：《新方言·释言》，见《章太炎全集》（七），41页。

⑦ 章太炎：《正名杂义》，见徐复注：《訄书详注》，445页。

日本并不以汉字作为唯一书写符号，在近代化的过程中，日本的国粹论者对汉字改革多采以稳定、便易等合用化的原则。这和完全以汉字为书写符号的中国不但要依靠汉字来书写表达，还要通过汉字来创新、发展的需求，显然迥别。而张之洞等国内在上言国粹者参与汉字统一会，在太炎看来，他们是以“文”为器，压抑“言”的存在，强行制定标准，正是“挟其左右学界之力，欲阻吾民图新之先机”。“汉字统一”意味着汉字自我更新的可能性消失，民族生生不息的文化，终将失去持续发展的凭依。这是章太炎坚决抵制它的根本原因。

在清末的危局及新的民族国家建立之际，章太炎意识到“今夫种族之分合，必以其言辞同为大齐”[①]，国家的当务之急“在乎辑和民族，齐一语言，调度风俗，究宣情志；合之犹惧其隔阂，况剖分之”[②]。在语言问题上，“北人不当以南纪之言为磔格，南人不当以中州之语为冤语，有能调均殊语，以为一家，则名言其有则矣”[③]。他亲自制作纽文韵文，作为辅助汉字的拼音符号，以期达到在中国统一语音的目的。彼时，语言统一乃时贤之公论。而与章太炎坚守汉字的语言统一观念相对立的，是无政府主义者主张的万国新语（Esperanto，世界语）说。

《新世纪》以吴稚晖为代表的诸人以及东京《天义》的刘师培皆主张推广万国新语。他们认为，人类文字有一个从象形、表意到合声的演进历史。[④] 万国新语，以拼音字母为基础，又超越了英、法、德目前的文字，是“进化淘汰之例”中“惟良者存”的抉择。中国方言繁多，内部语言本就有不可消除的差异性，可以借着改革文字的契机，废弃“野蛮”的象形文字汉字，推广万国新语，以实现语言与全世界的齐一。

章太炎撰写长篇论文《驳中国用万国新语说》，坚决抵制万国新语论。章太炎指出：“或疑方土不同，一道数府之间，音已互异，名物则南北大殊，既难齐一，其不便有莫甚者。同一禹域之民，而对语或须转译，曷若易之为便？抑以万国新语易汉语，视以汉语南北互输，孰难孰易？今各省语虽小异，其根柢固大同。”[⑤] 虽然说方言的绝对差异性构成了中国语言统一的难题，但是，中

---

① 章太炎：《方言》，见徐复注：《訄书详注》，356页。
② 章太炎：《代议然否论》，见《章太炎全集》（四），305页。
③ 章太炎：《驳中国用万国新语说》，见《章太炎全集》（四），340页。
④ 参见真：《进化与革命》，载《新世纪》，第20号，1907-11-02，第1版。
⑤ 章太炎：《驳中国用万国新语说》，见《章太炎全集》（四），339～340页。

国的“方言”不但并非语言统一的障碍，反倒筑成中国只能用汉文来统一而不能用万国新语来齐同的理据。这是因为汉语内部语言的多样性与背后的同质性、同源性并存。

章太炎为此重新发明了“转注”概念，称：“类其音训，凡说解大同，而又同韵或双声得转者，则归之于转注”①，“吾所谓同意相受，数字之义成于递演，无碍于归根也”②，并多次在不同的场合反复表达这个意思③。由音相近而“递演”出不同方言区的新字，到因其义本同，不同方言之表达实可“归根”到同一的源头，章太炎以语音为基础，将“递演”与“归根”这对悖反概念同时加到“转注”身上，解释了方言与共同语之间的亲密关系。在《教育今语杂志》中，章太炎还用水与瓶之喻，更通俗直白地阐明了方言之多样与同源：“中国有一千六百万方里的地面，同是一句话，各处的声气自然不能一样，所以后来又添出‘转注’一件条例来。什么叫作转注？这一瓶水，展转注向那一瓶去，水是一样，瓶是两个。把这个意思来比喻，话是一样，声音是两种，所以叫作转注。譬如有个老字，换了一块地方，声音有点儿不同，又再造个考字。有了这一件条例，字就多了。”④ 方言的源与流、同与异、“义同声近”的关系，在水与瓶的譬喻中豁然开朗。

《四惑论》中，章太炎特别强调“自性”与“展转缘生”的关系。他批评道，无政府主义者十分看重自然规律，但“言自然规则者，则胶于自性，不知万物皆展转缘生”⑤。章太炎不仅承认语言的“自性”，而且强调其具有“展转缘生”的亲缘性。因此，语言文字并非“在心在物之学，体自周圆，无间方国”，而属于言文历史之一种，“其体则方，自以己国为典型，而不能取之域外”⑥。章太炎将语言文字归于“体方”之学，而学问有“体圆”与“体方”的差异，正是“品物”之学与“社会”之学的殊途，换用今天的话说，也是自然科学与社会人文学的隔阂。太炎在《规新世纪》中称：“品物者，天下所公；社会者，自人而作。以自人而作，故其语言各含国性以成名，故约定俗成则不

---

① 章太炎：《自述学术次第》，见章太炎：《蓟汉三言》，169 页。

② 章绛（章太炎）：《论语言文字之学》，载《国粹学报》，1907－02－02，5 页。

③ 如章太炎《文始叙例》中言：“中之与耑，予之与与，声义非有大殊，文字即已别见，当以转注，宛尔合符。转注不空取同训，又必声韵相依，如考、老本叠韵变语也。”[章太炎：《文始叙例》，见《章太炎全集》（七），161 页。]

④ 章太炎：《中国文化的根源和近代学问的发达》，见陈平原选编：《章太炎的白话文》，63 页。原为《教育今语杂志》1910 年 3 月第一册的“社说”。

⑤ 章太炎：《四惑论》，载《民报》，第二十二号，1908－07－10，18 页。

⑥ 章太炎：《自述学术次第》，见章太炎：《蓟汉三言》，170 页。

易。”语言背后的“国性”，是作为民族主义者的小学家章太炎终其一生的信念。“语言文字亡，而性情节族灭，九服崩离，长为臧获。”基于此，太炎骂起《新世纪》诸人来毫不留情面：“彼欲以万国新语剿绝国文者……挟其功利之心，歆羡纷华，每怀靡及，恨轩辕厉山为黄人，令己一朝堕藩溷，不得蜕化为大秦皙白文明之族。其欲以中国为远西藩地者久，则欲绝其文字，杜其语言，令历史不燔烧而自断灭，斯民无感怀邦国之心。”①

汉字的象形特征，在章太炎看来，不但未构成保护方言的障碍，反而因其跨越时空的统摄性和稳定度，成为保存方言、维系民间文化承继的条件。章太炎坚持用汉字来统一语言，蕴含着维护方言土音的意味。

中国的情况与欧洲不同。中国“地域广袤，而令方土异音，合音为文，逾千里则弗能相喻，故非独他方字母不可用于域中，虽自取其纽韵之文，省减点画，以相绯切，其道犹困而难施”②。通俗地说，中国“北到辽东，南到广东，声气虽然各样，写一张字，就彼此都懂得。若换了拼音字，莫说辽东人不懂广东字，广东人不懂辽东字，出了一省，恐怕也就不能通行得去，岂不是令中国分为几十国么？况且古今声气，略有改变，声气换了，字不换，还可以懂得古人的文理；声气换了，连字也换，就不能懂得古人的文理……所以为久远计，拼音字也是不可用的”③。而欧洲文字，“以音从语不以语从音，故可强取首都而定也。英用英格兰语，德奥用日耳曼语，法用法兰西语，而一切方国之言，悉从删汰”④。欧洲拼音文字的合音特征，令其在语言统一过程中裁汰方国之言。也就是说，与欧洲各国语言最终“惟强是从，惟用是便”不同，中国文字因其字形的稳定性，反倒为音的多义性提供了空间和可能。太炎在《国故论衡》的《小学略说》一篇中，解释了中国拼音不能代替汉字的原因。其谓：

> 若其常行之字，中土不可一用并音，亦诚有也。盖自轩辕以来，经略万里，其音不得不有楚夏，并音之用，只局一方。若令地望相越，音读虽明，语则难晓。今以六书为贯，字各归部，虽北极渔阳，南暨儋耳，吐言难谕，而按字可知，此其所以便也。海西诸国，土本狭小，寻响相投，偷用并音，宜无疐碍。至于印度，地大物博，略与诸夏等夷，言语分为七十余种，而文字犹守并音之律，出疆数武，则笔札不通。梵文废阁，未逾千

---

① 太炎（章太炎）：《规新世纪》，载《民报》，第二十四号，1908－10－10，56、61、50页。

② 章太炎：《驳中国用万国新语说》，见《章太炎全集》（四），344页。

③ 章太炎：《中国文化的根源和近代学问的发达》，见陈平原选编：《章太炎的白话文》，64页。

④ 太炎（章太炎）：《规新世纪》，载《民报》，第二十四号，1908－10－10，64页。

> 祀，随俗学人，多莫能晓。所以古史荒昧，都邑殊风。此则并音夷于小国，非大邦便俗之器明矣。汉字自古籀以下，改易殊体，六籍虽遥，文犹可读。[①]

汉字纵贯古今，是中华文化赓续不绝之表征，已经构成普通民众生命情性之寄托："方今家人妇孺之间，纵未涉学，但略识千许字，则里言小说，犹可资以为乐。一从转变，将《水浒传》、《儒林外史》诸书，且难卒读，而欢愉自此丧，愤郁自此生矣！彼意本以汉文难了，故欲量为革更，及革更之，令读书者转难于昔，甚矣其果于崇拜欧洲，而不察吾民之性情士用也！"[②]

章太炎指出，在统一语言的问题上，未来"正音"和"正言"的标准，是时间上融汇古今，"考合旧文，索寻古语"，空间上"既不可任偏方，亦不合慕京邑"[③]。"上稽唐韵，下合宇内之正音，完具有法，不从乡曲，不从首都。"正言、正音过程中，以首都为专制之趋势尤令太炎反感："夫政令不可以王者专制，言语独可以首都专制耶？"[④] 章太炎最终期待中国既能保存方言方音，又能旁采州国，不以首都北京音为准绳，"合天下之异言以成新语"[⑤]，制定出真正能在时间的绵延中、空间的广域里代表民族的国语。章太炎关于"言文一致""语言统一"的语言文字思想，正是他"齐物平等"政治哲学视野所构架出的民族主义蓝图的具体体现。

"经"的特质在于关涉人类社会不以时间为转移的"定理"与"大道"，"贯通乎万事万理之道原"[⑥]。经学家章太炎高喊"六经皆史"的口号，通常被视为两千年来经学至高无上、阐述真理地位在近代坍塌的重要环节。事实上，张扬"六经皆史"的理论，乃是章太炎与康有为争夺"真孔子"改制阐释权的必然结果。章太炎在十数年的光阴中，苦心经营，于民国初年逐渐确立以"史"为"新经"。晚年他更屡次申明"史即新经"[⑦]。转化为"史"的"六经"，又因史本身代表"圣人之知"而"絜万祀之风教"，从而再次具备了传统经学

---

① 章太炎：《小学略说》，见章太炎：《国故论衡》，8～9页。

② 章太炎：《驳中国用万国新语说》，见《章太炎全集》（四），352页。

③ 章太炎：《正言论》，见章太炎：《国故论衡》，44～45页。

④ 太炎（章太炎）：《规新世纪》，载《民报》，第二十四号，1908-10-10，64、65页。

⑤ 章太炎：《与钱玄同》（1907年8月18日），见马勇编：《章太炎书信集》，100～101页，石家庄，河北人民出版社，2003。

⑥ 狄郁：《释经》，载《孔教会杂志》，1913，1（1），21页。

⑦ 太炎先生讲，王乘六、诸祖耿记：《论读史之利益》，载《制言》，1939（52），1页。

的道原品质。章太炎张扬“六经皆史”，与其说是经学传统的溃败，毋宁说是寻找经书于近代获得价值新生的出口。

1899年章太炎的《儒术真论》明确孔子代表的真儒术或曰真理的标准为“独在以天为不明及无鬼神二事”①。《诗》《书》敬天祈上帝话语泛滥，根本不能为太炎心中与“敬天明鬼”无缘的真儒术提供价值支撑。在价值有缺憾的前提下，如何解决“六经”在中国文化中不可或缺的地位的难题，就成为章太炎必须直面的问题。这也是同样相信“六经”重要性的他在与康有为争夺“真孔子”的阐述权时必须首先要解决的问题。《訄书》重订本《清儒》篇曰：“夷六艺于古史。”② “六经皆史”的理论被太炎在紧要关头借用来安顿“六经”的位置。

革命时期的章太炎以国粹来激动种姓，“汉种的历史”成为民族主义的养料。他全力正面阐述“六经皆史”的理念，以支撑民族革命，因为历史是文明的集体记忆。章太炎深知集体记忆将塑造人群的身份认同，而革命最重要的任务恰恰在对作为革命主体的特定人群进行组织和动员。所以，民族历史可谓民族革命、民族独立运动的源泉与依据。在《印度人之论国粹》中，章太炎以夫子自道的口吻称：“民族独立，先以研求国粹为主，国粹以历史为主，自余学术皆普通之技，惟国粹则为特别。……国所以立，在民族之自觉心。有是心，所以异于动物。”③ 在1907年的《答铁铮》中，太炎完整、严密地阐述了孔子、“六经”与民族革命的关系，其文曰：

> 若夫孔氏旧章，其当考者，惟在历史，戎狄豺狼之说，管子业已明言。上自虞、夏，下讫南朝，守此者未尝踰越，特《春秋》明文，益当保重耳。虽然，徒知斯义，而历史传记一切不观，思古幽情，何由发越？故仆以为民族主义，如稼穑然，要以史籍所载人物制度、地理风俗之类，为之灌溉，则蔚然以兴矣。不然，徒知主义之可贵，而不知民族之可爱，吾恐其渐就萎黄也。孔氏之教，本以历史为宗，宗孔氏者，当沙汰其干禄致用之术，惟取前王成迹可以感怀者，流连弗替。《春秋》而上，则有六经，固孔氏历史之学也。《春秋》而下，则有《史记》《汉书》以至万代书志、纪传，亦孔氏历史之学也。若局于《公羊》取义之说，徒以三世、三统大

① 章氏学（章太炎）：《儒术真论》，载《清议报》，第二十三册，1899-08-17，1507页。

② 章太炎：《〈訄书〉重订本·清儒》，见《章太炎全集》（三），159页。

③ 太炎（章太炎）：《印度人之论国粹》，载《民报》，第二十号，1908-04-25，35页。

言相扇，而视一切历史为刍狗，则违于孔氏远矣。①

章太炎将历史抬到了至高的地位，所谓“孔氏之教，本以历史为宗”，除了“六经皆史”“《春秋》而上，则有六经，固孔氏历史之学”以外，《春秋》以下的“《史记》《汉书》以至万代书志、纪传，亦孔氏历史之学也”。如此一来，的确使史学获得了超越经学的地位。其目的，除了对抗以“《公羊》取义”，宣扬三世、三统说的康党外，主要还是令“史籍所载人物制度、地理风俗之类”成为灌溉民族主义的养料，为革命收获情感的动员力。这正是章太炎民族主义史学的根本旨归。此一框架构成太炎此后阐述史学功能的基础。如，1910 年，他解释“经之大义”称：“百年前有个章学诚，说‘六经皆史’，意见就说六经都是历史。这句话，真是拨开云雾见青天！……经外并没有史，经就是古人的史，史就是后世的经。”②《国故论衡·原经》则称：“国之有史久远，则忘灭之难……故令国性不堕，民自知贵于戎狄。”③

民国初年，章太炎解释“六经皆史”的思路开始稳定、成型，而相比于太炎“独抱持《春秋》”的革命时代，“六经皆史”说的论说方式臻于成熟，内涵得到拓展。而这些均与他阐述《周易》如何为“史”密切相关。

一方面，在《检论·清儒》篇中，章太炎全面树立了论证“六艺”（即“六经”）为史的新脉络。他早年在《訄书》重订本《清儒》中，借助姊崎正治《宗教学概论》的比较文化学视野，称“上古以史为天官，其记录有近于神话”来论证“六经，史也”④。《检论·清儒》则抛弃史官与天官混同的思路，称：“六艺，史也。上古史官，司国命，而记注义法未备，其书卓绝不循。”“六经”中各种略显怪异的表述，是因为上古“记注义法未备”。当时，技术、表达层面上撰写历史的方式尚无定例可循，史官往往各自为政，发挥“卓绝”的想象力来撰述历史，才出现诸经文体表述丰富参差的局面，比如，“《易》最恢奇，《诗》、《书》亦时有盈辞；《礼》、《春秋》者，其言径直易见观”⑤等。可以说，从文体差别的角度来论证“六经皆史”，是章太炎的一大发明，也为他晚年所

① 章太炎：《答铁铮》，见《章太炎全集》（四），370～371 页。

② 章太炎：《经的大意》，见陈平原选编：《章太炎的白话文》，82 页。事实上，章太炎对章学诚的观念也并非完全赞同，他尤其批判章学诚“以经皆官书”的思想，自己则主张“经不悉在官书，官书亦不悉称经”（章太炎：《原经》，见章太炎：《国故论衡》，56、60 页）。

③ 章太炎：《原经》，见章太炎：《国故论衡》，63 页。

④ 章太炎：《〈訄书〉重订本·清儒》，见《章太炎全集》（三），154 页。

⑤ 章太炎：《检论·清儒》，见《章太炎全集》（三），472 页。

持守。[①] 如此论证的好处在于，太炎拥有了丰富的阐述空间，使他可以最大限度地把看起来跟史无关、“常用止于别蓍布卦”[②] 的《周易》的谲怪言论，推演出“史的精华”[③]，以及人类历史社会发展的整体脉络。

另一方面，在《检论·原教》篇中，章太炎主张，“絜万祀之风教”的圣人之知，是心智领域应当树立的正信。文王拘羑里所演、孔子五十而学而传的《周易》，更是圣人“上知千世，下知千世”[④]、“开物成务”的“世间法”[⑤]。太炎强调，“《周易》与术数异，纬候不与六籍同流”[⑥]。他决绝跳出以《春秋公羊传》为主的经今文学的思路；此时，他所宣扬的“亦不为一代作”[⑦] 的《周易》，在某种程度上转成了圣人为万世制法的“新”的《春秋》。简单地说，章太炎借助《周易》，沟通晚近社会学与先秦荀子学，勾勒人类文明史，从宇宙人生的整体视野中，赋予《易》以“世间法”的地位。转成“史”之“经”重新获得了“经”原本拥有的万古不移的“道”的价值；章太炎为崇经尊圣创造了新的理论根据。他此时期立足于《周易》，阐发“六经皆史”，实则是从旧国的历史价值中重开新共和国的信仰价值。

章太炎打造《周易》的史书品格，关键在继承与修正以斯宾塞为代表的社会进化学说。在近代读书人心目中，社会学（群学）具有传统经学“经贯全幅”的超拔性能。如严复谓：“群学何？用科学之律令，察民群之变端，以明既往测方来也。”[⑧]《新民丛报》更称：“社会学为最晚出之科学，而亦最宏大最切实之科学”，“渐有掩袭百流一炉同冶之势”[⑨]。太炎晚年谈论“六经皆史”，在言及《周易》属性时，也往往以等值的“历史之结晶”与“社会学”来为之作解。他说：“《周易》，人皆谓是研精哲理之书，似与历史无关。不知《周易》

---

① 如太炎晚年以史书有本纪、列传、志等体例上的差别，来解释六部经书为何皆为史书：“谓《春秋》即后世史家之本纪、列传；谓《礼经》、《乐书》，仿佛史家之志；谓《尚书》、《春秋》，本为同类；谓《诗》多纪事，合称诗史。”[诸祖耿记录：《记本师章公自述治学之功夫及志向》，见陈平原、杜玲玲编：《追忆章太炎》（修订本），69页，北京，三联书店，2009。]

② 章太炎：《原经》，见章太炎：《国故论衡》，58页。

③ 章太炎：《国学概论》，19页，上海，上海古籍出版社，1997。

④ 章太炎：《检论·原教》，见《章太炎全集》（三），526页。

⑤ 章太炎：《蓟汉微言》，见章太炎：《蓟汉三言》，15页。

⑥ 章太炎：《检论·原教》，见《章太炎全集》（三），527页。

⑦ 章太炎：《检论·易象义》，见《章太炎全集》（三），387页。

⑧ 严复：《译〈群学肄言〉自序》，见王栻主编：《严复集》，第一册，123页，北京，中华书局，1986。

⑨ ［日］岸本能武太：《社会学》，章炳麟译，载《新民丛报》，第二十二号，1902-12-14，67页。

实历史之结晶，今所称社会学是也。”① 换言之，章太炎在新兴学科（社会学）及其话语方式的支撑下，将六经打造为值得近代人尊奉的具有普遍意义的“世间法”。

斯宾塞描绘了人类早期文明史如何从简单的、无组织的未开化社会，发展到复杂的、组织精密的文明社会。尝谓：“生人芽蘖之初，怙其膂力以渔猎自赡，什伍相聚，则继此作也，又继此而后成国”，国家政教发达后，“刑治教治其行若比肩”。斯宾塞特别区分了人类社会进化的两个阶段：部酋社会初期，治人者与治于人者同劳动、共收获，“勿能清权限，凡渔猎以食，筑橧巢以居，必强者先之，然其所得者，亦无以异于其俘虏之民”；随着治人者权威的稳定化，出现了“戴冕握玺，以传之子姓者”②的世袭政权。

太炎《检论·易论》篇，依次撷取《周易》上经乾、坤后的十卦（太炎自言“九卦”，属误计），即屯、蒙、需、讼、师、比（未取《比》后的《小畜》）、履、泰、否、同人，复摭拾每卦卦辞或爻辞或彖传或象传中的数语，发挥超强的联想和故事编纂能力，加以点染、想象、勾勒，演绎出一部上古生民社会建构和发展的历史，从始有聚落的草昧之世，到家庭、伦理诸礼仪文明的生成，以及法制、军队诸国家机器的产生和使用等，并且太炎认为此乃“生民建国之常率”，“横四海而不逾此”。《周易》“彰往察来”之功，由此可见。

可以说，太炎根据《周易》的零星语句，创造性地生发出如此庞大、丰满、连贯而有普遍意义的人类文明史，和他接受斯宾塞的近代社会进化学说有直接关系。1898 年《昌言报》一至八册（第七册除外），连载了曾广铨与章太炎合译的《斯宾塞尔文集》。他们择取斯氏文集中《论进境之理》《论礼仪》两论予以译述。③《检论·易论》的布局，与《斯宾塞尔文集》讨论“进境”与“礼仪”的顺序，是完全吻合的，它先以《易》讲述人类文明的演进史，再以《易》研讨圣人为文明社会所制之“礼”。章太炎深受斯氏影响。比如，他把《彖传》论《屯》卦的“宜建侯而不宁”，与《比》卦卦辞“不宁方来，后夫

① 太炎先生讲、诸祖耿记：《历史之重要》(1933)，载《制言》，1939 (55)，4 页。类似的表述还有诸祖耿《记本师章公自述治学之功夫及志向》中录“《易》乃哲学，史之精华，今所称‘社会学’也”，见陈平原、杜玲玲编：《追忆章太炎》(修订本)，59 页。

② 曾广铨采译，章炳麟笔述：《斯宾塞尔文集》，载《昌言报》，第二册，67、65 页，台北，文海出版社，1987。

③ 《论进境之理》与《论礼仪》，即是斯宾塞《论文集：科学的、政治的和思辨的》(*Essays: Scientific, Political, and Speculative*) 中《论进步：其法则和原因》(Progress: Its Law and Cause)、《礼仪和风尚》(Manners and Fashion) 两篇。曾、章合译《斯宾塞尔文集》的相关问题，笔者另有别文详细探讨。

凶”串接起来，来讲述斯宾塞所言世袭君主政权出现前后，人类权力制度的差异。他断定禹乃中国历史转折期的关键人物。在酋族时期，各聚落之间互不听命尚无大碍，国家与王制雏形初具后，一旦有部族不听命于王，便会遭遇凶祸。太炎认为，《比》讲述的是黄帝、大禹时期的制度，他巧妙地将“不宁方来，后夫凶”附会为大禹杀防风的故事。[①]《国语·鲁语下》载孔子曰：“昔禹致群神于会稽之山，防风氏后至，禹杀而戮之。其骨节专车。”禹杀防风氏预告了君主世袭专制国家的形成。

太炎始终钟情于荀子“以积伪俟化治身，以隆礼合群治天下”[②]的学说，斯宾塞《论礼仪》与这种观点十分契合。《易论》曰：“人情所至，惟淫泆搏杀最奋，而圣王为之立中制节。”此言透露着太炎对荀子“性恶”说的理解，所谓“性恶者，非同人性于禽豸也，而异人性于圣王之制礼”[③]。虽然《咸》《恒》《观》等卦均涉及上古之神道设教，但太炎以为，“《易》所常言，亦惟婚姻刑法为多”[④]。《易》不仅知晓人类刑法、婚姻制度之过往，而且能窥测其未来的走向；不唯把握了文明发展之常态，又为文明历程的各种变易预留了空间。彰往而察来，守常又俟变，如此方不愧代表“圣人之知”，而堪为“絜万祀之风教”的“世间法”。

太炎指出，《易》有对人类社会各种制度发展史的总结。

《易》尝论及刑法。《噬嗑》“明罚勑法”（见《象传》），显示了早期劓、刖、椓、黥等酷刑的沿革。《贲》则意味着愈加文明之治理，《象传》曰：“君子以明庶政，无敢折狱”，即虽然保持了刑法，但“废‘灭趾’、‘灭鼻’肉刑之法，以存人道”[⑤]。

《易》提示了婚姻制度的变迁。对读《屯》《贲》两卦，《屯》表明草昧社会礼制未成，婚姻劫掠为之，而《贲》则说明亲迎之礼已经出现。由于亲迎是仿效劫掠而为，所以两卦同有“匪寇婚媾”之语，然而“文实为异”——具体文字的差异表现了其实质的殊别。《屯》曰“屯如邅如，乘马班如，匪寇婚媾”

---

① 《易》学传统中，以史证《易》派的代表杨万里在其《诚斋易传》中解说《比》卦“后夫凶”时，也举出了“万国朝禹而防风独后”的事例，但他是罗列众多不同时代的历史事例，如“诸侯朝齐而谭子不至”“光武兴而冯衍不至”等来证明“后夫凶”的成立或不成立（参见杨万里：《诚斋易传》，35页，上海，上海古籍出版社，1990）；如此以史事证明《易》之理，与章太炎用《易》来讲述早期人类的历史思路并不相同。

② 章太炎：《〈訄书〉重订本·订孔》，见《章太炎全集》（三），134页。

③ 章太炎：《后圣》，载《实学报》，第二册，1897，80、74页。

④ 章太炎：《检论·易论》，见《章太炎全集》（三），381页。

⑤ 章太炎：《检论·易论》，见《章太炎全集》（三），382页。

（六二爻辞），乘马难行不进，并非亲迎；《贲》谓“贲如皤如，白马翰如，匪寇婚媾”（六四爻辞），乘马翰飞而往，真乃亲迎。至于《睽》卦上九爻辞为何同样有“匪寇婚媾”一语，太炎以为，《睽》乃是通过婚姻制度前后的变化，来揭示“以文明之极，而观至秽之物”的落差。[①] 就这样，太炎按照圣人制礼及人类文明发展的一般规律，较为妥帖地解释了《屯》《贲》《睽》皆出现“匪寇婚媾”一语的原因。

《易》还展望了文明社会的未来。《解》“赦过宥罪”（《象传》），《丰》“折狱致刑”（《象传》），《旅》“慎用刑，而不留狱”（《象传》），终以《中孚》“议狱缓死”（《象传》）。利用这个序列，章太炎勾勒了人类刑法走向宽松的远景——从减少肉刑到消除死刑（“大辟自此废”），他还感慨“三圣与今所不及覩已”[②]。

综上所论，太炎深信《周易》确有“彰往而察来”、为万世制法的功能。

斯宾塞社会进化学说倡言人类社会大致从野蛮到文明演进，太炎释《易》，不管是论社会形态，还是论刑法或婚姻制度，均以此说的框架为基础。然而，太炎又一直在修正斯宾塞的理论。他曾翻译岸本能武太《社会学》，而稍嫌斯宾塞之社会学对人类心理层面的关注不够，“于玄秘淖微之地未暇寻”[③]。他创作《俱分进化论》，指出“进化者，非由一方直进，而必由双方并进”，道德之善恶、生计之苦乐俱是如此，从而质疑斯氏“云进化终极，必能达于尽美醇善之区”[④]。此外，斯宾塞认为，人类历史必然由野蛮进境到文明，“其始皆原于一，其后愈推至于无尽”[⑤]，“由一以化万，化愈多而愈新”[⑥]。太炎《易论》修正了斯氏这番论议，主要表现在它丰满了斯氏对人类文明所持的单一图景。太炎指出，《易》承认在不同地域共时存在的、文明野蛮杂错共生的种种社会样态，都具备合理性。

章太炎当然认可中夏本是“礼义冠带”[⑦]的文明族群、体现了文明发展之常规。如婚姻制度方面，早在周公旦时候就结束了乱伦亵宗的现象，“使百世不

① 参见章太炎：《检论·易论》，见《章太炎全集》（三），382页。
② 章太炎：《检论·易论》，见《章太炎全集》（三），382页。
③ 章太炎：《〈社会学〉自序》，见《章太炎政论选集》，上册，170页。
④ 太炎：《俱分进化论》，载《民报》，第七号，1906-09-05，2页。
⑤ 曾广铨采译，章炳麟笔述：《斯宾塞尔文集》，载《昌言报》，第一册，1898-08-17，2页。
⑥ 曾广铨采译，章炳麟笔述：《斯宾塞尔文集》，载《昌言报》，第三册，1898-09-11，139页。
⑦ 章太炎：《检论·原人》，见《章太炎全集》（三），356页。

通”[①]。然而太炎指出，《易》仍能包容、表现“人道之变”及人类其他地域的习俗。如《泰》六五之爻辞“帝乙归妹，以祉元吉”，就可指涉日本等国“以贵种不可外传，故王姬或婚同姓”；《归妹》六五之爻辞“帝乙归妹，其君之袂，不如其娣之袂良”，可指涉满洲如下习俗：“或适勋臣外戚之子，殊其床笫，媵妾侹摄，以备御幸”；《遘（姤）》卦辞曰“女壮，勿用取女”，则可指涉吐蕃一妻多夫之俗。[②] 扩充到人类社会史，虽大致遵循演进律，但存在种种变体。在《自述学术次第》中，太炎就指出，《屯》之“侯”——“部落酋长，无所统属者”，不仅出现在草昧时期，“后世蛮夷犹尔”，“三代之荒服、汉之边郡属国、近世漠北漠南”[③]，都可算是《屯》之“侯”。区域发展进度不一，《屯》及《比》预示的从草昧到封建的制度环节，在时间上前后演进，在空间上则可能同时并存。

由这种诠释，章太炎成功嫁接了《周易》与左丘明代表的良史传统。他指出，左氏大致描绘了人类社会从粗鄙逐步“至于道”的脉络，“道器自形以上下。道之行至，器亦从之。繇夏而往愈‘行’，可知也；繇周而降愈‘至’，可知也”。左氏还特为关注区域发展的不同步，“殊方绝域，或后或先，以有行至”。故“胠翼”左氏之学的《世本·作篇》讲述古代器物的沿革，就包含“古器纯朴，后制丽则”的“革良”，“遗器坠失，光复旧物”的复兴，与夫“此既冠带，彼犹毛薪……闭门创造，眇于佗会者”，各类状况共存。既然《易》也能反映这样的史学传统，它自然也同左氏之学一样，“足以远监宙合，存雄独照，不言金火之相革，而文化进退已明昭矣”，“斯亦所谓贯穿中外，骋骤古近”。

章太炎所阐发的中国以《周易》、左丘明为代表的史学传统，是他“文野各安其趣”，以不齐为齐，“齐物平等”的政治哲学在历史观念上的体现。《周易》是民族的历史，也是普遍的历史。章太炎对斯宾塞学说的继承与修正表明，他支持文明的远景，但认为人类社会并不遵循进化史观所规定的唯一的、单一的文明图景来运转。而这样的史观，被太炎视为“新经”，人类不变的“道原”。章太炎挑战以观念论为基础的公理观、文明观。他从民族革命的立场出发，却重新诠释了人类的普遍之道。

彭春凌

---

① 章太炎：《〈訄书〉初刻本·独圣》（下），见《章太炎全集》（三），103 页。

② 参见章太炎：《检论·易论》，见《章太炎全集》（三），382、383 页。

③ 章太炎：《自述学术次第》，见章太炎：《菿汉三言》，168 页。

参考文献

陈平原．中国现代学术之建立——以章太炎、胡适之为中心．北京：北京大学出版社，1998.

磯前顺一，深澤英隆，編．近代日本における知識人と宗教：姉崎正治の軌跡．東京：東京堂，2002.

姜义华．章炳麟评传：（上、下）．南京：南京大学出版社，2011.

彭春凌．儒学转型与文化新命——以康有为、章太炎为中心（1898—1927）．北京：北京大学出版社，2014.

松本三之介．明治思想史：近代国家の創設から個の覚醒まで．東京：新曜社，1996.

汤志钧．章太炎年谱长编：上下册．北京：中华书局，1979.

汤志钧．章太炎年谱长编（增订本）：上下册．北京：中华书局，2013.

汪荣祖．康章合论．北京：中华书局，2008.

王汎森．章太炎的思想（一八六八——一九一九）及其对儒学传统的冲击．台北：时报文化出版事业有限公司，1985.

小林武．章炳麟と明治思潮：もう一つの近代．東京：研文出版社，2006.

徐复．訄书详注．上海：上海古籍出版社，2000.

第三章
梁启超的政治哲学

梁启超（1873—1929）的思想复杂多变，其中亦包括他的政治哲学观念。他早年深受康有为的影响，从传统文化理论出发，创“三世六别国家论”等理论，主张变法。

流亡日本后，受学院派进化主义等思潮的影响，也试图为中国寻找一条通往富强的道路，他除了提倡过进取、冒险、权利、自由、自治、进步、自尊、毅力、义务、尚武、生利分利等新的道德观念之外，还提出了爱国论、强权论、国家有机体论、开明专制论、君主立宪论、有机的统一和有力的秩序、强有力的政府等政治主张和方案。其目的无非是要建设一个近代的国民国家，以实现其“取帝国政略”“提全球三分有一之人类，以高掌远跖于五大陆之上”的梦想。

他晚年时对其通过日本而师法西方的思想进行了反省，对其政治哲学的中坚进化论和科学主义进行了修正，于是，由“生存竞争”“优胜劣败”所派生出来的国家主义自然失去了依据。他曾写过“启超居东，渐染欧日俗论，乃盛倡褊狭的国家主义，惭其死友矣”的话。由此，梁启超的目光已不再投向西方与日本，而是希望用中国本土的思想资源来“补助”西方文明的不足了。

第一节　三世之义与梁启超的变革思想

甲午之后，随着西学的大量涌入，中国陷入了深刻的文化危机之中。对这种危机，人们用“三千年未有之变局”这句话来形容其性质。

当时的士大夫宋育仁在其《泰西各国采风记》中描述过这种变局使中国文化产生的震荡：“其［指西学］用心尤在破中国守先之言，为以彼教易名教之助。天为无物，地与五星同为地球，俱由吸力相引，则天尊地卑之说为诬。肇造天地之主，可信乾坤不成两大，阴阳无分贵贱，日月星不为三光，五星不配五行，七曜拟于不伦，上祀诬为无理，六经皆虚言，圣人为妄作。据此为本，则人身无上下，国无上下。从发源处决去天尊地卑，则一切平等，男女均有自主之权，妇不统于夫，子不制于父，族性无别，人伦无处立根，举宪天法地、顺阴阳、陈五行诸大义一扫而空。而日食星孛，阴阳五行相沴、垂象修省、见微知著绪义，概从删灭，自不待言矣。夫人受中天地，秉秀五行，其降曰命。人与天息息相通，天垂象，见吉凶，儆人改过迁善。故谈天之学，以推天象、知人事为考验，以畏天命、修人事为根本，以阴阳消长、五行生胜、建皇极、敬五事为作用。如彼学所云，则一部《周易》全无是处，《洪范》五行，《春秋》灾异皆成瞽说，中国所谓圣人者，亦无知妄男子耳。学术日微，为异端所劫，学者以耳为心，视为无关要义，从而雷同附和。人欲塞其源，而我为操畚。可不重思之乎？”[①]

正如宋育仁所描述的那样，西学给中国文化造成的强烈的冲击和震撼，使中国传统的天人合一的哲学思想，从根基处被动摇，而建筑在这一哲学基础之上的礼节之文与道德价值也因此失去了其哲学的依据而成为无源之水和无本之木。

梁启超的老师康有为即是处于这大变局中之一人。他的家乡邻近广州和香港，得风气之先，有条件接触大量西籍；当时，自由主义观念、进化论、哥白尼日心说、伽利略学说等西方政治和科学方面的知识，通过这些西籍进入了康有为的视野。[②]在西学影响之下，他已开始用康德的宇宙起源论和拉普拉斯的星云说来解释宇宙的起源。他说：“德之韩图［即康德］、法之立拉士发［即拉普拉斯］星云之说，谓各天体创成以前，是朦胧之瓦斯体，浮游于宇宙之间，其分子互相引集，是谓星云，实则瓦斯之一大块也。始如土星然，成中心体，其外有环状体，互相旋转，后为分离，各成其部，为无数之小球体，今

---

① 宋育仁：《泰西各国采风记》，见王立诚编校：《郭嵩焘等使西记六种》，361～362页，北京，中西书局，2012。本章引文中方括号括注内容均为引者所加，下不一一说明。

② 康有为思想在形成过程中，儒教、佛教以及西方和日本的思想都对其产生过重要的影响，因篇幅限制，这里只就西方科学对其宇宙观的影响稍加论述，略引端绪，其他部分的研究则以俟他日。

之恒星是也。”[①]康有为认为，太阳系的形成原理也与上述原理一样：“当初星云之瓦斯块自西回转于东，其星云渐至冷却，诸球分离自转，遂为游星。在中者为太阳，其周围有数多之环，因远心力而分离旋转，其环则成卫星。故凡诸星之成，始属瓦斯块。”[②] 至于地球的形成，康有为解释道，太阳最初为高热之瓦斯体，地球则是“自日分形气而来也”。在他看来，“日体纯火也，火热至盛，则爆裂而分离焉。离心之拒力既大，故地能出日之外而自为星；而日热之吸力极大，故地星仍绕日而不能去也，故为绕日之游星”[③]。至于太阳系中其他行星的形成，在康有为看来，都是同一个道理。“凡海王、天王、土、木、火、金、水诸游星皆然，各循其先后离日之轨道，而为外内环绕之次第焉。”[④]康有为指出，地球是“绕日之游星”。而最先“发明地绕日为哥白尼”。“后又有伽呼厘路［即伽利略］者，修正哥白尼说，益发明焉。至康熙时，西 1686 年，英人奈端［即牛顿］发明重力相引，游星公转互引，皆由吸拒力，自是天文益易明而有所入焉。”康有为感叹道：“微哥白尼乎，安能知地之绕日乎？则吾茫昧于父日祖天所自来，吾又安能通微合漠，尽破藩篱，而悟彻诸天乎？”[⑤]在康有为看来，是哥白尼、伽利略、牛顿等科学家的发现使人们从愚昧谬误中解放出来，所以他“最敬哥、奈二子”[⑥]。他宣称，学者应记住他们的丰功伟绩，要对他们顶礼膜拜：“尸祝而馨香之，鼓歌而侑享之。”[⑦] 在康有为看来，中国古代圣贤之所以不能洞悉宇宙的本质，乃是因为他们所处的时代生产力不发达，制器未精，所以只能凭肉眼来观察世界，他们“仰观苍苍者则为天，俯视抟抟者则为地”，然而却“不知地之至小，天之大而无穷也，故谬谬然以地配天也，又谬谬然以日与星皆绕吾地也。开口即曰天地，其谬惑甚矣”。所以“虽大地诸圣”，根据其肉眼所观察的天而制定的伦理，“曰父天而母地也，乾父而坤母

---

① 康有为：《诸天讲·地篇第二》，见《康有为全集》，第十二集，20 页。《诸天讲》又名《诸天书》，完稿于 1926 年夏，1930 年由中华书局出版。据康有为门人伍庄言：“南海先生《诸天书》起草于二十八岁时，作《大同书》之后，四十年来秘之未刊，晚岁时讲学歇浦之游存庐，时及诸天。门弟子请刊之，始出旧稿整理校雠，将付剞劂焉，未出版而先生逝世。”康有为自己也说：“二十八岁时，居吾粤西樵山北银河之澹如楼，因读《历象考成》，而昔昔观天文焉。因得远镜，见火星之火山冰海，而悟他星之有人物焉。因推诸天之无量，即亦有无量之人物、政教、风俗、礼乐、文章焉。乃作《诸天书》，于今四十二年矣。”（康有为：《诸天讲·自序》，见《康有为全集》，第十二集，12 页。）可见康有为之《诸天讲》写得很早，但有关康有为《诸天讲》中的观点，在他的早、中、晚期的思想中均有体现，故不能以其成书年代限之。

② 康有为：《诸天讲·地篇第二》，见《康有为全集》，第十二集，20 页。

③ 康有为：《诸天讲·地篇第二》，见《康有为全集》，第十二集，20 页。

④ 康有为：《诸天讲·地篇第二》，见《康有为全集》，第十二集，20 页。

⑤ 康有为：《诸天讲·地篇第二》，见《康有为全集》，第十二集，19 页。

⑥ 康有为：《诸天讲·地篇第二》，见《康有为全集》，第十二集，19 页。

⑦ 康有为：《诸天讲·地篇第二》，见《康有为全集》，第十二集，19 页。

也，郊天而坛地也”[1]，归根结底“未能无蔽焉”。康有为认为：“吾国一代之通人名士，而由今观之，半明半昧，有若童子之言，不值一哂。”[2] 天既然不是古圣贤用肉眼所观察的天，那么中国古代的“道之大原出于天，天不变，道亦不变”[3]的说法自然不能成立了。[4]康有为进一步指出：“昔之人未有汽船也，未有远镜也，无以测知地球之域也，无以测知日星之故也。”[5] 其主要原因是那时“制器不精”。而如今随着时代的进步，“器之为用大矣！显微、千里之镜……远窥土木之月，知诸星之别为地，近窥细微之物，见身中微丝之管，见肺中植物之生，见水中小虫若龙，而大道出焉”[6]。

从传统儒家理论的角度来看，“形而上者谓之道，形而下者谓之器”。朱熹说：“天地之间，有理有气。理也者，形而上之道也，生物之本也；气也者，形而下之器也，生物之具也。”受过程朱理学教育的康有为虽然也承认“道尊于器”，然在西学的影响之下，他不得不转变立场，开始宣称“道尊于器，然器亦是以变道矣”[7]。

在康有为那里，传统的宇宙观既然已受到质疑，那么建立在这种天人合一宇宙观之上的“政”“教”的正当性与有效性也必然应重新审视了。

果然，他在《上清帝第一书》中就提出了“夫治平世，与治敌国并立之世固异矣”[8]的变革主张。在《上清帝第二书》中，他更进一步指出了变革的紧迫性。“方今当数十国觊觎，值四千年之变局，盛暑已至，而不释重裘，病症已变，而犹用旧方，未有不暍死而重危者也。窃以为今之为治，当以开创之势治天下，不当以守成之势治天下；当以列国并立之势治天下，不当以一统垂裳之势治天下。”[9] 康有为的这些话，透露出这样一种信息：在当时一部分知识分子

---

① 康有为：《诸天讲·地篇第二》，见《康有为全集》，第十二集，19页。

② 康有为：《诸天讲·通论篇第一》，见《康有为全集》，第十二集，17页。

③ 董仲舒：《春秋繁露·基义第五十三》，见韩路主编：《四库全书荟要》，8～9页，天津，天津古籍出版社，1998。

④ 在儒家传统里，“天”乃意指“存有物的形上基础”（the metaphysical ground of being）与“意义之源”（the source of meaning）。即此，天表示“超越本体”（the numinous beyond）、超越自然界和人事界的现实存在。随着“性”由“天”赋的信念，“天”的概念构成了基本儒家世界观的核心——天人合一。而康有为这里所说的“天”乃指自然的“天”，与传统儒家所指的“天”不是同一概念。有关这个问题，笔者当另文论述。

⑤ 康有为：《诸天讲·地篇第二》，见《康有为全集》，第十二集，19页。

⑥ 康有为：《笔记》，见《康有为全集》，第一集，196页。康有为《日本书目志》中文字与上述引文略同。

⑦ 康有为：《笔记》，见《康有为全集》，第一集，196页。

⑧ 康有为：《上清帝第一书》，见《康有为全集》，第一集，183页。

⑨ 康有为：《上清帝第二书》，见《康有为全集》，第二集，37页。

的眼里，面对列强的侵逼，中国需要“变”了。在他们看来，中国将再也不是世界的中心，再也不是“莅中国而抚四夷”的“老大帝国”，她将融入国际社会，成为其中普通的一员。

中国到了变革的时代，就需要有人顺势而为，来推动这场变革，而梁启超便是这样的人物。梁启超少年时与当时普通的读书人一样“日治帖括。虽心不慊之，然不知天地间于帖括外，更有所谓学也”①。梁启超对国学有较深入的研究，主要得力于张之洞的《𬨎轩语》和《书目答问》。他说：“年十一，游坊间，得张南皮师之𬨎轩语书目答问，归而读之，始知天地间有所谓学问者。”②梁启超十七岁举于乡。而他的改革思想，乃是来自他的老师康有为：“其年秋，始交陈通甫。通甫时亦肄业学海堂，以高才生闻。既而通甫相语曰，吾闻南海康先生上书请变法，不达。新从京师归，吾往谒焉，其学乃为吾与子所未梦及。吾与子今得师矣。于是乃因通甫修弟子礼，事南海先生。时余以少年科第，且于时流所推重之训诂词章学，颇有所知，辄沾沾自喜。先生乃以大海潮音，作师子吼，取其所挟持之数百年无用旧学更端驳诘，悉举而摧陷廓清之，自辰入见，及戌始退，冷水浇背，当头一棒。一旦尽失其故垒，惘惘然不知所从事，且惊且喜，且怨且艾，且疑且惧。与通甫联床竟夕不能寐。明日再谒，请为学方针。先生乃教以陆王心学，而并及史学、西学之梗概。自是决然舍去旧学。自退出学海堂，而间日请业南海之门。生平知有学自兹始。”③

康有为对此事也有过描述：“光绪十六年……三月，陈千秋来见，六月来及吾门。八月，梁启超来学。……吾乃告之以孔子改制之意、仁道合群之原，破弃考据旧学之无用。……凡论今古天下奇伟之说、诸经真伪之故，闻则信而证之。既而告以尧、舜、三代之文明，皆孔子所托，闻则信而证之。既而告以人生马，马生人，人自猿猴变出，则信而证之。乃告以诸天之界、诸星之界、大地之界、人身之界、血轮之界，各有国土、人民、物类、政教、礼乐、文章，则信而证之。又告以大地界中三世，后此大同之世，复有三统，则信而证之。”④

显而易见，康有为告诉陈千秋和梁启超的是他的救时主张和政治理论，即他所谓的“孔子改制之意、仁道合群之原”以及他的“公羊三世说”。其中“改制”与“合群”乃是康有为变革的具体措施，而“公羊三世说”则是康有

---

① 梁启超：《三十自述》，见《饮冰室合集》，文集之十一，16页。
② 梁启超：《变法通议》，见《饮冰室合集》，文集之一，55页。
③ 梁启超：《三十自述》，见《饮冰室合集》，文集之十一，16～17页。
④ 康有为：《我史》，见《康有为全集》，第五集，81页。

为政治哲学的理论基础。康有为“合群”的变法措施不属于此处讨论范围，而其“公羊三世说”对梁启超影响甚大，所以在这里我们不得不对其做简单的介绍。“公羊三世说”是康有为受西学和清朝今文经学的影响而形成的一种理论。[①]在他看来，人类社会之发展，由据乱世而升平世，而太平世，是按照一定之程序阶段线性发展的。按梁启超的解释则是：“有为所谓改制者，则一种政治革命社会改造的意味也。故喜言‘通三统’。‘三统’者，谓夏、商、周三代不同，当随时因革也。喜言‘张三世’。‘三世’者谓据乱世、升平世、太平世，愈改而愈进也。有为政治上‘变法维新’之主张，实本于此”。[②]

又说：“有为……独居西樵山者两年，专为深沉之思，穷极天人之故，欲自创一学派，而归于经世之用。有为以春秋‘三世’之义说礼运。谓‘升平世’为‘小康’，‘太平世’为‘大同’。《礼运》之言曰：‘大道之行也，天下为公，选贤与能，讲信修睦。故人不独亲其亲，不独子其子，使老有所归，壮有所用，幼有所长。鳏寡孤独废疾者皆有所养，男有分，女有归，货恶其弃于地也，不必藏诸己，力恶其不出于身也，不必为己。……是谓大同。’”[③]梁启超解释道：“此一段者，以今语释之，则民治主义存焉（天下……与能），国际联合主义存焉（讲信修睦），儿童公育主义存焉（故人不……其子），老病保险主义存焉（使老有……有所养），共产主义存焉（货恶……藏诸己），劳作神圣主义存焉（力恶……为己）。有为谓此为孟子之理想的社会制度。谓春秋所谓‘太平世’者即此。”[④]这样的变革理论使梁启超欣喜若狂：“其弟子最初得读此书者，惟陈千秋、梁启超，读则大乐，锐意欲宣传其一部分，有为弗善也，而亦不能禁其所为。后此万木草堂学徒多言大同矣。”[⑤]

梁启超从康有为那里得到了三世进化之义，遂将这一理论融入其政治变革的思想之中。

他按照他老师的三世进化之义，推移衍说，创建了他的“三世六别国家论”[⑥]。他说：“治天下者有三世：一曰多君为政之世，二曰一君为政之世，三

① 日本学者佐藤慎一先生认为康有为的进化思想在形成过程中受到过玛高温译、华蘅芳述《地学浅释》之地质进化论之影响。[《地学浅释》即英国雷侠儿（Charles Lyell）著 *Elements of Geology*。书中除了详细介绍西方近代地质学知识外，还述及拉马克和达尔文的生物进化论。] 参阅［日］佐藤慎一：《梁启超与社会进化论》，载《法学》，2006，59（6），1077页。

② 梁启超：《清代学术概论》，见《饮冰室合集》，专集之三十四，57页。

③ 梁启超：《清代学术概论》，见《饮冰室合集》，专集之三十四，58页。

④ 梁启超：《清代学术概论》，见《饮冰室合集》，专集之三十四，58～59页。

⑤ 梁启超：《清代学术概论》，见《饮冰室合集》，专集之三十四，60页。

⑥ ［日］木原胜治：《清末梁启超近代国家论》，立命馆文学，通号418-421，357～458页。

曰民为政之世。多君世之别又有二：一曰酋长之世，二曰封建及世卿之世。一君世之别又有二：一曰君主之世，二曰君民共主之世。民政世之别亦有二：一曰有总统之世，二曰无总统之世。多君者，据乱世之政也；一君者，升平世之政也；民者，太平世之政也。此三世六别者，与地球始有人类以来之年限，有相关之理。未及其世，不能躐之；既及其世，不能阏之。”①

在这种框架下，梁启超将人类的历史解释成一个根据力的竞争而不断进化的进程。他说：“吾闻之，春秋三世之义，据乱世以力胜，升平世智力互相胜，太平世以智胜。草昧伊始，蹄迹交于中国，鸟兽之害未消，营窟悬巢，乃克相保，力之强也。顾人虽文弱，无羽毛之饰、爪牙之卫，而卒能槛絷兕虎，驾役驼象，智之强也。数千年来，蒙古之种，回回之裔，以虏掠为功，以屠杀为乐，屡蹂各国，几一寰宇，力之强也。近百年间，欧罗巴之众，高加索之族，借制器以灭国，借通商以辟地，于是全球十九，归其统辖，智之强也。世界之运，由乱而进于平，胜败之原，由力而趋于智，故言自强于今日，以开民智为第一义。”②梁启超这种对人类历史的描述，正像张灏所指出的那样，乃是一种“力本论”的理想，梁启超将知识看成了一种能产生力的智力燃料，如果中国衰弱的根源在于力的缺乏，那么智力教育应被视为任何振兴中国的方案都不可或缺的。③

对梁启超产生影响的第二个人物应该说是严复。严复于1895年3月在天津《直报》发表《原强》，开始引进达尔文的进化论与斯宾塞的社会达尔文主义。1895—1896年译成《天演论》，此书在1898年正式出版之前，已于1896年在《国闻汇刊》连载。④

梁启超即于此年接触到严复《天演论》的手稿。⑤ 不过，严复的手稿对梁启超虽有影响，但是也并不像人们想象的那样大，应作进一步梳理。梁启超在给严复的信中称，他的老师康有为“读大著后，亦谓眼中未见此等人，如穗卿

---

① 梁启超：《论君政民政相嬗之理》，见《饮冰室合集》，文集之二，7页。

② 梁启超：《变法通议》，见《饮冰室合集》，文集之一，14页。

③ 参见［美］张灏：《梁启超与中国思想的过渡（1890—1907）：烈士精神与批判意识》，崔志海、葛夫平译，62页，北京，新星出版社，2006。

④ 参见林毓生：《二十世纪中国反传统思潮与中式乌托邦主义》，见刘军宁等：《市场社会与公共秩序》，224～225页，北京，三联书店，1996。

⑤ 据《时务报时代之梁任公》载：“马眉叔先生所著之《马氏文通》与严又陵先生所译之《天演论》均以是年脱稿，未出版之先，即持其稿以示任兄。”（丁文江、赵丰田编：《梁启超年谱长编》，57页，上海，上海人民出版社，1983。）

言倾佩至不可言喻”[①]。但那大概应看作梁氏对严复所说的客套语。严复这些理论，对梁启超来说应不太新奇，因为在梁启超看来，严复“书中之言，启超等昔尝有所闻于南海”，只是“未能尽”而已。并且，康有为对严复的《天演论》也不甚在意，他曾告诫梁启超等说：“若等无诧为新理。西人治此学者，不知几何家几何年矣。”[②] 并且，梁启超对《天演论》中“择种留良之论”也“不全以尊说[严复译《天演论》]为然，其术亦微异也”[③]。梁启超强调说：“启超所闻于南海有出此书之外者，约有二事：一为出世之事，一为略依此书之义而演为条理颇繁密之事。”[④] 由此可见，严复的《天演论》对梁启超的影响还是有限的。对梁启超而言，他之所以对《天演论》持肯定的态度，只是因为在他看来，天演论与三世进化论只是性质相同的学说而已。[⑤]当然，尽管如此，我们也应承认，严复《天演论》中达尔文的进化论以及斯宾塞的社会达尔文主义对梁启超的变革思想来说，无疑是添加了新的思想资源。有关这一点，我们可以从梁启超的群论中看得十分清楚。梁启超自己也毫不隐讳地承认他从严复的《天演论》中汲取了思想营养。他写道：

> 启超问治天下之道于南海先生。先生曰：以群为体，以变为用。斯二义立，虽治千万年之天下可已。启超既略述所闻，作《变法通议》。又思发明群义，则理奥例赜，苦不克达。既乃得侯官严君复之治功《天演论》，浏阳谭君嗣同之《仁学》。读之犁然有当于其心，悼天下有志之士，希得闻南海之绪论，见二君之宏著。或闻矣见矣，而莫之解莫之信，乃内演师说，外依两书，发以浅言，证以实事，作《说群》十篇，一百二十章。其于南海之绪论，严、谭之宏著未达什一，惟自谓视变法之言，颇有进也。[⑥]

严复和谭嗣同的影响，使梁启超从他老师康有为那里得到的“以群为体，以变为用”的理论更加充实，并逐渐形成一种理论的框架。首先，对梁启超而言，其群论包含着“群”和“合群”的双重意涵。当“群”作为动词用时，他所说的“群”（“合群”）乃是“天下之公理”，是宇宙间的一种普遍规律。他说：“使空中而仅一地球，使地球中而仅一人，使人身而仅一质，则无讲群学

① 梁启超：《与严又陵先生书》，见《饮冰室合集》，文集之一，110页。
② 梁启超：《与严又陵先生书》，见《饮冰室合集》，文集之一，110页。
③ 梁启超：《与严又陵先生书》，见《饮冰室合集》，文集之一，110页。
④ 梁启超：《与严又陵先生书》，见《饮冰室合集》，文集之一，110页。
⑤ 参见［日］佐藤慎一：《梁启超与社会进化论》，1086页。
⑥ 梁启超：《说群序》，见《饮冰室合集》，文集之二，3页。

焉可也。群者，天下之公理也。地与诸行星群，日与诸恒星群，相吸相摄，用不散坠。使徒有离心力则乾坤毁矣。六十四原质相和相杂，配剂之多寡，排列之同异，千变万化，乃生庶物。苟诸原质各无爱力，将地球之大为物仅六十四种，而世界靡自而立矣。”[①] 而当梁启超将“群”用作名词时，“群”则表示一个个独立的人或植物的有机体。他说：“一植物也，有须有粉以传种，有子膛以结子，有种瓣以养芽，有根有荄以吸土中物质，有干以植立，有茎有叶以受空气、雨露、日光。各储其能，各效其力，物之群也，借使诸体缺一，或各不相应，其萎可立而待也。人之一身，耳司听、目司视、口司言、手足司动、骨司植、筋司络、肺司呼吸、胃司食、心司变血、脉管司运血回血、脑司觉，各储其能，各效其力，身之群也。借使诸体缺一，或各不相应，其死亡可立而待也。”[②] 在各种有机体中，梁启超按进化的原则加以排列，他指出：“杂质之类贵于原质，繁质之类贵于简质。故死物最贱，植物次之，动物最贵：质点贵群也。以动物而论，愈愚者体段愈少，愈智者体段愈繁，故草形部最愚，蛤螺部次之，甲节部次之，脊骨部最智：枝体贵群也。以人而论，脑筋愈多者其人愈慧，反是则钝；接人愈多者其人愈通，反是则塞；读书愈多者其人愈博，反是则陋。故非洲之人不如欧亚之人，乡僻之人不如都邑之人，穹古之人不如近今之人：知识贵群也。”[③] 依梁启超之见，在宇宙的范围内只有合群能力强的群体才能够在竞争和进化的过程中生存下来。他总结道：“是故横尽虚空竖尽劫，劫大至莫载，小至莫破，苟属有体积有觉运之物，其所以生而不灭存而不毁者，则咸恃合群为第一义。”[④]

按照以上理论，梁启超将“群”看成是“天下之公理”“万物之公性”，是宇宙间万物“不学而知，不虑而能”的天性和本质。[⑤] 在梁启超那里“群”既然是宇宙进化的本质，那么，为什么还有不能群的事情发生呢？在梁启超看来，“凡世界中具二种力，一曰吸力，二曰拒力。惟彼二力在世界中不增不减，迭为正负，此增则彼减，彼正则此负。于是乎，有能群者必有不能群者，有群之力甚大者，必有群之力甚轻者”。如此，“不能群者必为能群者所摧坏，力轻者必为力大者所兼并。譬如以针置之盘内，针受盘吸则群于盘。引以磁石，则

① 梁启超：《说群一　群理一》，见《饮冰室合集》，文集之二，4～5页。
② 梁启超：《说群一　群理一》，见《饮冰室合集》，文集之二，5页。
③ 梁启超：《说群一　群理一》，见《饮冰室合集》，文集之二，5页。
④ 梁启超：《说群一　群理一》，见《饮冰室合集》，文集之二，5页。
⑤ 参见梁启超：《说群一　群理一》，见《饮冰室合集》，文集之二，5页。

针离盘转群于石，磁铁相群之力大于盘也”[1]。

梁启超站在进化论的立场上进一步指出：“自地球初有生物以迄今日，物不一种，种不一变。苟究极其递嬗递代之理，必后出之群渐盛，则前此之群渐衰。泰西之言天学者名之曰‘物竞’。洪水以前，兽蹄鸟迹，交于中国，周公大业在驱猛兽。今则寻常陆地虎豹犀象几于绝迹，兽之群不敌人之群也。美洲、非洲、澳洲咸有土人，他洲客民入而居之，则土著日渐澌灭，野蛮之群不敌文明之群也。世界愈益进则群力之率愈益大，不能如率则灭绝随之，故可畏也。”[2]

按梁启超的逻辑，由于宇宙万物各有其不同的合群能力，而竞争又普遍存在于宇宙之中，所以某类物种的合群能力即决定了该物种的生死存亡。在他看来，随着世界的进化和发展，人类之群战胜野兽之群，开化民族剪灭野蛮民族，乃是天经地义之事，根本不具有任何道德含义。按梁启超的合群世界观，“物竞”既然是普遍意义的公例，那么“天择”自然也是普遍而必然的公例。梁启超断言：“天演物竞之理，民族之不适应时势者，则不能自存。”[3] 于是，梁启超自然而然地得出了这样的结论：外部的世界是一个弱肉强食的世界，中国要救亡图存就只能合群，以提高其生存竞争的能力。换句话说，中国只有合群、竞争，才能实现民族复兴，才能挽救危亡。

合群和竞争既然被梁启超奉为公理和公例，是救亡图存的手段和途径，那么当时的政府该采用什么统治手段呢？依梁启超之见，当时的政府是用与“群术”相对的“独术”治理国家的。他解释道：“何谓独术？人人皆知有己，不知有天下，君私其府，官私其爵，农私其畴，工私其业，商私其价，身私其利，家私其肥，宗私其族，族私其姓，乡私其土，党私其里，师私其教，士私其学。”[4] 在这种情况下，国家根本没有凝聚力，没有形成一种“为民四万万，则为国亦四万万，夫是之谓无国”[5]的局面。那么，什么是“群术”呢？依梁启超之见，那就是做有益于增强集体合力之事，他说：“善治国者，知君之与民，同为一群之中之一人，因以知夫一群之中所以然之理，所常行之事，使其群合

① 梁启超：《说群一　群理一》，见《饮冰室合集》，文集之二，5页。

② 梁启超：《说群一　群理一》，见《饮冰室合集》，文集之二，5～6页。

③ 梁启超：《新民说》，见李华兴、吴嘉勋编：《梁启超选集》，355～356页，上海，上海人民出版社，1984。

④ 梁启超：《说群序》，见《饮冰室合集》，文集之二，4页。

⑤ 梁启超：《说群序》，见《饮冰室合集》，文集之二，4页。

而不离，萃而不涣，夫是之谓群术。”[①]在梁启超看来，中国传统的绝对王权主义，正是“独术”的集中体现。他说：“能群焉谓之君，乃古之君民者，其自号于众也。曰孤，曰寡人，曰予一人，蒙窃惑焉。孤与寡，世所称为无告者也，而独以为南面之名则乐之。经传之谥污君也，谓之独夫，谓之一夫，闻者莫不知为恶名也。吾不解予一人之训诂，与独夫有何殊异也。”[②]

此种绝对的王权所采用的“独术”从道德的角度来说，代表着一种自私自利的私心，从私心出发，其主要目的在于防弊，而中国在这种绝对王权的体制下，事情只能愈办愈坏，国势也随着日益衰落，最后终将趋于灭亡。他说：

> 先王之为天下也公，故务治事。后世之为天下也私，故务防弊。务治事者，虽不免小弊，而利之所存，恒足以相掩。务防弊者，一弊未弭，百弊已起。如葺漏屋，愈葺愈漏；如补破衲，愈补愈破。务治事者，用得其人则治，不得其人则乱。务防弊者，用不得其人而弊滋多，即用得其人而事亦不治。[③]

在梁启超看来，中国自秦以来，一直处于绝对王权的统治之下，此种结果，造成了“法禁日密而政教日夷，君权日尊而国权日损”的局面。简言之，代表私心而行“独术”的绝对王权，乃是中国积贫积弱的根源。中国如欲摆脱积弱的局面而追求富强，则必须采用代表公心的“群术”。于是，梁启超在“公”与“私”这两个概念的对比中，自然地引出了民权思想。他说：“请言公私之义：西方之言曰，人人有自主之权。何谓自主之权？各尽其所当为之事，各得其所应有之利，公莫大焉。如此则天下平矣。”“防弊者欲使治人者有权，而受治者无权，收人人自主之权，而归诸一人，故曰私。”[④] 他进一步指出：“国之强弱，悉推原于民主，民主斯固然矣。君主者何？私而已矣。民主者何？公而已矣。”[⑤]

显而易见，梁启超在他的“群论”中也掺入了民权的内容，这正像他自己所说的那样，他“是借《公羊》《孟子》发挥民权的政治论”[⑥]。

---

① 梁启超：《说群序》，见《饮冰室合集》，文集之二，4 页。

② 梁启超：《说群序》，见《饮冰室合集》，文集之二，3～4 页。

③ 梁启超：《论中国积弱由于防弊》，见《饮冰室合集》，文集之一，96 页。

④ 梁启超：《论中国积弱由于防弊》，见《饮冰室合集》，文集之一，99 页。

⑤ 梁启超：《与严又陵先生书》，见《饮冰室合集》，文集之一，109 页。

⑥ 梁启超：《蔡松坡遗事》，见丁文江、赵丰田：《梁任公先生年谱长编》（初稿），42 页，北京，中华书局，2010。

不仅如此，梁启超还进一步将世界上的国家分为“全权国”“缺权国”和“无权国”。依他之见，值此竞争激烈之世，“全权之国强，缺权之国殃，无权之国亡”①。而中国正处于“无权国”与“缺权国”之间。为了使中国摆脱灭亡的命运，中国必须逐渐取消代表“私”的宇宙论君主制，而转变为代表“公”的民主制。就这样，梁启超以国家要摆脱灭亡，走上富强道路为理由，顺理成章地否定了传统政治体制的合法性，从而为一种新的政治体制的出现开辟了道路。这正像张灏先生所指出的那样，“根据传统的政治惯例，天意是政治合法化的最高依据。就政治权威的合法化来说，人民的意志从没有得到充分的考虑，它对政治权威的有效认可只是天意的一个反映。换言之，人民的意志作为政治合法化的标准的有效性只是派生的”。然而，对梁来说，“民的概念虽然还不像后来的国民思想那样有明确的定义，但与传统的民的思想存在一个微妙却重大的区别。在梁那里，民取代天意，成了政治合法化的最高标准，国家的一切政治行为只有依据人民的集体意志方被证明是正当的”②。

梁启超将中国传统的绝对王权当成了妨碍“合群”的主要障碍，就这样，传统君主政体的神秘面纱已被梁启超揭去，并成为他猛烈抨击的目标。

梁启超用群的理论否定了传统的绝对主义王权，并顺势提出了他的民权理论，即所谓的“群之道”。所谓“群之道者，群形质为下，群心智为上。群形质者，蝗蚊蜂蚁之群，非人道之群也。群之不已，必蠹天下，而卒为群心智之人所制。蒙古回回种人，皆以众力横行大地，而不免帖耳于日耳曼之裔，蝗蚊蜂蚁之群，非人道之群也”③。那么，“群心智”即“人道之群”是什么呢？梁启超认为，“群心智之事”头绪纷繁，而“欧人知之，而行之者三，国群曰议院，商群曰公司，士群曰学会。而议院、公司，其识论业艺，罔不由学。故学会者，又二者之母也。学校振之于上，学会成之于下。欧洲之人，以心智雄于天下，自百年以来也”④。不仅如此，梁启超还将报纸看作一种去塞求通、促进国家富强的工具。显而易见，梁启超所谓的“人道之群”是以西方的议会、公司和学会等制度为榜样的，而这些制度又“罔不由学”，即以西学作为基础，所以，归根结底，梁启超就是要用西学作为其“群心智”的理论基础。

---

① 梁启超：《论中国积弱由于防弊》，见《饮冰室合集》，文集之一，99 页。

② ［美］张灏：《梁启超与中国思想的过渡（1890—1907）：烈士精神与批判意识》，崔志海、葛夫平译，71 页。

③ 梁启超：《变法通议》，见《饮冰室合集》，文集之一，31 页。

④ 梁启超：《变法通议》，见《饮冰室合集》，文集之一，31 页。

梁启超尤其强调法律在其群论中的重要性，他说："法者何？所以治其群也。大地之中，凡有血气者，莫不有群，即莫不有其群之条教部勒。大抵其群之智愈开、力愈大者，则其条教部勒愈繁。"[①] 在他看来，孔子虽作《春秋》为后世立法，然自"秦汉以来，此学中绝，于是种族日繁，而法律日简，不足资约束。事理日变，而法律一成不易，守之无可守，因相率视法律如无物，于是所谓条教部勒者荡然矣"[②]。而西方恰与中国的情况相反，"泰西自希腊罗马间，治法家之学者，继轨并作，赓续不衰，百年以来，斯义益畅"[③]。这使得西方"乃至以十数布衣，主持天下之是非，使数十百暴主，戢戢受绳墨，不敢恣所欲。而举国君民上下，权限划然，部寺省署，议事办事，章程日讲日密，使世界渐进于文明大同之域"[④]。

梁启超站在传统的文化主义立场上阐明了"中国"与"夷狄"的含义。他说："春秋之记号也。有礼义者谓之中国，无礼义者谓之夷狄。礼者何？公理而已。（以理释礼乃汉儒训诂。本朝之焦里堂、凌次仲大阐此说。）义者何？权限而已。（番禺韩孔庵先生有义说专明此理。）"[⑤] 依他之见，当时的中国不讲法律之学，既不明公理，又不讲权限，若按春秋之义，已属于不明礼义之夷狄。于是，在梁启超那里，传统华夷的位置已发生了逆转。中国已不再属于"中国"，而已沦为"三等野番之国"的"新夷狄"。因为依传统的文化主义标准来看，"其法律愈繁备而愈公者，则愈文明；愈简陋而愈私者，则愈野番而已"[⑥]。

这里，梁启超使用了"文明"和"野蛮"（番）作为进化的相对关系的两个坐标，其意义是十分清楚的，它分明是以历史进步为前提，且包含着以西方为当时历史发展的顶端的一元性顺序和普世公理的价值判断。因此，只要使用了"文明"这个词，则不管愿意与否，都只能是在认知一种非中国"自己的"价值存在。[⑦] 用梁启超这种进化的文明观反观中国，清朝存在的合法性已然消失，而梁启超的变革理论也就顺理成章了。他写道："今吾中国聚四万万不明

---

① 梁启超：《论中国宜讲求法律之学》，见《饮冰室合集》，文集之一，93页。

② 梁启超：《论中国宜讲求法律之学》，见《饮冰室合集》，文集之一，93页。

③ 梁启超：《论中国宜讲求法律之学》，见《饮冰室合集》，文集之一，93页。

④ 梁启超：《论中国宜讲求法律之学》，见《饮冰室合集》，文集之一，93页。

⑤ 梁启超：《论中国宜讲求法律之学》，见《饮冰室合集》，文集之一，93页。

⑥ 梁启超：《论中国宜讲求法律之学》，见《饮冰室合集》，文集之一，94页。

⑦ 参见［日］石川祯浩：《梁启超与文明视点》，见［日］狭间直树编：《共同研究：梁启超——西洋近代思想之接受与明治日本》，109～110页，东京，株式会社美铃书房，1999。

公理不讲权限之人，以与西国相处，即使高城深池，坚革多粟，亦不过如猛虎之遇猎人，犹无幸焉。乃以如此之国势，如此之政体，如此之人心风俗，犹嚣嚣然自居于中国而夷狄人，无怪乎西人以我为三等野番之国，谓天地间不容有此等人也。”①

梁启超虽对王权制度在道德上表示了强烈的反感，对民主制度表示了深切的向往，但从其公羊三世说的角度来看，当时的中国乃属于“升平世”。“升平世”只能言小康，而不能言大同。所以，梁启超认为，“中国今日民智极塞，民情极涣。将欲通之，必先合之。合之之术，必择众人目光心力所最趋注者而举之以为的则可合。既合之矣，然后因而旁及于所举之的之外以渐而大，则人易信而事易成。譬犹民主，固救时之善图也，然今日民义未讲，则无宁先借君权以转移之。彼言教者，其意亦若是而已”②。

显而易见，梁启超所看重的，并不是君主制本身的价值，而只是考虑到当时中国“民智极塞”与“民情极涣”的具体情况，在不得已的情况下才容忍它。如按照其公羊三世的进化理论，君主制肯定要让位于民主制，而世界大同的太平世也迟早要出现。

梁启超对太平之治的憧憬，乃来自其公羊三世理论，而这一理论又左右了他的“群论”，使他的“群论”摇摆于国家主义与世界主义（天下主义）之间。他说：“抑吾闻之，有国群，有天下群。泰西之治，其以施之国群则至矣，其以施之天下群则犹未也。《易》曰：见群龙无首吉。《春秋》曰：太平之世，天下远近大小若一。《记》曰：大道之行也，天下为公，选贤与能，不独亲其亲，不独子其子，货恶其弃于地也，不必藏于己，力恶其不出于身也，不必为己，是谓大同。其斯为天下群者哉！其斯为天下群者哉！”③

按梁启超的想法，虽然在“升平世”西方的制度施于“国群”而有效，但在遥远的太平大同之世还要以《周易》《春秋》《礼记》中的世界主义思想为归宿。

在戊戌（1898 年）以前，公羊三世理论是梁启超追求富强、变革思想的理论基础。这不仅表现在使中国“强”的“群论”之上，也表现在使中国“富”的经济论方面。与其“群论”一样，戊戌期间，梁启超求富的“经济论”也摇摆于国家主义和世界主义之间。戊戌之前，梁启超所接触的有关经济学的译著十分有限，《西学书目表》（上海时务报馆，1896）的“商政”一项载有四类著

① 梁启超：《论中国宜讲求法律之学》，见《饮冰室合集》，文集之一，93～94 页。

② 梁启超：《与严又陵先生书》，见《饮冰室合集》，文集之一，110 页。

③ 梁启超：《说群序》，见《饮冰室合集》，文集之二，4 页。

作，而有关经济学的译著仅有《富国策》和《富国养民策》，加上梁启超在其《史记货殖列传今义》中所引用的《佐治刍言》，也仅有三种。据森时彦教授的研究，《富国策》是由同文馆副教习汪凤藻译自法思德（Henry Fawcett，又译福赛特）著的《政治经济学手册》（*Manual of Political Economy*，London，1863）。原作者是古典学派最正统的继承者，这本教科书被称为自由主义经济学的典范的解说书。而《佐治刍言》并非经济学的专业书，其中一部分有关经济学的记述只是沿袭古典学派而已。

《富国养民策》的原著是杰文斯（William Staley Jevons）的《政治经济学》（*Political Economy*，London，1878），是由艾约瑟翻译的。杰文斯作为一个边际革命（Marginal Revolution）的先驱，被视作新古典学派的经济学者。其原著作为赫胥黎等编的“科学入门”（Science Primers）丛书之一，其内容也完全是启蒙性质的，基本构成与古典学派的教科书区别不大。但从学说史上看，其与古典学派的重要不同之处在于，该书在第 75 节中使用了采珍珠的潜水员这个有名的例子来批判亚当·斯密的劳动价值说，以此来阐发其边际效用说。[①]

从以上的分析来看，梁启超在戊戌期间阅读了古典学派和新古典学派优秀启蒙书各一册，在此二者之影响下，他的“求富”理论表现出浓厚的西欧古典学派的色彩。在梁启超看来，古典学派的自由贸易论与中国传统的世界主义相符合，即与他未来的理想相合。于是，他站在世界主义的立场而主张自由贸易论。他说：“平粜齐物之权，操之于税则，西国旧制，每有重收进口税，欲以保护本国商务者，近时各国尚多行之，惟明于富国学者皆知其非，以为此实病国之道也。”在他看来，无论何国，“势不能尽百物而备造之，故无论何国人，欲屹然独立，不仰给于他国所产之物，必无是理”。假如实行贸易保护论，重收进口税，则“此谓之自困”。他举例说：“英国五十年前即行此政，坐此之故，常患缺食，而余物贸易亦不畅旺，自一千八百四十六年，大开海禁，一切商务岁增惟倍。”在梁启超看来，英国的成功，都是自由贸易带来的结果，他认为自由贸易论符合《大学》里治国平天下的世界主义精神。他说：“财政者，天下之事也，非合全地球之地力、人力所产所需而消息之，则无以得其比例。故大学理财之事，归于平天下也，仅治一国者，抑末矣。然治国者，苟精研此理而酌剂之，则关市亦可以不乏，而国必极富。今之英国，殆稍

---

① Mori Tokihiko，“Reception of European Political Economy in Late Qing：the Case of Liang Qi-Chao，” The Conference on European Thought in Chinese Literati Culture，Garchy，France，September 12－16，1995.

近之也。”[①] 这时，梁启超的思想偏重于理想，偏重于将来。

然而，救亡图存的迫切心情，又使其将目光转向当下，转向现实，使他的经济思想游移于自由贸易论和贸易保护论之间。结果，这也使得他的主张前后矛盾，不能自圆其说。

他有时站在国家主义的立场提倡贸易保护论，而主张关税自主。他认为：“凡世界之内，名之为国者，无论为强大，为弱小，为自主，为藩属，无不有自定税则之权，或收或免，或加或减，皆本国议定，而他国遵行之。”[②] 假如他国苦其所加之税过重，则“只能饬令商人不运不售，而不能阻人国使不加；只能倍加我国运售彼国之入口货税以苦我，而不能因我之加税而以兵力相见。此地球万国之所同也”[③]。在梁启超看来，“约章与税则，两者各不相蒙。约章者，两国之公权也。税则者，一国之私权也”[④]。也就是说，两国所定之条约，定约国应当履行，而各国之关税乃本国之内政，任何国家都无权干涉。梁启超认为，中国于通商之始，不明白此中曲折，“英人阴谋以给我，盛气以劫我，令将税则，载入约章，于是私权变为公权，自主成为无主，以致有今日之事”[⑤]。梁启超举了日本的例子说：“日本当通商之始，其不熟情形也与我同，其见给见劫而误载税则于约章也，亦与我同，而近岁与诸国换约，税则自由，无以异于他国。”[⑥] 因此，梁启超主张学习日本，不依赖他国而求自立，主张关税自主。

梁启超在求富主张上的这种摇摆，乃来自他公羊三世的进步史观。对梁启超而言，当民族矛盾尖锐、国家岌岌可危之时，其目光集中于现实。按公羊三世之义，当处于据乱世，其求富主张则倾向于贸易保护主义。但按公羊三世理论的最高理想来看，世界主义的大同社会才是其最终的追求目标。他在给其老师康有为的信中曾坦露过他的想法：“我辈宗旨乃传教也，非为政也；乃救地球及无量世界众生也，非救一国也，一国之亡与我何与焉。”[⑦] 所以，公羊三世说中太平世的世界观又成了他拥护自由贸易论的有力证据。[⑧]

---

① 梁启超：《史记货殖列传今义》，见《饮冰室合集》，文集之二，41页。

② 梁启超：《论加税》，见《饮冰室合集》，文集之一，104页。

③ 梁启超：《论加税》，见《饮冰室合集》，文集之一，104页。

④ 梁启超：《论加税》，见《饮冰室合集》，文集之一，104页。

⑤ 梁启超：《论加税》，见《饮冰室合集》，文集之一，104页。

⑥ 梁启超：《论加税》，见《饮冰室合集》，文集之一，104页。

⑦ 梁启超：《与康有为书》，见苏舆：《翼教丛编》，460～465页，台北，国风出版社，1969。

⑧ Mori Tokihiko, “Reception of European Political Economy in Late Qing: the Case of Liang Qi-Chao,” The Conference on European Thought in Chinese Literati Culture, Garchy, France, September 12-16, 1995.

第二节 日本思想与梁启超的政治哲学

戊戌变法失败后，梁启超逃至日本领事馆，旋被日本军舰“大岛”号救至日本。迄其民国初年归国，梁启超流亡日本达 14 年之久，即使将其访澳、访美及几次短期离日的时间除去不计，亦有 13 年之多。在此期间，梁启超先后主编《清议报》《新民丛报》《政论》《国风报》等刊物。他在上面发表的文章，对当时及其后的中国思想界均产生了极其深远的影响。当时，“无论是南京矿物铁路学校的学生鲁迅、四川省嘉定府的中学生郭沫若，还是湖南省湘乡县高等小学的学生毛泽东，都是他报纸和刊物的热心读者”①。毛泽东甚至能将梁启超的重要文章背下来。② 我们只要想到在梁启超发表《新民说》15 年后，毛泽东等人在湖南长沙将其发起的改造中国的组织命名为“新民学会”，就可见其影响力之一斑了。③ “当时的有产阶级的子弟无论是赞成或反对，可以说没有一个没有受过他的思想或文字洗礼的。”④

显而易见，流亡日本期间，是梁启超文字产生重要影响的时期。当时，读者对梁启超的文章赞不绝口，黄遵宪对梁氏的赞扬颇具代表性。其文略谓：“《清议报》胜《时务报》远矣。今之《新民丛报》又胜《清议报》百倍矣。……惊心动魄，一字千金，人人笔下所无，却为人人意中所有，虽铁石人亦应感动。从古至今文字之力之大，无过于此者矣。罗浮山洞中一猴，一出而逞妖作怪，东游而后，又变为《西游记》之孙行者，七十二变，愈出愈奇。吾辈猪八戒，安所容置喙乎，惟有合掌膜拜而已。”⑤对这种赞扬，梁启超也颇认可，且引以为豪。他说：

> 自是启超复专以宣传为业，为《新民丛报》《新小说》等诸杂志，畅其旨义。国人竞喜读之，清廷虽严禁，不能遏。每一册出，内地翻刻本辄

---

① ［日］高田昭二：《中国近代文学论争史》，2 页，东京，风间书房，1990。

② 参见耿云志、崔志海：《梁启超》，121 页，广州，广东人民出版社，1994。

③ 参见［日］狭间直树：《新民说略论》，见［日］狭间直树编：《共同研究：梁启超——西洋近代思想之接受与明治日本》，79 页。

④ 郭沫若：《我的童年》，见《郭沫若全集》，卷十一，121 页，北京，人民文学出版社，1992。

⑤ 黄公度：《致饮冰室主人书》，见丁文江、赵丰田编：《梁任公先生年谱长编》（初稿），137～138 页。

十数。二十年来学子之思想，颇蒙其影响。启超夙不喜桐城派古文，幼年为文，学晚汉魏晋，颇尚矜炼，至是自解放，务为平易畅达，时杂以俚语韵语及外国语法，纵笔所至不检束。学者竞效之，号“新文体”；老辈则痛恨，诋为野狐。然其文条理明晰，笔锋常带情感，对于读者，别有一种魔力焉。①

那么，究竟是什么原因使梁启超的文章产生如此大的“魔力”呢？此问题对理解梁启超的政治哲学有着极其重要的意义。因此，笔者在此不得不花费一些笔墨，对此问题做一些简单的分析，不然，读者将只知其然而不知其所以然。流亡日本，是梁启超思想的重要转折点，用他自己的话来说就是“思想为之一变”②。促成梁氏这种变化的原因固然很多，但主要说来应当有三条。

其一，读日本人的著作。他的一段回忆对此事记述颇详。其文略谓：

哀时客［梁之笔名］既旅日本数月，肄日本之文，读日本之书。畴昔所未见之籍，纷触于目；畴昔所未穷之理，腾跃于脑。如幽室见日，枯腹得酒，沾沾自喜，而不敢自私。乃大声疾呼，以告同志曰：我国人之有志新学者，盍亦学日本文哉。③

又云：

又自居东以来，广搜日本书而读之。若行山阴道上，应接不暇，脑质为之改易，思想言论，与前者若出两人。④

显而易见，是日本的书籍使梁启超“思想为之一变”，“脑质为之改易”⑤，其思想与言论与以前判若两人。

其二，梁启超在日本的交游圈子对他也有重要影响。梁启超亡命日本后，其日常生活由大隈派的进步党负责照料。⑥当时的情景，梁启超在致其妻李惠仙的信中多次提及。其信略谓：

---

① 梁启超：《清代学术概论》，见《饮冰室合集》，专集之三十四，62页。

② 梁启超：《三十自述》，见《饮冰室合集》，文集之十一，18页。

③ 梁启超：《论学日本文之益》，见《饮冰室合集》，文集之四，80页。

④ 梁启超：《夏威夷游记》，见《饮冰室合集》，专集之二十二，186页。

⑤ 梁启超：《三十自述》，见《饮冰室合集》，文集之十一，18页。

⑥ 有关梁启超赴日后的情况请参考［日］永井算巳：《清末在日康梁派政治动静（一）：信州大学文理学部纪要》，第十一号，1961；郑匡民：《梁启超启蒙思想的东学背景》，19～43页，上海，上海书店出版社，2003。

吾在此受彼国政府之保护，其为优礼，饮食起居一切安便。[1]

在另外一封信中谓：

吾在此乃受彼中朝廷之供养，一切丰盛，方便非常，以起居饮食而论，尤胜似家居也。[2]

又谓：

在此一切起居饮食，皆日本国家所供给，未尝自用一钱，间有所用者，惟做衣服数件，买书数种耳。[3]

在这种环境下，他广交日本朋友，梁氏自谓："日本人订交形神俱亲，谊等骨肉者数人。其余隶友籍者数十。"[4] 除此之外，梁启超"每日阅日本报纸，于日本政界学界之事，相习相忘，几于如己国然"[5]。他甚至感慨地说："盖吾之于日本，真所谓有密切之关系。有许多之习惯印于脑中，欲忘而不能忘者在也。吾友叶湘南，以去年十月东来，今年七月一归国，十月复来，语余曰：'乡居三月，殆如客中，惟日日念日本，如思家然。湘南且然，况于余哉！孔子去鲁，迟迟吾行，去齐接淅而行。孟子之去齐，则三宿而后出昼，亦因其交情之深浅而异耳。"[6] 梁启超对日本的那种亲密情感以及暂时离日时依依不舍的悱恻之情跃然纸上。显而易见，在这种环境里，要想不受其影响恐怕很难了。

其三，日本当时的社会风气与思潮对梁启超也产生了重要影响。无论是当时日本国内表现出的那种狂热的爱国主义，还是日本传统里的"大和魂""武士道"或是"日式达尔文主义""日式自由主义"中表现出的那种强烈的与国家权力一体化的倾向，以及日本国内宣传民族主义的书籍，都对梁启超产生了很大的影响。

梁启超亡命日本时，正赶上日本以俄国为假想敌，"卧薪尝胆"而突入帝国主义的时代。各种各样的帝国主义理论充斥于书籍、报刊之中。"民间的印刷品、传说和诗歌以及狂热的歌曲，都被用来灌输和增强突然爆发的廉价和哗

---

① 梁启超：《与惠仙书》（光绪二十四年九月十五日），见丁文江、赵丰田：《梁启超年谱长编》，167 页。

② 梁启超：《与惠仙书》（光绪二十四年九月十三日），见丁文江、赵丰田：《梁启超年谱长编》，168 页。

③ 梁启超：《与惠仙书》（光绪二十四年十月二十七日由横滨大同学校发），见丁文江、赵丰田：《梁启超年谱长编》，169 页。

④ 梁启超：《夏威夷游记》，见《饮冰室合集》，专集之二十二，186 页。

⑤ 梁启超：《夏威夷游记》，见《饮冰室合集》，专集之二十二，186 页。

⑥ 梁启超：《夏威夷游记》，见《饮冰室合集》，专集之二十二，186 页。

众取宠的爱国主义”[①]。在那个时期，日本为了对付俄国，经常举行大规模的军事演习。当时，《清议报》报馆诸人为了报道演习情况，曾去志贺县的大津观看，写下了如下诗句：

喇叭吹彻凤营崥，欧服倭刀耀柳旂。雷炮连环骁将队，霞裳十字女郎医。苍天上帝鸣鸾肃，碧眼胡儿勒马窥。侬为采风随珥笔，斜晖凉露立多时。[②]

日本所表现出的令欧美人都羡慕的强盛，深深地刺激着梁启超的心灵。他将此诗登载在《清议报》上，诗中那种羡慕日本强盛，慨叹自国衰弱，而于“斜晖凉露立多时”的复杂情感，恐怕是他当时心情的绝妙写照。此外，日本的“武士道”“大和魂”也强烈地刺激着梁启超。梁启超到东京时，适逢日本兵营士卒休憩瓜代之期，他偶然信步游上野，见满街红白之旗帜相接，亲友宗族送兵卒入营出营，送入营兵卒旗帜上写着“祈战死”三字，日本之尚武国俗令他“矍然肃然，流连而不能去”[③]。他认为，日本所以立国，全凭这种视死如归的武士道精神。他说：“日本人之恒言，有所谓日本魂者，有所谓武士道者。”又曰：“日本魂者何？武士道是也。日本之所以能立国维新，果以是也。”[④] 为此，他大求“我所谓中国魂者”，然而“皇皇然大索之于四百余州，而杳不可得”[⑤]。无国魂的结果，使梁启超既伤且惧。为了使中国得以自立于世界民族之林，梁启超决心以日本为师，为中国铸造国魂，建设民族国家。

在明治时期日本文化的影响之下，梁启超亡命日本后没有多久，便“于日本政界学界之事，相习相忘，几如已国然”，而“脑质为之改易，思想言论与前者若出两人了”。

日本明治的风土与思想极大地启发了梁启超，织就了其历史观、地理决定论、帝国主义认知观，使其成为近代中国新史学、地理学、国际政治学等各学科的开山鼻祖。[⑥] 他当时的文章对中国近代的社会思潮产生了深远的影响，而他本人也获得了“天纵文豪”的称号。

---

① ［美］马里乌斯·詹森：《日本与中国的辛亥革命》，见［美］费正清、刘广京编：《剑桥中国晚清史》，中国社会科学院历史研究所编译室译，411页，北京，中国社会科学出版社，1993。

② 《时事杂咏》，载《清议报》，第六十册，1900-10-14。

③ 梁启超：《祈战死》，见《饮冰室合集》，专集之二，37页。

④ 梁启超：《中国魂安在乎》，见《饮冰室合集》，专集之二，38页。

⑤ 梁启超：《中国魂安在乎》，见《饮冰室合集》，专集之二，38页。

⑥ 参见［日］石川祯浩：《梁启超与文明视点》，载［日］狭间直树编：《共同研究：梁启超——西洋近代思想之接受与明治日本》，122页。

有关日本人士对梁启超的影响问题与本章关系不大，以下仅就明治日本社会风气、思潮以及日本人著作对梁启超的影响作简单介绍。前文已提到，梁启超在戊戌变法期间变革思想的理论基础，主要是康有为的“三世之义”。但流亡日本之后，他逐渐发现，三世之义运用起来十分牵强，引用三世之义，多有陷入八股化的趋势。[①] 并且这种理论远不如他在日本所接受的进化主义具有科学性，且运用起来也不像进化主义那么灵活自如。故他“自三十以后，已绝口不谈《伪经》，亦不甚谈《改制》”[②]了。

此时，支持他变革思想的理论基础已逐渐为日式的进化主义所代替。日本进化主义派别众多，对梁启超产生重大影响的主要有两支：其一是福泽谕吉的文明论，其二则是加藤弘之的强权论。对梁启超来说，日本给他的第一个感觉就是其“文明”以及对比之下清政府的腐朽。他曾回忆说：“戊戌亡命日本时，亲见一新邦之兴起，如呼吸凌晨之晓风，脑清身爽。亲见彼邦朝野卿士大夫以至百工，人人乐观活跃，勤奋励进之朝气，居然使千古无闻之小国，献身于新世纪文明之舞台。回视满清政府之老大腐朽，疲癃残疾，肮脏邋遢，相形之下，愈觉日人之可爱、可敬。”[③] 十分明显，日本给梁启超的第一印象便是乐观活泼的气象、勤奋励进之朝气，用梁启超的话来说便是“文明”。所以，梁启超到日本后，福泽谕吉的《文明论概略》便成为他首先关注之书。[④] 此书对梁启超而言极具魅力，他感到福泽的进化思想要远远胜过其老师的公羊三世说。在他看来，福泽书中将人类文明分为三个阶段，即野蛮之人的阶段、半开之人的阶段、文明之人的阶段，浅显明白，切近事理，“此进化之公理，而世界人民所公认也”，而这三个阶段的三种人“皆有阶级，顺序而升”，“其轨度与事实，有确然不可假借者”[⑤]。这种经事实检验过的为世界人民所公认的“公理”“公例”式的理论，对急于改变中国落后面貌的梁启超来说，简直是如获至宝。于是，他根据福泽谕吉的《文明论概略》将这三个阶段加以胪列后，进一步指出：“我国民试一反观，吾中国于此三者之中居何等乎，可以瞿然而兴矣！”[⑥]

① 参见张朋园：《梁启超与清季革命》，长春，吉林出版集团有限责任公司，2007。

② 梁启超：《清代学术概论》，见《饮冰室合集》，专集之三十四，63页。

③ 耿云志、崔志海：《梁启超》，98～99页。

④ 有关福泽谕吉对梁启超的影响，请参阅［日］石川祯浩：《梁启超与文明视点》，见［日］狭间直树编：《共同研究：梁启超——西洋近代思想之接受与明治日本》，106～131页；郑匡民：《梁启超启蒙思想的东学背景》，44～82页。

⑤ 梁启超：《文明三界之别》，见《饮冰室合集》，专集之二，8页。

⑥ 梁启超：《文明三界之别》，见《饮冰室合集》，专集之二，9页。

毫无疑问，中国在梁启超所谓的进化阶段中，只能属于半开之人的阶段。所以梁启超说："国之治乱，常与其文野之度相比例。而文野之分，恒以国中全部之人为定断，非一二人之力所能强夺而假借也。故西儒云：国家之政事，譬之则寒暑表也；民间之风气，譬之则犹空气也。空气之燥湿冷热，而表之升降随之，丝毫不容假借。故民智、民力、民德不进者，虽有英仁之君相，行一时之善政，移时而扫地以尽矣。如以沸水浸表，虽或骤升，及水冷而表内之度仍降至与空气之度相等。此至浅之理，而一定之例也。"① 基于这种认识，梁启超强调说："善治国者必先进化其民。"② 他主张依福泽《文明论概略》中的进化主义思想来进化中国的国民。

然而，那时的梁启超只是救国心切，希望能于日本找到救时的良药，而丝毫没有察觉到在被他奉为世界人民所公认的进化公理的文明三阶段论中还潜伏着另一种因素，即面对西洋文明的自卑感以及对亚洲国家的歧视。在福泽谕吉看来，"文明既然存在着先进和落后的差别，那么先进者自然就要压制落后者，而落后者自然要被先进者所压制"③。这样一来，此种理论就将发展中的民族被压制的原因归结为其本身文明的落后，而不是"先进文明"的帝国主义的罪恶。从这种意义上来说，福泽谕吉的理论客观上已经为那些跑在文明阶段论前列的"先进文明"的帝国主义者的侵略行为作了辩护，或者至少可以说是间接地为那些殖民主义的侵略行为提供了合法的依据。

应当指出，福泽谕吉的文明三阶段论对梁启超的影响极大，这种理论使梁启超经常用"文明"这个尺度来衡量中国在世界文明进程中的位置。据统计，梁启超在其《自由书》（自 1899 年至 1905 年断续连载于《清议报》和《新民丛报》）中，共使用"文明"一词约 40 次，其中大约半数用于其流亡日本初期，即 1899 年 8 月到该年 12 月他暂时离开日本这短短不足四个月期间。那时，"文明"这两个字几乎成为他 1899 年下半年文章中的关键词。④

福泽谕吉文明三阶段论是梁启超流亡日本后较早接触的日本进化主义思想。当时，急于寻找救国良药的梁启超不但丝毫未意识到该思想中所蕴含的危险因子，反而将福泽谕吉称为"文明移入功绩者"，认为福泽谕吉"专以输入

① 梁启超：《文明三界之别》，见《饮冰室合集》，专集之二，9 页。

② 梁启超：《文明三界之别》，见《饮冰室合集》，专集之二，9 页。

③ ［日］福泽谕吉：《文明论之概略》，见［日］永井道雄：《福泽谕吉》，200 页，东京，中央公论社，1984。

④ 参见［日］石川祯浩：《梁启超与文明视点》，见［日］狭间直树编：《共同研究：梁启超——西洋近代思想之接受与明治日本》，111 页。

泰西文明思想为主义。日本人之知有西学，自福泽始也。其维新改革之事业，亦顾问于福泽者十而六七也”[①]。为此，他根据福泽谕吉之文明论写下了《文明三界之别》《自由祖国之祖》《近因远因之说》《国民十大元气论·叙论》等文章。[②] 此外他还声称：“即不能为倍根［即培根］、笛卡儿、达尔文，岂不能为福禄特尔［即伏尔泰］、福泽谕吉、托尔斯泰。”[③] 由此，他开始以中国的福泽谕吉自任，向中国传播日本式的进化主义思想。随着他西学的进步，在传播文明论方面，他甚至胜过他的老师康有为而将福泽文明论运用自如。他在《张博望班定远合传》中这样写道：“夫以文明国而统治野蛮国之土地，此天演上应享之权利也；以文明国而开通野蛮国之人民，又伦理上应尽之责任也。”[④] 在这方面，梁启超真可谓是青出于蓝而胜于蓝。在文明论的框架下，文明之国统治野蛮之国已变成了天经地义之事，丝毫不会受到道德的谴责。易言之，在文明论的框架中，帝国主义的殖民行径也成为天演公例里应享的权利与伦理上应尽的责任。文明论在梁启超思想中埋下的这些种子，自然会为他接受日本学院派进化主义打下良好基础。

对梁启超进化主义思想产生重大影响的第二个流派，应是加藤弘之所代表的东京帝国大学保守派进化主义。为了搞清这个问题，我们在这里不得不对进化主义传入日本的情况作简要的介绍。

进化论传入日本应在明治八年（1875 年）。[⑤] 当时所介绍的进化论还只限于生物进化方面，社会进化主义传入日本，应是比这稍后的事。1877 年，斯宾塞的早期著作 *Social Statics* 被尾崎行雄以《权利提纲》的题名节译。自此后便一发不可收拾。自 1888 年以后的十年时间里，便有 21 种斯宾塞的著作被译为日文。[⑥]

然而，日本兴起的社会进化论的高潮却为两个在政治、社会立场上完全不同的集团所推动。第一个集团是自由民权运动家们，特别是板垣退助所率领的自由党。[⑦] 第二个集团乃是东京帝国大学那些保守的学者们。当时斯宾塞的社

---

① 梁启超：《论学术之势力左右世界》，见《饮冰室合集》，文集之六，115～116 页。

② 参见［日］石川祯浩：《梁启超与文明视点》，见［日］狭间直树编：《共同研究：梁启超——西洋近代思想之接受与明治日本》，113 页。

③ 梁启超：《论学术之势力左右世界》，见《饮冰室合集》，文集之六，116 页。

④ 梁启超：《张博望班定远合传》，见《饮冰室合集》，专集之五，1 页。

⑤ 上野益三博士曾言，松森胤保在其《求理私言》中谈到了生物进化。（参见［日］八杉竜一：《进化论历史》，168 页，东京，岩波书店，1985。）

⑥ 参见［日］佐藤慎一：《梁启超与社会进化论》，载《法学》，2006，59（6），1094 页。

⑦ 参见［日］佐藤慎一：《梁启超与社会进化论》，载《法学》，2006，59（6），1094～1095 页。

会进化论，在东京帝国大学以讲义的形式传授给学生。那时，将斯宾塞的社会进化论传入东京帝国大学的，有两位贡献最大的人物：其一是在日本美术史上享有盛名的菲诺洛沙（Ernest Francisco Fenollosa，1853—1908），其二乃是外山正一。此二人都是在美国学习并接受了进化论的人物。也就是说，他们所传授的斯宾塞的思想并非从英国来的，而是经由美国转介，然后才被带到日本来的。[①]由于学院派保守的学者与自由民权论者，以及他们的老师——美国的进化主义者接受进化论的角度不同，故他们对进化论的理解也不一样。一方面，学院派保守学者与自由民权论者相对，是在科学的层面上接受了斯宾塞的理论，他们重视有机体和生存竞争的观念，推崇渐进的进化，倾向于反对无视进化阶段的激进改革。而另一方面，他们也与美国进化主义者的见解不同。美国的进化主义者倾向于认为“生存竞争”表现为个人之间的竞争，而日本学院派的保守学者们则倾向于认为，“生存竞争”表现为社会有机体间，特别是国家之间的竞争。在他们看来，为了在国家竞争中获胜，对国家的强化应优先于实现个人的自由。[②]

当时由菲诺洛沙和外山正一从美国带来的斯宾塞的理论，曾对东京帝国大学的优秀年轻学生们产生了强烈的影响。在他们中间，有一个人十分重要，他就是1881年毕业于东京帝国大学，后又在该校担任教授的有贺长雄。有贺长雄于1883年至1884年写了一部三卷本的《社会学》。该书是日本最初有体系地介绍基础社会学理论的读物。其中的第一卷《社会进化论》就是在斯宾塞强烈影响下的产物。而梁启超登载于《清议报》上的《社会进化论》，正是这本书的译文。[③]

梁启超流亡日本时，正是日本自由民权运动凋落、民权论者转化为国权论者之时。此时的日本已逐渐转变为帝国主义国家。这种局势，给希望借鉴日本经验而追求国家富强的梁启超造成了强烈的影响，而学院派学者们所提倡的这种“日式社会达尔文主义”中的“为了在国家竞争中获胜，必须牺牲个人自由而强化国家”的观念，迅速在希望尽快摆脱民族危机而使国家独立富强的中国知识分子心中引起了强烈的共鸣，当时很多人义无反顾地接受了日本学院派的进化主义理论。

然而，日本当时的情况却与中国有很大的不同。我们上面已谈到，日本接

① 参见［日］佐藤慎一：《梁启超与社会进化论》，载《法学》，2006，59（6），1095页。
② 参见［日］佐藤慎一：《梁启超与社会进化论》，载《法学》，2006，59（6），1095页。
③ 参见［日］佐藤慎一：《梁启超与社会进化论》，载《法学》，2006，59（6），1095页。

受进化论是在明治八年（1875 年）以后。在此之前，像天赋人权论或社会契约论那样的社会理论，早已通过各式各样的教科书被介绍到日本而被广泛地接受了。因此，进化论传入日本时，必然要与先被介绍进来的诸西方理论产生矛盾。受到这种矛盾影响而产生最大冲击的是加藤弘之。众所周知，他既是东京帝国大学初代校长、政治学者，又是明六社的成员，即日本最初的启蒙思想家。他早期曾写作《邻草》（1861）、《立宪政体略》（1868）、《真政大意》（1870）与《国体新论》（1875）等书，鼓吹天赋人权论。而当加藤弘之接受进化主义之时，他认识到进化论与天赋人权说乃是水火不容的两种理论。于是他迅速地从主张天赋人权说的立场上退了下来，而转为主张社会进化论。也就是说，他认为，“生存竞争”既然是不可回避的现实，那么，社会只有通过“优胜劣败”才能进步。以这样的思想为前提，加藤弘之认为，天赋人权说里所主张的人一出生便应享有平等的权利的观念，用进化论来衡量，并不是科学的。而且，从另一个角度来看，天赋人权说也人为地妨碍了“优胜劣败”规则的运用，在此意义上，天赋人权论并不是一种受欢迎的学说。于是，1882 年，加藤弘之写了《人权新说》，开始宣传进化论，批驳“天赋人权”观念，且宣称卢梭乃“古今未曾有之妄想家”[①]。

加藤弘之在政治上的转向及他对天赋人权说的批判，在日本社会掀起了轩然大波。当时便有许多人强烈反对。矢野文雄的《人权新说驳论》（1882）、植木枝盛的《天赋人权辩》（1883）、马场辰猪的《天赋人权论》（1883）等都根据斯宾塞的理论（正确地说，是基于斯宾塞理论的另一种解释）对加藤弘之进行了激烈的批判。此外，还有很多拥护天赋人权说的自由民权论者对加藤弘之的转向及其主张进行了猛烈的驳斥。虽然没过多久日本的自由民权运动便逐渐退潮，但在当时，日本人经历并体验了天赋人权说与社会进化论之间的激烈的论战。从 18 世纪的卢梭到 19 世纪的社会进化论，在欧洲经历了一个世纪的时间，然而在日本，这种时间差被压缩到不足十年，可以说加藤弘之的突然转向和自由民权论者的激烈反驳，都可以被认为是在极度压缩的时空中的爆发。[②]

梁启超根本未曾经历过主张天赋人权论的自由民权者与加藤弘之的这场论战，他所接受的进化主义思想是加藤弘之转向并否定天赋人权说之后的进化主

① ［日］佐藤慎一：《梁启超与社会进化论》，载《法学》，2006，59（6），1097 页；李永织：《加藤弘之天赋人权政体观的形成》，载《大陆杂志》，1970，40（11），28 页；王中江：《进化主义在中国》，50～56 页，北京，首都师范大学出版社，2002。

② 参见［日］佐藤慎一：《梁启超与社会进化论》，载《法学》，2006，59（6），1098 页。

义。在此基础之上，梁启超才接受了包括卢梭在内的西洋诸思想。换句话说，梁启超是在加藤弘之进化主义的框架下接受西洋诸思想的。因此，在梁启超和其他接受进化论的中国人那里，均未发生过日本那样的转向和论争。①

那么，学院派重要人物加藤弘之的进化主义有什么特色呢？加藤弘之认为，对于西洋列强而言，日本是被侵略的“弱者”，是将要被“淘汰”的对象。而如何使日本转弱为强，从而在“生存竞争”的国际环境中获胜，则是学者们的主要课题。按日本学者鹈浦裕的说法，加藤弘之的这种接受社会达尔文主义的方式，叫作“弱者角度接受”。这种类型的社会达尔文主义，通常与将白人视为“适者”、将有色人种视为劣等人种的人种主义紧密地融合在一起，它将白人放在强者的位置上，而将包含日本人在内的有色人种均置于被淘汰的弱者之列。自然，日本的知识分子注意到了社会达尔文主义中将灭绝劣等人种作为人类进化的垫脚石的残酷的侧面，故对他们而言，若接受社会达尔文主义，则必须对其加以修正，从别的视点来理解它。从另一方面来说，即使在思想上接受了“弱者”的地位，日本人也绝对不允许自己停留在“弱者”的位置上。如此一来，这里必然蕴含着从“弱者”转变为“强者”的努力，而在这思想探索的过程之中，自然隐含着日本人对强者的逻辑独特的解释。②

加藤弘之正是从“弱者角度接受”社会达尔文主义的典型人物。他在《人权新说》之后，于1893年写了《强者的权利的竞争》，1894年写了《道德法律与进步》。在这两部书中，加藤弘之阐述了他的进化主义思想和实力强权理论，为藩阀政府的统治和帝国主义侵略合理化服务。③此后，他又写下了《道德法律进化之理》一书。在此书中，他阐述了他的国家有机体论。加藤弘之认为，有机体分为三种：第一种是像阿米巴那样的“单细胞的有机体”，第二种是动植物个体所表现出的那样的“复细胞的有机体”，第三种是由众多的复细胞组成的植物群体和动物群体所表现出的“复复细胞的有机体”。不言而喻，在加藤弘之看来，国家属于这三种有机体中最高级的一种。于是，国家与个人的利害关系，则与复细胞的有机体的全体和细胞的关系一样，个人当然从属于国家，而且因为作为细胞的个人有为作为全体的国家利益考虑的义务，所以，加藤弘之认为，作为个人，最重要的事情就是爱国心与爱国的行动。对加藤弘之而

---

① 参见［日］佐藤慎一：《梁启超与社会进化论》，载《法学》，2006，59（6），1098页。

② 参见［日］鹈浦裕：《近代日本社会达尔文主义的接受与传播》，见［日］柴谷笃弘、长野敬、养老孟司等：《讲座进化2：进化思想与社会》，133页，东京，东京大学出版会，1991。

③ 有关加藤弘之的强权论，参阅郑匡民：《梁启超启蒙思想的东学背景》，200～227页。

言，“爱国的德义”乃是“坚定不移的最大之善行”[①]。加藤弘之这些思想对梁启超来说极具吸引力，他除了将有贺长雄《社会进化论》发表在《清议报》上外，也极喜欢加藤弘之的著作。[②] 他亡命日本后不久，即翻译了加藤弘之的《各国宪法异同论》，刊登在他创刊的《清议报》上。而在 1899 年 5 月 13 日，梁启超由日本宗教学者姉崎正治介绍，参加了日本春季的哲学大会，并认识了加藤弘之等学院派的学者。[③] 自此之后，加藤弘之的著作成了梁启超爱读之书，而其理论也对梁启超产生了重大的影响。有关这些，我们将放在后面讨论。

显而易见，梁启超所接受的社会进化论，乃是日本学院派所传入的社会进化论。这种进化论，因其社会有机体观念吸收了德国国家学的国家有机体观念而得以强化。因此，梁启超和中国的进化论者经过日本学院派这一环节，便将斯宾塞极慎重地加以区分的生物有机体和社会有机体的不同漏掉了。[④]

那么，这种日式的进化主义对梁启超的政治哲学产生了什么影响呢？据笔者看来，影响应表现在以下几个方面。

其一，梁启超将进化主义视为一种科学的原理，一种普世性的公理和法则，从而将其作为他政治哲学的理论基础。他说：“进化者，向一目的而上进之谓也。日迈月征，进进不已，必达于其极点。凡天地古今之事物，未有能逃进化之公例者也。”[⑤] 又说：“及民智稍进，乃事事而求其公例，学学而探其原理。公例原理之既得，乃推而按之于群治种种之现象。”[⑥]对梁启超而言，他的“原理”和“法则”就是从加藤弘之和福泽谕吉那里接受的进化主义。梁启超将进化主义作为其政治哲学的思想基础而运用到各个领域。梁启超在《论学术之势力左右世界》一文中曾这样评价进化主义：

> 前人以为黄金世界在于昔时，而末世日以堕落。自达尔文出，然后知地球人类，乃至一切事物，皆循进化之公理，日赴于文明。前人以为天赋

① ［日］鹈浦裕：《近代日本社会达尔文主义的接受与传播》，见［日］柴谷笃弘、长野敬、养老孟司等：《讲座进化 2：进化思想与社会》，134 页。

② 梁启超在《加藤博士天则百话》中有“余夙爱读其书”一语。

③ 参见［日］狭间直树：《梁启超来日后对西方近代思想认识的深化，尤其在“国家”与“国民”方面》，The Conference on European Thought in Chinese Literati Culture in the Early 20th Century，Garchy，France，September 12－16，1995。

④ 参见［日］佐藤慎一：《梁启超与社会进化论》，载《法学》，2006，59（6），1096 页。

⑤ 梁启超：《中国专制政治进化史论》，见《饮冰室合集》，文集之九，59 页。

⑥ 梁启超：《新民议》，见《饮冰室合集》，文集之七，105 页。

人权，人生而皆有自然应得之权利，及达尔文出，然后知物竞天择，优胜劣败。非图自强，则决不足以自立。达尔文者，实举十九世纪以后之思想，彻底而一新之者也。是故凡人类智识所能见之现象，无一不可以进化之大理贯通之。政治法制之变迁，进化也；宗教道德之发达，进化也；风俗习惯之移易，进化也。数千年之历史，进化之历史；数万里之世界，进化之世界也。①

显而易见，日式的进化主义思想已在梁启超的脑海中打下了深深的印记，他像福泽谕吉一样，视人类社会“皆循进化之公理，日赴于文明”。而又像加藤弘之那样，认为进化主义才使人知道“物竞天择，优胜劣败。非图自强，则决不足以自立”。对梁启超而言，进化主义就好比科学的原理，是百试而不爽的真理。“夫进化者天地之公例也：譬之流水，性必就下；譬之抛物，势必向心。苟非有他人焉从而搏之，有他物焉从而吸之，则未有易其故常者。”② 自此之后，梁启超将进化主义当成了一种不需要证明的“公理”和“公例”，随时运用在各个领域之中。

施之于合群理论，他说：

政府之所以成立，其原理何在乎？曰：在民约。……人非群则不能使内界发达，人非群则不能与外界竞争，故一面为独立自营之个人，一面为通力合作之群体……此天演之公例，不得不然者也。③

论及联合一国豪杰之术，他也运用了进化主义理论：

生存竞争，天下万物之公理也。既竞争则优者必胜，劣者必败，此又有生以来不可避之公例也。夫既曰豪杰矣，则必各有其特质，各有其专长，各有其独立自由，不肯依傍门户之气概。夫孰肯舍己以从人者，若是夫此数十数百之豪杰，其终无合一之时乎，其终始相斗以共毙矣乎？信如是也，此世界之孽罪未尽劫，而黑暗之运未知所终极也。吾每一念及此，未尝不呕血拊心而长欷也。④

其论时代，亦本之于进化主义：

① 梁启超：《论学术之势力左右世界》，见《饮冰室合集》，文集之六，114页。

② 梁启超：《新民说·论进步》，见《饮冰室合集》，专集之四，55页。

③ 梁启超：《论政府与人民之权限》，见《饮冰室合集》，文集之十，1～2页。

④ 梁启超：《自由书·豪杰之公脑》，见《饮冰室合集》，专集之二，33～34页。

今日之中国，过渡时代之中国也。……人间世无时无地而非过渡时代，人群进化，级级相嬗，譬如水流，前波后波，相续不断，故进步无止境，即过渡亦无已时，一日不过渡，则人类或几乎息矣。①

在梁启超那里，时代、国家、民族、法律等各个领域的兴衰都可以用进化主义来解释，甚至帝国主义对别国的侵略，若按之于进化主义，也变成天经地义之事。在他那里，道德和正义全被优胜劣败的“公理”吞噬。

灭国者，天演之公例也。凡人之在世间，必争自存，争自存则有优劣，有优劣则有胜败。劣而败者，其权利必为优而胜者所吞并，是即灭国之理也。自世界初有人类以来，即循此天则，相搏相噬，相嬗相代，以迄今日而国于全地球者，仅百数十焉矣。灭国之有新法也，亦由进化之公例使然也。②

像这样的例子在梁启超的著作中俯拾皆是，当时，他已将进化主义毫无顾忌地运用到各个领域。在梁启超那里，无论是生物，还是社会，无一例外都适用这一具有普遍性、科学性的“法则”。正像佐藤慎一先生指出的那样，“对《天演论》中所介绍的社会进化论而言，最终保证进化必然性的乃是一种‘法则’。也就是说，生命有机体的变化发展，从原始生命到高等动物，无一不受单一法则的支配，这种‘法则’即‘进化之理’。这种‘进化之理’也同样适用于社会。在社会中，个人就像生物有机体中的细胞那样，紧密地结合在一起，它紧紧依附于组织化的有机体（社会有机体）之下。其自体乃是一个有生老病死命运之生命体。这样一来，适用于生物有机体的法则，同样也应该适用于具有生命属性的社会有机体。于是，‘进化之理’便成为由‘科学的方法’而发现的‘普遍的法则’。所以，‘进化的法则’不论东洋或西洋，不论古或今，都成为颠扑不破的‘公例’”③。

显而易见，日本学院派的影响，已使日式的进化主义进入梁启超思想的深层，成为其政治哲学的基石。

其二，日本学院派进化主义者对梁启超的影响与以上所述相连，其对西方思想的理解，也左右了梁启超对西方思想的看法。

首先，梁启超将社会进化论和西洋其他诸思想在历史上的作用做了性质上

① 梁启超：《过渡时代论》，见《饮冰室合集》，文集之六，27页。
② 梁启超：《灭国新法论》，见《饮冰室合集》，文集之六，32页。
③ ［日］佐藤慎一：《梁启超与社会进化论》，载《法学》，2006，59（6），1087页。

的区别。例如，他在《新民丛报》第一号（1902年2月刊）一篇题为《论学术之势力左右世界》的文章中，介绍了近代欧洲的九位思想家。在他看来，此九位都是在思想上对世界做过贡献的，他们是哥白尼、培根、笛卡儿、孟德斯鸠、卢梭、富兰克林、亚丹斯密（即亚当·斯密）、伯伦知理与达尔文。在文章中，梁启超明确地区别了前七位与后两位思想家所起的作用。有关伯伦知理，梁启超认为，由于其国家主义学说问世，“前之所谓国家为人民而生者，今则转而云人民为国家而生焉”。在梁启超看来，“卢氏立于十八世纪，而为十九世纪之母；伯氏立于十九世纪，而为二十世纪之母”。对于达尔文的作用，梁启超则指出：“前人以为天赋人权，人生而皆有自然应得之权利。及达尔文出，然后知物竞天择，优胜劣败，非图自强，则决不足以自立。”[①] 达尔文之进化论，实将以前之观念一新者也。在梁启超看来，达尔文以前为一天地，其以后为一天地。其进化论实为19世纪后半期民族帝国主义思想潮流之所由起也。总而言之，对梁启超而言，他所面对的同时代的西洋是经历过两次大规模历史变革的产物。第一次变革，从近世的帝国秩序转换到近代国民国家秩序。第二次变革，从近代国民国家秩序转换成现代民族帝国主义秩序。按照梁启超的解释，前七人在各种思想领域中对第一次秩序转换做出了贡献，而后二人则对第二次秩序转换做出了贡献。并且，后二人是在将第一次转换时为社会所接受的诸理念颠覆之后才实现第二次社会转换的。换句话说，社会契约论和天赋人权说是为第一次秩序转换做出贡献的理论。而在第二次秩序转换时，是西方人自己将这些理论否定并放弃的。

其次，学院派进化主义的影响，使梁启超将社会进化论和其他各种思想在理论性质方面也作了区分。依梁启超之见，西方其他思想，无论其道理如何深邃，也只不过是基于某个思想家的臆测，而与此相反，社会进化论乃是基于科学方法的普遍真理（公例）。即使别的西方思想不适合中国，但是，就放之四海而皆准的普遍真理来说，东方和西方的区别并不具有本质的意义。在这个意义上，对梁启超而言，社会进化论与其他西方诸理论的区别是个别理论与普世真理的区别，并且各种思想间的消长，也可以用优胜劣败的法则来说明。依梁启超之见，为了思想的进步，需要有一个让各种思想正常进行优胜劣败的自由环境。这种见解，也正是其强烈主张思想自由的一个重要原因。[②]

---

① 梁启超：《论学术之势力左右世界》，见《饮冰室合集》，文集之六，114页。

② 参见［日］佐藤慎一：《梁启超与社会进化论》，载《法学》，2006，59（6），1098～1099页。

总而言之，经过日本学院派的过滤，梁启超对西方思想有了一种独特的解释：天赋人权与社会契约论等思想理论在推动社会文明进化的过程中虽起过一定的作用，但是这种理论是一种不能与达尔文普世的、最新且科学的进化论相提并论的理论；不仅如此，天赋人权等理论还是经西方人自我否定并扬弃的理论。梁启超认为达尔文开创了进化的新阶段，由此以降，无论是国家还是人民，无不自勉为强者，为优者，然后可立于此物竞天择之界，并认为此乃大势之所趋，是时代潮流之所向，也是为进化之"公理""公例"所规定的不得不然之事。如此一来，进化主义自然成为梁启超日后思想的理论核心，而"立于十九世纪，而为二十世纪之母"的伯伦知理的国家学也自然成为梁启超政治哲学的基石。

其三，日本学院派对梁启超产生的另一种影响乃是使梁启超思想染上强权主义的色彩。梁启超的人格理想，本来就存在着强烈的力本论崇拜倾向。[①] 这种人格理想对其接受日本学院派强权思想来说，无疑是一块良好的土壤。

上文已经提到，梁启超是通过日本学院派否定天赋人权说后的理论框架而接受进化主义思想的。对崇拜力本论的梁启超来说，这种理论框架无疑是他接受强权论的最好的桥梁。

而从梁启超自身来说，崇拜力本论的人格理想也决定了他亡命日本后对众多日本政治著作的取舍。

一般人只是泛泛地知道梁启超是通过日本间接地摄取西方思想的，但从未注意梁氏摄取这些思想的先后与取舍。除了他翻译的政治小说《佳人奇遇》[②]不计外，梁启超最初接触到的日本人的著作便是加藤弘之、日译的伯伦知理和福泽谕吉等人的著作。[③] 而 1901 年后，他才以中江兆民的《理学沿革史》为蓝

① 参见［美］张灏：《梁启超与中国思想的过渡（1890—1907）：烈士精神与批判意识》，崔志海、葛夫平译，58～63 页。

② 载《清议报》，第 1～3、5～22、24～29、31～35 册，署"日本东海散士，前农商侍郎柴四郎撰"，未署译者名。《饮冰室合集》专集之八十八文末注："任公先生戊戌出亡，东渡日本，舟中译此自遣，不署名氏，书亦久已绝版，近从冷摊中得之补入集。"

③ 梁启超于 1898 年 10 月 17 日乘日本军舰"大岛号"抵达日本吴军港。1899 年 4 月起即开始在《清议报》上发表根据福泽谕吉文明论和加藤弘之进化主义所写的文章。据石川祯浩先生的研究，其中以福泽谕吉文明论为蓝本所写的文章有《自由书·自由祖国之祖》《自由书·文明三界之别》《自由书·近因远因之说》《国民十大元气论·叙论》（以上载 1899 年 8 月 26 日至 12 月 23 日《清议报》第 25～33 册）。（参见［日］石川祯浩：《梁启超与文明视点》，见［日］狭间直树编：《共同研究：梁启超——西洋近代思想之接受与明治日本》，113 页。）梁启超根据加藤弘之的《强者的权利的竞争》写了《论强权》（载《清议报》，第 31 册），并且翻译了加藤弘之的《各国宪法异同论》、伯伦知理的《国家论》。

本，陆续写下了《霍布士学案（Hɔbbes)》、《斯片挪莎学案（Baruch Spinoza)》、《卢梭学案（Jean Jacques Rousseau)》、《近世文明初祖二大家之学说》[上篇《倍根学说（Bacom)》，下篇《笛卡儿学说》（Descartes)]、《法理学大家孟德斯鸠之学说》、《乐利主义泰斗边沁之学说》、《近世第一大哲康德之学说》等一系列介绍西洋思想的文章，发表在他所办的《清议报》和其后的《新民丛报》上。①

十分明显，依梁启超之见，只有学院派进化主义和伯伦知理的国家主义学说，才最符合中国当时的形势及中国的国情，也就是说，是医治当时中国积贫积弱病患的首选药方。所以，在众多的日本典籍和日译西籍中，梁启超首先选择了上述有关进化主义和国家主义的书籍。

应当强调指出的是，梁启超向中国介绍的西方思想，大部分是根据日本人的著作和译著得来的。如上所述，他的西方思想家论就是根据中江兆民的《理学沿革史》写成的。② 而《理学沿革史》则是中江兆民根据法国哲学家阿尔福雷特·富耶（Alfred Fouillée）的著作翻译而成的。也就是说，中江兆民将富耶的著作译成日文，而梁启超又以中江兆民所译的《理学沿革史》为蓝本写成了他众多关于西方思想家的学案。

然而，令人费解的是，在上述梁启超所介绍的西方思想家中，竟没有一个是进化论学者。这并非因为《理学沿革史》中没有提及进化论学者。本来，富耶此书，旨在写成一部从古迄今的哲学通史。他为何会对进化论这样重要的流派不加措意呢？其实，在此书最后的"近时英国之理学"一章中，富耶花费了大量的笔墨，对达尔文、斯宾塞作了介绍。并且，被称为进化论者的哲学家富耶，他对英国进化论者的介绍，只可能是充满善意的。按常理来说，极度重视进化论的梁启超，必然会介绍"近时英国之理学"的相关内容，但事实恰恰相反，梁启超根本未翻译这一章。这究竟是什么原因呢？

原来，正如我们上面已经说过的那样，在梁启超发表《霍布士学案》之前一年半左右，即 1906 年 5 月至 6 月之间，《清议报》上曾登载过有关进化论的文章，其题目叫《社会进化论》，原著就是日本学院派学者有贺长雄的《社会

---

① 斯片挪莎，即斯宾诺沙；倍根，即培根。本章以下段落再引用这几篇文章时，不再引其中英文。

② 参见［日］宫村治雄：《开国经验的思想史——兆民及其时代精神》，229～257 页，东京，东京大学出版会，1996；［日］佐藤慎一：《梁启超与社会进化论》，载《法学》，2006，59（6），1092～1093 页；郑匡民：《梁启超启蒙思想的东学背景》，149～152 页。

进化论》。换句话说，梁启超在接触《理学沿革史》之前，已接触到日本学院派有关进化论的著作。在梁启超看来，富耶所理解的社会进化论与自己所接受的社会进化论之间可能存在着某些矛盾。这可能是梁启超敢于无视《理学沿革史》中有关社会进化论论述的原因。[①]

此种事实也从另一个角度说明崇拜力本论的梁启超对日式进化主义的确是情有独钟。果然，梁启超到日本后不久，“稍能读东文”后便立即看上了加藤弘之的《强者的权利的竞争》。随后梁启超以此书为蓝本，写下了他有名的《论强权》[②]，从而使其政治哲学染上了加藤弘之进化主义的强权色彩。有关这一点，我们将留在后面的章节中作进一步的分析。

第三节 强权与自由权

梁启超在其《新民议》中将理论分为“理论之理论”与“实事之理论”。在他看来，“宗教、哲学等，可谓之理论之理论；政治学、法律学、群学、生计学等，可谓之实事之理论”。在两者的关系上，梁启超认为，“天下必先有理论，然后有实事。理论者，实事之母也”。所以，“理论之理论者，又实事之理论之母也”。依梁启超看来，“凡理论皆所以造实事，虽高尚如宗教家之理论，渊远如哲学家之理论，其目的之结果，要在改良人格，增上人道无一非为实事计者，而自余政治家言、法律家言、群学家言、生计家言更无论矣”。所以，“理论而无益于实事者，不得谓之真理论”。显而易见，梁启超所谓的“理论之理论”，就是他经常挂在嘴边的普世的“公理”和“公例”。具体地说来，就是他亡命日本后所接受的学院派进化主义。这也是他所得到的最重要的救国良药。用他的话来说，“公例原理之既得，乃推而按之于群治种种之现象”，从而达到一种“破其弊，而求其是”之目的。[③]

---

① 参见［日］佐藤慎一：《梁启超与社会进化论》，载《法学》，2006，59（6），1093页。

② 有关加藤弘之与梁启超的关系，日本学者坂出祥伸先生与狭间直树先生均有详细论述。参见［日］坂出祥伸：《梁启超之政治思想》，载《关西大学文学论集》，1973，24（1）；［日］狭间直树：《新民说略论》，见［日］狭间直树编：《共同研究：梁启超——西洋近代思想之接受与明治日本》，83～89页。亦见郑匡民：《梁启超启蒙思想的东学背景》，200～227页。

③ 本段引文皆出自梁启超：《新民议》，见《饮冰室合集》，文集之七，104～107页。

梁启超将进化主义应用于实际首先表现于他对时代的认识上。[1]他在《国家思想变迁异同论》中，根据伯伦知理的《国家论》以及日本学院派的进化主义，将历史从远古至未来分为六个时代。它们是：

- 国家思想
  - 过去
    - 一、家族主义时代
    - 二、酋长主义时代
    - 三、帝国主义时代
  - 现在
    - 四、民族主义时代
    - 五、民族帝国主义时代
  - 未来　六、万国大同主义时代

梁启超认为："过去者已去，如死灰之不能复然；未来者未来，如说食之不能获饱。"依他之见，只能将目光集中于当前的现实世界。他认为："今日之欧美，则民族主义与民族帝国主义相嬗之时代也；今日之亚洲，则帝国主义与民族主义相嬗之时代也。"若专就欧洲而论之，"则民族主义，全盛于十九世纪，而其萌达也在十八世纪之下半；民族帝国主义，全盛于二十世纪，而其萌达也在十九世纪之下半"。对梁启超而言，当时的世界，"实不外此两大主义活剧之舞台也"。[2]

依梁启超之见，民族主义和民族帝国主义为两大学派的理论所支撑，"凡百理论，皆由兹出焉，而国家思想其一端也"。梁启超将第一种学派称为平权派，"卢梭之徒为民约论者代表之"；将第二种学派称为强权派，"斯宾塞之徒为进化论者代表之"。基于此种分法，梁启超指出："平权派之言曰：人权者出

---

① 追索梁启超对时代的认识可以从他对历史时代的划分着手。梁启超在出亡日本后，曾提出过三种时代划分方法。第一种是 1901 年 10 月在《中国史叙论》中提出的。在这篇文章中，他将中国历史分为三个时代：上世史，自黄帝至秦统一，是"中国的中国"时代；秦统一至清代乾隆末年，是"亚洲的中国"时代；近世史，乾隆末年至今，是"世界的中国"时代。梁氏的这种分法是根据桑原骘藏 1898 年出版的《中等东洋史》中的观点划分的。第二种是梁氏 1901 年 12 月在其《尧舜为中国中央君权滥觞考》中提出的。在此文章中，梁氏将中国历史分为四个时代：黄帝以前，为野蛮时代；自黄帝至秦始皇，为贵族帝政时代；自秦始皇至乾隆，为君权极盛时代；自清乾隆至今，为文明自由时代。梁氏此种分法，是根据白河次郎、国府种德 1900 年 6 月出版的《支那文明史》提出的。第一种分法从"（中国）民族"的概念角度加以区分，而第二种分法则从政治体制的角度来加以区分。前者的第一时代与后者的第二时代一致，并且以下的分期也尽量调整得一致。第三种分法是梁氏 1901 年 10 月在其《国家思想变迁异同论》中提出的。在这篇文章中，他将历史分为六个时代：家族主义时代、酋长主义时代、帝国主义时代（18 世纪崩溃，在中国为过渡期）、民族主义时代、民族帝国主义时代（20 世纪全盛）、万国大同主义时代（未来）。（参见［日］松尾洋二：《梁启超与史传——东亚近代精神史的激流》，见［日］狭间直树编：《共同研究：梁启超——西洋近代思想之接受与明治日本》，259 页。）

② 本段引文皆出自梁启超：《国家思想变迁异同论》，见《饮冰室合集》，文集之六，19 页。

于天授者也，故人人皆有自主之权，人人皆平等。国家者，由人民之合意结契约而成立者也。故人民当有无限之权，而政府不可不顺从民意，是即民族主义之原动力也。”对平权派之利弊，梁启超分析道：平权派“能增个人强立之气，以助人群之进步。及其弊也，陷于无政府党，以坏国家之秩序”。对于与平权派相对立的强权派，梁启超指出：“强权派之言曰：天下无天授之权利，惟有强者之权利而已，故众生有天然之不平等，自主之权当以血汗而获得之。国家者，由竞争淘汰不得已而合群以对外敌者也。故政府当有无限之权，而人民不可不服从其义务，是即新帝国主义之原动力也。”而对于强权派之利弊，梁启超认为，其“能确立法治（以法治国谓之法治）之主格，以保团体之利益。及其弊也，陷于侵略主义，蹂躏世界之和平”。[①]

既然这两个学派各有优劣，那么对于梁启超来说，应取哪个呢？从他的理想来看，他似乎倾向于民族主义，因为在他看来，民族主义乃是世界上最光明正大公平之主义：“不使他族侵我之自由，我亦毋侵他族之自由。其在于本国也，人之独立；其在于世界也，国之独立。使能率由此主义，各明其界限以及于未来永劫，岂非天地间一大快事？”[②]

从理想方面而言，梁启超虽倾向于民族主义，然就事实而言，“正理与时势，亦常有不并容者”。所谓的时势是什么呢？梁启超依据进化主义的观点指出：“自有天演以来，即有竞争，有竞争则有优劣，有优劣则有胜败。于是强权之义，虽非公理而不得不成为公理。民族主义发达之既极，其所以求增进本族之幸福者，无有厌足。内力既充，而不得不思伸之于外”。所以说，“两平等者相遇，无所谓权力，道理即权力也；两不平等者相遇，无所谓道理，权力即道理也”。按梁启超的意见，“由前之说，民族主义之所以行也，欧洲诸国之相交则然也”。而“由后之说，帝国主义之所以行也。欧洲诸国与欧外诸国之相交则然也。于是乎厚集国力扩张属地之政策，不知不觉遂蔓延于十九世纪之下半”。这种现象对梁启超而言，并不是他愿意接受的；但若以文明进化的角度而言，此派思想之所以流行，亦有其理由。“彼之言曰：世界之大部分，被掌握于无智无能之民族，此等民族，不能发达其天然力（如矿地山林等）以供人类之用，徒令其废弃。而他处文明民族，人口日稠，供用缺乏，无从挹注，故势不可不使此劣等民族，受优等民族之指挥监督，务令适宜之政治，普遍于全世界，然后可以随地投资本，以图事业之发达，以增天下之公益。”不但如此，

---

① 本段引文皆出自梁启超：《国家思想变迁异同论》，见《饮冰室合集》，文集之六，19页。

② 梁启超：《国家思想变迁异同论》，见《饮冰室合集》，文集之六，20页。

强权派基于上述理由竟敢明目张胆地说："世界者有力人种世袭之财产也。有力之民族，攘斥微力之民族，而据有其地，实天授之权利也。"他们甚至声称："优等国民以强力而开化劣等国民，为当尽之义务，苟不尔则为放弃责任也。"在梁启超看来，此种理论虽然不合人道，但是在天演界却是残酷的现实。当前世界列强，在强权派理论的支持下，行种种无道之侵逼掠夺之事，"新帝国主义，如疾风，如迅雷，飙然訇然震撼于全球"。①

梁启超进一步指出："新帝国主义之既行，不惟对外之方略一变而已，即对内之思想，亦随之而大变。盖民族主义者，谓国家恃人民而存立者也，故宁牺牲凡百之利益以为人民。""帝国主义者，言人民恃国家而存立者也。故宁牺牲凡百之利益以为国家，强干而弱枝，重团体而轻个人。于是前者以政府为调人为赘疣者，一反响间，而政府万能之语，遂遍于大地。甚者如俄罗斯之专制政体，反得以机敏活泼，为万国之所歆羡。而人权民约之旧论，几于萧条门巷无人问矣。回黄转绿，循环无端，其现状之奇有如此者。"②

显而易见，梁启超对当时形势的观察乃来自其在日本所受的影响，而其对平权派以及强权派的理解，也来自加藤弘之的进化主义以及伯伦知理的国家学说。

梁启超既然对当时的形势作了以上分析，那么，依梁启超之见，中国应采取何种对策呢？

既然梁启超将斯宾塞所代表的进化主义视为最先进的理论，那么，对中国来说，这种理论是否适用呢？依梁启超之见，中国当时的状况，恰如近代初期的欧洲诸专制主义国家一样，处于民族国家以前的阶段。两者在各方面虽有不同，但就维护君主的政治地位、不认民众为政治秩序主体方面，却是完全一致的。此外，当时中国的政治体制，在不将民众视为政治秩序主体这一点上，与民族帝国主义相同。反过来说，根据平权派理论而建立的"民族国家"，才承认民众是政治秩序的主体。基于这种认识，梁启超设想，假如"他日之所谓政治学者，耳食新说"，忽视平权派之理论，"不审地位，贸然以十九世纪末之思想为措治之极则"，跳过民族国家阶段，那么中国民众成为政治主体的可能性将永远丧失。梁启超确信，俯首于专制皇权之下两千多年，已习惯于作为被动客体的中国民众，只要不变为主动的主体，中国之问题就不可能根本解决，因而将永无成国之日。平权派的理论在欧洲可能早已过时，但是，依梁启超之

① 本段引文皆出自梁启超：《国家思想变迁异同论》，见《饮冰室合集》，文集之六，20～21页。

② 梁启超：《国家思想变迁异同论》，见《饮冰室合集》，文集之六，21页。

见，在“所谓民族主义者，犹未胚胎焉”的中国，至少还有其极新的现实性与稳妥性。[①]所以，梁启超说：“知他人以帝国主义来侵之可畏，而速养成我所固有之民族主义以抵制之，斯今日我国民所当汲汲者也。”[②]

经过对国际形势和中国国情一系列的分析，梁启超认为，中国必须先迈出发扬民族主义精神的第一步，然后方能立国。为了坚持自己的意见，他在给康有为的信中极力申明此意，其言略谓：“至民主、扑满、保教等义真有难言者，弟子今日若从先生之诫，他日亦必不能实行也，故不如披心沥胆一论之。今日民族主义最发达之时代，非有此精神，决不能立国，弟子誓焦舌秃笔以倡之，决不能弃去者也。”[③]

正因如此，梁启超一时将平权派代表卢梭的思想视为救治中国病症最合适的良方而大力加以宣传：

> 欧洲近世医国之国手，不下数十家。吾视其方最适于今日之中国者，其惟卢梭先生之《民约论》乎。是方也，当前世纪及今世纪之上半，施之于欧洲全洲而效。当明治六七年至十五六年之间，施之于日本而效。今先生于欧洲与日本既已功成而身退矣。精灵未沫，吾道其东，大旗觥觥，大鼓冬冬，大潮汹汹，大风蓬蓬，卷土挟浪，飞沙走石，杂以闪电，趋以万马，尚其来东。呜呼！《民约论》，尚其来东。东方大陆，文明之母，神灵之宫。惟今世纪，地球万国，国国自主，人人独立，尚余此一土以殿诸邦。此土一通，时乃大同。呜呼！《民约论》兮，尚其来东。大同大同兮，时汝之功！[④]

显而易见，梁启超也曾想用平权派的验方来医治当时中国的病症。但是问题并非如此简单，对受过日本学院派进化主义洗礼的梁启超来说，无论如何也不能无限度地依从平权派的理论，因为按进化之“公理”，无论是天赋人权还是社会契约论，都只不过是思想家的臆测或假说，此种理论终究不可能成为“事实”。欧洲的人们认臆测的理论为真理，并依其信念发动革命，其结果是，建立了民族国家的政治体制。也就是说，在欧洲，人们依据平权派虚构的理论创造了某种“事实”。然而，正是因为平权派的理论来源于思想家的臆测和假

---

① 参见［日］佐藤慎一：《梁启超与社会进化论》，载《法学》，2006，59（6），1101～1102页。

② 梁启超：《国家思想变迁异同论》，见《饮冰室合集》，文集之六，22页。

③ 梁启超：《与夫子大人书》，见丁文江、赵丰田编，欧阳哲生整理：《梁任公先生年谱长编》（初稿），144页。

④ 梁启超：《破坏主义》，载《清议报》，第三十册，光绪二十五年（1899年）九月十一日，6页。

说，所以它才被强权派基于“事实”的科学法则而推翻。对梁启超而言，将平权派的理论当成真理来接受，绝对地皈依它，几乎是不可能的。[①]

这样一来，对梁启超而言，恐怕只剩下唯一一种选择了，那就是对社会进化论加以诠释，将其作为创建民族国家的理论根据。换句话说，就是用“强权派”的理论来实现“平权派”的课题。[②] 而事实上，梁启超也正是这样做的。

上文已说过，梁启超的思想有着相当程度的力本论成分，所以加藤弘之的强权论对他极具吸引力。他认为加藤弘之乃是日本德国学的泰斗，其理论滴水不漏，并称“夙爱读其书”。梁启超到日本后没多久即读了加藤弘之的《强者的权利的竞争》，而且，深受加藤弘之的影响，梁启超强权思想的逻辑也按学院派重镇加藤弘之的思路展开。[③]也就是说，梁启超是站在进化主义的立场上，用“生存竞争”“优胜劣败”的法则来展开他的强权论的。他指出：“强权云者，强者之权利之义也。英语云：the right of the strongest。此语未经出现于东方，加藤氏译为今名。何云乎强者之权利？谓强者对于弱者而所施之权力也。自吾辈人类及一切生物世界乃至无机物世界，皆此强权之所行，故得以一言蔽之曰：天下无所谓权利，只有权力而已，权力即权利也。”[④] 梁启超认为：“凡动植物世界及人类世界，当强弱二者大相悬隔之时，则强者对于弱者之权力，自不得不强大。因强大之故，自不得不暴猛。譬之兽类，虎狮之最强者，故其于弱兽任意自由而捕食之。是狮虎之权力，所以大而猛也，惟强故也。”[⑤] 依梁启超之见，这种规律不仅适用于动物界，于人类也同样适用：“昔者野蛮世界，强大之民族，对于弱小之民族，其所施之权力必大而猛。又同一民族之中，强者对于弱者，其所施之权力，必大而猛。不宁惟是，文明人民对于半开及野蛮之人民，其所施之权力，必大而猛。是无他故，皆自强弱之悬隔而生。

---

① 佐藤慎一先生认为：“持社会契约论并非事实，此种理论虽为欧洲社会变革之动力，但该理论并不适于中国的观点的并不限于梁启超。二十世纪初，中国持此种观点之人颇多。例如提倡民权主义的孙文，在其《三民主义》一文中曾明言，社会契约说并非事实。当时他考虑到中国民众的状态犹如一盘散沙，从而认为中国人并非自由不足，而是自由老早就很充分了。依他之见，中国之所以积弱，原因在于缺乏维持社会有机体发展的团结力。在孙文看来，处于生存竞争国际环境中的中国，其紧急而必要的是‘民族的自由’而不是‘个人的自由’。为实现‘民族的自由’要限制老早就很充分的‘个人自由’，就像在散沙中注入水泥那样，极需强化社会有机体。其‘训政’的主张，明显地表明了他站在干涉主义的立场之上。”（［日］佐藤慎一：《梁启超与社会进化论》，载《法学》，2006，59（6），1102、1113页。）

② 参见［日］佐藤慎一：《梁启超与社会进化论》，载《法学》，2006，59（6），1102页。

③ 有关加藤弘之对梁启超的影响，参阅郑匡民：《梁启超启蒙思想的东学背景》，200～227页。

④ 梁启超：《自由书·论强权》，见《饮冰室合集》，专集之二，29页。

⑤ 梁启超：《自由书·论强权》，见《饮冰室合集》，专集之二，29页。

强也弱也是其因也，权力之大小是其果也。其悬隔愈远者，其权力愈大而猛，此实天演之公例也。”[①] 依梁启超进化主义之逻辑，“凡一切有机之生物，因其内界之遗传，与外界之境遇，而其体质心性，生强弱优劣之差。此体质互异之各物，并生存于世界中，而各谋利己，即不得不相竞争，此自然之势也。若是者名之为生存竞争。因竞争之故，于是彼遗传与境遇，优而强者，遂常占胜利，劣而弱者，遂常至失败，此亦当然之事也。若是者名之为优胜劣败。生存竞争、优胜劣败，此强权之所由起也，生存竞争与天地而俱来，然则强权亦与天地俱来，固不待言”[②]。

十分明显，在梁启超眼中，“生存竞争”“优胜劣败”乃是自然界自古以来不可否认的事实，是科学的“公理”与“公例”，那么，“强权亦与天地俱来”，当然也是科学的“公理”与“公例”了。

于是，他仿照加藤弘之，也将“强权”与“自由权”视为同一性质的东西，展开他的强权论。他说：“曰强权，曰权力，闻者莫不憎而厌之，谓此乃上位施于下位，无道之举动也，人群之蟊贼也。曰自由权，曰人权，闻者莫不爱而贵之，谓此乃人民防拒在上之压制，当然之职分也，人群之祥云也。虽然，就前章界说之定义言之，而知强权与自由权，其本体必非二物也。其名虽相异，要之，其所主者在排除他力之妨碍，以得己之所欲。此则无毫厘之异者也。不过因其所遇之他力而异其状，因以异其名云尔。”梁启超指出：“彼野蛮与半开之国，统治者之知识，远优于被治者，其驾驭被治者也甚易，故其权力势不得不猛大。至文明国则被治者之智识，不劣于统治者，于是伸张其权力以应统治者。两力相遇，殆将平均，于是各皆不得不出于温良，若是者谓之自由。”梁启超进一步指出：“昔康德氏最知此义。其言曰：统治者对于被治者等，贵族对于贱族，所施之权力，即自由权也。盖康氏之意，以为野蛮之国，惟统治者得有自由。古代希腊罗马，则统治者与贵族得有自由。今日之文明国，则一切人民皆得有自由。又李拔尔氏之说，亦大略相同。其意谓专制国之君主，与自由国之人民，皆热心贪望自由权者也。故自由权可谓全为私利计耳云云。”在梁启超看来，康德与李拔尔皆日耳曼大儒，而他们“其论如此，可谓中时矣”。总而言之，依梁启超之见，既然“前此惟在上位者有自由权，今则在下位者亦有自由权；前此惟在上位者有强权，今则在下位者亦有强权”，那么，“强权与自由权，决非二物，昭昭然矣”。梁启超解释说：“若其原因，

---

① 梁启超：《自由书·论强权》，见《饮冰室合集》，专集之二，29页。

② 梁启超：《自由书·论强权》，见《饮冰室合集》，专集之二，32页。

则由前此惟在上位者乃为强者，今则在下位者亦为强者耳。故或有见人民伸其自由权以拒压制之强权，以为此强弱迭代也。不知乃两强相遇，两权并行，因两强相消，故两权平等。故谓自由权与强权同一物，骤闻之似甚可骇，细思之实无可疑也”。[①]

基于以上认识，梁启超自然也像加藤弘之那样，用进化主义来否定天赋人权而拥抱强权了。他写道：

> 诸君熟思此义，则知自由云者，平等云者，非如理想家所谓天生人而人人畀以自由、平等之权利云也。我辈人类与动植物同，必非天特与人以自由平等也。康南海昔为《强学会序》有云："天道无亲，常佑强者。"至哉言乎！世界之中，只有强权，别无他力。强者常制弱者，实天演之第一大公例也。然则欲得自由权者，无他道焉，惟当先自求为强者而已。欲自由其一身，不可不先强其身；欲自由其一国，不可不先强其国。强权乎！强权乎！人人脑质中不可不印此二字也。[②]

按梁启超进化主义的逻辑，"生存竞争""优胜劣败"乃是形成强权的原因，"生存竞争与天地而俱来"，那么强权也应与天地俱来。但是在梁启超看来，强权之发展，也有其一定之秩序，"在禽兽世界，其强权之所施，惟在此种属与他之种属之间（如虎与羊、猫与鼠之间是也）而已。若其同一种属之间，则其强权不甚发达。野蛮人亦然，当草昧未开之时，同一人群内之竞争，而出其强权者甚稀，其始惟人类对于动植物而施其强权；其继则此群对于彼群而施其强权；其后乃一群之中之各人，甲对于乙、乙对于丙而有强权"。梁启超认为，强权依一定秩序发展，乃是"由人群进步发达，而生产竞争之趋向，日渐增加，而强者之权利，乃日渐加大"所造成的。他解释说："如一人群之初立，其统治者与被治者之差别殆无有，故君主对于人民之强权，亦几于无有，是为第一界，亦谓之据乱世。其后差别日积日显，而其强权亦次第发达，贵族之对于平民亦然，男子之对于妇人之亦然，是为第二界，亦谓之升平世。至世运愈进步，人智愈发达，而被治者与平民与妇人，昔之所谓弱者亦渐有其强权与昔之强者抗，而至于平等，使猛大之强权，变为温和之强权，是为强权发达之极则，是为第三界，亦谓之太平世。"[③]

① 本段引文皆出自梁启超：《自由书·论强权》，见《饮冰室合集》，专集之二，30～32页。

② 梁启超：《自由书·论强权》，见《饮冰室合集》，专集之二，31页。

③ 本段引文皆出自梁启超：《自由书·论强权》，见《饮冰室合集》，专集之二，32页。

如本章第一节已指出的那样，戊戌变法之前，梁启超正处在康有为三世进化理论最深刻的影响之下，他用康有为的三世进化说，将人类政治发展的过程分为“多君为政”“君为政”和“民为政”三个阶段。到日本后，他虽受学院派进化主义的影响，但其最初的言论依然沿用此三个阶段的分法。因此，在有关强权的问题上，他虽然祖述加藤弘之的强权论，但在说明强权发展变化的过程时，他还是借助了其师的三世进化论。第一个阶段是“多君为政”时期，指从家族发展而来的社会集团进化到小国家的时期。那时，在一定的地域空间中，并立着众多的小国家。这些小国家为封建领主或酋长所统治，而统治者均握有强权。因此，长久以来，国与国之间进行着长年不断的战争。第二个阶段乃是“君为政”（君主制）时期。此时众多国家经过生存竞争，逐渐统一成一个国家。这种统一是依靠武力进行的，武力中的优胜者成为该统一国家的君主，他握有统治权而君临天下。在这个历史阶段，君主独占强权，唯有他能享有“自由”。此独占“强权”与“自由”的统治者，即专制君主。在专制君主的统治下，民众因没有“强权”而处于极“不自由”之状态。然而，此种状态并不能永久地维持。那些不堪忍受“不自由”的民众，必然为夺取自由而奋斗。在这种场合下，他们能否成功获得自由，完全取决于其是否提高包括“民智”“民德”在内的实力。当民众有了可以与统治者相抗衡的“强权”，君主不得已对民众之“强权”让步时，君为政（君主制）即君主（专制君主）体制才能向君民共主（立宪君主）体制转换。此时，君主和民众的强权通过议会制度得到均衡与抑制，君主和民众各自享受有限的自由。反之，当君主不肯让步，民众用“强权”来打倒专制君主时，民众则成为统治者，从而实现民为政（共和制），使其自身得到全面的自由。[①]

依梁启超之见，“第一界之时，人人皆无强权（惟对于他族而有之耳），故平等。第二界之时，有有强权者，有无强权者，故不平等。第三界之时，人人皆有强权，故复平等”。总而言之，按梁启超的思路，社会的发展程度，要“以强权之有无多寡，以定其位置之高下文野”。他指出：“专制主义，自今日视之，诚为可笑可憎，然要之彼一群之中，尚有有强权者若干人，则胜于前此之绝无强权者矣。贵族政治、神官政治，亦其有强权之人日渐加增之征验也。近世经一次革命，则有强权之人必增多若干，而人群之文明必进一级。前此经过者，如宗教革命、政治革命皆是也。今日欧洲各国，有强权之人增于二百年

① 参见［日］佐藤慎一：《梁启超与社会进化论》，载《法学》，2006，59（6），1103～1104页。

前不知凡几矣”。[1]

由此可见，在梁启超进化主义的理论框架中，社会中握有强权之人数越多，则该社会越文明、越进步，该社会中的民众享有的权利和自由越多。所以，对梁启超来说，救国之策自然是让民众人人伸张自己的权力，成为强者，以拒统治者之强权；国家也伸张自己的权力，成为强国，以拒列强之强权。用他的话来说，即“欲得自由权者，无他道焉，惟当先自求为强者而已。欲自由其一身，不可不先强其身；欲自由其一国，不可不先强其国”。

基于以上之认识，梁启超认为放弃自由之罪恶要大于侵犯他人自由之罪恶。他说：“西儒之言曰：天下第一大罪恶，莫甚于侵人自由，而放弃己之自由者，罪亦如之。余谓两者比较，则放弃其自由者为罪首，而侵人自由者乃其次也。”因为在梁启超看来，“苟天下无放弃自由之人，则必无侵人自由之人。此之所侵者，即彼之所放弃者，非有二物也”。按梁启超的进化主义理论，“物竞天择，优胜劣败，此天演学之公例也。人人各务求自存则务求胜，务求胜则务为优者，务为优者则扩充己之自由权而不知厌足，不知厌则侵人自由必矣”。在梁启超看来，自由也生于人人务求自存、务求优胜的天演“公例”。他说：“譬之有两人于此，各务求胜，各务为优者，各扩充己之自由权而不知厌足。其力线各向外而伸张，伸张不已，而两线相遇，而两力各不相下，于是界出焉。故自由之有界也，自人人自由始也。”假如此两人之力有一弱者，“则其强者所伸张之线，必侵入于弱者之界，此必至之势，不必讳之事也”。在梁启超眼里，这种现象乃是天演学中的“公例”，根本不具有任何道德的含义，更谈不上是罪恶。他反诘道：“如以为罪乎，则宇宙间有生之物，孰不争自存者？充己力之所能及以争自存，可谓罪乎？夫孰使汝自安于劣，自甘于败，不伸张力线以扩汝之界，而留此余地以待他人之来侵也。”所以，依梁启超之见，“苟无放弃自由者，则必无侵人自由者。其罪之大原，自放弃者发之，而侵者因势利导，不得不强受之”。对梁启超而言，放弃自由者，“以春秋例言之，则谓之罪首可也”。[2] 按梁启超这种逻辑，物竞天择、弱肉强食既然是天演学的“公例”，那么，对中国而言，恐怕只有一条路，那就是像列强一样，也自为强者，自为优者，进入丛林社会，加入物竞天择、弱肉强食的天演界，保其权利和自由。正因如此，他写道：“民之无权，国之无权，其罪皆在国民之放弃耳。于民贼乎何尤？于虎狼乎何尤？今之怨民贼而怒虎狼者，盍亦一旦自悟自悔而自

① 本段引文皆出自梁启超：《自由书·论强权》，见《饮冰室合集》，专集之二，32～33页。

② 以上引文均出自梁启超：《自由书·放弃自由之罪》，见《饮冰室合集》，专集之二，23～24页。

扩张其固有之权，不授人以可侵之隙乎？不然，日日瞋目切齿怒发胡为者。”[①]

中国政治体制的现状是君主专制，若按社会进化的法则，当然要变革成立宪君主制或者共和制。梁启超强调民众教育的重要性，与主张用武力推翻清朝的革命派相比，显得软弱。但是，在梁启超看来，对民众进行教育，才是使其成为强权者所必不可少的条件。立宪君主制也好，民主共和制也好，对梁启超而言，都不一定有决定性的意义。因为无论是立宪君主制还是民主共和制，都只是将中国转换成民族国家的一种手段。至于哪种手段更适合，那要视“民智”“民德”的水准以及民众之强权状况来决定。梁启超认为，扩大强权者的范围，使更多的人享受自由，才是社会进化的目的。在他看来，这种社会进化的理论，不仅适用于国内政治中君主与民众的关系，也适用于社会上少数人用“强权”支配多数人的实际现象。例如，资本家对劳力者、男子对女子实施强权的例子举不胜举。但梁启超也坚定地认为，被支配者用自己的“强权”颠覆既存的支配关系，从而获得自由的社会进化现象，必然会出现在各种领域。这便是他所说的“资产革命”和“女权革命”。在梁启超看来，今后获得“强权”之多数人颠覆少数统治者，以实现“自由”之行动，在世界各国及社会各个领域将广泛而急速地展开。梁启超坚信，20世纪乃是革命的世纪。梁启超将社会进化论当成分析的工具，是中国人中预见20世纪将成为“革命世纪”的第一人。[②]

第四节　民族国家构建与道德革命论

梁启超写《新民说》的动机，来自他由进化主义理论所导出的形势判断。他在《新民说·叙论》中明确表示：“故今日欲抵当列强之民族帝国主义，以挽浩劫而拯生灵，惟有我行我民族主义之一策，而欲实行民族主义于中国，舍新民末由。”[③] 在这篇文章中，他依据日本学院派的进化主义观点，对民族帝国

---

① 梁启超：《自由书·国权与民权》，见《饮冰室合集》，专集之二，24～25页。

② 佐藤慎一先生认为：梁启超这种用强权来争取自由的观念，若将其中的生存竞争观念置换为阶级斗争观念，立刻就会与马克思主义的社会发展观产生亲和性。实际上，梁启超的下一代、中国初期的马克思主义者中，有不少人年轻时读了梁启超的文章后深有所悟，从而成为社会进化论的虔诚信奉者。（参见［日］佐藤慎一：《梁启超与社会进化论》，载《法学》，2006，59（6），1104～1105页。）

③ 梁启超：《新民说·叙论》，载《新民丛报》，1902（1），7页。

主义产生的原因作了如下分析：

> 天下势力之最宏大、最雄厚、最剧烈者，必其出于事理之不得不然者也。自中古以前（罗马解体以前），欧洲之政治家，常视其国为天下，所谓世界的国家 Worldly State 是也。以误用此理想故，故爱国心不盛。而真正强固之国家不能立焉（……）。近四百年来，民族主义日渐发生，日渐强达，遂至磅礴郁积，为近世史之中心点，顺兹者兴，逆兹者亡。……民族主义者，实制造近世国家之原动力也。此主义既行，于是各民族咸汲汲然务养其特性，发挥而光大之。自风俗、习惯、法律、文学、美术，皆自尊其本族所固有，而与他族相竞争。如群虎互睨，莫肯相下。范围既日推日广，界线亦日接日近，渐有地小不足以回旋之概。夫内力既充而不得不思伸于外，此事理之必然者也。于是由民族主义一变而为民族帝国主义，遂成十九世纪末一新之天地。[①]

在梁启超看来，民族帝国主义出现于世界后，政治理论也随之一变。“前代学者，大率倡天赋人权之说，以为人也者生而有平等之权利，此天之所以与我，非他人所能夺者也。及达尔文出，发明物竞天择、优胜劣败之理，谓天下惟有强权（惟强者有权利，谓之强权），更无平权。权也者，由人自求之，自得之，非天赋也。于是全球之议论为一变，各务自为强者，自为优者。一人如是，一国亦然。苟能自强自优，则虽翦灭劣者弱者，而不能谓为无道。”为什么会出现这种现象呢？依梁启超之见，这乃是天演学的“公例”使然：“我虽不翦灭之，而彼劣者弱者终亦不能自存也。以故力征侵略之事，前者视为蛮暴之举动，今则以为文明之常规。”梁启超更进一步引用欧美人士之论来证明天演学“公例”的当然合法性：“全世界三分之二，为无智无能之民族所掌握，不能发宣其天然之富力，以供全球人类之用，此方人满为忧，彼乃货弃于地。故优等民族，不可不以势力压服劣等者，取天地之利而均享之。其甚者以为世界者，优等民族世袭之产业也。优等人斥逐劣等人而夺其利，犹人之斥逐禽兽，实天演强权之最适当而无惭德者也。”在梁启超看来，基于以上理论，“弱肉强食之恶风，变为天经地义之公德”。也就是说，生存竞争、优胜劣败的天演学之公理，乃是“近世帝国主义成立之原因”。[②] 对梁启超来说，进化主义乃是历史发展的客观规律，人类的历史就是一个通过不断竞争发展而来的斗争

---

① 梁启超：《论民族竞争之大势》，载《新民丛报》，1902（2），29～31 页。

② 以上引文皆出自梁启超：《论民族竞争之大势》，载《新民丛报》，1902（2），33～34 页。

史，“盖自人群初起以来，人类别为无量之小部落，小部落相竞，进为大部落，大部落相竞，进而为种族，种族相竞，进而为大种族；复相竞焉，进而为国家，进而为大国家；复相竞焉，进而为帝国，进而为大帝国。（国家者 State 之义也，帝国者 Empire 之义也，其性质各不同。）自今以往，则大帝国与大帝国竞争之时代也”[①]。梁启超指出：“近世列强之政策，由世界主义而变为民族主义，由民族主义而变为民族帝国主义，皆迫于事理之不得不然，非一二人之力所能为，亦非一二人之力所能抗者也。”[②] 在这种客观的历史环境中，中国应当如何应对呢？依梁启超之见，“今日欲救中国，无他术焉，亦先建设一民族主义之国家而已”。而随后，凭借“以地球上最大之民族而能建设适于天演之国家”的实力，加入天演界的竞争之中，与各大帝国相周旋，到那时，“则天下第一帝国之徽号，谁能篡之”[③]。显而易见，梁启超对中国前途作出的设计，乃基于他到日本后所接受的学院派的进化主义理论。此理论不仅左右了他对当时国际形势的判断，也成为他的世界观和方法论。在此科学的公理、公例的引领下，他为中国找寻出一条通向未来的途径，即先“建设一经得起竞争的民族国家”的驿站，然后向能与列强争雄于世界的民族帝国主义“天下第一帝国”迈进。

若想将中国建设成一个民族国家，对梁启超而言，最迫切的事情是提高民众的素质，培养国民整体的爱国心。然而在梁启超眼中，当时的中国民众只是一群连国民整体感、国家观念都不知晓的群氓。他曾借用西方人的言论来形容当时的中国人，曰：“彼其人无爱国之性质，故其势涣散，其心耎弱，无论何国何种之人，皆可以掠其地而奴其民。临之以势力，则帖耳相从。啖之以小利，则争趋若鹜。”[④] 对这种说法，梁启超虽然认可，但不得不加以解释，在他看来，中国人并非没有爱国之性质：“其不知爱国者，由不自知其为国也。中国自古一统，环列皆小蛮夷，无有文物，无有政体，不成其为国，吾民亦不以平等之国视之。故吾国数千年来，常处于独立之势。吾民之称禹域也，谓之为天下，而不谓之为国。既无国矣，何爱之可云？”[⑤] 在梁启超看来，中国人这种世界秩序观日积月累，逐渐形成了三种观念，而这三种观念又导致中国人爱国

① 梁启超：《论民族竞争之大势》，载《新民丛报》，1902（4），25页。

② 梁启超：《论民族竞争之大势》，载《新民丛报》，1902（2），34页。

③ 梁启超：《论民族竞争之大势》，载《新民丛报》，1902（5），35～36页。

④ 梁启超：《爱国论》，见《饮冰室合集》，文集之三，65页。

⑤ 梁启超：《爱国论》，见《饮冰室合集》，文集之三，66页。

心淡薄。其一，“不知国家与天下之差别”；其二，“不知国家与朝廷之界限”；其三，“不知国家与国民之关系”[①]。在这种情况下，要建设国民国家，就要使中国民众的观念，从天下观念转变为国家观念，从朝廷的观念转变为国家的观念，以形成作为国家主权者的国民的自觉。要而言之，就是要使国人从国家观念完全空白的状态下摆脱出来，培养其作为近代国民国家一员的政治自觉。这正像他自己所说的那样，“国之亡也，非当局诸人遂能亡之也，国民亡之也”。在他看来，每个国民形成政治自觉，才是维持国民国家始终不变的原则。[②] 那么，具体说来，梁启超将用何种方式来使中国民众实现政治自觉呢？按梁启超的意见，实现民众的政治自觉，首先要从改造旧有的国民性、树立新的道德观念入手。梁启超认为，中国本来的风俗造成了民众的奴性、愚昧、为我、好伪、怯懦、无动等六种品格。[③] 这种国民性严重地妨碍了中国民众的政治自觉，梁启超在其《呵旁观者文》中，列举了浑沌派、为我派、呜呼派、笑骂派、暴弃派、待时派等六种旁观者，并斥之为“人类之蟊贼，世界之仇敌”。梁启超认为，这六类人所表现出的国民性，同样妨碍了国民政治的自觉。此外，梁启超又在其《十种德性相反相成义》中，从积极的方面对政治自觉加以说明。在梁启超看来，独立与合群、自由与制裁、自信与虚心、利己与爱他、破坏与成立此十种德性，形质两两相反，而其精神两两相成。为了实现中国民众的政治自觉，梁启超希望国民具备这十种新的道德。值得注意的是，梁启超是站在调和主义的立场上对这十种道德加以阐释的。在此文章的末尾，梁启超写道：“知有合群之独立，则独立而不轧轹；知有制裁之自由，则自由而不乱暴；知有虚心之自信，则自信而不骄盈，知有爱他之利己，则利己而不偏私；知有成立之破坏，则破坏而不危险。”显而易见，梁启超试图在调节集体与个人、秩序与自由之间紧张关系的过程中作增大两者力量的努力。然而，梁启超这种调和主义，正像其经常表现出的那样，往往以国家安危优先的态度出现。[④]

怀着这种改造中国民众的奴隶性[⑤]，树立新的道德，建设民族国家的目的，梁启超写作了《新民说》。梁启超在其《新民说》之“叙论”中虽声称既要“淬历其所本有而新之”，又要“采补其本无而新之”[⑥]，但观其内容，其革新的

① 梁启超：《中国积弱溯源论》，见《饮冰室合集》，文集之五，15～17页。

② 参见［日］坂出祥伸：《梁启超之政治思想》，载《关西大学文学论集》，1973，24（1），3页。

③ 参见梁启超：《中国积弱溯源论》，见《饮冰室合集》，文集之五，18～27页。

④ 参见［日］坂出祥伸：《梁启超之政治思想》，载《关西大学文学论集》，1973，24（1），4页。

⑤ 参见梁启超：《爱国论》，见《饮冰室合集》，文集之三，67页。

⑥ 梁启超：《新民说·叙论》，载《新民丛报》 1902（1），8页。

成分更加突出。[①] 其革新的原因乃出于上述建设国民国家的理想，而此理想又得到了以日本学院派进化主义为核心的世界观的支持。在此种世界观的作用下，梁启超将群的概念放到了他道德思想的中心地位。梁启超将道德分为两种：一种是其所谓的公德，一种是其所谓的私德。梁启超认为："人人独善其身者，谓之私德；人人相善其群者，谓之公德。"[②] 在梁启超看来，"我国民所最缺者，公德其一端也。公德者何？人群之所以为群，国家之所以为国，赖此德以为成立者也。人也者，善群之动物也……必有一物焉贯注而联络之，然后群之实乃举，若此者，谓之公德"[③]。

按中国传统儒家的说法，一方面，道德出自古典儒家围绕道德实现思想的精神超越性伦理。这种伦理的核心，自然是被认为植根于更高宇宙实在"天"的"仁"的理念。另一方面，它也源于人类内在的道德意识。此道德意识即由恻隐之心见仁，由羞恶之心见义，由辞让之心见礼，由是非之心见智。仁、义、礼、智就是心之德。由心见性，这一心性是先天而内在的。这个心性就是道德的心性，我们于此亦曰道德理性。这是定然如此的、无条件的。这个心性一透露，人之所以为人的道德主体性便完全树立起来。[④] 中国传统的儒家从"宇宙论的进路"和"道德的进路"同时论证了人性和道德问题，从而确立了儒家的道德绝对主义体系。而梁启超的利群的集体主义的立场，"导致梁走上了一条道德相对主义道路，它与儒家道德绝对主义无疑迥然有别"[⑤]。导致梁启超走上道德相对主义道路的，正是上文已提到过的学院派进化主义者们的著作。梁启超到日本后，曾读过加藤弘之的《强者的权利的竞争》与《道德法律之进步》等书，并深受其影响。所以，梁启超与加藤弘之一样，将道德问题放在进化主义的框架中，视其为时代发展变化的产物。他写道：

> 道德之立，所以利群也。故因其群文野之差等，而其所适宜之道德亦往往不同，而要之以能固其群、善其群、进其群者为归。夫英国宪法，以侵犯君主者为大逆不道；法国宪法，以谋立君主者为大逆不道；美国宪

---

① 参见［美］张灏：《梁启超与中国思想的过渡（1890—1907）：烈士精神与批判意识》，崔志海、葛夫平译，102页。

② 梁启超：《新民说·论公德》，载《新民丛报》，1902（3），1页。

③ 梁启超：《新民说·论公德》，载《新民丛报》，1902（3），1页。

④ 参见［美］张灏：《危机中的中国知识分子——寻求秩序与意义》，55页，北京，新星出版社，2006；牟宗三著、罗义俊编：《中国哲学的特质》，47～60、141页，上海，上海古籍出版社，2008。

⑤ ［美］张灏：《梁启超与中国思想的过渡（1890—1907）：烈士精神与批判意识》，崔志海、葛夫平译，103页。

法，乃至以妄立贵爵名号者为大逆不道。其道德之外形相反如此，至其精神则一也。一者何？曰为一群之公益而已。乃至古代野蛮之人，或以妇女公有为道德，或以奴隶非人为道德；而今世哲学家，犹不能谓其非道德，盖以彼当时之情状所以利群者，惟此为宜也。然则道德之精神，未有不自一群之利益而生者。苟反于此精神，虽至善者，时或变为至恶矣。是故公德者，诸德之源也。有益于群者为善，无益于群者为恶。此理放诸四海而准，俟诸百世而不惑者也。至其道德之外形，则随其群之进步以为比例差。群之文野不同，则其所以为利益者不同，而其所以为道德者亦自不同。德也者，非一成而不变者也，非数千年前之古人所能立一定格式以范围天下万世者也。①

显而易见，学院派进化主义的影响使梁启超完全背离了中国传统道德绝对主义，而站在相对主义的立场上来看待道德。因而其道德观也与加藤弘之一样，“既是集体主义的，也进化的。就他所称的道德基本功能来说，是集体主义的；就他所称的道德的本质规律来说，则是进化的”②。而当梁启超用他这种染上进化主义色彩的道德观重新审视中国固有的道德时，他发现，“吾中国道德之发达，不可谓不早。虽然，偏于私德，而公德殆阙如。试观《论语》、《孟子》诸书，吾国民之木铎，而道德所从出者也。其中所教，私德居十之九，而公德不及其一焉”③。而反观西方之道德，梁启超发现其与中国道德有极大的不同。在梁启超看来，中国“旧伦理之分类，曰君臣，曰父子，曰兄弟，曰夫妇，曰朋友。新伦理之分类，曰家族伦理，曰社会（即人群）伦理，曰国家伦理”。相比之下，“旧伦理所重者，则一私人对于一私人之事也；新伦理所重者，则一私人对于一团体之事也”④。梁启超认为：“以新伦理之分类归纳旧伦理，则关于家族伦理者三：父子也，兄弟也，夫妇也。关于社会伦理者一，朋友也。关于国家伦理者一，君臣也。”然而，在梁启超看来，“朋友一伦，决不足以尽社会伦理；君臣一伦，尤不足以尽国家伦理”。为什么这样说呢？梁启超认为，“凡人对于社会之义务，决不徒在相知之朋友而已，即绝迹而不与人交者，仍于社会上有不可不尽之责任”。至于国家伦理，梁启超则认为，“尤非

① 梁启超：《新民说·论公德》，载《新民丛报》，1902（3），5～6页。

② ［美］张灏：《梁启超与中国思想的过渡（1890—1907）：烈士精神与批判意识》，崔志海、葛夫平译，105页。

③ 梁启超：《新民说·论公德》，载《新民丛报》，1902（3），1～2页，

④ 梁启超：《新民说·论公德》，载《新民丛报》，1902（3），2页。

君臣所能专有”，“若仅言君臣之义，则使以礼、事以忠全属两个私人感恩效力之事耳”，而这种君臣之间的关系，则“于大体无关也”[①]。并且，“将所谓逸民不事王侯者，岂不在此伦范围之外乎？”梁启超认为，人必备西方所谓的家族伦理、社会伦理与国家伦理这三伦理之义务，“然后人格乃成”。若将中国之五伦与西方伦理相比，“则惟于家族伦理稍为完整，至社会国家伦理，不备滋多。此缺憾之必当补者也”[②]。在梁启超看来，造成这种现象的原因，皆是中国素来“重私德轻公德所生之结果也”[③]。梁启超指出：“吾中国数千年来，束身寡过主义，实为德育之中心点，范围既日缩日小，其间有言论行事出此范围外，欲为本群本国之公利公益有所尽力者，彼曲士贱儒，动辄援不在其位不谋其政等偏义，以非笑之，排挤之。谬种流传，习非胜是，而国民益不复知公德为何物。”[④] 在梁启超看来，个人生息于一群之中，“安享其本群之权利，即有当尽于其本群之义务。苟不尔者，则直为群之蠹而已”[⑤]。这正像有的学者指出的那样，在梁启超那里，这种向团体/国家所尽的义务，完全被视为极自然的事情。梁氏并不认为国家乃人为的产物，而是认为国家是在弱肉强食的状态下为保护个人而自然形成的。[⑥]

循此思想进路，梁启超将国家与个人的关系比作父母与子女的关系。他说：“父母之于子也，生之育之，保之教之。故为子者，有报父母恩之义务。人人尽此义务，则子愈多者，父母愈顺，家族愈昌，反是则为家之索矣。”[⑦]

基于这种比喻，梁启超认为，个人也要像子女对父母报恩那样，对国家履行当尽之义务。他说：“群之于人也，国家之于国民也，其恩与父母同。盖无群无国，则吾性命财产无所托，智慧能力无所附，而此身将不可以一日立于天地。故报群报国之义务，有血气者所同具也。苟放弃此责任者，无论其私德上为善人为恶人，而皆为群与国之蝨贼。”[⑧] 梁启超解释道：“譬诸家有十子，或披剃出家，或博弈饮酒。虽一则求道，一则无赖，其善恶之性质迥殊。要之，不顾父母之养，为名教罪人则一也。明乎此义，则凡独善其身以自足者，实与

---

① 梁启超：《新民说·论公德》，载《新民丛报》，1902（3），2页。
② 梁启超：《新民说·论公德》，载《新民丛报》，1902（3），2页。
③ 梁启超：《新民说·论公德》，载《新民丛报》，1902（3），2页。
④ 梁启超：《新民说·论公德》，载《新民丛报》，1902（3），3页。
⑤ 梁启超：《新民说·论公德》，载《新民丛报》，1902（3），3页。
⑥ 参见［日］坂出祥伸：《梁启超之政治思想》，载《关西大学文学论集》，1973，24（1），5页。
⑦ 梁启超：《新民说·论公德》，载《新民丛报》，1902（3），4页。
⑧ 梁启超：《新民说·论公德》，载《新民丛报》，1902（3），4页。

不孝同科，案公德以审判之，虽谓其对于本群而犯大逆不道之罪，亦不为过。”①

既然国家与群和个人之关系像父母与子女之关系，那么梁启超所谓之公德观念则全部以国家利益为旨归。梁启超表示，在此物竞天择、优胜劣败的国际环境中，要发展一种新的道德，以作为民族国家之精神支柱。他说：“吾辈生于此群，生于此群之今日，宜纵观宇内之大势，静察吾族之所宜，而发明一种新道德，以求所以固吾群、善吾群、进吾群之道。未可以前王先哲所罕言者，遂以自画而不敢进也。”按梁启超的逻辑，“知有公德，而新道德出焉矣，而新民出焉矣”②。

当然，梁启超也并非不知道德乃“日月经天，江河行地，自元始以来，不增不减。先圣昔贤，尽揭其奥以诏后人，安有所谓新焉旧焉者”③的道理。而且，他也看到当时对旧道德“有厌其陈腐而一切吐弃之”的端倪。他深恐产生“并道德而吐弃，则横流之祸，曷其有极”④的严重后果。但进化主义的世界观始终指导着他的道德观。按照进化主义的观点，道德并非绝对不变，而是发展进化的，所以他认为，“道德之为物，由于天然者半，由于人事者亦半，有发达，有进步，一循天演之大例”⑤。在梁启超看来，当今处于物竞天择、优胜劣败的国际环境中，中国“今日正当过渡时代，青黄不接”，而“老师宿儒或忧之，劬劬焉欲持宋元之余论，以遏其流”，但他们岂知“优胜劣败，固无可逃。捧坏［抔］土以塞孟津，沃杯水以救薪火，虽竭吾才，岂有当焉”⑥的道理？

面对如此的历史处境，梁启超认为，“苟不及今急急斟酌古今中外，发明一种新道德者而提倡之，吾恐今后智育愈盛，则德育愈衰，泰西物质文明尽输入中国，而四万万人，且相率为禽兽也”⑦。

基于上述认识，梁启超提出了他的“道德革命论”，开始提倡其所谓的“公德”。在梁启超看来，他所提倡的道德革命论，虽“必为举国之所诟病”，然而他坚定地表示，“吾特恨吾才之不逮耳。若夫与一世之流俗人挑战决斗，

① 梁启超：《新民说·论公德》，载《新民丛报》，1902（3），4页。
② 梁启超：《新民说·论公德》，载《新民丛报》，1902（3），6页。
③ 梁启超：《新民说·论公德》，载《新民丛报》，1902（3），6页。
④ 梁启超：《新民说·论公德》，载《新民丛报》，1902（3），7页。
⑤ 梁启超：《新民说·论公德》，载《新民丛报》，1902（3），7页。
⑥ 梁启超：《新民说·论公德》，载《新民丛报》，1902（3），7页。
⑦ 梁启超：《新民说·论公德》，载《新民丛报》，1902（3），7页。

吾所不惧，吾所不辞。世有以热诚之心爱群爱国爱真理者乎？吾愿为之执鞭，以研究此问题也”[①]。

显而易见，梁启超所谓的公德，完全是以利群利国为目的的。所以，他的《新民说》中的权利、义务、自由、自治等各子目，全部向国家利益的方向倾斜。[②]这正像他自己所说的那样，“公德之大目的，既存在利群，而万千条理，即由是生焉。本论以后各子目，殆皆可以‘利群’二字为纲一以贯之者也”[③]。

毋庸否认，日本学院派进化主义思想对梁启超的影响是极为深刻的。它不但左右了梁启超对国际形势的判断，也影响到了他的道德观，使梁启超“一循天演之大例”，用发展、进步的眼光来看待道德，从而树立了一种与传统道德观迥异的新的人格理想。

第五节　种族竞争与国家利益

对梁启超而言，要建立一个能与民族帝国主义相周旋的民族国家，首先要知道当今世界上各民族的历史及其民族性，知其在优胜劣败、适者生存的历史活剧中为何雄飞或被蹂躏。所以，有关各民族的国民性问题，便被梁启超放在《新民说》的首要地位。

上文已经讨论过，加藤弘之的社会达尔文主义，是与将白种人视为“适者”而将有色人种视为劣等人种的人种主义紧密地联系在一起的。而梁启超“夙爱读其书”，并深受其影响，所以梁启超的政治思想也沾染了浓厚的人种主义色彩。在梁启超看来，人类的历史，只不过是“叙人种之发达与其竞争”[④]的历史而已。他甚至断言，“舍人种则无历史”[⑤]。对此，他解释道：“历史生于人群，而人之所以能群，必其于内焉有所结，于外焉有所排，是即种界之所由起也。故始焉自结其家族以排他家族，继焉自结其乡族以排他乡族，继焉自结其部族以排他部族，终焉自结其国族以排他国族。此实数千年世界历史经过之阶

---

① 梁启超：《新民说·论公德》，载《新民丛报》，1902（3），7页。

② 参见［日］坂出祥伸：《梁启超之政治思想》，载《关西大学文学论集》，1973，24（1），5页。

③ 梁启超：《新民说·论公德》，载《新民丛报》，1902（3），7页。

④ 梁启超：《新史学》，见《饮冰室合集》，文集之九，11页。

⑤ 梁启超：《新史学》，见《饮冰室合集》，文集之九，11页。

级。而今日则国族相结相排之时代也。”①

毋庸置疑，梁启超的历史观已得到了学院派进化主义的支持，学院派的这种理论，使他否认了传统的循环史观，他认为：“孟子曰：‘天下之生久矣，一治一乱。’此误会历史真相之言也。”② 在梁启超看来，历史之真相“譬之江河东流以朝宗于海者”，是直线进化，“往而不返”“进而无极”的。而世界上各民族，也并非和睦相处，而是在相互排斥、相互厮杀的过程中成长起来的。在天演界无情的生存竞争环境中，那些优胜的民族常常胜出，而劣弱之民族则终不免澌灭。此乃“天演界无可逃避之公例”，是无可奈何之事。梁启超认为，世界上之民族，大约分为五种，分别是黑色民族、红色民族、棕色民族、黄色民族和白色民族。其中最有势力者，应属于白色人种。而白色人种又分为三类，其中最有势力于今世者又属于条顿民族。条顿民族中最重要者又分为二，其最有势力于今世者，则属于“盎格鲁撒逊人”（又称盎格鲁-撒克逊人）。③

梁启超指出：“黑、红、棕之人与白人相遇，如汤沃雪，瞬即消灭，夫人而知矣。今黄人与之遇，又着着失败矣！……盎格鲁撒逊人之气焰，谁能御之？由此观之，则今日世界上最优胜之民族可以知矣。五色人相比较，白人最优；以白人相比较，条顿人最优；以条顿人相比较，盎格鲁撒逊人最优。”梁启超强调说：“此非吾趋势力之言也。天演界无可逃避之公例，实如是也。”④

那么，白种人为何优于他种人呢？梁启超认为：“他种人好静，白种人好动；他种人狃于和平，白种人不辞竞争；他种人保守，白种人进取。”因为人种上的性质不同，“以故他种人只能发生文明，白种人则能传播文明”⑤。依梁启超之见，“发生文明者，恃天然也；传播文明者，恃人事也”。他认为，泰西文明由埃及而希腊，由希腊而遍于欧洲大陆，而飞渡磅礴于亚美利加（美洲），今则回顾而报本于东方，“其机未尝一日停，其勇猛、果敢、活泼、宏伟之气，比诸印度人何如？比诸中国人何如？其他小国，更不必论矣”。所以梁启超得

① 梁启超：《新史学》，见《饮冰室合集》，文集之九，11页。

② 梁启超：《新史学》，见《饮冰室合集》，文集之九，8页。

③ 参见梁启超：《新民说·就优胜劣败之理以证新民之结果而论及取法之所宜》，载《新民丛报》，1902（2），1～2页。

④ 梁启超：《新民说·就优胜劣败之理以证新民之结果而论及取法之所宜》，载《新民丛报》，1902（2），2～4页。

⑤ 梁启超：《新民说·就优胜劣败之理以证新民之结果而论及取法之所宜》，载《新民丛报》，1902（2），4～5页。

出结论："白种人所以雄飞于全球者，非天幸也，其民族之优胜使然也。"①

梁启超认为，条顿人之优于其他白种人的地方乃在于"条顿人政治能力甚强，非他族所能及也"②。"其始在日耳曼森林中为一种蛮族时，其个人强立自由之气概，传诸子孙而不失。而又经罗马文化之薰习锻炼，两者和合，遂能成一特性之民族，而组织民族的国家（National State），创代议制度，使人民皆得参与政权，集人民之意以为公意，合人民之权以为国权。又能定团体与个人之权限，定中央政府与地方自治之权限，各不相侵。民族全体，得应于时变，以滋长发达。"③"条顿人今遂优于天下，非天幸也，其民族之优胜使然也。"④

而盎格鲁撒逊人之优于条顿人的地方则在于"其独立自助之风最盛。自其幼年在家庭，在学校，父母师长，皆不以附庸待之。使其练习世务，稍长而可以自立，不倚赖他人。其守规律循秩序之念最厚。其常识（Common Sense）最富，常不肯为无谋之躁妄举动。其权利之思想最强，视权利为第二之生命，丝毫不肯放过。其体力最壮，能冒万险。其性质最坚忍，百折不回。其人以实业为主，不尚虚荣，人皆务有职业，不问高下。而坐食之官吏政客，常不为世所重。其保守之性质亦最多，而常能因时势，鉴外群，以发挥光大其固有之本性"⑤。

梁启超一气列举了盎格鲁撒逊民族七个优点。在他看来，正是这样优秀的民族性，使其"以区区北极三孤岛，而孳殖其种于北亚美利加、澳大利亚两大陆。扬其国旗于日所出入处，巩其权力于五洲四海冲要咽喉之地，而天下莫之能敌也"⑥。

十分明显，在梁启超的眼中，世界上各个民族之中，只有盎格鲁撒逊人与日耳曼民族最为优秀。这两个民族之所以能在天演界的生存竞争中取得优胜，不仅因为其体力强壮，能冒万险，有"强立自由之气概"，有"守规律循秩序"

---

① 梁启超：《新民说·就优胜劣败之理以证新民之结果而论及取法之所宜》，载《新民丛报》，1902（2），5页。

② 梁启超：《新民说·就优胜劣败之理以证新民之结果而论及取法之所宜》，载《新民丛报》，1902（2），5页。

③ 梁启超：《新民说·就优胜劣败之理以证新民之结果而论及取法之所宜》，载《新民丛报》，1902（2），6页。

④ 梁启超：《新民说·就优胜劣败之理以证新民之结果而论及取法之所宜》，载《新民丛报》，1902（2），6页。

⑤ 梁启超：《新民说·就优胜劣败之理以证新民之结果而论及取法之所宜》，载《新民丛报》，1902（2），6～7页。

⑥ 梁启超：《新民说·就优胜劣败之理以证新民之结果而论及取法之所宜》，载《新民丛报》，1902（2），7页。

等优秀品质，还因为他们具有极强的政治能力。故其能组织民族国家，创代议制度。此种制度，使每个国民都获得了政治参与的权利，从而使得国民国家的国民不同于皇权统治之下的子民，而成为国家主权的主体。其权力也与中国传统皇权来自超越意志的天意不同，它乃来源于“集人民之意”而成的“公意”。

两相比较之下，孰优孰劣自然变得十分清楚：一方是风雨飘摇中的老大清帝国中的顺民；而另一方则是能创代议制度、“扬其国旗于日所出入处”、“定霸于十九世纪”的盎格鲁撒逊和日耳曼等民族。梁启超强烈地感受到，“在民族主义立国之今日，民弱者国弱，民强者国强”的道理。它“殆如影之随形，响之应声，有丝毫不容假借者”①。所以要想国家富强，只有提高国民素质之一途。他表示，要“观彼族之所以衰所以弱，此族之所以兴所以强，而一自省焉。吾国民之性质，其与彼召衰召弱者异同若何？与此致兴致强者异同若何？其大体之缺陷在何处？其细故之薄弱在何处？一一勘之，一一鉴之，一一改之，一一补之”②。在梁启超看来，只有经过这样彻底的改造，才能造出新的国民。

当然，梁启超也意识到他所驰心的改造中国人的国民性、建立民族国家的主张，必然与中国传统的世界秩序观产生矛盾和对立。然而，对梁启超来说，他在日本所接受的进化主义，是科学的世界观和方法论，是放之四海而皆准的公例、公理。而中国传统的天下大同道德观，只不过是一种高远的理想。他认为：“宗教家之论，动言天国，言大同，言一切众生。所谓博爱主义，世界主义，抑岂不至德而深仁也哉？虽然，此等主义，其脱离理想界而入于现实界也，果可期乎？此其事或待至万数千年后，吾不敢知。若今日将安取之？”③ 于是，他对传统儒家的天下主义大加挞伐。“中国儒者，动曰平天下治天下……视国家为眇小之一物，而不屑厝意。究其极也，所谓国家以上之一大团体，岂尝因此等微妙之空言而有所补益？而国家则滋益衰矣！”④ 显而易见，在梁启超看来，中国传统的天下主义虽属“至德深仁”的理想，却是一种迂腐而不切合实际的理论，而今日中国正处于岌岌可危的境地，并非谈高远理想之时。在他看来，竞争才是历史前进的动力。他说：“夫竞争者，文明之母也。竞争一日

① 梁启超：《新民说·就优胜劣败之理以证新民之结果而论及取法之所宜》，载《新民丛报》，1902（2），1页。

② 梁启超：《新民说·就优胜劣败之理以证新民之结果而论及取法之所宜》，载《新民丛报》，1902（2），7页。

③ 梁启超：《新民说·论国家思想》，载《新民丛报》，1902（4），4页。

④ 梁启超：《新民说·论国家思想》，载《新民丛报》，1902（4），7～8页。

停，则文明之进步立止。”[①]

他依据日本学院派的进化主义理论，构建了他的竞争史观。依梁启超之见，人类的历史乃是“由一人之竞争而为一家，由一家而为一乡族，由一乡族而为一国。一国者，团体之最大圈，而竞争之最高潮也。若曰并国界而破之，无论其事之不可成，即成矣，而竞争绝，毋乃文明亦与之俱绝乎？况人之性，非能终无竞争者也”[②]。在梁启超那里，竞争既是必然的，也是绝对的，并且是永恒的，它乃是社会文明发展的动力。人类若没有竞争，便要复归于野蛮。在他看来，即使真的到了大同社会，“不转瞬而必复以他事起竞争于天国中”。那时的竞争“则已返为部民之竞争，而非复国民之竞争，是率天下人而复归于野蛮也”[③]。对梁启超而言，传统的天下大同的道德观乃高迈之理想，仅“为心界之美，而非历史上之美”，所以，依他之见，欲建设民族国家，操练国民以优胜于竞争界，必“定案以国家为最上之团体，而不以世界为最上之团体”。在他看来，“言博爱者，杀其一身之私以爱一家可也，杀其一家之私以爱一乡族可也，杀其一身一家一乡族之私以爱一国可也。国也者。私爱之本位，博爱之极点，不及焉者野蛮也，过焉者亦野蛮也。何也？其为部民，而非国民一也”[④]。

梁启超既然“以国家为最上之团体”，视国家为“团体之最大圈，而竞争之最高潮”，那么，对梁启超而言，国家究竟是什么呢？他综合日本民权论者和伯伦知理国家有机体论，对国家这一概念作了一番定义。[⑤]“人群之初级也，有部民而无国民。由部民而进为国民，此文野所由分也。部民与国民之异安在？曰：群族而居，自成风俗者，谓之部民。有国家思想，能自布政治者，谓之国民。天下未有无国民而可以成国者也。”[⑥]在梁启超的进化主义竞争史观的框架中，中国尚是一个或以地域分，或以职业分，或以血缘分的百数千数之小

---

① 梁启超：《新民说・论国家思想》，载《新民丛报》，1902（4），3页。

② 梁启超：《新民说・论国家思想》，载《新民丛报》，1902（4），4页。

③ 梁启超：《新民说・论国家思想》，载《新民丛报》，1902（4），4页。

④ 梁启超：《新民说・论国家思想》，载《新民丛报》，1902（4），4页。石川祯浩先生认为梁启超上述观点主要来自加藤弘之与伯伦知理。（参见［日］石川祯浩：《梁启超与文明视点》，见［日］狭间直树编：《共同研究：梁启超——西洋近代思想之接受与明治日本》，115页。）

⑤ 参见［日］狭间直树：《新民说略论》，见［日］狭间直树编：《共同研究：梁启超——西洋近代思想之接受与明治日本》，86～87页；［日］山田央子：《伯伦知理与近代日本政治思想——国民概念的成立与接受》，载《东京都国立大学法学会杂志》，1922，33（1），272～277页；郑匡民：《西学的中介——清末民初的中日文化交流》，300～303页，成都，四川人民出版社，2008。

⑥ 梁启超：《新民说・论国家思想》，载《新民丛报》，1902（4），1页。

国驯至“四万万人为四万万国”的中华世界，中国人也尚处于“群族而居，自成风俗”的“部民”阶段。而要将只有“微妙之空言”“世界主义”理想的中华世界转变为能参与天演界竞争的“最大之团体”，将野蛮或半开的“部民”操演成“竞争之最高潮”的“国民”，就要使只知有天下而不知有国家的“部民”，成为“一曰对于一身而知有国家，二曰对于朝廷而知有国家，三曰对于外族而知有国家，四曰对于世界而知有国家”①的国民。

梁启超所分的这四项，大致可分为两部分。他分别从国家的内部和外部这两部分论述了个人、国家和世界三者的关系。这些论述是围绕着“最上之团体”的国家概念展开的。如前所述，梁启超认为，国家乃是个人于生存竞争、弱肉强食的天演界中，为保其生命财产“由于不得已”而形成的。对个人而言，“盖非利群，则不能利己”。因此，国中之人“每发一虑，出一言，治一事，必常注意于其所谓一身以上者［指国家］”②。也就是说，个人的一切言行，都要先考虑到国家，要以国家利益为重。但是，梁启超也强调，朝廷并不等于国家，他打了个比喻说：“国家如一公司，朝廷则公司之事务所，而握朝廷之权者，则事务所之总办也。国家如一村市，朝廷则村市之会馆，而握朝廷之权者，则会馆之值理也。夫事务所为公司而立乎？抑公司为事务所而立乎？会馆为村市而设乎？抑村市为会馆而设乎？不待辨而知矣。”③ 然而，在梁启超看来，当时的中国人并不理解这样浅显的道理，他们常常将朝廷与国家混为一谈，“推爱国之心以爱及朝廷”。他解释道：“譬之有一公司之总办，而曰我即公司；有一村市之值理，而曰我即村市。试思公司之股东，村市之居民，能受之否耶？”④ 在梁启超看来，中国人之不分朝廷与国家的现象来源于其爱屋及乌之意，然中国人若“以乌为屋也，以屋为人也，以爱屋爱乌即爱人也；寖假爱乌而忘其屋，爱屋而忘其人也。欲不谓之病狂，不可得也”⑤。梁启超将爱国与爱朝廷作了明确的区分，他指出：“有国家思想者，亦常爱朝廷；而爱朝廷者，未必皆有国家思想。”他断言：“朝廷由正式而成立者，则朝廷为国家之代表，爱朝廷即所以爱国家也。朝廷不以正式而成立者，则朝廷为国家之蟊贼，正朝廷乃所以爱国家也。”⑥

---

① 梁启超：《新民说·论国家思想》，载《新民丛报》，1902（4），1页。
② 梁启超：《新民说·论国家思想》，载《新民丛报》，1902（4），2页。
③ 梁启超：《新民说·论国家思想》，载《新民丛报》，1902（4），2页。
④ 梁启超：《新民说·论国家思想》，载《新民丛报》，1902（4），2页。
⑤ 梁启超：《新民说·论国家思想》，载《新民丛报》，1902（4），3页。
⑥ 梁启超：《新民说·论国家思想》，载《新民丛报》，1902（4），3页。

显而易见，在梁启超那里，国家与朝廷有着极为明确的大小与轻重的区别。他眼中的国家，乃是天演界中的个人为保其生命财产，“出于不得已”而组成的政治共同体，此共同体的作用只是在和平之时“通功易事，分业相助”，在急难之时“群策群力，捍城御侮”。依梁启超之见，对中国人而言，为了“使其团结永不散，补助永不亏，捍救永不误，利益永不穷”，就得强固此共同体，完成由“部民”到“国民”的转变，了解个人与国家的关系，了解朝廷与国家的关系，了解利己即利他、爱国即爱己。所以梁启超称：“国也者，私爱之本位，而博爱之极点。”至于中国与世界的关系，正如上文已经讨论过的那样，梁启超认为，要建设一个能参与天演竞争的民族国家，中国人先要从传统的世界秩序观中解放出来，要认识到中国并不是处于独立之势的禹域，环绕其周围的也并非小蛮夷，盎格鲁撒逊和日耳曼民族就比中国人优秀得多，他们也有灿然可观的政教学术。中国在民族竞争的天演界只是“劣者”和“弱者”。中国人若想自立于世界民族之林，就得自为强者，放弃高远而不实用的世界主义，而驰心于国家主义。所以，梁启超将国家视为“团体之最大圈，而竞争之最高潮也”。十分明显，在梁启超眼中，国家包含着所有的社会价值，基于此，他所谓的公德，即国民政治自觉的具体内容，如进取冒险、权利思想、自由、自治等观念，也具有了与上述国家思想相同的性质。[①]

第六节　牺牲个人以利社会　牺牲现在以利将来

梁启超来日后，曾经试图从东西方“国体”的异同上找出中国落后于西方的线索。他的《论中国与欧洲国体异同》一文，可视为在这方面所做的努力。[②]在他看来，“中国与欧洲之国体，自春秋以前……大略相同”，而“自春秋以后，截然相异”。梁启超认为，春秋以后，两者相异之处共有两点。其一，“欧洲自罗马以后仍为列国，中国自两汉以后永为一统”。在梁启超看来，此种相异，造成两者竞争精神迥异的结果，“列国并立者，以有所争竞，故其政府不

---

① 参见［日］坂出祥伸：《梁启超之政治思想》，载《关西大学文学论集》，1973，24（1），6页。

② 法国学者巴斯蒂先生曾因梁氏的行文风格和运用政治学概念的熟练程度而认为梁氏多半抄袭了某一日文著作。（参见［法］巴斯蒂：《梁启超与宗教问题》，张广达译，载《东方学报》，第七十册，1998－03，339页。）

能不励精图治，以谋国家之进步，求足与他国相角，而不至堕落”。其结果是“国政必修。其国民常与他国相遇，常与战事相习，则其敌忾好胜之心，自不得不生，如是则民气必强。国政修，民气强，而国民之文明幸福，遂随之而日进”。而中国则与欧洲相反：“以数十代一统之故，其执政者枵然自大，冥然罔觉，不复知有世界大局。……务压制其民，以防乱萌。”结果造成“国政之败坏萎弱”，“其国民受压既久，消磨其敌忾之心，荡尽其独立不羁之气”，“以至养成不痛不痒”之国民。①

其二，梁启超认为，欧洲有分国民为数等阶级之风，而中国无之。此种不同，也是造成两者竞争精神不同的原因。在梁启超看来，若以文明进化的角度视之，无阶级之国民虽比有阶级之国民幸福，但是，“进化者以竞争而得，竞争者以激搏而生。欧洲惟分民为阶级，小数之贵族对于多数之贫民，其惨待不以人理。故官民相争之局屡起”。此种现象，促使欧洲“民气日昌，民智日开”。而中国则不然，中国“非受直接之暴虐，而常受间接之压制。人人天赋之权，虽未尝尽失，而常不完全，被民贼暗中侵夺，而不自知，故怨毒不深，而其争自存也不力。又被治之人，俄然而可以为治人之人，故桀骜愤激之徒，往往降心变节，工容媚，就绳墨，以求富贵。故民气不聚而民心不奋”②。

依梁启超之见，中国与欧洲相异之点虽然很多，但是，其不同之处“则莫如此两者为最，而其一切相异之点，皆可以归纳于此两者之中矣”。在他看来，历史已一去不可复返，当今之世界现状与古时相比已有翻天覆地之变化，中国与欧洲两个相异之点已不复存在。梁启超指出：“今日地球缩小，我中国与天下万国为比邻，数千年之统一，俄变为并立矣。经济世界之竞争，月异而岁不同……数千年之无阶级，俄变为有阶级矣。”既然数千年一统垂裳已发展为万国并立，无阶级也变为有阶级，梁启超心目中阻碍中国文明进步的因素都已去掉，那么，中国就只能像欧洲那样发扬其竞争精神，“于退步求进步”。只有那样，“或者我中国犹有突飞之日”，自立于世界民族之林。③

如前述可见，梁启超亡命日本之后，一直在寻找救国的良药，学院派进化主义中的有机体论和国家竞争思想，对急于使中国富强而在“外竞”中胜出的梁启超来说，正如幽室见日、枯腹得酒。学院派进化主义思想中所表现出的竞争和进步的观念，更是给了本来就具有力本论思想的梁启超以精神食粮，使他

① 本段引文皆出自梁启超：《论中国与欧洲国体异同》，见《饮冰室合集》，文集之四，63～65页，
② 本段引文皆出自梁启超：《论中国与欧洲国体异同》，见《饮冰室合集》，文集之四，65～66页。
③ 本段引文皆出自梁启超：《论中国与欧洲国体异同》，见《饮冰室合集》，文集之四，66～67页。

如鱼得水，如虎添翼，从而成就了一种新的人格理想。

梁启超到日本后，除了受到加藤弘之的强权论、伊耶陵的权利竞争论（下文会讨论到）的影响外，他还根据角田柳作译、本杰明·颉德著的《社会进化论》写下了《进化论革命者颉德之学说》一文。在这篇文章中，梁启超表达了他激进的集体主义的社会进化观。[①]

本杰明·颉德（Benjamin Kidd）是英国进化主义者，他的思想在20世纪转折时期一度深受盎格鲁撒逊思想界的欢迎。[②] 其思想传入日本之后，曾在日本引起过震动。在日本1896年哲学大会上，学院派进化主义的重要人物外山正一发表了题为《论人生目的的我信界》的演说，此演说曾涉及英国进化主义者颉德的《社会进化论》，后作为评论登载在同年8月10日刊行的《哲学杂志》第11卷第114号上。外山在文章中从学院派进化主义的角度，对颉德的理论进行了补充和修正。这应是日本最早论及颉德的文章。[③] 颉德所著的《社会进化论》1894年便被角田柳作译为日文，梁启超的好友、宗教学者姊崎正治便受过颉德很深的影响。而梁启超与日本学院派学者渊源极深，早在1899年5月13日下午，他就由姊崎正治介绍参加过举办于东京富士见轩的日本的哲学大会，认识了其会长加藤弘之，并于会上朗读了《论支那宗教改革》的文章。在晚餐会上，他又结识了井上哲次郎、元良勇次郎、中岛力造、三宅雪岭等二十余名著名学者。[④] 他很推崇学院派进化主义的著作，曾将加藤弘之和有贺长

① 颉德之《社会进化论》（*Social Evolution*）一书，曾于1899年2月由角田柳作译为日文。而几乎与此同时，中国的《万国公报》也自第12期开始连载李提摩太（Timothy Richard）翻译的颉德著的《大同学》。此书后又被上海广学会以译本的形式于5月出版。此本与角田本比较，基本为整篇翻译，可以说是抄译。中文译本收录了角田本中删除的附录统计表。日本学者森纪子认为，上述这些译本梁启超都有可能读到。但观诸中译本"万物成长变化之理""养民"或斯宾塞之"万物合贯"等处，在梁启超的引文中都使用了角田译本的用语，如"进化论""社会主义""综合哲学"等。此外，梁启超还提到了中译本未译而只附于角田译本中的《原序》。所以森纪子认为梁启超读过角田译本。（参见［日］森纪子：《梁启超之宗教观与日本》，见［日］狭间直树编：《共同研究：梁启超——西洋近代思想之接受与明治日本》，209页。）附带说明一下，森纪子曾将梁启超部分原文与角田本作过比对，发现两者大致一样。笔者手头恰有角田本，经比对，有几处明显一致。且角田曾毕业于东京专门学校，后留学美国哥伦比亚大学。东京专门学校最早乃由营救梁启超的大限派所设，梁启超与之渊源甚深。他极有可能通过种种途径得到角田本。故可以肯定地说，梁启超的《进化论革命者颉德之学说》是以角田本为蓝本写成的。

② 参见［美］张灏：《梁启超与中国思想的过渡（1890—1907）：烈士精神与批判意识》，崔志海、葛夫平译，117页。

③ 参见［日］森纪子：《梁启超之宗教观与日本》，见［日］狭间直树编：《共同研究：梁启超——西洋近代思想之接受与明治日本》，208页。

④ 参见［日］狭间直树：《中国近代以日本为媒介接受西方文明基础研究》，载《研究成果报告书》，1998-03，15页。

雄等人的进化主义著作登载在他所办的《清议报》上。所以说，《进化论革命者颉德之学说》应是梁启超在学院派进化主义的影响下，结合中国的国情写成的文章。

梁启超在这篇文章中首先对他感兴趣的颉德的观点作了介绍。颉德认为，人和其他动物一样，非竞争则不能进步，竞争之结果，“劣而败者灭亡，优而适者繁殖，此不易之公例也”。但是，此进化之运动，“不可不牺牲个人以利社会，不可不牺牲现在以利将来”。所以挟持现在之利己心而假托于进化论者实乃进化论之罪人。为何这样说呢？依颉德之见，现在之利己心不仅与进化之大法无关，而且二者互不相容。现在的利己心即所谓人之“天然性”。颉德认为，此天然性乃“人性中之最‘个人的’‘非社会的’‘非进化的’，其于人类全体之永存之进步，无益而有害者也”。[①]

颉德还认为，人类之进步“必以节性为第一义”。所谓节性，就是要用宗教来节制人类的天然性。人类若欲“群”，若欲“进化”，便不可不受宗教之节制。宗教与人类之恶质相抗，“然后能促人群之结合，以使之进步”。[②]

对颉德而言，其理论根据乃来自达尔文生物进化之观念。然达尔文所谓优、所谓适者，“不过专指现在个人之利益或其种族多数之利益而已”。而颉德则认为，“自然淘汰之目的，在使同族中之最大多数，得最适之生存”。颉德之所谓最大多数者，“不在现在而在将来”，所以不得不牺牲各分体之利益及现在全体之利益，“以为将来达此目的之用”。颉德认为，物之有生，不在其自身，“不过为达彼大目的（即未来之全体）之过渡而已”。这就是颉德“首明现在必灭之理，与现在灭然后群治进”之用意所在。[③]

外山正一则站在日本学院派的立场上，对颉德的理论作了补充和修正，提出了与颉德略有不同的观点。外山正一不同意颉德关于个人利害与社会利害相对的角度，而倡导利用宗教制裁人的行为的观点。外山认为，此乃颉德对自我认识的误解。在外山看来，日本人即使没有宗教等外部制裁，也可将国家、社会与自我视为一体。此种能视三者为一体的灭己性主我精神，乃是日本人的一大特性。而这才是进化的重要条件。外山认为，国家衰亡之重要原因乃在于国民的灭己性主我精神的消失。清帝国之最大难题也在于缺乏此种精神。外山进

① 本段引文皆出自梁启超：《进化论革命者颉德之学说》，见《饮冰室合集》，文集之十二，79～80页。

② 本段引文皆出自梁启超：《进化论革命者颉德之学说》，见《饮冰室合集》，文集之十二，80页。

③ 本段引文皆出自梁启超：《进化论革命者颉德之学说》，见《饮冰室合集》，文集之十二，81页。

一步讨论到死的观念。在外山看来，即使一己死去，对其后继者而言，此一己依然生存着。个体之死乃是假象，集体之死才是真象。个体之死应视为群体永存所必需的新陈代谢等。外山主张，在国家激烈竞争的时代，应培养国民的灭己性主我精神，使每个国民都以国家、社会的进化改良为其人生目的。[①]

对梁启超而言，颉德的社会进化主义与学院派的分歧并不重要，他所感兴趣的，是如何从两派的进化主义思想中摄取他认为有价值的观念，以作为他新民思想的资源，从而实现其富强中国的愿望。在这种意义上，他并不介意外山反对颉德倡导利用宗教来制裁人的天然利己心的观点，而是认为，宗教对人的天然性方面的制裁与限制，在促进人群之结合与进步方面发挥着极其重要的作用。

在梁启超看来，最能使人感到恐惧和困惑的，莫过于死亡，但宗教在破除人对死亡之恐惧上有特殊的作用。有关中国的宗教，他举例说："儒家之教，以为死而有不死者存。不死者何？曰名。故曰：'君子疾殁世而名不称焉。'又曰：'死或重于泰山，或轻于鸿毛。若何而与日月争光，若何而与草木同腐。'此儒家之所最称也。其为教也，激厉志气，导人向上。"至于道家，梁启超认为应分三派："一曰庄列派，以为生死齐一，无所容心。故曰：'物方生方死，方死方生。'又曰：'莫寿于殇子，而彭祖为夭。'其为教也，使人心志开拓……。次为老杨派，以为死则已矣，毋宁乐生。故曰：'生则尧舜，死则腐骨；生则桀纣，死则腐骨。腐骨一耳，孰知其极？'其为教也，使人厌世，使人肆志，伤风败俗，率天下而禽兽，罪莫大焉。……又次为神仙派，以为人固有术可以不死，于是炼养焉，服食焉，其愚不可及矣。"[②]

关于域外宗教，梁启超举了四个例子。其一，"埃及古教，虽死之后，犹欲保其遗骸，于是有所谓木乃伊术者。其思想何在，虽不能确指，要之出于畏死而欲不死之心而已"。其二，"印度婆罗门外道以生为苦，以死为乐，于是有不食以求死者，有喂蛇虎以求死者，有卧辙下以求死者。厌世观极盛，而人道或几乎息矣"。其三，"景教窃佛说之绪余，冥构天国，趋重灵魂。其法门有可取者"。其四，佛教"谓一切众生，本不生不灭，由妄生分别，故有我相。我相若留，则堕生死海；我相若去，则法身常存。死固非可畏，亦非可乐，无所挂碍，无所恐怖，无所贪恋。举一切宗教上最难解之疑问，一一喝破之。佛说

① 森纪子认为，外山正一的主张与梁启超的观点十分相似。（参见［日］森纪子：《梁启超之宗教观与日本》，见［日］狭间直树编：《共同研究：梁启超——西洋近代思想之接受与明治日本》，208页。）

② 本段引文皆出自梁启超：《进化论革命者颉德之学说》，见《饮冰室合集》，文集之十二，82页。

其至矣”。依梁启超之见，中外各派宗教之宗旨各有不同，但都有缺陷，总而言之，“皆离生以言死，非即生以言死也”。宗教家所论，皆“既死后之事，非未死前之事”，全属于“出世间之言，非世间之言也”。而梁启超所关心的，并非宗教所说的出世间事，而是现实世界的事情，即如何在现实世界中培养国民的公德，提高群体的凝聚力，以建设民族国家。所以，梁启超也和日本学院派的进化主义者一样，从科学的角度接受了颉德的学说。他认为，“其以科学谈死理，圆满透达颠扑不破者，吾以为必推颉德氏此论”。在梁启超看来，世间之事，唯有生死问题最能引起人的困惑，“虽有英雄豪杰，气概不可一世，一语及此，鲜有不嗒然若丧，幡然改其度者”。依梁启超之见，生死问题对人们的困扰，乃是造成“公德之所以不能尽，群治之所以不能进”的重要原因。但是，颉德的理论却能使人破除死的困扰而有益于群治。梁启超说：“颉氏此论，虽未可为言死之极轨，然使人知有生必有死，实为进化不可缺之一要具，为人人必当尽之一义务。夫其必不能免也既如彼，而其关系重大也又如此，等是死也，等是义务也，其奚择哉？奚怖哉？奚馁哉？以此论与孔佛耶诸大宗教说并行，则人庶不为此问题所困，而世运可以日进，颉氏所以能为进化论革命巨子者，在此焉耳。”[①] 显而易见，梁启超在对宗教问题的看法上，并非像外山正一那样，反对颉德利用宗教来制裁人们行为的观点，而是汲取了颉德的集体主义的死亡观。颉德用科学的方法从现实的角度来揭示死亡与进步之联系的观念，对梁启超来说极具吸引力，这一观念成为其提高国民公德、建设国民国家的思想资源。然而在个体之生死与群体之关系问题上的看法，梁启超与外山还是相当一致的。[②]

为了破除生死问题对人们的困扰，梁启超进一步阐明了“彼”“我”的概念。他认为，所谓“我”应有“大我”和“小我”之分，而所谓“彼”又应有“大彼”和“小彼”之别。他指出：“何谓大我？我之群体是也。何谓小我？我之个体是也。何谓大彼？我个体所含物质的全部是也（即躯壳）。何谓小彼？我个体所含物质之各分子是也（则五脏血轮乃至一身中所含诸质）。”依梁启超之见，一般人均认我之躯壳为“我”，其实这是一种误解，个体之我乃是一种假象。假如那样的话，“则岂必死之时而乃为死，诚有如波斯匿王所言，岁月日时，刹那刹那，全非故我。以今日生理学之大明，知我血轮运输，瞬息不停。一来复间，身中所含原质全易”。假如世人误认个体之我为“我”的话，

① 以上皆引自梁启超：《进化论革命者颉德之学说》，见《饮冰室合集》，文集之十二，82～83页。

② 参见梁启超：《余之死生观》，见《饮冰室合集》，文集之十七，9页。

他们怎知“今日之我，七日以后，则已变为松为煤为牛为犬为石为气也。是故当知彼彼也，而非我”。照梁启超这种说法，杨朱所谓“十年亦死，百年亦死，仁圣亦死，凶愚亦死”的死，则全属“彼”，而非“我”了。并且，“彼之死，又岂俟十年百年”，实际上乃“岁岁死，月月死，日日死，刻刻死，息息死”。既然个体的人是“彼”而非“我”，那么，什么是真正的“我”呢？按梁启超的说法，则是“至今岿然不死者，我也。历千百年乃至千百劫而终不死者，我也”。为什么这样说呢？梁启超认为，这乃是因为“我”有群体，“吾辈皆死，吾辈皆不死。死者，吾辈之个体也；不死者，吾辈之群体也”。依梁启超之见，“我之家不死，故我不死；我之国不死，故我不死；我之群不死，故我不死；我之世界不死，故我不死；乃至我之大圆性海不死，故我不死”。十分明显，梁启超这里所说的不死的“大我”并不是指个体的“小我”或“大彼”，而是指群体之“大我”。不唯如此，梁启超还认为，个体为群体做出牺牲，不但是科学上已被证明的公理与公例，还是道德上应尽的义务。他说：“小彼不死，无以全小我；大彼不死，无以全大我。我体中所含各原质，使其凝滞而不变迁，常住而不蝉脱，则不瞬息而吾无以为生矣。夫彼血轮等之在我身，为组成我身之分子也；我躯壳之在我群，又为组成我群之分子也，血轮等对于我身，而有以死利我之责任，故我躯壳之对于我群，亦有以死利群之责任，其理同也。颉德曰：死也者，人类进化之一原素也。可谓名言。”这样一来，梁启超又将个体为群体牺牲这一现象从科学的公理和公例上升到道德的正义这一高度。那么，梁启超宣扬“小彼”有为“大彼”牺牲的责任与义务，“小我”有为“大我”牺牲的责任与义务的用意何在呢？他解释道：“吾之汲汲言此义也，非欲劝人祈速死以为责任也。盖惟懵于死而不死之理，故以为吾之事业之幸福，限于此眇小之七尺，与区区之数十寒暑而已，此外更无有也。坐是之故，而社会的观念与将来的观念，两不发达。”“社会的观念与将来的观念，正人之所以异于禽战［兽］者也。”并且，“同为人类，而此两观念之或深或浅或广或狭，则野蛮文明之级视此焉，优胜劣败之数视此焉”。十分明显，梁启超之所以汲汲于宣传“小我”有为“大我”（或群体）牺牲的责任，目的无非就是要使国家由野蛮进入文明，以使中国在所谓的“优胜劣败，适者生存”的国际环境中胜出。[①]

出于这种考虑，梁启超也像外山正一一样，主张在激烈竞争的“外竞”的

① 本段引文皆出自梁启超：《余之死生观》，见《饮冰室合集》，专集之十七，8、9页。

大环境中，要培养牺牲“小我”而为“大我”的精神，要明白“死后而有不死者存”的道理。他有感于日本有所谓日本魂，有所谓武士道，故能立国维新的事实，故欲极力效法。他感觉武士道“其名雅驯，且含义甚渊浩”，特意写下了著名的长文《中国之武士道》。而其目的，盖欲培养所谓中国魂，“使全国尚武精神，养之于豫，而得普及也”。[①]

梁启超对武士道的推崇，乃来自其要在优胜劣败的国际环境中使中国胜出的理想，而指导他实现此理想的世界观与方法论又是一种集体主义的社会达尔文主义。这种世界观和方法论势必影响梁启超接受西方自由主义的角度，果然，“通过颉德思想中这种集体未来主义，梁最终对西方自由主义采取了一种尖锐批判的思想立场”[②]。因为正像我们在第二节已讨论过的那样，梁启超是在学院派进化主义框架下接受西方诸思想的。对梁启超而言，进化主义乃是经科学证明的普世的真理（公例、公理），而其他西方思想无论如何高深，也只不过是出于某个思想家主观的想象，且“达尔文之进化论，实将以前之观念一新者也”。在梁启超看来，“进化之义，在造出未来，其过去及现在，不过一过渡之方便法门耳。今世政治学者、群学家之所论，虽言人人殊，要之皆重视现在，于未来少所措意焉。……即如近世平民主义之新思想，所谓最大多数之最大幸福者，亦不过以现在人类之大多数为标准而已，其未来之大利益，若与现在之多数利益不能相容，则弃彼取此，非所顾也”[③]。按这样的标准，西方自由主义思想便应在排斥之列，从而成为梁启超批评的对象。在颉德看来，近代西方思想的主流是平民主义，而执迷于颉德进化主义的梁启超便借用颉德的话，对西方的平民主义加以批判。他写道：“十九世纪者，平民主义之时代也，现在主义之时代也。虽然，生物进化论既日益发达，则思想界不得不一变，此等幼稚之理想，其谬误固已不可掩。质而论之，则现在者，实未来之牺牲也。若仅曰现在而已，则无有一毫之意味，无有一毫之价值。惟以之供未来之用，然后现在始有意味、有价值。凡一切社会思想、国家思想、道德思想，皆不可不归结于是。”[④] 从这种意义上看，梁启超对西方自由主义的批判乃学理逻辑的必

① 本段引文皆出自梁启超：《中国之武士道》，见《饮冰室合集》，专集之二十四，1 页。有关梁启超关注日本精神动力日本魂或武士道的问题，请参看［日］森纪子：《进化论与生死观》，见［日］狭间直树编：《共同研究：梁启超——西洋近代思想之接受与明治日本》，208～214 页。

② ［美］张灏：《梁启超与中国思想的过渡（1890—1907）：烈士精神与批判意识》，崔志海、葛夫平译，119 页。

③ 梁启超：《进化论革命者颉德之学说》，见《饮冰室合集》，文集之十二，84 页。

④ 梁启超：《进化论革命者颉德之学说》，见《饮冰室合集》，文集之十二，86 页。

然归宿。梁启超既然将颉德视为进化论革命之巨子，则不能不受其影响，而以其理论评论当世之学说。从理论上说，颉德之进化论，是将社会视为有机体，而将自然淘汰、适者生存视为朝未来之进化。颉德认为，在进化的过程中，个体与群体的关系是以对立为前提的，而残酷的生存竞争中的优者，都是由具有献身和自我牺牲精神的个体结合而成的群体。个人理性的发展则会使爱他心消亡而妨碍进化，只有通过宗教培养爱他心才能促进进化。颉德认为，现在的社会科学，即边沁和弥勒（密尔）的功利论、斯宾塞的学说、社会主义、个人主义等，均立足于现在而蔑视宗教。在这种意义上，颉德自然对上述理论持批判态度。[①] 以现在的角度来看，“进化论虽有向人们描绘光辉灿烂未来的一面，但也有最大限度地降低现代社会和个人价值的倾向。现在的人类，虽然站在生物进化的顶点，然而与进化着的将来的人类相比，则只不过是从猿人到未来人的中继点。并且将来的人也一样，与遥远未来的超人相比，将沦为毫无价值之物。从这种意义上来说，进化论是一种不承认任何事物都有绝对价值的思想，而且集体主义的社会达尔文主义，在某种意义上有轻视个人生命和尊严的固有倾向。就像达尔文在其《物种起源》中说的那样，集体生存竞争中的胜利者，并非只是那些在体力上优胜的集团，富有牺牲精神、协调性、爱性、信赖等品质的成员多的那些集团，在竞争中也占据有利的地位。所以，只要集团间的竞争持续，对个人而言，具有帮助他人的利他品质，就远比只保护自身的生命重要。也就是说，这种思想无形中具备了一种轻视个人价值而无限地强化集体主义的倾向”[②]。

颉德的进化主义思想，是梁启超在日本找到的救国良药。将社会视为一大有机体，以及“不可不牺牲现在以利将来”等观念，都与寻找增强群体凝聚力，以便在优胜劣败的天演界胜出的方法的梁启超产生了强烈的共振。不唯如此，颉德的思想也能与梁启超先前所接受的加藤弘之的社会进化论和国家有机体学说互相印证和发明。在梁启超眼中，无论是加藤还是颉德的进化主义，都是科学家之言，而非思想家一己之臆见。从这种角度来看，梁启超依颉德之进化主义批评西方自由主义也是情理中之事。总而言之，梁启超通过日本所理解和欣赏的社会达尔文主义，“不是霍夫斯塔特所称的‘达尔文式的个人主义’，

---

① 参见［日］森纪子：《进化论与生死观》，见［日］狭间直树编：《共同研究：梁启超——西洋近代思想之接受与明治日本》，210页。

② ［日］鹈浦裕：《近代日本社会达尔文主义的接受与传播》，见［日］柴谷笃弘、长野敬、养老孟司编：《进化：进化思想与社会》，149～150页。

而是他所称的‘达尔文式的集体主义’”[①]。在这种达尔文式的集体主义的指引下，梁启超为其国民国家发明了一种竞争和进步的公德，而恰恰像张灏先生指出的那样，“在这样一种狂热的、坚定的未来主义信仰的背后，无疑存在着对社会进步的神化”[②]。

第七节 为生存竞争的权利自由论

梁启超在构建国民国家的过程中，提出了一系列西方的政治学概念。众所周知，他的这些政治学概念都是通过日本人的著作和译著了解的，因此我们在讨论梁启超的政治哲学时，便不能不考虑他接受西方政治学概念的“中介”日本。

以日本接受进化主义为例，学院派进化主义者所提倡的强权论和社会有机体的观念，特别是国家之间“外竞”，以及为了在“外竞”中获胜，强调国家应优先于个人自由等主张，便与其“西方”老师强调个人间的竞争的主张表现出明显的不同。

造成此结果的原因有很多。若从近代化的过程来看，与英美型的自下而上的近代化方式不同，日本乃是追随英美或者也可以说是在英美的军事威胁下进行的近代化。这种近代化只有在政府的主导下才能快速推行，因此便形成了一种自上而下的近代化。这使得政府不仅没有充裕的时间来奖励个人自由式的企业活动，反而对其加以限制，而由国家来推进大规模的工业化活动。然而，为了追赶英美等寻求海外市场的帝国主义活动，日本在进行大规模工业化的同时，不得不扩张军备并开拓海外市场。如果从与近代化先发达国家相反的历史背景方面来分析，当时的德国和日本则相对缺少提倡奖励个人之间自由竞争的个人主义的条件。实际上，德国从集体主义的社会达尔文主义的立场出发，在承认国家与国家间的生存竞争的基础上，选择了一条从优生学而来的人为地提高国民水平的道路。而在日本，只要接受了集体主义的社会达尔文主义，那么为了达到富国强兵的目的，注重培养协调、团结、服从等集体主义的国民道德

① ［美］张灏：《梁启超与中国思想的过渡（1890—1907）：烈士精神与批判意识》，崔志海、葛夫平译，115页。

② ［美］张灏：《梁启超与中国思想的过渡（1890—1907）：烈士精神与批判意识》，崔志海、葛夫平译，120页。

就成为顺理成章之事。[①]

日本进化主义思潮中所表现出来的这些特点，对一心追求民族独立和国家富强的梁启超产生了重大影响，更何况他是带着学院派进化主义这种“先见”来审视一系列西方政治学的概念的，于是，梁启超所介绍的自由和权利等政治概念，无一不蒙上一层日本的色彩。

当然，日本进化主义的这些特点，并不仅仅表现于学院派学者身上，也渗透于各个政治团体之中。日本学界普遍认为，明治文化精神的底流有三个方面：国家主义、进取精神与武士道精神。[②] 以日本的自由民权运动为例，该运动虽以提倡自由为其职志，然而，强烈的对外独立的愿望是运动的精神支柱，运动中所表现出的与国家权力一体化的意识使人们忽视了个人的自由以及个人意志形成集体意志的具体程序。其结果，造成了运动最高宗旨自由的抽象化，除了与自由党保持一致之外，已无其他任何含义。更为严重的是，由于该运动将“民权”视为“人民”这样的集体的权利，因此，要实现所谓“人民”的权利，首先要加强国家权利的思想也顺理成章地成立。

日本学院派学者对自由与权利的理解更是具有特色。由于该学院派是从社会达尔文主义的角度来理解自由与权利的，故而他们很容易将自由与权利看成是实现集体竞争胜利的一种手段。以加藤弘之为例，他“倾向于把权利或自由具体地化为某种势力或强权，尽管这种具体化无疑是对西方自由主义传统所理解的有关自由或权利的道德和法律思想的惊人曲解”[③]。所有这一切都对急切寻找救国之策的梁启超产生了强烈的吸引力，况且，日本当时的富强似乎证明了这样的策略的有效性，故对日式自由权利思想的拥抱成了梁启超义无反顾的选择。[④]

此外，梁启超在权利思想上还深受宇都宫五郎翻译的鲁道夫·冯·耶林的《为权利而斗争》（Rudolf von Jhering，*Der Kampf ums Recht*，1872）之影响。[⑤] 在梁启超看来，此书能与加藤弘之的强权论互相激发，故“以此书药治中国人，尤为对病也”[⑥]。于是，他根据其书，撮其大要，写下了《论权利思

---

① 参见［日］鹈浦裕：《近代日本社会达尔文主义的接受与传播》，见［日］柴谷笃弘、长野敬、养老孟司编：《进化：进化思想与社会》，131页。

② 参见［日］松本三之介：《明治精神的构造》，14～26页，东京，岩波书店，1995。

③ ［美］张灏：《梁启超与中国思想的过渡（1890—1907）：烈士精神与批判意识》，崔志海、葛夫平译，132页。

④ 有关梁启超对日式自由权利论的接受，请参看耿云志主编：《近代中国文化转型研究》，第五卷，成都，四川人民出版社，2008；郑匡民：《西学的中介：清末民初的中日文化交流》，259～319页。

⑤ 参见［日］土屋英雄编著：《现代中国的人权：研究资料》，59～60页，东京，信山社，1996。

⑥ 梁启超：《新民说·论权利思想》，载《新民丛报》，1902（6），2页。

想》。[1] 梁启超在这篇文章的开头即开宗明义地写道："权利何自生？曰：生于强。"[2] 他解释道："彼狮虎之对于群兽也，酋长、国王之对百姓也，贵族之对平民也，男子之对女子也，大群之对于小群也，雄国之对于孱国也，皆常占优等绝对之权利。非狮虎、酋长等之暴恶也，人人欲伸张己之权利而无所厌，天性然也。是故权利之为物，必有甲焉先放弃之，然后有乙焉能侵入之。人人务自强以自保吾权，此实固其群、善其群之不二法门也。"[3] 毫无疑问，梁启超完全是以加藤弘之的强权论的框架来理解权利的。在他看来，当时世界只是一个优胜劣败、适者生存的大修罗场，那里没有道德和正义，只有为生存的竞争。列强对别国的侵略，国王、酋长对平民百姓所施之压迫，并非因其暴恶，乃是由于弱小国家和平民百姓是弱者，是他们自己放弃了其权利。所以，要获得权利，只有自为优者，自为强者，而人人务自强也是固其群、善其群最好的方法。他指出："权利之目的在平和，而达此目的之方法则不离战斗。有相侵者则必相拒，侵者无已时，故拒者亦无尽期。质而言之，则权利之生涯，竞争而已。"[4]显而易见，梁启超那里，权利已被具化为一种由竞争而得来的强权。

权利既然被解释为以竞争而得来的强权，那么，传统的道德理想"仁政"自然便处于被排斥之列了。梁启超指出，中国传统所谓"宽柔以教，不报无道"，所谓"犯而不校""以德报怨，以直报怨"等说教，均是"前人有为而发之言，在盛德君子偶一行之，虽有足令人起敬者，而末俗承流，遂借以文其怠惰恇怯之劣根性，而误尽天下。……中国数千年来，误此见解，习非成是，并为一谈，使勇者日即于销磨，而怯者反有所借口，遇势力之强于己者，始而让之，继而畏之，终而媚之。弱者愈弱，强者愈强，奴隶之性，日深一日。对一人如是，对团体亦然；对本国如是，对外国亦然。以是而立于生存竞争最剧最烈之场，吾不知如何而可也"[5]。

然而，若依上述之说，人人自强，人人出其强权，竞争不已，那天下岂不大乱了？梁启超认为，此时就要靠法律来进行制约。在梁启超看来，法律是由强权中产生的。他指出："权利竞争之不已，而确立之保障之者厥恃法律。……凡一群之有法律，无论为良为恶，而皆由操立法权之人制定之以自获

---

① 参见梁启超：《新民说·论权利思想》，载《新民丛报》，1902（6），2页。
② 梁启超：《新民说·论权利思想》，载《新民丛报》，1902（6），2页。
③ 梁启超：《新民说·论权利思想》，载《新民丛报》，1902（6），2页。
④ 梁启超：《新民说·论权利思想》，载《新民丛报》，1902（6），2～3页。
⑤ 梁启超：《新民说·论权利思想》，载《新民丛报》，1902（6），7页。

其权利者也。……盖其始由少数之人，出其强权以自利，其后由多数之人，复出其强权相抵制而亦以自利。……权利思想愈发达，则人人务为强者，强与强相遇，权与权相衡，于是平和善美之新法律乃成。”①

他认为：“当新法律与旧法律相嬗之际，常为最剧最惨之竞争。盖一新法律出，则前此之凭借旧法律以享特别之权利者，必受异常之侵害，故倡议制新法律者，不啻对于旧有权力之人而下宣战书也。夫是以动力与反动力相搏而大争起焉，此实生物天演之公例也。”②不唯如此，此权利竞争之胜负，不恃公理，唯恃强权：“当此时也，新权利、新法律之能成就与否，全视乎抗战者之力之强弱以为断，而道理之优劣不与焉。而此过渡时代，则倚旧者与倡新者，皆不可不受大损害。”③ 在梁启超看来，中国传统儒学的熏染，乃是中国人不识权利思想之根源，于是，他对中国传统以仁为核心的道德伦理大加非难。他说：“吾中国人数千年来不识权利之为何状，亦未始不由迂儒煦煦说阶之厉也。”④依梁启超之见，中国“专言仁政者，果不足以语于立国之道，而人民之望仁政以得一支半节之权利者，实含有亡国民之根性明也”⑤。

正因如此，梁启超将养成每个人的权利思想看成他建构国民国家的一项重要工作。在他看来，个体之和等于整体，故个人权利之和就等于群体之权利。他说：“一部分之权利合之，即为全体之权利；一私人之权利、思想积之，即为一国家之权利、思想。故欲养成此思想，必自个人始。人人皆不肯损一毫，则亦谁复敢撄他人之锋而损其一毫者，故曰天下治矣，非虚言也。”⑥

这里需要指出的是，梁启超培养个人权利竞争思想的目的，主要还是要中国能在“外竞”中获胜，为了中国的富强和国权。他仿照日本民权家之说⑦，

① 梁启超：《新民说·论权利思想》，载《新民丛报》，1902（6），10～11页。

② 梁启超：《新民说·论权利思想》，载《新民丛报》，1902（6），11页。

③ 梁启超：《新民说·论权利思想》，载《新民丛报》，1902（6），11页。

④ 梁启超：《新民说·论权利思想》，载《新民丛报》，1902（6），11页。

⑤ 梁启超：《新民说·论权利思想》，载《新民丛报》，1902（6），12页。

⑥ 梁启超：《新民说·论权利思想》，载《新民丛报》，1902（6），9页。

⑦ 日本民权家植木枝盛在其著名的《自由民权论》中说：“国本集民而成，故真欲张国权，则不可不先张民权，民若不独立，则其国难于维持。”他又说：“其民帛者，其国帛；其民棉者，其国棉；其民白者，其国白；其民青者，其国青；其民强者，其国强。此无俟论矣。”与此同理，彼专制政府行暴虐之政，压抑民权，自以为得计，实乃伤国本而亡国家也。（参见郑匡民：《西学的中介：清末民初的中日文化交流》，300～301页。）自由民权理论家坂本直宽在讨论“国权之原理”时曾说：“若夫物之全体由分子构成，则分子之性质显现于物之全体，物之全体性质则带有分子之性质。故分子之性质软弱，全体之性质则软弱；分子之性质坚强，则全体之性质亦坚强也。此应乃永久不变之真理也。”（［日］土居晴夫编：《坂本直宽著作集》，55页，东京，高知市立市民图书馆，1971。）像这样的例子有很多。梁启超处在明治文化的氛围中，受日本民权论之影响乃是必然之事。

也将国权看作个人权利的结合体。每个人有了权利，国家自然也就有了权利。他说："国民者，一私人之所结集也。国权者，一私人之权利所团成也。故欲求国民之思想、之感觉、之行为，舍其分子之各私人之思想、感觉、行为而终不可得见。其民强者谓之强国，其民弱者谓之弱国；其民富者谓之富国，其民贫者谓之贫国；其民有权者谓之有权国；其民无耻者谓之无耻国。夫至以无耻国三字成一名词，而犹欲其国之立于天地，有是理耶？有是理耶？"[①]他借用《为权利而斗争》一书中之比喻来说明个人权利与国家的关系："国家譬犹树也，权利思想譬犹根也。其根既拔，虽复干植崔嵬，华叶蓊郁，而必归于槁亡。遇疾风横雨，则摧落更速焉。即不尔，旱暵之所暴炙，其萎黄凋敝，亦须时耳。"[②] 在梁启超看来，"国民无权利思想者，以之当外患，则槁木遇风雨之类也。即外患不来，亦遇旱暵之类"[③]。

基于上述个人权利与国家关系的认识，梁启超呼吁："为政治家者，以勿摧压权利思想为第一义；为教育家者，以养成权利思想为第一义；为一私人者，无论士焉、农焉、工焉、商焉、男焉、女焉，各以自坚持权利思想为第一义。国民不能得权利于政府也，则争之。政府见国民之争权利也，则让之。"[④]梁启超之所以发出上述呼吁，则是因为"欲使吾国之国权与他国之国权平等，必先使吾国中人人固有之权皆平等，必先使吾国民在我国所享之权利与他国民在彼国所享之权利相平等。若是者国庶有瘳，若是者国庶有瘳"[⑤]。毋庸置疑，梁启超培养国民权利思想的最后归宿，完全落在了国家权利之上，这正如张灏先生所指出的，"梁流亡期间的文章中便充斥着权利和自由这样一些自由主义概念。这些自由主义概念在梁氏所倡的公德中的确占有重要位置。但在介绍这些自由主义价值观时，梁闯入了这样一个领域——他个人的学识和修养，无力为他的读者指出一个清晰准确的方向。首先，这些自由主义的价值观，在中国文化传统中是缺乏的，不存在梁能充分领会它们的思想背景。再者，一个更重要的事实是，当梁倡议将这些自由主义价值观作为公德的一个组成部分时，他关注的是群这一集体主义概念，它几乎不可避免地妨碍他对这些自由主义价值观的某些实质内容的领会。因此，毫无疑问，梁在《新民说》中最终提出的那

---

① 梁启超：《新民说·论权利思想》，载《新民丛报》，1902（6），13页。
② 梁启超：《新民说·论权利思想》，载《新民丛报》，1902（6），14页。
③ 梁启超：《新民说·论权利思想》，载《新民丛报》，1902（6），14页。
④ 梁启超：《新民说·论权利思想》，载《新民丛报》，1902（6），14页。
⑤ 梁启超：《新民说·论权利思想》，载《新民丛报》，1902（6），14～15页。

些理想，归根结底，很难称作自由主义”[①]。

第八节　私德与国民国家的建构

应当肯定地说，梁启超的一生始终是围绕着如何使中国富强这一主题而行动的。用他自己的话来说就是：“其方法虽变，然其所以爱国者未尝变也。……大丈夫行事，磊磊落落，行吾心之所志，必求至而后已焉。若夫其方法随时与境而变，又随吾脑识之发达而变，百变不离其宗，但有所宗，斯变而非变矣。此乃所以磊磊落落也。”[②]

纵观梁启超的一生，其思想言论凡数变：亡命日本后“思想为之一变”，而1903年访美归来后其思想言论又开始转变。1903年他在《新民说》中曾写过“论公德”一节，随后又陆续写了国家思想、进取、冒险、权利、自由、自治、进步、合群、生利分利等公德条目，大力宣传提倡所谓公德。但是，当他访美归来后，他又开始强调传统的私德。为了达到发扬传统私德的目的，梁启超除了在《新民丛报》上发表文章《论私德》外，还分别编写了《德育鉴》和《节本明儒学案》两部著作。在这两部著作中，梁启超收集了大量的儒家道德训诫，并加上了自己的按语。从提倡公德到突然转向提倡私德，对梁启超而言，不能不说是一大转变。对他的这种转变，众人都感到突然，他的好友黄遵宪在给他的信中说：“公自悔功利之说、破坏之说足以误国也。乃一意反而守旧，欲以讲学为救中国不二法门。公见今日之新进小生，造孽流毒，现身说法，自陈己过，以匡救其失，维持其弊可也。谓保国粹即能固国本，此非其时，仆未敢附和也。如近日私德篇之胪陈阳明学说，遂能感人，亦不过二三上等士夫耳。言屡易端，难于见信，人苟不信，曷贵多言?”[③] 又说：“公之所倡，未为不善，然往往逞口舌之锋，造极端之论，使一时风靡而不可收拾，此则公聪明太高、才名太盛之误也。东西诸国，距离太远，所造因不同，而分枝滋

---

① ［美］张灏：《梁启超与中国思想的过渡（1890—1907）：烈士精神与批判意识》，崔志海、葛夫平译，130页。

② 梁启超：《自由书·善变之豪杰》，见《饮冰室合集》，专集之二，28页。

③ 黄公度（黄遵宪）：《与饮冰室主人书》（光绪三十年七月四日），见丁文江、赵丰田编：《梁启超年谱长编》，340～341页。

蔓，递相沿袭者，益因而歧异，乃欲以依样葫芦，收其效果，此必不可能之事。”① 可见，黄遵宪一方面对梁启超自悔功利、破坏之说足以误国的态度表示欢迎，而另一方面又对梁启超“言屡易端，难于见信”表示了担心。

从表面上看，梁启超从强调公德转到强调私德，在其宣传重点上是有所侧重的。然而，正像他自己所辩解的那样：“私德与公德，非对待之名词，而相属之名词也。斯宾塞之言曰：凡群者，皆一之积也。所以为群之德，自其一之德而已定。群者谓之拓都，一者谓之么匿。拓都之性情形制，么匿为之。么匿之所本无者，不能从拓都而成有；么匿之所同具者，不能以拓都而忽亡。……谅哉言乎！夫所谓公德云者，就其本体言之，谓一团体中人公共之德性也；就其构成此本体之作用言之，谓个人对于本团体公共观念所发之德性也。夫聚群盲不能成一离娄，聚群聋不能成一师旷，聚群怯不能成一乌获。故一私人而无所私有之德性，则群此百千万亿之私人，而必不能成公有之德性，其理至易明也。盲者不能以视于众而忽明，聋者不能以听于众而忽聪，怯者不能以战于众而忽勇。故我对于我而不信，而欲其信于待人，一私人对于一私人之交涉而不忠，而欲其忠于团体，无有是处！此其理又至易明也。若是乎今之学者，日言公德，而公德之效弗睹者，亦曰国民之私德，大有缺点云尔。是故欲铸国民，必以培养个人之私德为第一义；欲从事于铸国民者，必以自培养其个人之私德为第一义。”②

如此看来，梁启超并没有将公德与私德看成是对立和并列的关系，而是将它们看成了从属的关系。对梁启超而言，个人的私德提升了，团体的公德自然会提升，而他对国民个体私德的提倡，也是为其建构国民国家服务的。所以，无论是对公德还是对私德的提倡，都是梁启超建构国民国家的一种手段。

本来，梁启超写《新民说》时，是想先从国民的道德教育入手，“发明一种新道德，以求所以固吾群、善吾群、进吾群之道”。在重点上，他强调的是“新”，强调的是“公德”，“未可以前王先哲所罕言者，遂以自画而不敢进也”。在他看来，“知有公德，而新道德出焉矣，而新民出焉矣”。然而，经过一段时间的实践，“不意此久经腐败之社会，遂非文明学说所遽能移植。于是自由之说入，不以之增幸福，而以之破秩序；平等之说入，不以之荷义务，而以之蔑制裁；竞争之说入，不以之敌外界，而以之散内团；权利之说入，不以之图公

① 黄公度（黄遵宪）：《与饮冰室主人书》（光绪三十年七月四日），见丁文江、赵丰田编：《梁启超年谱长编》，340页。

② 梁启超：《新民说·论私德》，载《新民丛报》，1903（38－39），1～2页。

益，而以之文私见；破坏之说人，不以之箴膏肓，而以之灭国粹”。[①] 梁启超引进新思想的目的，本来是要铸造他所希望的新民，建构他所谓的国民国家，然而，他所希望达到的增幸福、荷义务、敌外侮、图公益、箴膏肓等一系列利群的目的，不但一个也没有达到，反而使革命派的势力不断壮大，而“贻顽钝者以口实，而曰新理想之贼人子而毒天下”[②]。在梁启超看来，当时学界受毒之原因与晚明不同，其后果比晚明严重十倍。“其在晚明，满街皆是圣人，而酒色财气不碍菩提路。其在今日，满街皆是志士，而酒色财气之外，更加以阴险反覆，奸黠凉薄，而视为英雄所当然。晚明之所以猖狂者，以窃子王子直捷简易之训以为护符也；今日所以猖狂者，则窃通行之‘爱国忘身’‘自由平等’诸口头禅以为护符也。故有耻为君子者，无耻为小人者，明目张胆以作小人，然且天下莫得而非之，且相率以互相崇拜，以为天所赋与我之权，当如是也。夫宁知吾之所哆然自恣者，乃正为攸伏之神奸效死力耳。”[③]

他指斥革命派缺乏道德观念，其言曰：“今即以破坏事业论，诸君亦知二百年前英国革命之豪杰为何如人乎？彼克林威尔，实最纯洁之清教徒也。亦知百年前美国革命之豪杰为何如人乎？彼华盛顿所率者，皆最质直善良之市民也。亦知三十年前日本革命之豪杰为何如人乎？彼吉田松阴、西乡南洲辈，皆朱学王学之大儒也。故非有大不忍人之心者，不可以言破坏；非有高尚纯洁之性者，不可以言破坏。虽然，若此者，言之甚易，行之实难矣。吾知其难而日孜孜焉，兢业以自持，困勉以自勖。以忠信相见，而责善于友朋，庶几有济。若乃并其所挟持以为破坏之具者，而亦破坏之，吾不能为破坏之前途贺也。吾见世之论者，以革命热之太盛，乃至神圣洪秀全而英雄张献忠者有焉矣。吾亦知其为有为而发之言矣。然此等孽因，可多造乎？造其因时甚痛快，茹其果时，有不胜其苦辛者矣。夫张献忠更不足道矣！即如洪秀全，或以其所标旗帜，有合于民族主义也，而相与颂扬之。究竟洪秀全果为民族主义而动否？虽论者亦不敢为作保证人也。……尚论者如略心术而以为无关重轻也，夫亦谁能尼之？但使其言而见重于社会也，吾不知于社会全体之心术所影响何如耳。不宁惟是而已。夫鼓吹革命，非欲以救国耶？人之欲救国，谁不如我？而国终非以此‘瞎闹派’之革命所可得救。非惟不救，而又以速其亡。此不可不平心静气而深察也。”[④]

---

① 以上引文皆出自梁启超：《新民说·论私德》，载《新民丛报》，1903（38－39），14～15页。

② 梁启超：《新民说·论私德》，载《新民丛报》，1903（38－39），1页。

③ 梁启超：《新民说·论私德》，载《新民丛报》，1903（46－48），7～8页。

④ 梁启超：《新民说·论私德》，载《新民丛报》，1903（40－41），5～6页。

显而易见，梁启超是鉴于访美的体验和国内反清革命情绪高涨的局势才提倡和宣传私德的，其斥责的对象，当然是革命派，而其最终之目的，始终放在利群和固群之上。易言之，无论是提倡公德时宣传的西方的自由平等权利学说，还是提倡私德时所借助的东方的王阳明学说，对梁启超而言，都是他建设国民国家、增强团体凝固力的手段。

从这个意义上来说，梁启超所提倡的公德与其后来所提倡的私德虽在形式上不同，但在建构国民国家的作用上还是一致的。所以，认为梁启超从提倡公德转向提倡私德和王学是一种向传统的回归和政治上的后退的观点是片面的。

说到传统道德，修身是儒家道德思想的核心。所以，考察梁启超对私德的看法是否符合儒家修身模式，是分析梁启超私德性质的关键。张灏曾在这方面做过大量细致的工作。他认为："儒家的修身，指的是为实现儒家内圣外王人格理想中所包含的那些标准而从事的特殊的活动。这些标准和活动，在新儒家世界观中特有的玄学和心理学方面有着重要的作用。因此，儒家的修身理想首先以一套玄学和心理学为依据。根据正统的新儒家世界观，世界上任何事物最终都是由'理'和'气'结合而成的，或是由原理和物质结合而成的。人生基本上也由这种结合组成。存在并主宰单个人的'理'被称为'性'（人性），当性被经常混浊的气被弄得模糊不清时，道德退化便开始了。在这一构架里，儒家的修身本质上被看成一种'复性'活动或变化气质的活动，即清洁时常混浊的气，以使人体中的理散发光泽，从而成为人类道德生活的主宰。"①

然而，对作为儒家道德思想核心的修身活动，梁启超不仅未予接受，反而添加了新的内容。张灏指出："对梁来说，这些玄学和心理的假设是不能再被接受的，这在他对科学和道德修养之间所作的基本区别中看得最清楚。在科学这一总范畴之下，他进一步对物质科学和精神科学加以区别。梁相信，虽然从道德修养的观点来看，在陆王新儒家的道德哲学中可以找到一些有用的思想，但是被用来说明人性和世界本质的理、气、性和大极这样一些新儒家的抽象范畴不再是有效的，必须由现代物质科学和精神科学来取代。因而在为《德育鉴》收集道德训诫和在编辑出版《节本明儒学案》时，梁着重删除了涉及有关人性和世界本质的玄学和心理论述这一部分的内容。"②

---

① ［美］张灏：《梁启超与中国思想的过渡（1890—1907）：烈士精神与批判意识》，崔志海、葛夫平译，188页。

② ［美］张灏：《梁启超与中国思想的过渡（1890—1907）：烈士精神与批判意识》，崔志海、葛夫平译，189页。

儒家修身的第二个核心是实现独特的内圣外王人格理想。张灏认为："儒家'内圣外王的人格理想'在一套复杂的以'仁'为核心的道德价值观中有它确定的内容。在19世纪末，这种人格理想经历了一个被侵蚀的过程，以致1902年时梁的道德观即便不能说被他的新民思想完全取代了，也是被降为次要地位了。"① 张灏强调指出："1905年梁收集新儒家的道德训诫并不代表对儒家人格理想的重新肯定，也不代表对新的民德的否定。事实上，全面研究梁有关道德的文章，尤其是《新民说》后半部分的内容，给人的印象是，民德不仅在他的道德观中占有核心地位，而且往往以更强烈的形式出现。"②

造成这种现象的原因固然与他访美时的体验有直接的关系③，同时也与他的亡命地——日本对他的影响有着千丝万缕的联系。

梁启超亡命日本时，日本经历了鹿鸣馆时代后，为了矫正全盘欧化的弊症，阳明学者吉本襄和东京帝国大学教授井上哲次郎等所代表的阳明学再兴运动全面兴起并达到高潮。1896年至1900年吉本襄首先出版了《阳明学》，此可视为阳明学再兴运动的第一波；而在1901年至1911年间，井上哲次郎又与其弟子蟹江义丸一道编写了《日本阳明学派之哲学》和十卷本的《日本伦理汇编》，此可视为该运动的第二波。此运动正如荻生茂博所指出的，并不单纯为了复古，而是一场为了发展明治国家的近代国民的道德运动。④

梁启超处于此运动的思想氛围之中，深受其感染，与此同时，他又"不慊于当时革命家之所为"⑤，为了实现其建设国民国家的愿望，他也仿照日本阳明学再兴运动而提倡起王学来了。他在写完《论私德》之后，又连续刊行了《节本明儒学案》《德育鉴》《松阴文钞》等。在他看来，正是因为有了像中江藤树、熊泽蕃山、大盐后素、吉田松阴、西乡南洲等王学式后辈，日本才实现了

---

① ［美］张灏：《梁启超与中国思想的过渡（1890—1907）：烈士精神与批判意识》，崔志海、葛夫平译，189页。

② ［美］张灏：《梁启超与中国思想的过渡（1890—1907）：烈士精神与批判意识》，崔志海、葛夫平译，189页。

③ 参见耿云志、崔志海：《梁启超》，140～153页；［美］张灏：《梁启超与中国思想的过渡（1890—1907）：烈士精神与批判意识》，崔志海、葛夫平译，163～186页；张朋园：《梁启超与清季革命》，119～129页。

④ 参见［日］狭间直树：《新民说略论》，见［日］狭间直树编：《共同研究：梁启超——西洋近代思想之接受与明治日本》，95页；［日］狭间直树：《关于梁启超称颂"王学"问题》，载《历史研究》，1998（5），43页。

⑤ 梁启超：《清代学术概论》，见《饮冰室合集》，专集之三十四，63页。

明治维新，而“全日本之精神，皆松阴所感化焉”。所以，梁启超认为，“今日中国学绝道丧之余，非施根本救治于社会，则国家前途将不可问，而所谓根本救治，舍王学未由”①。

由此看来，梁启超所提倡的私德以及王阳明的道德哲学，并不意味着他向传统的回归与倒退。这乃是他借鉴日本的经验，为他的民族国家构建寻找的一个途径。正像张灏所指出的那样：“梁写这些文章是基于他真正相信新儒家有关束性这方面的方法，对他塑造新民所必备的人格来说是很有帮助的。在他的意识中，对新儒家束性技巧感兴趣，其目的是实现一个以内心和行动为取向的人格。这与他所提倡的新的民德和政治价值观没有任何矛盾。由于他生活在明治时代的日本，在那里，传统和西方的影响经常成功地获得综合，因此对梁来说，认为某些传统技巧可以为西方价值观服务，正如同西方一些技巧有时可以用来为中国价值观服务一样，是完全合乎自然的。”②

事实正像我们已经讨论过的那样，没过多久，对梁启超而言，“儒家修身的两个重要成分，即心理宇宙论世界观和以儒家内圣外王为核心的那些道德价值观很大部分已不再居重要位置了”③，而那些有关新儒家的束性原理和技巧，随着政治局势的变化也被他搁置不谈了。为了追求构建国民国家这一总的目标，取代其《新民说》的则是《开明专制论》了。

第九节　对国家理性的摸索

梁启超访美归来后，他的思想明显地出现了国家主义的倾向，然而，这并

---

① ［日］狭间直树：《新民说略论》，见［日］狭间直树编：《共同研究：梁启超——西洋近代思想之接受与明治日本》，96页。梁启超与日本阳明学再兴运动学者关系颇深，他刚到日本时便在哲学大会上与井上哲次郎相识，并深受其影响。（参见［法］巴斯蒂：《梁启超与宗教问题》，张广达译，载《东方学报》，第七十册，1998-03，346～347页；［日］中村哲夫：《梁启超与“近代超克”论》，见［日］狭间直树编：《共同研究：梁启超——西洋近代思想之接受与明治日本》，390～395页。）后又根据井上哲次郎弟子高濑武次郎的《墨子哲学》和蟹江义丸的《孔子研究》分别写下了《子墨子学说》和《孔子》两篇文章。（参见［日］末岗宏：《梁启超与日本的中国哲学研究》，见［日］狭间直树编：《共同研究：梁启超——西洋近代思想之接受与明治日本》，169～184页。）

② ［美］张灏：《梁启超与中国思想的过渡（1890—1907）：烈士精神与批判意识》，崔志海、葛夫平译，202页。

③ ［美］张灏：《梁启超与中国思想的过渡（1890—1907）：烈士精神与批判意识》，崔志海、葛夫平译，202页。

不能说是他的思想的一个新的起点，而是他思想中已潜伏的某些基本倾向的最终的发展。在其后的几年中，梁启超国家主义的倾向愈发明显，影响和左右了他在许多重大问题上的政治态度。[①]

数年来，梁启超一直在为中国找寻一条国家独立和民族富强的道路。虽然他亡命日本后已有了一个构建民族国家的明确目标，并为造就民族国家的国民而提出了一系列新的人格理想，然而，在对待现存政治秩序的态度上，他依然摇摆不定，以致在采用何种手段或方式达到目标的问题上，他始终彷徨在改良与革命之间。他的这种犹豫与彷徨，我们从他到日本后与孙中山的联合和分手，以及他因宣传革命被破坏而与康有为发生龃龉等问题上看得十分清楚。他所写的长篇小说《新中国未来记》里两位主人公的争论，正反映出他对用何种方式来实现目标的踌躇和苦闷。然而，这种举棋不定的情形，到1903年他从美国归来时似乎有所改变。在这之前几年，他还主张借助卢梭等人平权论的理论来培养中国民众的民族主义，他希望以这种方式为过渡，以抵抗民族帝国主义的侵略，实现其构建民族国家的梦想。而自他访美归来后，他则明确表示："卢梭学说，于百年前政界变动最有力者也，而伯伦知理学说，则卢梭学说之反对也。二者孰切真理？曰：卢氏之言药也，伯氏之言粟也。痼疾既深，固非恃粟之所以得瘳。然药能已病，亦能生病，且使药证相反，则旧病未得豁，而新病且滋生，故用药不可不慎也。五年以来，卢氏学说，稍输入我祖国，彼达识之士，其孳孳尽瘁以期输入之者，非不知其说在欧洲之已成陈言也，以为是或足以起今日中国之废疾，而欲假之以作过渡也。顾其说之大受欢迎于我社会之一部分者，亦既有年。而所谓达识之士，其希望之目的，未睹其因此而得达于万一，而因缘相生之病，则已渐萌芽渐弥漫一国中，现在未来不可思议之险象，已隐现出没，致识微者慨焉忧之。噫！岂此药果不适于此病耶？抑徒药不足以善其后耶？"[②]

显而易见，梁启超此番话，已开始对他此前的言论作出否定，一切迹象表明，他又要为中国换药了。最初，梁启超认为，中国"必经由民族主义时代，乃能进入民族帝国主义时代"[③]。依梁启超之见，对一个"所谓民族主义者，犹未胚胎焉"的中国来说，卢梭思想，实乃医治中国病患的良药。然而，访美归

---

① 参见［美］张灏：《梁启超与中国思想的过渡（1890—1907）：烈士精神与批判意识》，崔志海、葛夫平译，163页。

② 梁启超：《政治学大家伯伦知理之学说》，见《饮冰室合集》，文集之十三，67页。

③ 梁启超：《答某君问法国禁止民权自由之说》，载《新民丛报》，1903（25），105页。

来之后，他对卢梭思想是否适用于其建国目标的问题开始产生疑问。他声称：“中国号称有国，而国之形体不具，则与无国同。爱国之士，睊睊然忧之。其研究学说也，实欲乞灵前哲，而求所以立国之道也。法国革命，开百年来欧洲政界之新幕，而其种子，实卢梭播之。卢氏之药，足以已病，无疑义矣。近则病既去而药已为筌蹄，其缺点率见是正于后人。谬想与真理所判，亦昭昭不足为讳也。独吾党今日欲救吾国，其必经谬想而后入真理，以卢氏学说为过渡时代必不可避之一阶级乎？抑无须尔尔，迳向于国家之正鹄而进行乎？此一大问题也。卢氏之说，其有功于天下者固多，其误天下者抑亦不少。今吾中国采之，将利余于弊乎？抑弊余于利乎？能以药已病，而为立国之过渡乎？抑且以药生病，而反失立国之目的乎？此又一大问题也。”[①] 按梁启超的诊断，当时中国的病因与法国大革命前之欧洲迥异。在他看来，“祖国之大患，莫痛乎有部民资格而无国民资格”，此种现象，与“欧洲各国，承希腊罗马政治之团结，经中古近古政家之干涉者，其受病根源，大有所异”[②]。依梁启超之见，“我中国今日所最缺点而最急需者，在有机之统一与有力之秩序，而自由平等直其次耳”。为什么这样说呢？他解释道：“必先铸部民使成国民，然后国民之幸福乃可得言也。”“民约论者，适于社会而不适于国家。苟弗善用之，则将散国民复为部民，而非能铸部民使成国民也。故以此论，药欧洲当时干涉过度之积病，固见其效，而移植之于散无友纪之中国，未知其利害之足以相偿否也。”梁启超指出：“夫醉生梦死之旧学辈，吾无望矣。他日建国之大业，其责任不可不属于青年之有新思想者。今新思想方始萌芽耳，顾已往往滥用自由平等之语，思想过度，而能力不足以副之。芸芸志士，曾不能组织一巩固之团体，或偶成矣，而旋集旋散。诚有如近人所谓‘无三人以上之法团，无能支一年之党派’者，以此资格而欲创造一国家，以立于此物竞最剧之世界，能耶否耶？”至此，梁启超笔锋一转，进一步指出：“此其恶因，虽种之薰之在数千年，不能以为一二人之咎，尤不能以为一学说之罪。顾所最可惧者，既受彼遗传之恶因，而复有不健全之思想，以盾其后而傅之翼也。故人人各以己意进退，而无复法权之统属，无复公众之制裁，乃至并所谓服从多数之义务而亦弁髦之。凡伯氏所指卢氏学说之缺点，今我新思想界之人人皆具备之矣。夫以今日之中国，固未有所谓统属，未有所谓制裁，未有所谓多数，则吾国民之踯躅焉凌乱焉而靡所于从，夫亦安可深责。顾所贵乎新思想者，欲借其感化力以造出一新世界，使

① 梁启超：《政治学大家伯伦知理之学说》，见《饮冰室合集》，文集之十三，68～69 页。

② 梁启超：《政治学大家伯伦知理之学说》，见《饮冰室合集》，文集之十三，69 页。

之自无而之有云尔，若徒恃此不健全之新思想，果能达此目的否耶？是不可以不审也。”①

显而易见，对梁启超而言，向中国输入新思想之目的无非是“欲创造一国家，以立于此物竞最剧之世界”。各种思想，在他眼里只不过是达此目的的一种手段。用他的话来说，只是一种“粟”或“药”。依梁启超之见，中国当时最需要的是“有机之统一与有力之秩序”，卢梭《民约论》所代表的自由平等，“直其次耳”。在他眼里，中国的国情，与法国大革命前欧洲的干涉过度不同，中国所需要的是有机的统一与有力的秩序。所以，卢梭思想的药，自然要在被抛弃之列。而为了达到“迳向于国家之正鹄而进行”的目的，他选择伯伦知理国家思想的“粟”也是理所应当的。

这里需要指出的是，梁启超所介绍的伯伦知理学说，并不是直接从德国引进的，而是通过日本人的译著间接引进的。② 所以，为了搞清梁启超所引进的国家学说，在此不得不对该学说在日本的情况作一个简要的介绍。

据不完全统计，至明治二十三年（1890 年）止，伯伦知理的《国法泛论》（*Allgemeines Staatsrecht*）在日本共有六种译本，其译名有《国法泛论》《国会泛论》和《国家学》等。这些译著并非全译，而是由加藤弘之、平田东助、平塚定二郎以及石津可辅等人根据自己的选择，先后分别译成的。③也就是说，日本所翻译的《国法泛论》（或名《国会泛论》《国家学》）均非伯伦知理《国法泛论》的全文，而是该书不同章节的节译本。到了明治三十二年（1899 年）十二月日本吾妻兵治又在善邻译书馆和国光社出版了一本汉文本的《国家学》。④当然，这本书并非由德文直接翻译过来，而是根据平田东助和平塚定二郎的节

① 以上引文皆出自梁启超：《政治学大家伯伦知理之学说》，见《饮冰室合集》，文集之十三，69～70 页。

② 有关梁启超与伯伦知理国家论的研究深受学界重视，很多学者的著作中都涉及这个问题，以下仅略举几位。［日］狭间直树：《新民说略论》，见［日］狭间直树编：《共同研究：梁启超——西洋近代思想之接受与明治日本》，90～92 页；［法］巴斯蒂：《中国近代国家观念溯源——关于伯伦知理国家论的翻译》，载《近代史研究》，1997（4），221～232 页；［日］坂出祥伸：《梁启超之政治思想》，载《关西大学文学论集》，1973，24（1），10～54 页；［日］佐藤慎一：《梁启超与社会进化论》，1096 页；［日］宫村治雄：《开国经验的思想史——兆民及其时代精神》，东京，东京大学出版会，1996；郑匡民：《梁启超启蒙思想的东学背景》，228～268 页。

③ 参见［日］稻田正次：《明治宪法成立史》，下卷，896 页。东京，有斐阁，1899；［日］安世舟：《论明治初期日本对德意志国家思想的接受——以伯伦知理和加藤弘之为中心》，145 页，见日本政治学会编：《日本的西欧政治思想》，东京，岩波书店，1975。

④ 伯伦知理：《国家学》，吾妻兵治译，东京，善邻译书馆、国光社，1899。该书比梁启超登载在《清议报》上未署译者名之《国家论》晚半年多。（《清议报》之《国家论》1899 年阴历三月初一刊行，吾妻兵治翻译的《国家学》1899 年 12 月 13 日出版。）

译本翻译成汉文的。[①] 如此看来，梁启超所依据的日本的伯伦知理的译著均是日本的一些节译本，而这种情况势必对他全面地掌握伯伦知理学说造成一定的障碍。

据日本学者安世舟的研究，在伯伦知理的国家思想中，同时并存着自由主义与保守主义两种倾向。[②] 而这两种倾向，又以不同的形式反映在接受该理论的不同思想家身上。以加藤弘之为例，我们既可以从加藤早期的《真政大意》《国体新论》等著作中看到伯伦知理国家思想中自由主义的影响[③]，也可以从其思想转型时代反对“民选议院设立建白书”时提出的“尚早论”中，看到伯伦知理“腓特烈大帝论”“卢梭批判论”等保守主义侧面对他的影响。[④] 这里应当强调的是，除达尔文的进化主义对加藤弘之产生了重要影响，伯伦知理国家思想中的保守主义倾向也对加藤转向产生了重要作用。

当明治七年（1874 年）一月加藤弘之看到板垣退助等的“民选议院设立建白书”提出的运动，以及二月的“佐贺之乱”等事件给日本造成的混乱，特别是自由民权运动中那种“欲望自然主义自由”给人们带来的反感，他的立场逐渐地发生了变化。加藤弘之联想起了伯伦知理关于卢梭天赋人权论与法国大革命关系的见解，认识到这种激烈的行动只会给社会增加动荡和不安，而于社会之进步将丝毫无补。于是，加藤弘之开始与“民选议院设立建白书”高唱反调，提出了他的著名的“尚早论”，从而表明了他的开明专制主义的立场。在“尚早论”中，加藤弘之主要依据的理论有两方面：其一是毕德尔曼的“时势论”[⑤]，

---

① 由二者的内容、句式及所用词语的一致性可知。

② 参见［日］安世舟：《论明治初期日本对德意志国家思想的接受——以伯伦知理和加藤弘之为中心》，见日本政治学会编：《日本的西欧政治思想》，120～130 页。

③ 参见［日］安世舟：《论明治初期日本对德意志国家思想的接受——以伯伦知理和加藤弘之为中心》，见日本政治学会编：《日本的西欧政治思想》，131～140 页；郑匡民：《梁启超启蒙思想的东学背景》，206～210 页。

④ 参见［日］安世舟：《论明治初期日本对德意志国家思想的接受——以伯伦知理和加藤弘之为中心》，见日本政治学会编：《日本的西欧政治思想》，146～156 页。

⑤ 加藤弘之明治八年（1875 年）十月翻译了毕德尔曼的《各国立宪政体起立史》。因深受其影响，该书绪言中言及了“时势论”的主张。其云：“虽古来被称为圣主仁君之辈，或不察人情世态之如何，漫取他邦之良制美法用之于其国而误其制之例不少，盖其意虽固出仁惠，独为其知识不足，由于不悟彼我之世态人情及风俗习惯之差异而制度亦应自异。又不悟开化未全之人民时势民情之如何，漫取开化国之法制，欲以增益其国之安宁福祉，而终不能达其志之例亦不为少。是亦不可不云为知识不足而招祸也。”（毕德尔曼：《各国立宪政体起立史》，加藤弘之译，绪论，4～5 页，东京，谷山楼，1875。）

其二是伯伦知理的“腓特烈大帝论”[1]。在“尚早论”中，加藤弘之先用毕德尔曼的理论指责民选议院不合时势，为时尚早，又根据“腓特烈大帝论”断言：“今日普鲁士人民自主之心与敢为之气旺盛，其国称雄欧洲，绝非唯夙昔议院之设立所造成，殊自腓特烈二世以来，政府之心专尽于人才教育之由也。”从而主张自上而下的“文化保育”应优先于议院设立。最后加藤弘之又指出：“方今政府虽姑且不得不施特裁之政，但并未忘本来政府为民而设而非民为政府而存之真理，完全是以腓特烈之公心自限制政权，务伸张民之私权，洞开言路，劝励教育，以使吾邦速成开明国为要。”显然，加藤弘之也并非赞成独裁主义的专制。在他看来，开明专制只是在民智未开情况下的权宜和过渡之策，他提醒民众，千万不要忘却“政府为民而设而非民为政府而存之真理”。所以，在政体上，他还是主张宪政，主张对权力有所限制，用他的话来说，就是“立宪的族父统治的政体”。加藤弘之强调指出：“此政体与路易十四的‘朕即国家’性质迥异。路易十四是绝对独裁，而‘立宪的族父统治的政体’则是先设立立宪政体，制定确乎不拔之宪法，‘不论天皇与臣民，均活动于宪法范围之内’，天皇只不过‘依照宪法对吾臣民进行统治而已’。”[2] 在加藤弘之看来，当时日本国家的发展阶段相当于普鲁士的腓特烈大帝时代，所以，他主张应暂时以开明专制主义体制、腓特烈大帝精神，渐进式地进行改革，而反对急激的发展。[3] 从加藤的身上我们可以看出，虽然加藤在明治时期受到过伯伦知理学说中自由主义侧面的影响，但是，自其接受达尔文的进化主义之后，伯伦知理的“腓特烈大帝论”“卢梭批判论”等保守主义侧面对他的影响也是非常大的。可以说，伯伦知理国家思想中的保守主义倾向对加藤产生的影响，是加藤“变节”，从而反对自由民权的民选议院运动，走上开明专制主义的契机。

总而言之，根据日本学界的研究，伯伦知理学说对日本产生的影响，并非

---

① 这里的腓特烈大帝是指腓特烈二世（Friedrich Ⅱ，1712—1786），普鲁士国王，于1740—1786年在位。伯伦知理认为他是“近代国家与近代世界观的最重要代表”。腓特烈二世曾在王位上宣布了反对绝对君主制的重要命题。他说，国王既不是国土的所有者，也不是人民和国家的主人，而是国家第一公仆。伯伦知理认为，腓特烈二世否定了绝对君主制的原理，而以近代国家的原理为基础进行统治，所以，应以腓特烈二世作为近代之始。腓特烈二世的此种理论再进一步，即可成为国家形态。即使绝对君主制原封不动，只要国王具备绝对国家思想，即可由绝对君主制国家向近代国家转变。详情请参看安世舟《フリードリヒ大王の摄取——启蒙专制主义者としての自觉の形成》。

② ［日］加藤弘之：《立宪的族父统治的政体》，见［日］加藤弘之：《学说乞丐袋》，210～211页，东京，弘道馆，1907。

③ 参见［日］安世舟：《论明治初期日本对德意志国家思想的接受——以伯伦知理和加藤弘之为中心》，见日本学会编：《日本的西欧政治思想》，153页。

主要表现在其本身含有的自由主义立宪思想方面，而是主要表现在以国家概念为中心的国家学方面，后者予官僚思想以理论上的资源。这正如山室信一的缜密研究表明的那样，其对明治国家体制的确立起到了异常重要的作用。然而到了19世纪末，伯伦知理的学说渐为世间所不顾，终同弃物。[①]

上文已经讨论过，梁启超亡命日本的时代，已是加藤弘之转向后的时代，梁并未经历过日本自由民权论者与加藤弘之激烈的论战。梁启超所置身的日本，并非启蒙时代所标榜的文明之精神的时代，而是早已过了加藤弘之、陆羯南、德富苏峰等所代表的“社会进化论”“国民主义”“国权主义”“帝国主义论”的时代。那时甚至福泽谕吉也曾在《通俗国权论》中写下“百万卷万国公法不及数门大炮”的话。那是一个人们不得不承认事实上强权政治在支配着国际政治的观念笼罩亚洲的时代。[②] 梁启超到日本后，与加藤弘之、陆羯南、德富苏峰都有过交往，他曾说过从他们那里受益许多的话，所以，梁启超受他们的影响是毫无疑义的。[③] 那时，梁启超年方二十六七岁，年少气锐，救国心切，在这种思想氛围中，那些节本的伯伦知理著作对梁启超所产生的影响自然是可想而知了。

梁启超流亡日本那段时间，一直将国家视为“团体之最大圈，而竞争之最高潮”“私爱之本位，而博爱之极点”，从而将国家当成了一种新的政治秩序的形式。故他的一切政治主张和行动，都是从维护和确保国家的安全和生存的需要出发的，也就是说，他“恢恑憰怪”甚至前后矛盾的主张或行动，只是使中国在物竞最剧烈的天演界免遭灭顶之灾的手段而已。按照张灏的说法，梁启超所关心的问题，乃属于“国家理性”的问题：“众所周知，在西方政治思想传统里，至少自马基雅维利以来，一直存在一种思想倾向，这种思想在博丹、霍布斯、科尔伯特和黑格尔的著作中表现得最显著，他们最关心的是政府确保国家生存和安全的理性行为，而不考虑其在道德和意识形态方面的后果。国家理

① ［日］狭间直树：《新民说略论》，见［日］狭间直树编：《共同研究：梁启超——西洋近代思想之接受与明治日本》，91页。

② 参见［日］石川祯浩：《梁启超与文明视点》，见［日］狭间直树编：《共同研究：梁启超——西洋近代思想之接受与明治日本》，115页。

③ 梁启超与加藤弘之相识及受其影响上文已讨论了很多，此处不再重复。梁启超初到日本时取日文名“吉田晋”，他和其师康有为经常与日本政界、学界人士词酒往还，颇受日本人影响，“以致国内有些报纸也不理解梁到日本后的行为，指责他数典忘祖，‘不知曾念及先人庐墓否’”（耿云志、崔志海：《梁启超》，98页）。梁启超与陆羯南交往情况见梁启超：《羯南湖村招饮上野之莺亭以诗为令强成一章》；康有为：《西游之前一夕，木堂、羯南、矧川、松崎、湖村、藻洲、中西、柏原、宫崎、平山及小航、卓如同宴于明夷阁，即席占此》；［日］坂出祥伸：《梁启超著述编年初稿》（二），112页。

性在于证明政府这种理性行为是最高的政治目的。弗里德里克说，更概括地来讲，国家理性是这一总的主张的一个精确的表现方式，即手段必须合乎目的，换言之，手段对于目的而言必须是合乎理性的，并且这些手段从最有可能达到目的的意义上来说是最好、最合理性的。”张灏认为：“在欧洲的国家理性理论和梁这几年的政治思想之间，无疑有着密切的关系。在1903年和此后的几年里，梁逐渐发现，‘国家’这个他曾经热情尊崇为近代西方文明的关键因素，一度被他视为最高群体。而被当作最高政治价值的新的政治秩序形式，有着严格的自身逻辑。处在帝国主义活动猖獗的时代，中国作为一个国家，面临着生存和安全这两个压倒一切的问题。受不可抗拒的组织——国家要求的驱使，梁发现自己正在改变原先从集体主义立场上对民主制度的拥护，转而承认独裁主义国家是必要的。”①

综观梁启超流亡日本后一系列的思想和行动，无论是他提倡革命，鼓吹破坏，还是1903年以后谋求立宪，抵制革命，以至主张开明专制，无非都是在为追求他的最高政治价值——民族国家而努力。故此，这一系列行动也可以视为他关心国家理性的正常表现。

梁启超在访美之前已对革命派的行为产生反感，他曾以民友社德富芦花的《世界古今名妇鉴》为蓝本写了《近世第一女杰罗兰夫人传》。② 在这篇文章中，他表现出对法国大革命带来的破坏以及随之而来的暴民政治的不满与恐惧。此时梁启超的思想中，反对革命的成分已占了上风，这种想法为他日后向开明专制论过渡埋下了伏笔。

访美的体验，更坚定了他的上述想法。在访美之前，梁启超还将美国当成民主制度的典范和楷模，而在访美归来后，他则明确表示：“吾游美国而深叹共和政体，实不如君主立宪者之流弊少而运用灵也。”③ 并且，即使是这样的制度，也有其产生和发展的特殊条件，并非模仿就可以得到的，它需要有一个逐步实现的过程。在梁启超看来，“美国政治进化史，有独一无二之线路焉，即

① ［美］张灏：《梁启超与中国思想的过渡（1890—1907）：烈士精神与批判意识》，崔志海、葛夫平译，175页。

② 参见［日］松尾洋二：《梁启超与史传——东亚近代精神史的激流》，见［日］狭间直树编：《共同研究：梁启超——西洋近代思想之接受与明治日本》，273～281页。松尾先生经过研究，得出了以下结论：“梁启超并非由罗兰夫人的事迹来提炼自己的思想，而是以民友社一系列史传中所宣传的思想为核心，在翻译中作了相应的删节或修改，然后以‘新史氏曰’的形式提出自己的结论。”这种观点，对我们研究梁启超思想以及清末思想史有着重要的启发作用。

③ 梁启超：《新大陆游记节录》，见《饮冰室合集》，专集之二十二，65页。

日趋于中央集权是也”[①]。

访美的体验如此，而他在日本所见到的革命党的行为又如彼，于是，为了构建国民国家这个大目标，为了这个国家能在天演的外竞中生存，他也像加藤弘之一样，拿起伯伦知理的国家有机体说来批判卢梭的理论。

首先，他用伯伦知理学说中的“卢梭批判论”来抨击革命派所倡导的“主权在民”“公民总意”说。他明确表示：“主权者，一国精神所由寄也。”[②] 他指出，主权具有五种性质。第一，“主权者，独立不羁，而无或服从他种权力者也”。第二，“主权者，国家之威力也。宜归于人格之国家及国家之首长，其余地方团体及法院议院等，皆隶于国家之一机关耳，于主权无关也”。第三，“主权者，至尊者也，主权者据之，以立于国内所有一切权力之上”。第四，“主权者，统一者也。一国中不能有二个主权”。第五，“主权者，有限者也。主权有受成于国法之权利，即有受限于国法之义务”。[③]梁启超列举了主权的性质后，便先批判平丹（现译为博丹）和卢梭将统治者看成主权载体的观念。梁启超表示，平丹之理论，“以国家之首长，与国家之全体混为一谈”，此理论乃“路易十四‘朕即国家’之谬论所从出也，其说久已吐弃”，不具有辩论的价值。而为革命派所标榜的卢梭主义，在主权问题上也充满谬误。梁启超指出：“卢梭之言曰：‘主权不在于主治者，而在于公民。公民全体之意向，即主权也。主权不得让与他人，亦不得托诸他人，而为其代表。虽以之交付于国会，亦非其正也。社会之公民，常得使用其主权，持以变更现行之宪法，改正古来成法上之权利，皆惟所欲。’”在梁启超看来，卢梭这种理论，若按之伯伦知理的理论，则无非是“易专制的君主主权，而代以专制的国民主权也”。并且，更为严重的是，“专制君主主权，流弊虽多，而犹可以成国，专制国民主权，直取已成之国而涣之耳”。梁启超认为，革命派所倡导的“主权在民”除了离散已成立的国家之外，简直没有一点好处。并且，此“公民总意”说极易造成更严重的后果。“公民全体之意见，既终不可齐，终不可睹，是主权终无着也。”这种主权无着的情况，将造成“公民中之一部分，妄曰吾之意即全体之意也，而因以盗窃主权，此大革命之祸所由起也。公民之意向屡迁而无定，寖假而他之一部分，又妄曰吾之意即全体之意也，而因以攘主权，此大革命之祸所由继

① 梁启超：《新大陆游记节录》，见《饮冰室合集》，专集之二十二，137 页。

② 梁启超：《政治学大家伯伦知理之学说》，见《饮冰室合集》，文集之十三，86 页。

③ 梁启超：《政治学大家伯伦知理之学说》，见《饮冰室合集》，文集之十三，86～87 页。

续也”。[①] 依梁启超之见，伯伦知理之所以与卢梭为难，其意正在于此。言外之意，他反对革命派所谓的“主权在民”的观念，也是出于上述考虑。于是，他进一步申明了主权之原则。其一“主权既不独属君主，亦不独属社会，不在国家之上，亦不出国家之外。国家现存及其所制定之宪法，即主权所从出也”。其二，“或谓社会为私人之集合体，主权即为私人之集合权。其言谬甚。主权者公权，非私权也，虽合无量数之私权，不能变其性质使成公权”。其三，“或谓一民族相结合，虽未具国家之体裁，亦可谓之有主权。此说亦非也。彼民族者，未能成为一‘法人’，未有形不具而脑先存者也。故有主权则有国家，无国家亦无主权”。[②]

梁启超原来提倡和宣传民族主义，以之作为他构建民族国家的不二法门，但是，对国家理性的摸索使他认识到，“国家所最渴需者，为国民资格”。至于如何得到这种国民资格，则“各应于时势而甚多其途也”[③]。并且，对于梁启超而言，构建国民国家，以实现外竞是他孜孜以求的目标。为实现他的梦想，就必须正视中国乃是一个由多民族组成的国家这一现实，而反对革命派所提倡的排满的民族主义。于是，他依据伯伦知理的国民与民族的理论对革命派之“排满”论进行驳斥：“两年以来，民族主义稍输入于我祖国。于是排满之念，勃郁将复活。虽然，今吾有三个问题于此。曰：汉人果已有新立国之资格乎？此吾不能无疑之第一问题也。伯氏论民族建国之所恃者三：（一）固有之立国心。（二）可实行之能力。（三）欲实行之之志气。其第一事，则吾固具之矣。其第三事，则在今虽极少数，而不能谓之无也。独其第二事，则从何处说起耶？日言排而不能排，无价值之言也。即使果排去矣，而问爱国志士之所志，果以排满为究竟之目的耶？抑以立国为究竟之目的耶？毋亦曰目的在彼，直借此为过渡之一手段云耳。苟遂不克达于目的地，则手段何取也？”[④] 他并不是不相信中国人有建立民族国家之能力，只是认为当时中国还不具备此种能力。他认为，即使是最急激之革命派，也不得不赞同这种看法。

梁启超向革命派提出的第二个问题是：“排满者，以其为满人而排之乎？抑以其为恶政府而排之乎？”梁启超接着问道：“如以其为满人也，且使汉人为

---

① 以上引文皆出自梁启超：《政治学大家伯伦知理之学说》，见《饮冰室合集》，文集之十三，87页。

② 以上引文皆出自梁启超：《政治学大家伯伦知理之学说》，见《饮冰室合集》，文集之十三，87～88页。

③ 梁启超：《政治学大家伯伦知理之学说》，见《饮冰室合集》，文集之十三，74页。

④ 梁启超：《政治学大家伯伦知理之学说》，见《饮冰室合集》，文集之十三，74页。

政，将腐败而亦神圣之也。如以其为恶政府也，虽骨肉之亲，有所不得私，而满不满奚择焉？”在梁启超看来，“今政府与满洲有二位一体之关系，憎政府而及满人”也是人之常情，革命派将“排满”作为鼓舞民心的手段还可以，但将其作为一种政治纲领则大有问题。梁启超指出：“今日之中国，实非贵族政体，而为独裁政体，其蠹国殃民者，非芸芸坐食之满人，而其大多数乃在阉婀无耻媚兹一人之汉族也。而其所以为媚者，非媚满人，媚独裁耳。使易独裁者为汉人，其媚犹今也。媚独裁之汉人，其蠹国殃民，亦犹今也。”所以，依梁启超之见，“今日当以集全国之锋刃向于恶政府为第一义，而排满不过其战术之一枝线”。在他看来，革命派“认偏师为正文，大不可也”。革命派中有些人为了宣传“排满”革命，“乃至盗贼胡、曾，而神圣洪、杨”。他质问革命派：“此果为适于论理否耶？且使今日得如胡、曾其人者为政府，与得如洪、杨其人者为政府，二者孰有益于救国？”[①] 革命派这些主张，对梁启超而言，全部背离了建国的大目标。他说：“章炳麟氏之言曰：不能变法当革，能变法亦当革；不能救民当革，不能救民亦当革。嘻！此何语耶？夫革之目的，岂以快意耶？毋亦曰救民耳。如曰能救民而亦当革，则是敌视此目的也，假曰信今之政府之必不能救民而革之也，斯可谓健全之理论矣。而犹当视其所以代之者何如，如章氏言，能毋使国民迷惑耶？”在梁启超看来，这两年世论之趋向，“殆由建国主义一变而为复仇主义”。这对于其构建国民国家的大目标来说，无疑是一种背离。他指出：“其在一人一家之仇，而曰身可杀，家可破，仇不可不复，是所宜言也；其在一国之仇，而曰国可亡，仇不可不复，则非所宜言也。”在梁启超看来，章炳麟此种言论乃是一种“不健全之理论，为造成国民资格之道一魔障也”。[②]

于是，梁启超根据伯伦知理的理论向革命派提出了第三个问题：“必离满洲民族，然后可以建国乎？抑融满洲民族乃至蒙、苗、回、藏诸民族，而亦可以建国乎？”他引用伯伦知理的民族概念，认为中国应当提倡“大民族主义”。他说，民族乃指“同地、同血统、同面貌、同语言、同文字、同宗教、同风俗、同生计”者，“而以语言、文字、风俗为最要焉”。由此言之，则中国言民族者，当于小民族主义之外，更提倡大民族主义。对这两种民族主义，梁启超解释道：“小民族主义者何？汉族对于国内他族是也。大民族主义者何？合国

---

① 以上引文皆出自梁启超：《政治学大家伯伦知理之学说》，见《饮冰室合集》，文集之十三，74、75页。

② 以上引文皆出自梁启超：《政治学大家伯伦知理之学说》，见《饮冰室合集》，文集之十三，75页。

内本部属部之诸族以对于国外之诸族是也。”[①] 他指出：“中国同化力之强，为东西历史家所同认，今谓满洲已尽同化于中国，微特排满家所不欲道，即吾亦不欲道，然其大端，历历之迹，固不可诬矣。……今关内之满人，其能通满文操满语者，已如凤毛麟角，他无论矣。”所以，若按伯伦知理的理论来衡量，则“虽谓满人已化成于汉民俗可也”。梁启超断言，即使不是这样，“苟汉人有可以自成国民之资格，则满人势不得不融而入于一炉”，从而成为大民族中之一员。对梁启超来说，革命派所倡导的“排满”只不过是其战术之一支线，而改造恶政府乃是第一义。梁启超所最关心的问题，还是民族国家之构建，即中国如何在他所谓的竞争最激烈的天演界存活的问题。他认为：“今所欲研究者，则中国之能建国与否系于逐满不逐满乎？抑不系于逐满不逐满乎？实问题之主点也。”在他看来，“自今以往，中国而亡则已，中国而不亡则此后所以对于世界者，势不得不取帝国政略，合汉，合满，合蒙，合回，合苗，合藏，组成一大民族，提全球三分有一之人类，以高掌远跖于五大陆之上，此有志之士所同心醉也”。梁启超认为，假如他的愿望成为事实的话，“则此大民族必以汉人为中心点，且其组织之者，必成于汉人之手，又事势之不可争者也”。然而，在梁启超看来，革命派所提倡的“排满”革命，恰恰妨碍了他的大目标。他说：“独今日者，欲向于此大目的而进行，其必将彼五百万之满族，先摈弃之而再吸集之耶？抑无须尔尔，但能变置汉满同病之政府，而遂有可望耶？”在梁启超看来，要想得到正确的结论，不得不将此狭隘的民族复仇主义暂搁一边，平心静气来考察。他的考察，以建国为中心，分为预备、实行、善后三个阶段，以革命派提倡的“排满”是否对建国的大目标有利而诘之于革命派：“当预备时代，将排满而能养汉人之实力乎？抑用满而能养汉人之实力乎？当实行时代，将排满而能御列强之侵入乎？抑合满而能御列强之侵入乎？当善后时代，将排满而得国础之奠安乎？抑利满而得国础之奠安乎？”[②]显而易见，梁启超所讨论的问题都围绕着他的一个目标，即建设一个“提全球三分有一之人类，以高掌远跖于五大陆之上”的大帝国而进行。他所谓的“合汉，合满，合蒙，合回，合苗，合藏”的“大民族主义”也是为了抵御帝国主义侵略，是为建设一个新的中国服务的。从他为中国的生存和安全考虑的角度来看，正像有的学者已经指出的，“大民族主

① 以上引文皆出自梁启超：《政治学大家伯伦知理之学说》，见《饮冰室合集》，文集之十三，75页。

② 以上引文皆出自梁启超：《政治学大家伯伦知理之学说》，见《饮冰室合集》，文集之十三，76页。

义只不过是一种语言修辞，在这个问题背后，仍然是国家政治的理性化”①。

“迳向于国家之正鹄而进行”既然成为梁启超的目的和愿望，那么，团结国内各民族以抵御外侮的见解，也便成为保证此国民国家生存和安全的理性思考。为了达到建国的目的，中国当时最需要的是将散漫无纪的“部民”铸造成“国民”。中国“最缺点而最急需者，在有机之统一与有力之秩序，而自由平等直其次耳”。所以，梁启超的一切举措和思想，完全是从维护国家的生存和安全出发的。他根据伯伦知理的国家有机体说，视国家为一有机体。此有机体自有其目的。他指出：“其在古代希腊罗马之人，以为国家者，以国家自身为目的者也。国家为人民之主人，凡人民不可不自牺牲其利益以供国家。其在近世日耳曼民族，则以为国家者，不过一器具，以供各私人之用而已，私人之力有所不及者，始以国家补助之，故国家之目的，在其所属之国民。由前之说，则谓民也者为国而生者也。由后之说，则谓国也者为民而设者也。”在梁启超看来，伯伦知理比较倾向于第一种说法。他解释道：伯伦知理认为两者皆是，而亦皆非，因为“天下之事物，固有自一面观之，确为纯粹之器具，自他面视之，又确有其天然固有之目的者存。即如男女婚媾，其显证也。就其夫妇相爱之情欲言，则婚媾实一器具也；就其居室大伦传种义务言之，则婚媾实有其至大之一目的在。惟国亦然”。根据伯伦知理国家目的论的理论，梁启超在国家和个人关系问题上，表明了他的立场：“以常理言，则各私人之幸福与国家之幸福，常相丽而无须臾离。故民富则国富，民智则国文，民勇则国强。是此两目的不啻一目的也。虽然，若遇变故，而二者不可得兼，各私人之幸福与国家之幸福，不能相容。伯氏之意，则以为国家者，虽尽举各私人之生命以救济其本身可也，而其安宁财产更何有焉。故伯氏谓以国家自身为目的者，实国家目的之第一位，而各私人实为达此目的之器具也。”②

个人成为国家目的的器具，也就是说，个人只不过是国家机器上的齿轮和螺丝钉。那么，伯伦知理学说中的自由主义因素哪里去了呢？梁启超说：“虽然，伯氏之论，常无偏党者也。故亦以为苟非遇大变故，则国家不能滥用此权，苟滥用之，则各私人亦有对于国家而自保护其自由权理云。”③ 以此淡淡一

① ［美］张灏：《梁启超与中国思想的过渡（1890—1907）：烈士精神与批判意识》，崔志海、葛夫平译，180页。

② 本段引文皆出自梁启超：《政治学大家伯伦知理之学说》，见《饮冰室合集》，文集之十三，88页。

③ 梁启超：《政治学大家伯伦知理之学说》，见《饮冰室合集》，文集之十三，89页。

笔，梁启超将伯伦知理理论中的自由主义因素轻轻带过去了。

对国家目的的关注，促使梁启超确立了干涉主义的政治价值观。他说："及前世纪之末，物质文明发达之既极，地球上数十民族，短兵相接，于是帝国主义大起，而十六七世纪之干涉论复活，卢梭、约翰·弥勒、斯宾塞诸贤之言，无复过问矣。乃至以最爱自由之美国，亦不得不骤改其方针，集权中央，扩张政府权力之范围，以竞于外，而他国更何论焉？夫大势之所趋迫，其动力固非在一二人，然理想之于事实，其感化不亦伟耶！若谓卢梭为十九世纪之母，则伯伦知理其亦二十世纪之母焉矣。"[①]

此种认识，使得梁启超同加藤弘之一样，走上了一条提倡开明专制的道路。1906 年，梁启超写下了《开明专制论》。本来，梁启超在其《政治学大家伯伦知理之学说》中，还热情赞扬伯伦知理与波伦哈克之君主立宪制。他声称："伯氏博论政体，而归宿于以君主立宪为最良。谓其能集合政治上种种之势力、种种之主义而调和之。"[②] 如今他却突然提倡起开明专制论来了。这究竟是为什么呢？有的学者认为，梁启超多年以来一直宣传君主立宪，但在立宪这一点上，君主立宪与共和立宪是相同的。凡实行立宪制度必有议会。梁启超既已极言中国人无运用议会政治的能力，则君主立宪自然也就成问题了。所以，梁启超必须重新回答中国应采用何种政体的问题。[③] 这种说法，无疑是正确的。但从另一方面看，梁启超从主张君主立宪到主张开明专制，也是他对国家理性关注的自然归宿。在这方面，他和加藤弘之的表现是一样的：他们虽然都提倡开明专制，但是只是将其作为一种权宜之计，他们的真实用意，还是提倡君主立宪。梁启超曾表示："普通国家，则必经过开明专制时代，而此时代，不必太长，且不能太长，经过之后，即进于立宪，此国家进步之顺序也。""故开明专制者，实立宪之过渡也，立宪之预备也。"[④]也就是说，开明专制只是他基于国家理性而选择的一种过渡形式。他解释道："昔达尔文说生物学之公例曰：优胜劣败。而斯宾塞易以适者生存，意若曰：适焉者，虽劣亦优；不适焉者，虽优亦劣也。故吾辈论事，毋惟优是求，而惟适是求。"[⑤]梁启超担心别人对其以主观判断优劣的说法产生怀疑，于是，他进一步阐明了他的观点："如云

① 梁启超：《政治学大家伯伦知理之学说》，见《饮冰室合集》，文集之十三，89 页。

② 梁启超：《政治学大家伯伦知理之学说》，见《饮冰室合集》，文集之十三，77 页。

③ 参见耿云志、崔志海：《梁启超》，166 页。

④ 梁启超：《开明专制论》，见《饮冰室合集》，文集之十七，38～39、39 页。

⑤ 梁启超：《开明专制论》，见《饮冰室合集》，文集之十七，34 页。

‘明月者悦人心目者也’，此判断可为正确乎？彼劳人思妇，对之而涕矣。彼穿窬之监［盗］，且嫉之如雠矣。然则，‘悦人心目’云者，不过我之主观云然耳。彼劳人思妇，自有彼之主观焉；彼穿窬之盗，又自有彼之主观焉。而彼之主观，各各与我之主观相矛盾，彼以彼之主观而推论我，固不可也；我以我之主观而推论彼，亦乌见其可。苏诗曰：‘耕田欲雨刈欲晴，来者顺风去者怨。’此语殆可以发明此真理而有余矣。”① 在梁启超看来，“以客观的方面论，则天下事物，确无所谓优劣者；以主观的方面论，则可强区别之”②。他写道：“若此者吾认为优，若此者吾认为劣而已。优劣者吾所认也。若以主观推及于客观而指定之曰，此事物优而彼事物劣也，此大过也。（如明月无所谓优劣，以吾方赏心乐事也，吾认为优，虽认为优，不得谓明月优也。以吾欲为穿窬之盗也，吾认为劣，虽认为劣，不得谓明月劣也。他事物皆然。）庄生曰：‘民食刍豢，糜［麋］鹿食荐，蝍且甘带，鸱鸦嗜鼠，四者孰知正味？’此言美恶无定形，非玩世之言，实真理也。斯宾塞所以以‘适者生存’易‘优胜劣败’者，诚以优劣本无定形，故胜败亦无常格。其易之也，避武断也。”③ 按梁启超的解释，对世间事物优劣的判断，只依据主观的适与不适即可。那么，他是根据什么样的标准来判断主观是否应当实行开明专制的呢？他当然还是以他所关注的国家理性来判断的。简言之，就是采用开明专制对中国的安全和生存而言是否是最符合理性的行为。在他看来，强制起于竞争，“有以强制为调和竞争之具者，有以强制为助长竞争之具者”④。梁启超认为，竞争分为两种：异种类之间的竞争和同种类之间的竞争。他认为：“二者常并时而行。如人类对于其他众生，则认彼众生为异种类；文明人对于野蛮人，则认野蛮人为异种类；文明人相互之间，甲团对于乙团，则彼此交认为异种类。如此者精密分析之，殆不能尽。而于一方面为异种类之竞争，于一方面又为同种类之竞争。如人类方与众生竞也，而人与人亦同时相竞；文明人方与野蛮人竞也，而文明人与文明人亦同时相竞；甲团方与乙团竞也，而甲乙之内部亦各各同时相竞。于彼时也，其同种类之间，各么匿体，能行竞争于秩序的，则其对于异种类之竞争必获优胜，否则劣败。何以故？必有秩序，然后彼此之行为可以预测其结果而不至冲突故；必内部无冲突，然后能相结集以对外故。虽然，所谓秩序云者，非自始

① 梁启超：《开明专制论》，见《饮冰室合集》，文集之十七，35～36页。
② 梁启超：《开明专制论》，见《饮冰室合集》，文集之十七，36页。
③ 梁启超：《开明专制论》，见《饮冰室合集》，文集之十七，36页。
④ 梁启超：《开明专制论》，见《饮冰室合集》，文集之十七，14页。

焉放任之而可以自致者也。其得之也，必以强制。强制者，实社会所以自存之一要素也。所谓以强制助长竞争者，此也。”①

由此可见，梁启超论述强制，主要是为了他一贯强调的群体内部个体之间的协调与秩序，即他所谓的“有机之统一与有力之秩序”。群体内部个体间无冲突，然后才能集结以对外，加入竞争最剧的天演界。他的强制说到底，其背后依然是国家理性。基于个体服从群体“外竞”的考虑，梁启超开始对中外学者的“内竞”能促进自然和谐的理论进行抨击。他说：“或谓人类自然能调和，不待强制而可以为平和的发达。此中国老庄一派之理想。泰西上古诸哲亦常有持此说者，是未尝为历史的研究，误解古代社会之情形耳。或又谓自然界有天然之公例，可以有调和而无轧轹，人类亦当有然，此亦由前此‘自然科学’尚属幼稚，于自然界生存竞争相续不断之一大现象，未尝见及耳。今此两说已属陈言，久为学界所否定。”②

出于对国家生存和安全的考虑，以及对“提全球三分有一之人类，以高掌远跖于五大陆之上”理想的追求，梁启超认为，对个体的强制乃是必要的。他声称：“有强制则社会存，无之则社会亡，就社会一方面言之，则虽曰‘强制者神圣也’可也。”③

如按梁启超的说法，有治人者，即会有治于人者，治于人者明显处于不利的境地。如此看来，强制者对于社会而言虽神圣，但其对于个人而言，实蟊贼也。然而，梁启超认为，上述观点是只知其一，不知其二。依他之见，“不平等者，人间世必然之现象也。虽无强制的组织，而其不平等之各分子，卒未尝灭，以不平等之现象为由强制而来，是倒果为因也”。梁启超指出：“社会之有强制的组织，其性质原所以干涉社会中诸种不平等之关系。但其干涉也，时或以‘人为淘汰’之作用，助长其不平等者，使益趋于不平等，虽未始无之，要其普通所行，则多以调和不平等者而使之渐趋于平等，有断然也。”④

基于这种想法，梁启超认为：“今群多数之个人以立于社会，使无所谓强制的组织以临其上，则其间弱者之境遇，必更有不忍言者。”这乃是因为，“彼强者得伸其权于无限，而弱者遂无术自存也”。所以，依梁启超之见，“有强制的组织，则个人之自由，虽不得不视前此而较狭，而在此狭范围内，能借强制

① 梁启超：《开明专制论》，见《饮冰室合集》，文集之十七，14～15页。

② 梁启超：《开明专制论》，见《饮冰室合集》，文集之十七，15页。

③ 梁启超：《开明专制论》，见《饮冰室合集》，文集之十七，15页。

④ 本段引文皆出自梁启超：《开明专制论》，见《饮冰室合集》，文集之十七，15页。

之保障，使其自由之程度，视前此反更确实，利害正相抵也”。[1]

在梁启超的社会达尔文主义的世界观中，竞争是自然界和人类社会一个无情的事实，并且，竞争不仅是不可避免的，也是人们所渴望的，因为它揭示了西方国家进步的奥秘。[2] 对国家而言，强制为“助长竞争之具”，能使群体形成“有机之统一与有力之秩序”，使内部无冲突，集结以对外，在“外竞”中自存；对个人而言，强制又成了调和竞争之工具，它能调和强者与弱者之关系。“个人之自由，虽不得不视前此而较狭，而在此狭范围内，能借强制之保障，使其自由之程度，视前此反更确实。”竞争是人类社会进步的奥秘，而强制又为助长或调和竞争之工具，所以，按梁启超的逻辑，强制无论对国家还是对个人来说，都是有利的。也就是说，开明专制对中国当时的现状来说，是最理性的选择。

在梁启超看来，强制可分为“开明专制”与“野蛮专制”两种形式。他写道：“凡专制者，以能专制之主体的利益为标准，谓之野蛮专制；以所专制之客体的利益为标准，谓之开明专制。”[3] 他指出：“法王路易第十四曰：‘朕即国家也。’……此语也，有代表野蛮专制之精神者也。普王腓力特列曰：‘国王者，国家公仆之首长也。’……此语也，则代表开明专制之精神者也。”[4] 他解释道：“腓力特列时代之普国，固为千古开明专制之模范，路易十四时代之法国，则非全属于野蛮专制者，不过其言为野蛮专制之言耳。”[5] 基于以上认识，梁启超认为：“国家所最希望者，在其制之开明而非野蛮耳。诚为开明，则专与非专，固可勿问。何也？其所受之结果无差别也。”[6]

于是，梁启超也像加藤弘之一样，主张起腓特烈大帝式的开明专制来了。当然，梁启超提倡开明专制，依据的并不是加藤弘之的理论。据他自己所言，他依据的是日本另一位法学家笕克彦的理论。[7] 但是，无论依据谁的理论，都

① 本段引文皆出自梁启超：《开明专制论》，见《饮冰室合集》，文集之十七，15～16页。

② 参见［美］张灏：《梁启超与中国思想的过渡（1890—1907）：烈士精神与批判意识》，崔志海、葛夫平译，114页。

③ 梁启超：《开明专制论》，见《饮冰室合集》，文集之十七，22页。

④ 梁启超：《开明专制论》，见《饮冰室合集》，文集之十七，23页。腓力特列，现译腓特烈。

⑤ 梁启超：《开明专制论》，见《饮冰室合集》，文集之十七，23页。

⑥ 梁启超：《开明专制论》，见《饮冰室合集》，文集之十七，23页。

⑦ 梁启超在1906年《致蒋观云先生书》中曾言：“弟所谓开明专制，实则祖述笕克彦氏之说，谓立宪过渡民选议院未成立之时代云耳。日本太政官时代政体，即弟所谓开明专制，而公所谓宪胚非有二物也。弟之用此名则有所激而言，弟持论每喜走极端，以刺激一般人之脑识，此亦其惯技耳。”（丁文江、赵丰田：《梁启超年谱长编》，366页。）高柳信夫在其《论梁启超的〈开明专制〉》一文中论述此事颇详，请参阅该文章第66～72页，载《言论·文化·社会》，2003（1）。

要回答开明专制的主体是谁的问题。加藤弘之开明专制的主体是明治政府。梁启超呢？梁启超只说是强制的组织。他说："必有所谓国家者，乃得行完全之强制的组织，而既能行完全之强制的组织者，即其既有国家之实者也。故言制必与国家相缘。"[①] 当时，实际统治着中国的是清政府，所以，革命党人据此说梁启超希望清政府行开明专制。[②] 事实上，梁启超在文章中并未明确表示开明专制的主体是清政府。梁启超当时虽是清廷通缉的要犯，但仍与清廷的一些官吏保持着联系，并代他们写了不少奏折，1905 年末历时半年多的所谓五大臣出洋考察宪政之奏议，绝大部分出于梁氏之手，由此种情况可以推知，梁启超希望清政府实行开明专制。[③] 然而，当时清廷已处于风雨飘摇之中，没有人相信这样的一个政府会实行开明专制，所以梁启超的开明专制论不仅没起到与革命党人的共和立宪对抗的作用，反而成为革命党人指责梁启超希望清廷专制的口实。[④]

对国家理性化的关心，使梁启超的注意力转移到国民经济的理性化问题上来。对梁启超而言，采用何种经济政策建国，也是国家理性化的一个重要的组成部分。为此，他与革命党人展开了一场激烈的辩论。梁启超认为，革命党所说的土地单税制，存在着极大的谬误。在他看来，国家之财政，应当以收入能支付开支为原则。国家为了发展，必然需要各种经费，经费的增减，又自然与国家之发展成正相关，"国家而不欲自达其目的则已，苟欲之，则凡所需者责负担于其分子，盖非得已"[⑤]。鉴于这种现象，中国传统上一直以量入为出为财政原则。但是，梁启超认为，"今各文明国普通制度，皆量出以为入，盖其根本观念有差异，则其制度不得不缘而差异"[⑥]。梁启超指出："今世界中无论何国，其经费皆有逐年增加之势，愈文明者，则其增加之率愈骤。"[⑦] 依梁启超之见，"今后我中国而不欲自伍于大国则已，苟欲自伍于大国，则试取现今各大国岁费之中率，以吾之幅员民数比例而增之，其额之庞大，当有使腐儒舌挢而

---

① 梁启超：《开明专制论》，见《饮冰室合集》，文集之十七，17 页。

② 参见《民报与新民丛报辩驳之纲领》，见中国史学会主编：《辛亥革命》（二），272 页，上海，上海人民出版社，1957。

③ 参见［日］高柳信夫：《论梁启超的〈开明专制〉》，载《言论·文化·社会》，2003（1），81 页。

④ 参见《民报与新民丛报辩驳之纲领》，见中国史学会主编：《辛亥革命》（二），272 页。

⑤ 梁启超：《驳某报之土地国有论》，见《饮冰室合集》，文集之十八，2 页。

⑥ 梁启超：《驳某报之土地国有论》，见《饮冰室合集》，文集之十八，2 页。

⑦ 梁启超：《驳某报之土地国有论》，见《饮冰室合集》，文集之十八，2 页。

不能下者”[①]。在梁启超看来，革命派提出的土地国有化和单税制，绝不能满足一个幅员辽阔的大国的财政需求，这将不利于国家的发展。梁启超列举了15个理由来说明单税制的不合理。在他看来，单税制不仅对国家发展不利，还违背了税收的公平和普及的原则。并且，土地单税使国家不能实施保护关税和限制消费税等政策，不能利用税收这一重要经济杠杆来调节本国经济，或引导本国经济流向，促进经济发展。[②] 总而言之，在梁启超看来，革命党人所谓的土地国有化下的单税制对建设国民国家这一大目标来说，是一种反理性的“梦呓之言”。他断言：“夫如是，则岂惟财政，即全国经济界，亦将酿大混乱，而国可以底于亡矣。”[③]

梁启超对中国国家生存和安全的关注，使他不仅批判革命党人的土地国有化下的单税制，还抨击革命派的社会革命理论。在他看来，社会革命对中国来说，不仅不必行，而且不可行、不能行。依梁启超之见，革命派之所以认为只要解决了土地问题即可以解决一切社会问题，“是由未识社会主义之为何物也”[④]。在梁启超看来，“各国社会主义者流，屡提出土地国有之议案，不过以此为进行之着手，而非谓舍此无余事也”[⑤]。他指出，社会主义之最大宗旨，“不外举生产机关而归诸国有。土地之所以必须为国有者，以其为重要生产机关之一也。然土地之外，尚有其重要之生产机关焉，即资本是也”[⑥]。梁启超认为，和土地相比，“资本又为其主动”，因资本膨胀才引起城镇化，因城镇发达，才造成地价地租之腾涨。所以，梁启超指出：“欲解决社会问题者，当以解决资本问题为第一义，以解决土地问题为第二义。”[⑦] 质而言之，依梁启超之见，“则必举一切之生产机关而悉为国有，然后可称为圆满之社会革命。若其一部分为国有，而他之大部分仍为私有，则社会革命之目的，终不能达也”[⑧]。而此新社会之经济组织的性质，用梁启超的话来说，则是“国家自为地主，自为资本家，而国民皆为劳动者而已，即一切生产事业，皆由国家独占，而国民不得以此为竞也”[⑨]。依梁启超之见，虽然“此主义为将来世界最高尚美妙之主

① 梁启超：《驳某报之土地国有论》，见《饮冰室合集》，文集之十八，2～3页。
② 参见耿云志、崔志海：《梁启超》，170～171页。
③ 梁启超：《驳某报之土地国有论》，见《饮冰室合集》，文集之十八，18页。
④ 梁启超：《杂答某报》，载《新民丛报》，1906（86），21页。
⑤ 梁启超：《杂答某报》，载《新民丛报》，1906（86），21页。
⑥ 梁启超：《杂答某报》，载《新民丛报》，1906（86），21～22页。
⑦ 梁启超：《杂答某报》，载《新民丛报》，1906（86），22页。
⑧ 梁启超：《杂答某报》，载《新民丛报》，1906（86），23页。
⑨ 梁启超：《杂答某报》，载《新民丛报》，1906（86），23页。

义”，但在当今中国则万不能实行此主义。因为，在欧美“有自由竞争绝而进化将滞之问题，有因技能而异报酬或平均报酬孰为适当之问题，有报酬平等将遏绝劳动动机之问题，有分配职业应由强制抑由自择之问题……凡此诸问题，皆欧美学者所未尽解决，而即此主义难实行之一原因也”[①]。除此之外，梁启超还认为，即使事实就像革命党所说的那样，我国人民政治水平已十分高，也仍存在以下问题：“此等政府果适于存在否乎？足以任此之人才有之乎？有之，能保其无滥用职权专制以为民病乎？能之，而可以持久而无弊乎？”在梁启超看来，这些问题“绝无待高尚之学理以为证，虽五尺之童能辨之”[②]。

基于此，梁启超认为，中国完全没有实行社会革命的必要。在梁启超看来，中国与欧洲的历史状况不同。“彼欧人之经济社会所以积成今日之状态者，全由革命来也，而今之社会革命论，则前度革命之反动也。”[③] 他认为西方工业革命虽令社会财富增长，但也造成了贫富悬隔。此种现象，“自工业革命前而既植其基，及工业革命以后，则其基益巩固，而其程度益显著”[④]。但是，中国的情况与欧洲大不相同，中国“中产之家多，而特别富豪之家少”。依梁启超之见，造成这种现象的原因有数端。其一，中国自秦以来“贵族即已消灭，此后虽死灰偶烬，而终不能长存。及至本朝，根株愈益净尽”。其二，“自汉以来已行平均相续法”，即民谚所谓“人无三代富”。其三，“赋税极轻”。[⑤] 因此，梁启超认为，中国较之欧洲贫富不均的现象要好得多。“现今之经济社会组织，其于分配一方面已比较的完善，而远非泰西旧社会所及”，所以“由现今社会以孕育将来社会，其危险之程度自不大”[⑥]。基于上述考虑，梁启超认为：“无识者妄引欧人经过之恶现象以相怵，是乃所谓杞人之忧也。然又非徒恃现在经济社会组织之差完善而遂以自安也，彼欧人所以致今日之恶现象者，其一固由彼旧社会所孕育，其二亦由彼政府误用学理放任而助长之。今我既具此天然之美质，复鉴彼百余年来之流弊，熟察其受病之源，博征其救治之法，采其可用者先事而施焉，则亦可以消患于未然，而覆辙之轨吾知免矣。”[⑦] 梁启超所谓“不必行社会革命”之原因，也正在于此。

---

① 梁启超：《杂答某报》，载《新民丛报》，1906（86），23～24页。
② 梁启超：《杂答某报》，载《新民丛报》，1906（86），24页。
③ 梁启超：《杂答某报》，载《新民丛报》，1906（86），6页。
④ 梁启超：《杂答某报》，载《新民丛报》，1906（86），10页。
⑤ 梁启超：《杂答某报》，载《新民丛报》，1906（86），11～12页。
⑥ 梁启超：《杂答某报》，载《新民丛报》，1906（86），16页。
⑦ 梁启超：《杂答某报》，载《新民丛报》，1906（86），16页。

在梁启超看来，革命党人主张社会革命，对中国而言是药不对症。他说："孔子与门人立，拱而尚右，二三子亦皆尚右。孔子曰：二三子之嗜学也，我则有姊之丧故也。夫欧美人之倡社会革命乃应于时势，不得不然，是姊丧尚右之类也。今吾国情形与彼立于正反对之地位，闻其一二学说，乃吠影吠声，以随逐之，虽崇拜欧风，亦何必至于此极耶？夫无丧而学人尚右不过为笑，固匪害于实事。若病异症而妄尝人药，则自厌其寿耳。今之倡社会革命论者，盖此类也。"[①] 他断言："今日中国所急当研究者，乃生产问题，非分配问题也。"[②]这是因为，"生产问题者，国际竞争问题也；分配问题者，国内竞争问题也。生产问题能解决与否，则国家之存亡系焉，生产问题不解决，则后此将无复分配问题容我解决也"[③]。

在梁启超看来，社会革命论之主要政治诉求在于使分配趋于平等，"质言之，则抑资本家之专横，谋劳动者之利益也"。但是这种主张"在欧美诚医群之圣药，而施诸今日之中国，恐利不足以偿其病也"[④]。梁启超认为，在列强环伺的情况下，为了"外竞"的需要，必须先牺牲劳动者的利益，而使国家在"外竞"中获胜。他明确表示："吾以为策中国今日经济界之前途，当以奖励资本家为第一义，而以保护劳动者为第二义。"[⑤] 梁启超指出："经济学公例，租与庸厚，则其赢薄，租与庸薄，则其赢厚。……现今租庸两薄之地，无如中国，故挟资本以求赢其最良之市场，亦莫如中国。"[⑥] 所以世界各发达国之目光，齐集中国。他认为："我国民于斯时也，苟能结合资本，假泰西文明利器（机器），利用我固有之薄租、薄庸以求赢，则国富当可以骤进。十年以往，天下莫御矣。而不然者，以现在资本之微微不振，星星不团，不能从事于大事业，而东西各国为经济公例所驱迫，挟其过剩之资本以临我，如洪水之滔天，如猛兽之出柙，将何以御之？"[⑦] 在梁启超看来，自工业革命之后，"惟资本家为能食文明之利，而非资本家则反蒙文明之害，此当世侈谈民生主义者所能知也"。依梁启超之见，"自今以往，我中国若无大资本家出现，则将有他国之大资本家入而代之。而彼大资本家既占势力以后，则凡无资本者，或有资本而不

---

① 梁启超：《杂答某报》，载《新民丛报》，1906（86），20～21页。
② 梁启超：《杂答某报》，载《新民丛报》，1906（86），20页。
③ 梁启超：《杂答某报》，载《新民丛报》，1906（86），20页。
④ 梁启超：《杂答某报》，载《新民丛报》，1906（86），16页。
⑤ 梁启超：《杂答某报》，载《新民丛报》，1906（86），16～17页。
⑥ 梁启超：《杂答某报》，载《新民丛报》，1906（86），17页。
⑦ 梁启超：《杂答某报》，载《新民丛报》，1906（86），18页。

大者，只能宛转瘐死于其脚下而永无复苏生之一日。彼欧美今日之劳动者，其欲见天日，犹如此其艰也”[①]。他断言：“但使他国资本势力充满于我国中之时，即我四万万同胞为马牛以终古之日。”[②]

梁启超用发展国内的资本主义的主张来反对革命党人提出的社会革命论，并不等于他无条件地拥护资本主义。对梁启超来说，他的一切主张都与他对国家理性的关注有关，他的一切主张都以中国国家的生存和安全为最后归宿。因此，他对资本主义的提倡也必以国家的利益为前提。对梁启超而言，他的一生，一直都在试图解决中国在“民族帝国主义时代”如何生存的问题。到日本后，他发现了一条通过建构民族国家而解决该问题的途径。而民族国家的建构，又为两种思想所指导。于政治方面，是伯伦知理的国家有机体论；于经济方面，则是德国历史学派的国民经济学。对梁启超而言，正如亚当·斯密对市民社会做出了不可替代的贡献一样，德国历史学派的国民经济学和伯伦知理的国家有机体论的政治学，为国民国家的两轮，缺一不可。[③]

我们前面已讨论过，在戊戌时期，出于反专制的需要，梁启超的经济思想基本上立足于古典学派的自由贸易论。但随着形势的变化，他有时也站在贸易保护的立场发表意见。然而，他到日本后，接触了英格拉姆著、阿部虎之助译的《哲理经济学史》[④]，路易吉·科莎著、阪谷芳郎重译的《经济学史讲义》[⑤]，井上辰九郎述《经济学史》等历史主义的经济学著作。这些著作使梁启超通过历史主义的框架来观察经济，使他的思想发生了深刻的变化，也使他的经济思想完成了从赞成英国古典学派到拥护德国历史学派的转化。事实上，德国历史学派是为了矫正古典学派而出现的学派，该派学者从历史主义的立场出发重新评价被古典学派彻底否定了的重商主义。上述三部著作均认为，重商主义在亚当·斯密以后一直被古典学派视为蛇蝎。然而，在国家工业化过程中，重商主义乃不可避免的。德国之科尔伯主义、英国之克伦威尔主义，均是对经济发展有效的重商主义政策。在这三部著作影响之下，梁启超开始认识到，从历史的

---

① 梁启超：《杂答某报》，载《新民丛报》，1906（86），18页。

② 梁启超：《杂答某报》，载《新民丛报》，1906（86），18～19页。

③ 参见［日］森时彦：《梁启超的经济思想》，见［日］狭间直树编：《共同研究：梁启超——西洋近代思想之接受与明治日本》，245页。

④ John Kells Ingram, *History of Political Economy*, London, A. &C. Black Ltd. , 1888.

⑤ 原著是译自意大利语第二版的英文本：Luigi Cossa, *Guide to the Study of Political Economy*, London, Hard Press Publish, 1880.

角度来看，重商主义对于不同发展阶段之国家，或阻碍或促进其发展，然而对于尚未工业化之中国而言，通过贸易保护政策来保护和培养自己国家的产业，则诚为救时之不二法门。[①]

此外，在梁启超的进化主义框架中，政治上卢梭的《民约论》、经济上亚当·斯密的《国富论》所代表的放仨主义，虽然对反对专制政治、重商主义的干涉做出了重要贡献，但是，为了解决放任极限所产生的矛盾，干涉主义再次抬头。进入民族帝国主义时代，于政治方面，伯伦知理的国家有机体论所代表的干涉主义势力的增强，被视为对放任主义当然的反动。经济方面稍稍复杂，古典学派的自由放任主义有被历史学派的干涉主义和社会主义的干涉主义取代之势。古典学派的自由放任主义，对工业革命时期的英国而言曾经是极为有效的经济政策。它是一种个人通过自由贸易系统而贡献于世界经济的理论，也是一种建立在预定调和基础上的自由放任主义经济政策。这种政策虽然创造了以英国为世界工场的世界经济体系，但是，与之伴随的是先进工业国与后进工业国之间的国家矛盾，以及资本家与工人之间的阶级矛盾。而德国历史学派的干涉主义经济学说，正是为了克服这种矛盾而登场的。[②] 梁启超深深地感到，19世纪前半叶，英国自由主义一直领先于世界其他国家，然而到了19世纪后半叶，与之抗衡的德国干涉主义异军突起，在将进入20世纪时，日本也跟随德国的脚步，完成了经济腾飞。就像《新民说》中显现的那样，随着梁启超在政治上建设国民国家的目标日益明确，历史学派的干涉主义经济学说成了比古典学派的放任主义经济学说更为现实的选择。[③] 而另一方面，历史学派将以马克思为首的社会主义学说，当成为了扬弃阶级矛盾而产生的理论，阶级矛盾也被其视为自由竞争导致的结果。在历史学派的影响下，梁启超认为，“自由竞争之趋势，乃至兼并盛行，富者益富，贫者益贫，于是，近世之所谓社会主义出而代之。社会主义者，其外型若纯主放任，其内质则实主干涉者也”[④]。梁启超认为，革命党人所提倡的社会主义并不是真正的社会主义，这乃是因为“彼辈

① 参见［日］森时彦：《梁启超的经济思想》，见［日］狭间直树编：《共同研究：梁启超——西洋近代思想之接受与明治日本》，240页。

② 参见［日］森时彦：《梁启超的经济思想》，见［日］狭间直树编：《共同研究：梁启超——西洋近代思想之接受与明治日本》，243页。

③ 参见［日］森时彦：《梁启超的经济思想》，见［日］狭间直树编：《共同研究：梁启超——西洋近代思想之接受与明治日本》，237～240页。

④ 转引自［日］森时彦：《梁启超的经济思想》，见［日］狭间直树编：《共同研究：梁启超——西洋近代思想之接受与明治日本》，243～244页。

始终未识社会主义为何物”[①]。在梁启超看来，社会主义大致分为两派。其一为“社会改良主义派，即承认现在之社会组织而加以矫正者也，华克拿、须摩拉、布梭达那等所倡者，与俾士麦所赞成者属焉”。其二为“社会革命主义派，即不承认现在之社会组织而欲破坏之以再谋建设者也。麦咯、比比儿辈所倡率者属焉”[②]。梁启超表示：“社会主义学说，其属于改良主义者，吾固绝对表示同情；其关于革命主义者，则吾亦未始不赞美之，而谓其必不可行，即行亦在千数百年之后。”[③] 依梁启超之见，社会改良主义虽是欧美无数政治家和学者所提倡的主张，但是“彼行之于狂澜既倒之后，故其效不甚章；我行之于曲突徙薪以前，故其敝末［未］由至”。在梁启超看来，西方之所以“演出工业革命之恶果，而迫今后之社会革命使不能不发生者”，原因有两条。其一是由于瓦特机器之发明，生产力有了突飞猛进的发展。其二是亚当·斯密的自由放任学说“助长竞争之焰”[④]。

依梁启超之见，中国“于生产方法改良之始，能鉴彼放任过度之弊而有所取裁，则可以食瓦特机器之利，而不致蒙斯密学说之害”[⑤]。显而易见，梁启超主张的是，用一种近似于德国社会改良主义的国家干涉来克服亚当·斯密自由放任主义的弊端，而独食西方科学技术所带来的成果。从这个意义上来说，梁启超所提倡的发展中国的资本主义必然是有条件的。他明确表示：“今日欲救中国惟有昌国家主义，其他民族主义、社会主义，皆当诎于国家主义之下。闻吾此论而不瘠者，吾必谓其非真爱国也已。”[⑥] 正像有的学者业已指出的那样，“梁认为，现代西方资本主义制度有两块基石，以詹姆士·瓦特和亚当·斯密为代表。他的看法是保留瓦特的工艺学，而用德国社会改良主义取代亚当·斯密的放任主义。这便是梁的最后立场，以与马克思的社会主义和纯粹的资本主义相对立。他强调指出，其理由是，他对社会主义的态度如他对民族主义的态度一样，最终都受国家主义支配。这也是他对民主立宪制度立场摇摆不定和态度暧昧的原因”[⑦]。

---

① 梁启超：《杂答某报》，载《新民丛报》，1906（86），47页。

② 梁启超：《杂答某报》，载《新民丛报》，1906（86），46页。

③ 梁启超：《杂答某报》，载《新民丛报》，1906（86），46页。

④ 梁启超：《杂答某报》，载《新民丛报》，1906（86），50～51页。

⑤ 梁启超：《杂答某报》，载《新民丛报》，1906（86），51页。

⑥ 梁启超：《杂答某报》，载《新民丛报》，1906（86），52页。

⑦［美］张灏：《梁启超与中国思想的过渡（1890—1907）：烈士精神与批判意识》，崔志海、葛夫平译，186页。

第十节 宪政与自由

梁启超虽与革命党人进行过激烈的辩论，但是他们之间在很多核心问题上存在共通之处。比如，双方都承认中国的政治体制是君主专制，双方都把共和制当成中国政治体制再建的终极目标。（有关这一点，我们可以从梁启超的预言小说《新中国未来记》中预言中国60年后将是共和制的描写中看得十分清楚。）他们只是在通过何种途径来达到目标的问题上发生了分歧。革命派主张用暴力革命来实现目标；而梁启超则主张中国应以君主立宪阶段作为过渡，因此，他认为中国需要的不是革命而是改良。[①]

对梁启超而言，将君主制转换为共和制，意味着既将君主制转换为民主制，又将专制转换为立宪制，一举解决了两个课题。革命派提倡暴力革命路线，在民众的知识和道德水准处于低水平时，企图实现从君主制到共和制的双重飞跃，这不仅很难达到目的，甚至还可能导致民主专制。[②]梁启超指出，民主专制在古代见于罗马，在近代则见于法兰西。他说："民主专制政体之所由起，必其始焉有一非常之豪杰，先假军队之力，以揽收一国实权，然此际之新主治者，必非以此单纯之实力而能为功也，而自顾已所有之权利，以比诸他国神圣不可侵犯之君主，而觉其浅薄无根柢也。于是不得不求法律上之名义，即国民普通投票之选举是也。彼篡夺者（按：即所谓一非常之豪杰），既已于实际掌握国权，必尽全力以求得选。而当此全社会渴望救济之顷，万众之视线，咸集于彼一身，故常以可惊之大多数，欢迎此篡夺者。而芸芸亿众，不惜举其血泪所易之自由，一旦而委诸其手，又事所必至，理所固然也。何也？彼时之国民，固已厌自由如腐鼠，畏自由如蛇蝎也。"梁启超进一步指出："此篡夺者之名，无论为大统领，为帝王，而其实必出于专制。彼时之民，亦或强自虚饰，谓我并非以本身之权利，尽让于此一人。而所定宪法，亦尝置所谓国民代

---

① 参见［日］佐藤慎一：《近代中国之体制构想：以专制问题为中心》，见［日］沟口雄三、滨下武志、平田直昭、宫岛博史编：《用亚洲的尺度来思考（5）：近代化像》，236～237页，东京，东京大学出版会，1994。

② 参见［日］佐藤慎一：《近代中国之体制构想：以专制问题为中心》，见［日］沟口雄三、滨下武志、平田直昭、宫岛博史编：《用亚洲的尺度来思考（5）：近代化像》，237～238页。

议院，谓以此相限制也。而实则此等议院，其权能远在立宪君主国议院之下。何也？君主国之议院，代表民意者也。君主而拂议院，是拂民也。此等之议院，则与彼新主权者（即篡夺者）同受权于民。而一则受之于各小部分，一则受之于最大多数，故彼新主权者，常得行长官之强权。不宁惟是，议院之所恃以对抗于彼者，赖宪法明文之保障耳，而彼自以国民骄子之资格，可以随时提出宪法改正案，不经议会，而直求协赞于国民，权利之伸缩，悉听其自由，故民主专制政体之议院，实伴食之议院也，其议院之自由，则猫口之鼠之自由也。”①

在梁启超看来，“君主专制国，其诸臣对于国民无责任，惟对于君主有责任。……君主立宪国，君主无责任，惟议院政府诸员……对于国民而代负责任。独民主专制国不然，惟民主（按：波氏所谓民主者，兼大统领及帝王言之，拿破仑两帝，亦此类之民主也，读者勿误）对于国民而负责任，他皆无之。虽然，所谓责任者，亦不过宪法上一空文耳。夫既已以永续世袭之最高权，委托之于彼，此后而欲纠问其责任，则亦惟视其力所能及，更破坏此宪法，而移置其主权耳。质而言之，则舍再革命外，无他途也”。总而言之，“此专制民主犹在，而欲与彼立宪君主政体之国民，与纯粹共和政体之国民，享同等自由之幸福，势固不能”。②

梁启超认为，造成此种结果最重要的原因，乃是革命派的理论“易专制的君主主权，而代以专制的国民主权”。并且，所谓“公民全体之意见”，实乃一空洞的名词，它会造成一部分人妄称民意来窃取国家的权力，从而给中国造成动乱。简言之，革命派所主张的暴力革命手段，虽然表面上实现了由君主变为民主的形式，但实质上，只是将主权从君主手中转到大众手中，它不仅没有改变原有社会的专制性质，反而为一些人所利用，其专制程度比之原来有过之而无不及。

基于此，梁启超认为，首先要将君主专制转变为立宪君主制，然后通过加强教育来逐步提高民众的政治能力，此乃中国向共和制软着陆的最合适的方案。依梁启超之见，假如政治是可操作之技术，那么比起革命党追求最善目标却招致最恶之结果，此方案追求次善目标现实地改善中国则是更为明智

---

① 本段引文皆出自梁启超：《政治学大家伯伦知理之学说》，见《饮冰室合集》，文集之十三，84页。

② 本段引文皆出自梁启超：《政治学大家伯伦知理之学说》，见《饮冰室合集》，文集之十三，85页。

的选择。[①]

由此，梁启超倾向于君主立宪的方针，而后来他又将君主立宪这一过渡阶段的方针分为“劝告”与“要求”两大方针。[②] 他说：“所劝告者在开明专制，而所要求者在立宪。所要求者在立宪，其理由不待解释而自明，而所劝告者则曷为在开明专制？吾既确信共和立宪之万不能行，行之则必至于亡国，而又信君主立宪之未能遽行，行之则弊余于利，而徒渎宪政之神圣。”[③] 他解释道：“夫以吾所忖度，则君主立宪制，非十年乃至二十年以后，不能实行，即如论者之说，主张革命而行共和，共和利弊之一问题，姑置勿论，而革命事业，亦岂其旦夕可致？或迟至十年乃至二十年，未可知也。然则当此欲立宪而未能立宪，欲革命而未能革命之时，一国之主权，尚须行动否？如须行动也，则政府之现象，无论如何，而必出于专制，此事实之不可争者也。夫固有之事实，则既若是矣，然则开明不开明之问题，安得不发生于今日？夫全部分之开明，固莫善矣；即不能，而有一部分之开明（即行开明专制政治之数端），而其影响于我中国前途者，固已甚大。吾之所以主张之者，盖以此也。”[④] 毋庸置疑，梁启超已由其戊戌时期即开始提倡的“民权”的立场转到一种精英的权威主义立场上来。对这种转变，他认为最主要的原因就是人民大众文化教育水平低下。所以，立宪要通过精英对大众实施教育，等大众水平普遍提高，有立宪要求时，立宪方有成功之希望。他说：“吾之言立宪，非犹夫流俗人之言立宪也。流俗人之言立宪，则欲其动机发自君主，而国民为受动者。吾之言立宪，则欲其动机发自国民，而君主为受动者。流俗人之言立宪，但求得一钦定宪法，而遂以自安，其宪法之内容若何，不及问也。吾之言之立宪，虽不妨为钦定宪法，而发布之时，万不能如日本为单纯的钦定之形式。……若其宪法之内容若何，则在所必争也。……质而言之，则如流俗人所言，立宪不立宪之权操诸人，我惟祷祀以求而已。如吾所言，则立宪不立宪之权操诸我，我苟抱定此目的，终可操券而获也。”[⑤] 显而易见，梁启超所谓的立宪，不仅要求有宪法的形

---

① 参见［日］佐藤慎一：《近代中国之体制构想：以专制问题为中心》，见［日］沟口雄三、滨下武志、平田直昭、宫岛博史编：《用亚洲的尺度来思考（5）：近代化像》，236～238页。

② 高柳信夫对梁启超的“劝告”与“要求”两大方针有详细论述，参阅［日］高柳信夫：《论梁启超的〈开明专制〉》，72～75页。

③ 梁启超：《答某报四号对于新民丛报之驳论》，见《饮冰室合集》，文集之十八，88页。

④ 梁启超：《答某报四号对于新民丛报之驳论》，见《饮冰室合集》，文集之十八，88页。

⑤ 梁启超：《申论种族革命与政治革命之得失》，载《新民丛报》，1906（76），59～60页。

式，还要考虑到宪法之内容。他不将立宪的行动期之于君主，而是期之于国民，故是一种“自下而上”的立宪。并且，他认为，由于中国国民素养低下，则既“以立宪为究竟目的，而此目的之达，期诸十年二十年以后”[①]。

以上我们考察了梁启超改变现行政治体制的构想，下面我们再对其宪政理论作一番考察。

对梁启超而言，所谓立宪，就是要对权力进行限制。他认为，一般大众并不了解这个道理，他们仅从表面上看该国是君主制或民主制，而忽视了其权力行使是否受到限制这个问题。为此，他先将国体与政体概念作了一下区分。他指出：“国体之区别，以最高机关所在为标准，前人大率分为君主国体、贵族国体、民主国体之三种，但今者贵族国体殆已绝迹于世界，所存者惟君主、民主两种而已。君主国者，戴一世袭之君主以为元首。苟其无国会，则此为唯一之直接机关，自即为最高机关，可勿深论。即有国会者，亦大抵以最高之权，归诸君主，故曰君主国体也。民主国者，人民选举一大统领以为元首，复选举多数议员以组织国会。而要之其最高机关，则为有选举权之国民，故曰民主国体也。”[②]

关于政体，梁启超指出：“政体之区别，以直接机关之单复为标准。其仅有一直接机关，而行使国权绝无制限者，谓之专制政体。其有两直接机关，而行使国权互相制限者，谓之立宪政体。”他认为：“大抵专制政体，则君主国行之最多，如我国数千年来所行者是也。”然而，他又强调：“民主国亦非无专制者，若仅有一国会，而立法、行政、司法之大权皆自出焉，则其国会虽由人民选举而成者，亦谓之专制。”基于上述分析，梁启超指出：“故立宪与专制之异，不在乎国体之为君主、民主，而在乎国权行使之有无限制。夫制限之表示于形式者，则两直接机关对峙而各行其权是也。”[③]

梁启超这种对权力进行限制的主张可视为他一直未变的原则。民国之后，他依然坚持这种主张。他说：“夫立宪与非立宪，则政体之名词也，共和与非共和，则国体之名词也。吾侪平昔持论，只问政体，不问国体。故以为政体诚能立宪，则无论国体为君主为共和，无一而不可也；政体而非立宪，则无论国体为君主为共和，无一而可也。”[④]

① 梁启超：《申论种族革命与政治革命之得失》，载《新民丛报》，1906（76），60页。

② 梁启超：《宪政浅说》，见《饮冰室合集》，文集之二十三，37页。

③ 本段引文皆出自梁启超：《宪政浅说》，见《饮冰室合集》，文集之二十三，38页。

④ 梁启超：《异哉所谓国体问题者》，见《饮冰室合集》，专集之三十三，88页。

梁启超在解释他当时反对革命的原因时说："吾当时岂有所爱于君主政体，而必犯众怒，以为之拥护者？吾以为国体与政体绝不相蒙，能行宪政，则无论为君主为共和，皆可也；不能行宪政，则无论为君主为共和，皆不可也。两者既无所择，则毋宁因仍现在之基础，而徐图建设理想的政体于其上，此吾十年来持论之一贯精神也。夫天下，重器也。置器而屡迁之，其伤实多，吾滋惧焉，故一面常欲促进理想的政体，一面常欲尊重现在的国体。此无他故焉，盖以政体之变迁，其现象常为进化的，而国体之变更，其现象常为革命的，谓革命可以求国利民福，吾未之前闻。是故吾自始未尝反对共和，吾自始未尝反对君主。虽然，吾无论何时皆反对革命，谓国家之大不幸，莫过于革命也。"[①]就事实来看，只问政体，不问国体，追求一种对权力限制的政治，这的确是梁启超一贯的政治主张。从这个角度来看，梁启超确实得到了宪政之精义。但是，众所周知，西方的民主制度是建立在自由主义理论基础之上的，所以我们这里还要对梁启超的自由观进行考察。

我们在前文已经讨论过，梁启超是在日本通过学院派进化主义的框架接受西方思想的，所以梁启超关于西方自由概念的理解，必然会受其影响，而日本学院派学者中对梁启超影响较大的便是加藤弘之，故梁启超在对自由的理解上，便有很多地方同加藤极为相近。梁启超自由观的一大特点便是将强权与自由权视为同一物，他的"强权与自由权，其本体必非二物也。其名虽相异，要之，其所主者在排除他力之妨碍，以得己之所欲，此则无毫厘之异者也"[②]这句话，便是他上述观点的最好诠释。其实，该理论的逻辑很清楚，因为按社会进化论来看，"自由云者，平等云者，非如理想家所谓天生人而人人畀以自由、平等之权利云也，我辈人类与动植物同，必非天特与人以自由平等也"，实际上，"世界之中，只有强权，别无他力，强者常制弱者，实天演之第一大公例也"，所以对梁启超而言，想获得自由，便没有别的选择，"惟当先自求为强者而已。欲自由其一身，不可不先强其身；欲自由其一国，不可不先强其国"。[③]总而言之，在梁启超看来，无论是国家的自由还是个人的自由，都必须从自为强者开始，因为自由首先是夺来的。

自由既然为争得之物，那么具体而言，它们都表现在哪些方面呢？梁启超

---

① 梁启超：《梁任公与英报记者之谈话》，见丁文江、赵丰田编：《梁任公先生年谱长编》（初稿），380～381页。

② 梁启超：《自由书·论强权》，见《饮冰室合集》，专集之二，30～31页。

③ 以上引文皆出自梁启超：《自由书·论强权》，见《饮冰室合集》，专集之二，31页。

在其《论自由》这篇文章中，将夺取来之自由分为四类。他说："综观欧美自由发达史，其所争者不出四端：一曰政治上之自由，二曰宗教上之自由，三曰民族上之自由，四曰生计上之自由。"[①]他解释道："政治上之自由者，人民对于政府而保其自由也。宗教上之自由者，教徒对于教会而保其自由也。民族上之自由者，本国对于外国而保其自由也。生计上之自由者，资本家与劳力者相互而保其自由也。而政治上之自由复分为三：一曰平民对于贵族而保其自由，二曰国民全体对于政府而保其自由，三曰殖民地对于母国而保其自由是也。"[②] 依梁启超之见，争取自由的运动导致了六种结果："（一）四民平等问题。凡一国之中，无论何人，不许有特权，是平民对于贵族所争得之自由也。（二）参政权问题。凡生息于一国中者，苟及岁而即有公民之资格，可以参与一国政事，是国民全体对于政府所争得之自由也。（三）属地自治问题。凡人民自殖于他土者，得任意自建政府，与其在本国时所享之权利相等，是殖民地对于母国所争得之自由也。（四）信仰问题。人民欲信何教，悉由自择，政府不得以国教束缚干涉之，是教徒对于教会所争得之自由也。（五）民族建国问题。一国之人，聚族而居，自立自治，不许他国若他族握其主权，并不许干涉其毫末之内治，侵夺其尺寸之土地，是本国人对于外国所争得之自由也。（六）工群问题。凡劳力者，自食其力，地主与资本家，不得以奴隶畜之，是贫民对于素封者所争得之自由也。"[③]

对梁启超而言，上述六个问题并非都与中国有关。首先，第一条四民平等的问题，中国即不存在。在他看来，"吾自战国以来，即废世卿之制，而阶级陋习，早已消灭也"。第三条属地自治问题也与中国无关，因为中国境外根本没有殖民地。第四条信仰问题更与中国无涉，"以吾国非宗教国，数千年无教争也"。第六条工群问题，"他日或有之，而今则尚无有也"，这原因在于中国"生计界尚沉滞，而竞争不剧烈也"。如此看来，梁启超所列举的六个问题，便只剩下了两个。他说："今日吾中国所最急者，惟第二之参政问题，与第四之民族建国问题而已。"他认为："此二者，事本同源，苟得其乙，则甲不求而自来，苟得其甲，则乙虽弗获而无害也。"易言之，假如中国已在外竞中争得了自由，成为一个正常的国民国家，则参政权自然不成问题。而国民若争得了参政权，则民族建国问题只是时间早晚的问题。也就是说，争取参政权是为了建

① 梁启超：《新民说·论自由》，载《新民丛报》，1902（7），1页。

② 梁启超：《新民说·论自由》，载《新民丛报》，1902（7），1～2页。

③ 梁启超：《新民说·论自由》，载《新民丛报》，1902（7），3页。

设民族国家，而建设民族国家则是为了争取中国的独立和富强。[①]

梁启超的这种对自由的理解，终于导致了他对西方宪政思想的一种曲解。“在这个问题上，西方立宪政体的主流是关注人们通常所称的保护主义或一种法律上保护公民自由的制度，其次才关注组织政府的具体方法。在梁启超看来，似乎正好相反，立宪政府主要关注组织政府以确保公民政治参与的问题。对保护公民的自由问题的关注只是略为触及。”[②] 实际上，梁启超的这种观念，乃来自他对个人独立自由的理解上的偏差。（此问题我们放在后面讨论。）造成这种偏差的原因，又与他对民族国家构建的追求和日本自由民权运动对他的影响分不开。所以，为了搞清梁启超的自由观，我们在这里不得不先对日本的自由民权运动稍作介绍。

日本的自由民权运动是在西方列强的重压下产生的，因此，它所追求的主要目标便是国家的独立与富强。职是之故，日本的自由民权运动便呈现出这样一种倾向，那就是“强调与国家权力一体性和‘依靠国家的自由’的国家主义思想，优先于对权力强化的恐惧感和‘远离国家的自由’这样的自由主义的思想”[③]。

当然，造成这种结果的原因有很多，然而，民权理论思想家的作用也是不可忽视的，中江兆民便是这众多民权理论思想家中较为突出的一个。由于他使用了相当流利的日式汉文翻译了卢梭的《社会契约论》，又在《东洋自由新闻》《政理丛谈》《自由新闻》等刊物上发表了大量关于卢梭等法国思想家的文章，所以卢梭的思想在日本的自由民权运动中获得了相当广泛的呼应，法国式的自由主义在日本风靡一时，而与此相对，英国式的自由主义影响却日渐式微。

因此，日本的自由民权论便出现了福泽谕吉所批判的“集体实在论”与“政权偏重论”的倾向。“集体实在论”将民权看成“全体人民的权力”，它轻视集体由个人构成这一侧面，而将集体视为超越个人而存在的自然有机体。如此一来，必然导致忽视集体中个人表达意见的程序，而将所谓集体的全体意见视为当然的真理。

---

① 本段引文皆出自梁启超：《新民说·论自由》，载《新民丛报》，1902（7），6～7页。

② ［美］张灏：《梁启超与中国思想的过渡（1890—1907）：烈士精神与批判意识》，崔志海、葛夫平译，137页。

③ ［日］松本三之介：《明治思想史：近代国家的建立到个体的觉醒》，65页，东京，新曜社，1996。

福泽谕吉认为，真正的民权应当包括参政权与私权这两部分内容，而“政权偏重论”则使得人们的注意力仅仅集中在参政权或打倒专制政府方面，而忽视了基本人权。

不仅如此，上述两种倾向还潜伏着更大的危险，那就是因将民权视为全体人民的权力，所以为了实现该权力，很容易出现必须首先加强国权的理论，并且含有以对外侵略作为对国内政治受挫的心理补偿的因素。这些倾向与危险因素与中江兆民提倡卢梭的理论，不能说没有关系。

梁启超是在日本的土地上通过中江兆民的书来接受卢梭思想的，所以在梁启超的自由观中，很多地方都能看到中江兆民影响的痕迹。细析起来，主要表现在两个方面。其一是梁启超所谓的“团体自由”方面，其二是他所谓的“个人自由”方面。

在卢梭的自由观中，共有三种自由概念。其一是人类处于自然状态时的“天然的自由”，其二是人类进入社会状态后的“社会的自由”，其三是人类获得“社会的自由”后而真正成为自己主人时的“道德的自由”。对此，卢梭认为，“天然的自由”是“仅仅以个人力量为其界限”的自由，它所享受的权利是暂时的，是没有任何保证的。而“社会的自由”，虽是被“公意”束缚着的自由，但它却是正式的、被保护的。“道德的自由”则更进一步。在卢梭看来，唯有“道德的自由”可使人类成为自己的主人，因为只有嗜欲的冲动便是奴隶状态，而唯有服从人们自己为自己规定的法律，才是自由。

卢梭的这种自由观，全部为中江兆民所继承。中江兆民在其《民约译解》中将卢梭的“天然的自由”称为“天命之自由”，将卢梭的“社会的自由”称为“人义之自由”，而将卢梭的“道德的自由”解释为“心思之自由”。

中江兆民所阐释的卢梭的自由观，与梁启超对群体问题关注的心态如出一辙。那种“自为法而自循之”的“人义之自由”，与那种不受形气驱使的做自己本心主宰的“心思之自由”，对欲改变中国人一盘散沙状态与奴隶根性的梁启超来说，无疑具有很大的吸引力。很快，中江兆民所阐释的这种自由观，便成为梁启超的思想武器而被利用起来。梁启超在其《论自由》中有关“团体自由”部分，正是祖述中江兆民《民约译解》里的思想而写成的。在这篇文章中，梁启超将中江兆民所说的“为血气所驱，唯嗜欲是徇”的“天命之自由”称为“野蛮之自由”，而将中江兆民所谓的“自为法而自循之”的“人义之自由”称为“文明之自由”或“团体之自由”。在梁启超看来，唯有“文明之自由”才能服从“我所制定”“而亦钳束我自由”的法律。他认为，人们如果服从这种为“公意所制定的法律”，就会使中国达到“群的自治”。在他看来，这种群的自治若发展到极致，就会出现一种“举其群如一军队然，进则齐进，止则齐止”的局面，只有这样才能增强群体的凝聚力，使中国在所谓的物竞天择、优胜劣败的国际环境中取胜。

于是，卢梭的自由观，经过中江兆民而顺理成章地为梁启超所接受。毫无疑问，梁启超所谓的自由，与日本自由民权运动一样，其最终的目标是“向上以求宪法”“排外以伸国权”。

第二方面则与上述讨论紧密相连。由于梁启超通过中江兆民所接受的是法国式的自由主义，所以卢梭所谓“道德之自由”与中江兆民“心思之自由”中的观点也自然地为梁启超所继承，其核心“自主”，即卢梭所说的唯有道德之自由可使人类真正成为自己的主人，与中江兆民所谓的精神心思绝不受他物之束缚的积极进取精神，则变为梁启超诠释个人自由时的武器。梁启超在其《论自由》中将人分为“肉体之我”与“精神之我”。在他看来，“肉体之我”乃“虚假的我”，而与之相对的“精神之我”才是“真实的我”。这两者之中，“虚假的我”要绝对服从“真实的我”，因为“虚假的我”乃一种没有理性、不能自主、为自己的本心所奴役的人。若满足其欲求，从根本上来说，则是否定了“自主”，从而也就否定了自由。所以梁启超认为，要获得真自由，“必自除心中之奴隶始”。如此看来，梁启超是从道德上的克己的意义上来解释个人自由的。他的理论直接来自中江兆民，而其源头则应上溯到卢梭，上溯到法国式的思辨的、唯理主义的自由主义理论。①

张灏曾指出：“在社会达尔文主义的架构里，从克己意义上理解的个人自由与团体自由不仅不矛盾，而且是一个必要的补充。因为既然作为一个社会有机体的国家只不过是全体国民的总和，那么每个公民人格的合理化必然有助于国家的强盛，并最终有利于国家的自由。在这种背景下，梁说‘团体自由者，个人自由之积’，也就不使人感到惊讶了。”②

正是出于这种自由观，梁启超的宪政思想虽然强调了对权力的限制，但是他却根本未能将自由本身视为终极价值，而是将着重点始终放在“向上以求宪法”“排外以伸国权”上。在他看来，这才是“文明的自由”。对他来说，“自由云者，团体之自由，非个人之自由也。野蛮时代，个人之自由胜，而团体之

---

① 参见郑匡民：《梁启超启蒙思想的东学背景》，149～169、275～277页。

② ［美］张灏：《梁启超与中国思想的过渡（1890—1907）：烈士精神与批判意识》，崔志海、葛夫平译，145页。

自由亡；文明时代，团体之自由强，而个人之自由灭”[①]。这种认识使他不可能理解西方宪政中所谓的保护主义原则，反而将公民政治参与的问题放到了首位。正像有的学者指出的那样，梁启超的自由思想在发展中国家的许多人中是非常典型的。他们同样先关注国家独立的自由和民众参与的自由，但当形势需要的时候，他们往往为了前者而牺牲后者，而不管这些自由思想多么流行。他们与近代自由主义思想的主流无关。近代自由思想的主流，以摆脱公众控制的独立之自由为核心。[②]

应当指出，梁启超的宪政思想，最初是以反对君主专制体制的精英权威主义的面貌出现的。戊戌时期他提倡民权，到日本后他曾经根据中江兆民的《理学沿革史》与杉山藤二郎的《泰西政治学者列传》写过《卢梭学案》《民约论巨子卢梭之学说》[③] 等文章。在文章中，梁启超大力宣传卢梭所谓的“公意”，以反对传统的精英主义。梁启超指出：“卢梭……以为所谓公意者，必与确乎不易之道理为一体矣。虽然，又当细辨。卢梭之所贵乎公意者，指其体而言，非指其用而言。……众之所欲，与公意自有别。公意者，必常以公益为目的。若夫众人之所欲，则以各人一时之私意联合而成，或往往以私利为目的者有之矣。”[④] 又说：“法律者，以广博之意欲与广博之目的相合而成者也。苟以一人或数人所决定者，无论其人属于何等人，而决不足以成法律。又虽经国民全员之议决，苟其事仅关于一人或数人之利害而不及于众者，亦决不足以成法律。”[⑤] “公意，体也；法律，用也。公意，无形也；法律，有形也。公意不可见。而国人公认以为公意之所存者，夫是之谓法律。惟然，故公意虽常良善，而法律必不能常良善。”[⑥]

毫无疑问，在梁启超看来，公意并不等于私意相加，故它不等于众意。公意虽以法律的形式体现，然因“公意者，必常以公益为目的”，而众意“则以各人一时之私意联合而成，或往往以私利为目的”，所以“公意虽常良善，而法律必不能常良善”。对梁启超而言，公意是他所构建的民族国家的整体意志，

---

① 梁启超：《新民说·论自由》，载《新民丛报》，1902（7），7页。

② 参见［美］张灏：《梁启超与中国思想的过渡（1890—1907）：烈士精神与批判意识》，崔志海、葛夫平译，138页。

③ 参见［日］佐藤慎一：《近代中国之体制构想：以专制问题为中心》，见［日］沟口雄三、滨下武志、平田直昭、宫岛博史编：《用亚洲的尺度来思考（5）：近代化像》，253页；［日］宫村治雄：《开国经验的思想史——兆民及其时代精神》，230～236页。

④ 梁启超：《民约论巨子卢梭之学说》，载《新民丛报》，1902（12），11～12页。

⑤ 梁启超：《民约论巨子卢梭之学说》，载《新民丛报》，1902（12），12页。

⑥ 梁启超：《民约论巨子卢梭之学说》，载《新民丛报》，1902（12），13页。

而他正是用这种带有浓厚全民主义的公意来反对传统儒家的精英主义的。然而，在这种貌似相反的理念之中，也有不可忽视的相同之处。依照张灏的分析，首先，从传统精英主义的观点出发，个别的人不是政治主体，因此在政治上无足轻重；而从全民主义的观点看，普通个人也不是政治主体，因此在政治上无足轻重。全民主义不是以个别的人而是以群众的整体代替传统的精英先进。总之，不论就传统的精英主义还是就新的全民主义而言，个人在政治上都不是终极价值，都受到忽略。再者，传统的精英政治的目的是发挥少数精英的精神领导作用，因此，培养少数精英先进的道德素质是传统政治的着重点。而现代全民主义的着重点，是提高群众的精神与道德素质，以发挥他们的积极性与能动性。这两种政治观念都以强调道德与精神的重要性为前提，而有忽略外在制度的趋势，这种趋势多少反映出传统政治文化与现代中国政治文化都有对人性过度乐观与信任的倾向。忽略人性中的阴暗面，在个人与群众中同样有其危险性。

更重要的是，在转型时代，精英主义并未被全民主义完全取代，而往往只是暂时为它所掩盖或吸收。因此，在当时知识分子民主观念的表层之下，往往隐藏着精英主义，与全民主义形成一种吊诡的结合。这种吊诡的结合，使转型时代的民主思想带有相当大的不确定性与脆弱性。因为精英主义逻辑上的危机时代的种种客观环境，很容易使人感觉需要一个强有力的政治中心，以应付危机与变局。①在这方面，梁启超思想变化的轨迹应是一个很好的说明。戊戌以至流亡日本初期，他曾大力宣传民权，希望以公意作为国民国家所遵循的最高意志，故在他的自由权利论中，“含有浓厚的全民主义倾向”。然而 1903 年访美归来后，他发现人民大众只有部民资格而无国民资格，他们需要的是“有机之统一与有力之秩序”，因而他提出了开明专制论。进入民国之后，根据“惟适乃存”的物竞公例，他认为，要将中国建设成一个巩固、统一、和平和经济发达的“世界国家”，就必须建立一个强有力的中央政府，实行保育政策。于是，他主张放弃 19 世纪自由主义时代英美国家的自由放任政策，加强国家干涉。②虽然梁启超也曾提出要用政党内阁来抑制政府的专横，并为其政党政治提出了种种原则，然而在政党的内部，岂不是还是需要由精英来领导？这种精英主义与全民主义的吊诡是否还将继续存在？依梁启超之见，既然组织政党，就必须

① 参见［美］张灏：《中国近代转型时期的民主观念》，见［美］张灏：《时代的探索》，70～72 页，台北，联经出版事业股份有限公司，2004。

② 参见耿云志、崔志海：《梁启超》，210 页。

“以公共之大目的相结集”，“同尽瘁于一党”，“私人之小目的，不搀杂乎其间”①。并且，组建政党最重要之条件，在得一位政党的领袖，而其人还要具有必要之素质，“若德量也，学识也，才气也，地位也，名誉也，皆不可缺者也”②。

显然，在政党的内部，梁启超所提倡的还是精英主义。应当说，梁启超思想中虽含有浓厚的全民主义倾向，但在其政治哲学中，精英主义的倾向表现得更突出，此种观念对后来中国政治权威时代的影响既深且巨。

第十一节　求助于先圣哲伟大之心力

梁启超晚年的欧洲之行，对其思想触动颇大，归国后他所写的《欧游心影录》《先秦政治思想史》等文章，可视为此次欧洲之行的感想和体会，亦可视为其思想发展的转折点。梁启超思想以善变著称，其师康有为曾称其性格“流质易变”。他的名言“不惜以今日之我，难昨日之我”便是其善变性格的绝妙写照。然而，平心而论，有一点却成为其思想的主线，那就是他的爱国主义情怀。所以，不论其思想如何变化，却总以爱国为归宿。

长期以来，梁启超一直在为中国探索富强的道路。建设一个近代的民族国家，一直是他孜孜以求的梦想。

世界上的民族国家中，梁启超颇看重德国。他认为德国人还在日耳曼森林中为一蛮族时，即已养成强立自由之气概，此气概“传诸子孙而不失，而又经罗马文化之薰习锻炼，两者和合，遂能成一特性之民族，而组织民族的国家，创代议制度”。基于这种认识，第一次世界大战爆发时，梁启超即预言德国必胜。因为在梁启超看来，此次世界大战，乃民族国家之间的战争。梁启超断言：“彼德国者，实今世国家之模范，国家主义如消灭斯已耳，此主义苟一日存在者，则此模范国断不容陷于劣败之地。……使德而败，则历史上进化原则，自今其可以摧弃矣。”③

然而，事实恰与梁启超的预言相反，他所最推崇的国家主义的模范德国遭

① 梁启超：《将来百论·中国政党之将来》，见《饮冰室合集》，文集之二十五（上），200页。

② 梁启超：《将来百论·中国政党之将来》，见《饮冰室合集》，文集之二十五（上），201页。

③ 梁启超：《欧洲战役史论》，见《饮冰室合集》，专集之三十，70页。

到了惨败。第一次世界大战严峻的事实，欧洲人对自己前途的失望与迷惘，都使梁启超以另一种眼光来重新审视西方的思想：

> 凡一个人，若是有两种矛盾的思想在胸中交战，最是苦痛不过的事。社会思潮何独不然？近代的欧洲，新思想和旧思想矛盾，不消说了。就专以新思想而论，因为解放的结果，种种思想同时从各方面迸发出来，都带几分矛盾性。如个人主义和社会主义矛盾，社会主义和国家主义矛盾，国家主义和个人主义也矛盾，世界主义和国家主义又矛盾。从本原上说来，自由平等两大主义，总算得近代思潮总纲领了，却是绝对的自由和绝对的平等，便是大大一个矛盾。分析起来，哲学上唯物和唯心的矛盾，社会上竞存和博爱的矛盾，政治上放任和干涉的矛盾，生计上自由和保护的矛盾，种种学说，都是言之有故持之成理，从两极端分头发展，愈发展得速，愈冲突得剧。消灭是消灭不了，调和是调和不来。种种怀疑，种种失望，都是为此。他们有句话叫做“世纪末”。这句话的意味，从狭义的解释，就像一年将近除夕，大小帐务逼着要清算，却是头绪纷繁，不知从何算起。从广义解释，就是世界末日，文明灭绝的时候快到了。①

梁启超以前都是通过日本摄取西学的，此次乃是他亲履欧土，切身实地地接触了西方，接触了西方的文化。然而呈现在他眼前的西方，并不是他和严复所描述的充满进步和乐观精神的完美乐土，西方的成长与进步也是有限度的。征服自然、宰治世界的精神所带来的后果，就是他眼前这副战后天地萧瑟的景象。欧洲乃至西方一战后的经济的萧条与思想的失落，使梁启超感到西方世界也是一个充满了矛盾的世界，它也有许多明显的缺陷与不足。历史究竟是进化的，还是循环的？科学是否是万能的？人类社会究竟是应该竞争，还是应该互助？乐观进取的浮士德精神与和谐平衡精神究竟孰优孰劣？这些问题萦绕在梁启超心间。他开始对其所介绍到中国来的西学进行反思：“从来社会思潮，便是政治现象的背景。政治现象，又和私人生活息息相关。所以思潮稍不健全，国政和人事一定要受其敝。从前欧洲人民，呻吟于专制、干涉之下，于是有一群学者，提倡自由放任主义，说道政府除保持治安外不要多管闲事，听各个人自由发展，社会自然向上。这种理论，能说他没有根据吗？就过去事实而言，百年来政制的革新和产业的发达，那一件不叨这些学说的恩惠？然而社会上的祸根，就从兹而起。现在贫富阶级的大鸿沟，

① 梁启超：《〈欧游心影录〉节录》，见《饮冰室合集》，专集之二十三，14～15页。

一方面固由机器发明、生产力集中变化，一方面也因为生计上自由主义，成了金科玉律。自由竞争的结果，这种恶现象自然会演变出来呀！这还罢了，到十九世纪中叶，更发生两种极有力的学说来推波助澜，一个就是生物进化论，一个就是自己本位的个人主义。自达尔文发明生物学大原则，著了一部名山不朽的《种源论》，博洽精辟，前无古人，万语千言，就归结到'生存竞争，优胜劣败'八个大字。这个原则，和穆勒的功利主义、边沁的幸福主义相结合，成了当时英国学派的中坚。同时士梯尼（Max Stirner）、卞戛加（Soren Kiergegand）盛倡自己本位说。其敝极于德之尼采，谓爱他主义为奴隶的道德，谓剿绝弱者为强者之天职，且为世运进化所必要。这种怪论，就是借达尔文的生物学做个基础，恰好投合当代人的心理。所以就私人方面论，崇拜势力，崇拜黄金，成了天经地义。就国家方面论，军国主义、帝国主义，变成了最时髦的政治方针。"[①] 显而易见，在当时的梁启超眼中，这些西方学说（包括他以前介绍到中国来和大力提倡过的）都是不健全的、存在问题的理论，是造成社会动荡的根源。他断言："这回全世界国际大战争，其起原［源］实由于此。将来各国内阶级大战争，其起原［源］也实由于此。"[②] 有趣的是，在众多西方思想中，让虔信进化主义并将进化主义奉为世界观和方法论的梁启超反省最多的正是进化主义。[③] 他写道：

> 孟子说："天下之生久矣，一治一乱。"这句话可以说是代表旧史家之共同观念。我向来最不喜欢听这句话（记得二十年前，在《新民丛报》里头有几篇文章很驳他），因为和我所信的进化主义不相容。但近来我也不敢十分坚持了。我们平心一看，几千年中国历史，是不是一治一乱的在那里循环，何止中国，全世界只怕也是如此。埃及呢，能说现在比"三十王朝"的时候进化吗？印度呢，能说现在比《优波尼沙昙》成书、释迦牟尼出世的时候进化吗？说孟子、荀卿一定比孔子进化，董仲舒、郑康成一定比孟、荀进化，朱熹、陆九渊一定比董、郑进化，顾炎武、戴震一定比朱、陆进化，无论如何，恐说不去。说陶潜比屈原进化，杜甫比陶潜进化，但丁比荷马进化，索士比亚比但丁进化，摆伦比索士比亚进化，说黑

---

① 梁启超：《〈欧游心影录〉节录》，见《饮冰室合集》，专集之二十三，9页。

② 梁启超：《〈欧游心影录〉节录》，见《饮冰室合集》，专集之二十三，9页。

③ 学界一般将梁启超与严复视为中国近代传播进化主义最有代表性的人物。其实，在传播的力度上，梁启超的作用远远超过严复，王中江在其《进化主义在中国》一书中曾将梁启超称为"中国进化主义的一只'猛犬'"。

格儿比康德进化，倭坚、柏格森、罗素比黑格儿进化，这些话都从那里说起？又如汉、唐、宋、明、清各朝政治比较，是否有进化不进化之可言？亚历山大、该撒、拿破仑等辈人物比较，又是否有进化不进化之可言？所以从这方面找进化的论据，我敢说一定全然失败完结。①

显而易见，梁启超已开始对他一度坚信不疑的进化论产生了怀疑。在他看来，无论是中国史还是世界史，都并非像他以前所信奉的那样，是阶段性地直线发展的，而是像孟子所说的那样，在一治一乱的过程中循环。不仅人类社会的政治现象如此，从物质文明的角度也未看出有进化的迹象。他说，对进化主义进行考察发现："从渔猎到游牧，从游牧到耕稼，从耕稼到工商，乃至如现代所有之几十层高的洋楼，几万里长的铁道，还有什么无线电、飞行机、潜水艇……等等，都是前人所未曾梦见。许多人得意极了，说是我们人类大大进化。"② 然而，在梁启超看来，这些现象根本谈不上是进化。他指出，评价物质文明是否进化，第一，"要问这些物质文明，于我们有什么好处"③。从生活的幸福指数看，梁启超认为："现在点电灯、坐火船的人类所过的日子，比起从前点油灯、坐帆船的人类，实在看不出有什么特别舒服处来。"④ 第二，要问这些物质文明是否得着了之后就不会失掉。"中国'千门万户'的未央宫，三个月烧不尽的咸阳城，推想起来，虽然不必像现代的纽约、巴黎，恐怕也有他的特别体面处，如今那里去了呢？罗马帝国的繁华，虽然我们不能看见，看发掘出来的建筑遗址，只有令现代人吓死、羞死，如今又都往那里去了呢？远的且不必说，维也纳圣彼得堡战前的势派，不过隔五六年，如今又都往那里去了呢？"依梁启超之见，"物质文明这样东西，根柢脆薄得很，霎时间电光石火一般发达，在历史上原值不了几文钱"。梁启超明确指出，如果以人类物质文明的进步来做进化的证据，则只能用"佛典上一句话批评他，'说为可怜愍者'"。⑤

至此，梁启超得出结论："一、人类平等及人类一体的观念，的确一天比一天认得真切，而且事实上确也着着向上进行。二、世界各部分人类心能所开拓出来的'文化共业'，永远不会失掉，所以我们积储的遗产，的确一天比一

① 梁启超：《研究文化史的几个重要问题》，见《饮冰室合集》，文集之四十，5～6页。

② 梁启超：《研究文化史的几个重要问题》，见《饮冰室合集》，文集之四十，6页。

③ 梁启超：《研究文化史的几个重要问题》，见《饮冰室合集》，文集之四十，6页。

④ 梁启超：《研究文化史的几个重要问题》，见《饮冰室合集》，文集之四十，6页。

⑤ 以上引自梁启超：《研究文化史的几个重要问题》，见《饮冰室合集》，文集之四十，6页。

天扩大。”[①] 梁启超断言：“只有从这两点观察，我们说历史是进化，其余只好编在‘一治一乱’的循环圈内了。”[②] 也就是说，在梁启超看来，只有“文化系的活动”（心的文明）才具有进化的性质，而“自然系的活动”（物的文明）并不具有进化性质。如此看来，梁启超现在所持的观点，已与他亡命日本时所接受的学院派进化主义产生了巨大的距离，他已开始对他以前驰心的思想进行反省。他写道：“自从达尔文发明生物进化的原理，全世界思想界起了一个大革命。他在学问上的功劳，不消说是应该承认的，但后来把那‘生存竞争，优胜劣败’的道理，应用在人类社会学上，成了思想的中坚，结果闹出许多流弊。这回欧洲大战，几乎把人类文明都破灭了。虽然原因很多，达尔文学说，不能不说有很大的影响。就是中国近年，全国人争权夺利像发了狂，这些人虽然不懂什么学问，口头还常引严又陵译的《天演论》来当护符呢，可见学说影响于人心的力量最大，怪不得孟子说‘生于其心，害于其政，发于其政，害于其事’了。欧洲人近来所以好研究老子，怕也是这种学说的反动罢。”[③]

梁启超既然对其思想的中坚进化论进行了修正，就势必对科学进行重新考量。依梁启超之见，“大凡一个人，若使有个安心立命的所在，虽然外界种种困苦，也容易抵抗过去”，但是近来的欧洲人却把安身立命的所在丢失了。为什么会这样呢？在梁启超看来，“最大的原因，就是过信‘科学万能’”。梁启超认为，欧洲近世文明，有三个来源：“第一是封建制度，第二是希腊哲学，第三是耶稣教。”这三个方面对人的内部生活起了重要的调节作用，成为人们安顿心灵之所在。“封建制度规定个人和社会的关系，形成一个道德的条件和习惯；哲学是从智的方面研究宇宙最高原理及人类精神作用，求出个至善的道德标准；宗教是从情的、意的两方面给人类一个‘超世界’的信仰，那现世界的道德，自然也跟着得个标准。”[④]但是，自近代以来，“因科学发达，生出工业革命，外部生活变迁急剧，内部生活随而动摇。……内部生活本来可以凭宗教、哲学等等力量，离去了外部生活依然存在。近代人却怎样呢？科学昌明以后，第一个致命伤的就是宗教，人类本从下等动物蜕变而来，那里有什么上帝创造？还配说人为万物之灵吗？宇宙间一切现象，不过物质和他的运动，那里有

① 梁启超：《研究文化史的几个重要问题》，见《饮冰室合集》，文集之四十，6～7页。

② 梁启超：《研究文化史的几个重要问题》，见《饮冰室合集》，文集之四十，7页。

③ 梁启超：《老子哲学》，见《饮冰室合集》，专集之三十五，18页。

④ 以上引自梁启超：《〈欧游心影录〉节录》，见《饮冰室合集》，专集之二十三，10页。

什么灵魂，更那里有什么天国？”[①] 哲学也是一样：“从前康德和黑格儿时代，在思想界俨然有一种权威，像是统一天下。自科学渐昌，这派唯心论的哲学便四分五裂。后来冈狄的《实证哲学》和达尔文的《种源论》同年出版，旧哲学更是根本动摇。老实说一句，哲学家简直是投降到科学家的旗下了。”[②]依梁启超之见，科学不但对宗教和哲学产生了冲击，使人们的内部精神生活遭到很大的破坏，失去了安身立命之所，甚至还做了一件超出其范围的事：“依着科学家的新心理学，所谓人类心灵这件东西，就不过物质运动现象之一种，精神和物质的对待，就根本不成立。所谓宇宙大原则，是要用科学的方法试验得来，不是用哲学的方法冥想得来的。这些唯物派的哲学家，托庇科学宇下建立一种纯物质的、纯机械的人生观，把一切内部生活、外部生活，都归到物质运动的‘必然法则’之下。这种法则，其实可以叫做一种变相的运命前定说。……不惟如此，他们把心理和精神看成一物，根据实验心理学，硬说人类精神，也不过一种物质，一样受‘必然法则’所支配。”[③] 在梁启超看来，这造成“人类的自由意志，不得不否认了。意志既不能自由，还有什么善恶的责任”[④]？我为善不过那“必然法则”的轮子推着我动，我为恶也不过那“必然法则”的轮子推着我动，和我有什么相干？如此说来，便不是道德标准如何变迁的问题，而是道德这东西能否存在的问题了。在梁启超看来，当时思想界最大的危机正在于此。他说：“宗教和旧哲学，既已被科学打得个旗靡辙乱，这位‘科学先生’便自当仁不让起来，要凭他的试验发明个宇宙新大原理。却是那大原理且不消说，敢是各科各科的小原理，也是日新月异。今日认为真理，明日已成谬见。新权威到底树立不来，旧权威却是不可恢复了。”[⑤] 如此一来，便造成了人类社会的道德危机：“全社会人心，都陷入怀疑、沉闷、畏惧之中，好像失了罗针的海船，遇着风，遇着雾，不知前途怎生是好。”[⑥] 在这种情况下，“那些什么乐利主义、强权主义越发得势。死后既没有天堂，只好仅这几十年尽地快活；善恶既没有责任，何妨尽我的手段来充满我个人欲望”[⑦]。但是，享用的物质增加的速度总赶不上欲望升腾之速度，所以人们就凭自己的能力自由竞争起来，

① 梁启超：《〈欧游心影录〉节录》，见《饮冰室合集》，专集之二十三，10～11页。
② 梁启超：《〈欧游心影录〉节录》，见《饮冰室合集》，专集之二十三，11页。
③ 梁启超：《〈欧游心影录〉节录》，见《饮冰室合集》，专集之二十三，11页。
④ 梁启超：《〈欧游心影录〉节录》，见《饮冰室合集》，专集之二十三，11页。
⑤ 梁启超：《〈欧游心影录〉节录》，见《饮冰室合集》，专集之二十三，11页。
⑥ 梁启超：《〈欧游心影录〉节录》，见《饮冰室合集》，专集之二十三，11～12页。
⑦ 梁启超：《〈欧游心影录〉节录》，见《饮冰室合集》，专集之二十三，12页。

“质而言之，就是弱肉强食”。依梁启超之见，在这种人生观底下，千千万万的人前脚接后脚地来这世界走一趟，住几十年，“独一无二的目的就是抢面包喫，不然就是怕那宇宙间物质运动的大轮子缺了发动力，特自来供给他燃料”[①]。如此之人生，没有一丝一毫的意义与价值。梁启超说：“当时讴歌科学万能的人，满望着科学成功黄金世界便指日出现。如今功总算成了，一百年物质的进步，比从前三千年所得还加几倍，我们人类不惟没有得着幸福，倒反带来许多灾难，好像沙漠中失路的旅人，远远望见个大黑影，拼命往前赶，以为可以靠他向导，那知赶上几程，影子却不见了，因此无限悽惶失望。影子是谁？就是这位‘科学先生’。欧洲人做了一场科学万能的大梦，到如今却叫起科学破产来，这便是最近思潮变迁一个大关键了。”[②]

既然梁启超对其思想的中坚进化论和科学主义有了这样的反省和修正，那么由“生存竞争，优胜劣败”派生出来的国家主义自然也站不住脚了。所以他开始对他早年曾大力宣扬的国家主义进行考量：“所谓国家主义者何物耶？欧洲国家，以古代的市府及中世的堡聚为其雏型，一切政治论，皆孕育于此种市府式或堡聚式的组织之下。此种组织，以向内团结、向外对抗为根本精神。其极也遂至以仇嫉外人为奖励爱国冲动之唯一手段。国家主义之苗，常利用人类交相妒恶之感情以灌溉之，而日趋蕃硕。故愈发达而现代社会杌陧不安之象乃愈著。”[③] 这种反省，意味着他已不得不放弃其流亡日本时所坚持的国家主义立场，而转向主张世界主义。梁启超宣称：“中国人则自有文化以来，始终未尝认国家为人类最高团体。其政治论常以全人类为其对象，故目的在平天下，而国家不过与家族同为组成‘天下’之一阶段。政治之为物，绝不认为专为全人类中某一区域某一部分人之利益而存在。”[④] 所以国家意识薄弱，并没有一致对外的精神。这种提法似乎与他在《新民说》中所提倡的“一国者，团体之最大圈，而竞争之最高潮”的看法属于完全不同的思想体系。他由此认识到，他早年在《新民说》中宣传的“外竞”等思想，其实是很有问题的。这种想法盘绕在其脑海，久久挥之不去，以至于他在《清代学术概论》中流露出忏悔情绪，写下“梁启超居东，渐染欧日俗论，乃盛倡褊狭的国家主义，惭其死友矣”[⑤]

① 梁启超：《〈欧游心影录〉节录》，见《饮冰室合集》，专集之二十三，12页。

② 梁启超：《〈欧游心影录〉节录》，见《饮冰室合集》，专集之二十三，12页。

③ 梁启超：《先秦政治思想史》，见《饮冰室合集》，专集之五十，2页。

④ 梁启超：《先秦政治思想史》，见《饮冰室合集》，专集之五十，2页。

⑤ 梁启超：《清代学术概论》，见《饮冰室合集》，专集之三十四，69页。

的话。

告别了追求富强的国家主义，梁启超重温国故，开始向儒家“平天下”的世界主义回归。他说：“一个人不是把自己的国家弄到富强便了，却是要叫自己国家有功于人类全体。不然，那国家便算白设了。明白这道理，自然知道我们的国家，有个绝大责任横在前途。什么责任呢？是拿西洋的文明来扩充我的文明，又拿我的文明去补助西洋的文明，叫他化合起来一种新文明。”[①]

梁启超在办《新民丛报》时，曾提出过“粹砺其本有而新之”“采补其本无而新之”的东西文明互补论。然而，此时的主张与彼时的主张虽看上去形式相同，但在实际内容上已不可同日而语了。彼时的梁启超摄取西学的目的是寻找医治祖国病患的良药，使中国摆脱帝国主义的侵略，早日走向繁荣富强。其主要倾向是“吸收”和“采补”。彼时梁启超对西学表现出的更多是仰慕与钦羡，而对传统文化则显示出某种怀疑和疏离。彼时梁启超曾明言：“吾爱孔子，吾更爱真理。”这表明，传统的儒学并不代表真理。他将中国传统的天下主义视为迂腐而高远的理想，转而开始坚决地拥抱国家主义。他宣称：“有世界主义，有国家主义，无义战，非攻者，世界主义也；尚武敌忾者，国家主义也。世界主义，属于理想；国家主义，属于事实。世界主义，属于将来；国家主义，属于现在。今中国岌岌不可终日，非我辈谈将来道理想之时矣。”[②] 梁启超这种对国家主义的执着追求，使他将建设民族国家当作主要的政治目标，而其思想中本来就有的三世进化论与力本论，又使得他极容易与福泽谕吉的文明论和学院派的进化主义产生共鸣，而将其视为适用于“一切邦国、种族、宗教、学术、人事”[③]的普遍的科学的世界观和方法论。在学院派进化主义理论支持下，梁启超在政治上接受了伯伦知理的国家有机体说，提倡开明专制论，主张建设有机之统一与有力之秩序，建设强有力的政府。在经济上，他抛弃了《大学》所主张的理财以平天下的自由贸易论，转而提倡干涉主义的历史学派国民经济说。而第一次世界大战之后梁启超提出东西文明调和论时的背景与他写《新民说》时相比，发生了巨大的变化。战后西方经济萧条，思想失落，使他对西方种种思想的弊端有了较清醒的认识。此时梁启超所谓的调和，更多的是用东方文明来补助西方文明，拿西方文明来扩充我国的文明，其主要倾向乃是强调用东方文明对西方文明进行“补助”和“救拔”。此时他做出重大修正的

① 梁启超：《〈欧游心影录〉节录》，见《饮冰室合集》，专集之二十三，35页。

② 梁启超：《自由书·答客难》，见《饮冰室合集》，专集之二，39页。

③ 梁启超：《天演学初祖达尔文之学说及其略传》，载《新民丛报》，1902（3），17页。

是他奉为圭臬的进化主义，放弃的是他政治上醉心的国家主义，以及经济上的历史学派的干涉主义。

既然梁启超放弃了国家主义而向世界主义回归，那么也就意味着他从驰心于民族国家的“霸道”向中国传统的“王道”回归。在儒家对于中国政治发展轨迹的描述中，西周末年被孔子及后世的儒生们认定为王道衰落的开始。孔子感于当时周室衰微、王道丧绝、百姓靡安的局势，故倚天理，观人情，兴仁义，厌势利，周游于列国之间，匍匐救之。因王道政治不再行于世界，而孔子抱圣人之心救世，因此，后世儒生将孔子看作王道秩序的恢复者。

王道政治后经孟子、董仲舒及宋明诸大儒的努力，终于实现了对霸道的拨乱反正。因而中国历史上始终存在着王-霸、义-利之辨，良善的政治秩序与“坏”的充满私欲的政治原则一直充满了紧张，而王道政治则一直是中国政治河流的坐标和彼岸。[①]

果然，梁启超在“一战”后的残酷事实面前，不得不对他流亡日本时所大力推崇的国家主义及法家的霸道持批判的态度。他说：“法家者流之生计政策，无论为重农，为重商，要皆立于国家主义基础之上。所谓‘我能为君辟土地充府库’，孟子所斥为‘民贼’者也。”[②]他进一步指出：“彼辈所谓国家主义者，以极褊狭的爱国心为神圣，异国则视为异类，虽竭吾力以蹙之于死亡，无所谓‘不忍’者存。结果则靡［糜］烂其民而战以为光荣。正孟子所谓‘不仁者以其所不爱及其所爱’也。”[③]基于这种认识，梁启超对法家的功利主义表示出一种深恶痛绝的态度，认为其与儒家的主张水火不容。其言略谓：“孟子所以大声疾呼以言利为不可者，并非专指一件具体的牟利之事而言，乃是言人类行为不可以利为动机。申言之，则凡计较利害——打算盘的意思——都根本反对，认为是‘怀利以相接’，认为可以招社会之灭亡。此种见解，与近世实用哲学者流（就中美国人尤甚）专重‘效率’之观念正相反。究竟此两极端的两派见解孰为正当耶？吾侪毫不迟疑的赞成儒家言。……吾侪对于现代最流行的效率论，认为是极浅薄的见解，绝对不能解决人生问题。”[④]在梁启超看来，在“利”的性质上，还有比效率观念更低下的，那就是权利观念。于是他一反其《新民说》时代对权利观念的提倡，转而对权利观念进行非难。“权利观念，可谓为

① 参见干春松：《重回王道：儒家与世界秩序》，7～29页，上海，华东师范大学出版社，2012。

② 梁启超：《先秦政治思想史》，见《饮冰室合集》，专集之五十，170页。

③ 梁启超：《先秦政治思想史》，见《饮冰室合集》，专集之五十，71页。

④ 梁启超：《先秦政治思想史》，见《饮冰室合集》，专集之五十，86～87页。

欧美政治思想之唯一的原素。……此种观念，入到吾侪中国人脑中，直是无从理解。父子夫妇间，何故有彼我权利之可言？吾侪真不能领略此中妙谛。此妙谛既未领略，则从妙谛推演出来之人对人权利、地方对地方权利、机关对机关权利、阶级对阶级权利，乃至国对国权利，吾侪一切皆不能了解。既不能了解，而又艳羡此‘时髦’学说，谓他人所以致富强者在此，必欲采之以为我之装饰品。于是如邯郸学步，新未成而故已失，比年之蜩唐沸羹不可终日者，岂不以此耶？……质而言之，权利观念，全由彼我对抗而生，与通彼我之‘仁’的观念绝对不相容。……彼此扩张权利之结果，只有‘争夺相杀谓之人患’之一途而已。置社会组织于此观念之上而能久安，未之前闻。”①

依梁启超之见，西方列强推行的政策，与战国时法家所行之霸道大致相同。②“彼宗［指法家］不徒以此［盐铁官营］均国内之贫富而已，更利用其国家资本主义以从事侵略。……而现代列强所惯用之生计侵略政策，亦大率由斯道也。”③ 中国历史上一直存在王-霸、义-利之辨，回归王道对20多年来驰心于国民国家至上主义的梁启超来说，无疑将面临许多问题。④正如他自己所说的那样：“如何而能应用吾先哲最优美之人生观使实现于今日，此其事非可以空言也，必须求其条理以见诸行事，非可恃先哲之代吾侪解决也，必须当时此地之人善自为谋。”⑤

梁启超认为，政治哲学所要解决的，实际上只有两大问题。其一是如何处理精神生活和物质生活的关系的问题。精神生活与物质生活，缺一不可。人之所以异于禽兽，在于其有精神生活。然而人类之精神生活又不能离却物质生活而独立存在。但是，物质生活仅仅是维持精神生活的一种手段，而绝对不能使之占据人生的主要地位。基于这种认识，梁启超对近代欧洲流行的“功利主义”和“唯物史观”等学说持批判态度，认为其“根柢极浅薄”，并断言，此种学说“决不足以应今后时代之新要求”⑥。

但是，从另一个角度来看，梁启超也考虑到，现代人类的生活已与古代有

① 梁启超：《先秦政治思想史》，见《饮冰室合集》，专集之五十，87～88页。

② 参见［日］森时彦：《梁启超的经济思想》，见［日］狭间直树编：《共同研究：梁启超——西洋近代思想之接受与明治日本》，249页。

③ 梁启超：《先秦政治思想史》，见《饮冰室合集》，专集之五十，170页。

④ 参见［日］森时彦：《梁启超的经济思想》，见［日］狭间直树编：《共同研究：梁启超——西洋近代思想之接受与明治日本》，249页。

⑤ 梁启超：《先秦政治思想史》，见《饮冰室合集》，专集之五十，182页。

⑥ 梁启超：《先秦政治思想史》，见《饮冰室合集》，专集之五十，183页。

很大的不同。“现代人类受物质上之压迫，其势力之暴，迥非前代比。”科学的快速发展，“为吾侪所不能拒，且不应拒”，但是，科学发展之结果，“能使物质益为畸形的发展，而其权威亦益猖獗”。面对这种局面，若置现代物质发展的情况于不顾，而一味高谈古代之哲理与精神，“则所谓精神者，终久必被物质压迫，全丧失其效力，否亦流为形式以奖虚伪已耳”。然而，梁启超又认为，西方的唯物派之说，同样不能解决精神与物质相调和的问题。“现代物质生活之发展于畸形，其原因发于物界者固半，发于心界者亦半，近代欧美学说——无论资本主义者流、社会主义者流——皆奖励人心以专从物质界讨生活。所谓‘以水济水，以火济火，名之曰益多’。”所以，即使各种学说“百变其途，而世之不宁且滋甚也”。显而易见，一战后，西方思想在梁启超眼中已失去了往日的光彩，如今对他而言，问题是如何用传统的中华文明去“补助”西方文明，即“在现代科学昌明的物质状态之下，如何而能应用儒家之‘均安主义’(用《论语》文意)，使人人能在当时此地之环境中，得不丰不觳的物质生活实现而普及”。也就是说，梁启超希望用儒家“均安主义”思想，来克服西方思想之弊端，而“能使吾中国人免蹈近百余年来欧美生计组织之覆辙”而“不至以物质生活问题之纠纷，妨害精神生活之向上”。[①]

梁启超提出的第二个问题是如何调和个人与社会的关系。依梁启超之见，个人与社会之矛盾是普遍存在的，他说：“宇宙间曾无不受社会性之影响束缚而能超然存在的个人，亦曾无不借个性之缫演推荡而能块然具存的社会。”因此，“两者之间，互相矛盾、互相妨碍之现象，亦所恒有”。此种现象既然客观地存在于天地之间，那么，对此问题的态度，遂分为两种派别。“个人力大耶？社会力大耶？必先改造个人方能改造社会耶？必先改造社会方能改造个人耶？认社会为个人而存在耶？认个人为社会而存在耶？”[②] 两种主张遂争执不下。两派所争论的问题也一直困扰着梁启超，成为他数十年往来于胸中的难题。然而通过第一次世界大战，梁启超发现“个人常出其活的心力，改造其所欲至之环境，然后生活于自己所造的环境之下”的见解，与儒家思想中的“欲立立人，欲达达人”，“能尽其性，则能尽人之性”之旨完全相合。基于这种考虑，梁启超开始对其以前曾大力提倡的墨、法两家提出批评，认为此两家“主张以机械的整齐个人，使同冶一炉，同铸一型，结果至个性尽被社会性吞灭”。对这两派的主张，梁启超表示坚决反对，声称“此吾侪所断不能赞同者也”。然而，

① 本段引文皆出自梁启超：《先秦政治思想史》，见《饮冰室合集》，专集之五十，183页。

② 以上引自梁启超：《先秦政治思想史》，见《饮冰室合集》，专集之五十，183页。

梁启超也注意到现代社会与古代社会的规模和复杂的程度不同，复杂而庞大之社会，其威力足以压迫个人个性，在如此恶劣的社会条件下，“则良的个性殆，不能以自存”。在梁启超看来，个人相对于议会、学校、工场等现代大规模的社会组织，渺若太仓之一粟。在这种情况下，梁启超认为，如何处理社会与个人的矛盾，“如何而能使此日扩日复之社会不变为机械的，使个性中心之‘仁的社会’能与时势骈进而时时实现”，乃是今后我们对于中国乃至世界全人类的一大责任。①

梁启超认为，上述两个问题若不能得到合理的调和，则不能“拔现代人生之黑暗痛苦以致诸高明”，然而，此次为了解决这两个问题，梁启超的目光已不再投向西方与日本，而是投向本土的儒家思想资源。他相信，“我国先圣，实早予吾侪以暗示”，但是“吾于其调和之程度及方法，日来往于胸中者十余年矣”，却始终“若或见之，若未见之”。孟子说：“有终身之忧，无一朝之患也，乃若所忧则有之。”这两个问题合理调和之方法，恐怕是梁启超毕生追求的，也是他的忧患不能断绝的根源。孔子曰：“不愤不启，不悱不发。”对梁启超，不，也是对所有的中华儿女而言，“其能借吾先圣哲之微言，以有所靖献于斯世耶？……吾先圣哲伟大之心力，其或终有以启吾愤而发吾悱也”。②

梁启超在政治哲学上的前后变化，其实是近代中国大多数思想者的共同轨迹。

郑匡民

参考文献

干春松．重回王道：儒家与世界秩序．上海：华东师范大学出版社，2012．

耿云志，崔志海．梁启超．广州：广东人民出版社，1994．

［美］列奥·施特劳斯，约瑟夫·克罗波西，主编．政治哲学史．李洪润，等，译．北京：法律出版社，2009．

［美］张灏．梁启超与中国思想的过渡（1890—1907）：烈士精神与批判意识．崔志海，葛夫平，译．北京：新星出版社，2006．

［日］柴谷笃弘，长野敬，养老孟司，等．讲座进化 2：进化思想与社会．东京：东京大学出版会，1991．

［日］宫村治雄．开国经验的思想史——兆民及其时代精神．东京：东京大学出版

① 以上引自梁启超：《先秦政治思想史》，见《饮冰室合集》，专集之五十，184 页。

② 本段引文皆出自梁启超：《先秦政治思想史》，见《饮冰室合集》，专集之五十，184 页。

会，1996.

［日］沟口雄三，滨下武志，平田直昭，宫岛博史，编．用亚洲的尺度来思考（5）：近代化像．东京：东京大学出版会，1996.

［日］狭间直树，编．共同研究：梁启超——西洋近代思想之接受与明治日本．东京：株式会社美铃书房，1999.

王中江．进化主义在中国．北京：首都师范大学出版社，2002.

张朋园．梁启超与清季革命．长春：吉林出版集团有限责任公司，2007.

第四章
天演与立宪：严复的政治哲学

毛泽东在《论人民民主专政》中说："洪秀全、康有为、严复和孙中山，代表了在中国共产党出世以前向西方寻找真理的一派人物。"① 而在此前的《新民主主义论》中，毛泽东也指出："以严复输入的达尔文的进化论，亚丹斯密斯的古典经济学，穆勒的形式逻辑与法国启蒙学者孟德斯鸠辈的社会论为代表，加上那时的自然科学，是'五四'以前所谓新学的统治思想。"② 严复的重要性从这两句评论中可见一斑。

对于严复，有两种基本看法。一种看法是，严复是一位翻译家，开创了近代以来的翻译体例。这种看法实际上把严复看作介绍西方学说的一个中介。另一种看法则把严复看作一位思想家，而不仅仅是一位翻译家。同时认为，即使在翻译的时候，严复也注入了自己的思考和问题意识。如梁启超评价严复："严氏于翻译之外，常自加案语甚多，大率以最新之学理，补正斯密所不逮也。"③ 甚至隐隐有引之为"构成一种'不中不西即中即西'之新学派"的同道中人。事实上，除了在翻译的时候加按语表明自己的态度，在择取何种书翻译、对书中的内容作何变动等方面，都可以看到严复的"意图"。孔子开创了

① 毛泽东：《论人民民主专政》，见《毛泽东选集》，2版，第四卷，1469页，北京，人民出版社，1991。

② 这句话多数人在援引的时候，都认为出自《论人民民主专政》，实际上出自《新民主主义论》。另，由于新中国成立后，毛泽东曾对此文做过修订，故目前的版本已不见此句。毛泽东：《新民主主义论》，见《毛泽东选集》，第二卷，263页，沈阳，东北书店，1948。

③ 梁启超：《绍介新著〈原富〉》，见牛仰山、孙鸿霓编：《严复研究资料》，267页，福州，海峡文艺出版社，1990。

"述而不作"的传统，这种传统并非说没有任何思考在里面。恰恰相反，一方面，编者删除哪些内容、留下哪些内容，都是要告诉我们作者赞成什么、否定什么；另一方面，编者以何种顺序排列文章，对文字作哪些变更，也体现了作者有意强调的地方。这两者都是"编者意图"。[①] 述而不作在严复这里并非真的什么也不作，而是"寓作于编"。在译作中，严复并非一成不变地将亚当·斯密、甄克思（即托马斯·杰克逊）、孟德斯鸠的文字全文照搬，而是有着极其强烈的"译者意图"。可以说，严复是"寓作于译"。[②] 除了寓作于译，严复也有大量的文章、书信、诗文，比较具体地阐述了自己的观点和思想，这更是直接理解严复政治哲学的重要素材。这是本章展开问题的两个面向：译者的意图和诗文的思想。

严复即使是一名思想家，即使寓作于译，又在何种意义上重要，因而成为毛泽东笔下四位向西方寻求真理的人物之一？李泽厚的观点有一定的代表性。"严复代表了近代中国向西方资本主义寻找真理所走到的一个有关'世界观'的崭新阶段，他带给中国人以一种新的世界观，起了空前的广泛影响和长远作用。"[③] 此其一。除了给中国人带来一种新的世界观以外，李泽厚进一步强调严复所带来的"实测内籀之学"这样一种经验论和实证主义对于中国的认识论和方法论的变革。此其二。严复带来了天演的世界观和逻辑的方法论，但其提出的救国之道"以自由为体，以民主为用"则在中国的历史上毫无反响，连在思想领域也是微不足道，但"它却并非历史的陈迹"[④]，应引起我们的重视。此其三。

严复所带来的新世界观究竟在何种意义上是"新"的？是进化主义吗？如果答案是进化主义，那么，严复直接全文翻译赫胥黎不就行了，为何还要不断加按语？严复的意图又在哪里？换言之，我们需要追问的问题是：严复在何种意义上变革了中国的世界观？是怎样变革的？又变革成一种怎样的世界观？对于李泽厚提出的后面两点，或许也应该作如此发问。

---

① 参见王博：《简帛思想文献论集》，9页，台北，台湾古籍出版有限公司，2001。

② 事实上，这也是严复研究的一个难题。刘桂生认为严复的译作是"集中国文化与欧洲文化于一体的一种特殊的文化产品"，且不说严复的译作性质，如果不对严复的译文和原文作系统的比较研究，则很难发现译作在何种意义上体现"译者的意图"。（参见王宪明：《语言、翻译与政治——严复译〈社会通诠〉研究》，2页，北京，北京大学出版社，2005。）

③ 李泽厚：《中国近代思想史论》，262页，北京，三联书店，2008。对于毛对严的重视，李泽厚认为："他之所以被重视，与毛个人亲身经历和感受有关，而毛是素来重视意识形态和'世界观'的。"

④ 李泽厚：《中国近代思想史论》，285页。

在详细的分析开始之前，我们先要对严复的生平、著作和研究现状作简要的介绍。严复，字又陵，初名体乾，登仕以后改名为复，字几道，福建侯官人[①]，生于清咸丰三年末（1854年初），卒于民国十年（1921年）。严复出生于一个并不富裕的家庭，父亲是一名医生，“以医名州里”[②]。严复少年聪慧，十一岁从学于“同邑宿儒”黄少岩，奠定了深厚的古典文献基础。十四岁时，左宗棠、沈葆桢在福州船厂附设船政学堂，严复以第一名的成绩考入学堂。此后，严复的生平有几个重要的时间点。第一个时间点是光绪三年（1877年），严复赴英国海军学校学习。[③] 严复在英国并没有以“良将”自居而把全部精力放在学习海军相关的功课上，而是开始大量接触阅读达尔文、赫胥黎、斯宾塞、亚当·斯密、孟德斯鸠、卢梭、穆勒、边沁等人的政治、社会、哲学著作。[④] 这一经历引导了严复后来的旨趣。严复归国后，一直在北洋水师学堂任职，先后参加了四次科举考试，均名落孙山。1894年甲午中日战争爆发，成为严复生平第二个重要节点。甲午战败，国势日危，严复于是年在《直报》上连续发表《论世之亟变》《原强》《辟韩》《〈原强〉续篇》等文章，“自是专致力于翻译著述”[⑤]。随后几年，《天演论》《原富》《名学》《法意》《群学肄言》《社会通诠》等先后译出。在这个阶段，严复为变法奔走呼喊。

严复的著作，比较重要的除上文提到的外，需要重视的有《救亡决论》《拟上皇帝书》《论英国宪政两权未尝分立》，以及严复在广州的一个讲演记录《政治讲义》。近人王栻将严复的译著合编重排，编为《严复集》[⑥] 五册，收录的资料相对较全。孙应祥、皮后锋根据新近搜集的资料，编为《〈严复集〉补编》[⑦]，是对《严复集》的一个资料补充。台湾联经出版事业有限公司出版的《严复合集》，资料更加完备。近来，汪征鲁、方宝川、马勇还主持编纂了《严

---

① 王蘧常《严几道年谱》中记载：“先生讳复，初名体乾，入马江船政学堂，易名宗光，字又陵。登仕始改今名，晚号愈懋老人，别署天演宗哲学家，又别号尊疑尺庵，姓严氏，福建侯官人也。”（牛仰山、孙鸿霓编：《严复研究资料》，20页。）

② 陈宝琛：《清故资政大夫海军协都统严君墓志铭》，见牛仰山、孙鸿霓编：《严复研究资料》，17页。

③ 对于严复赴英国留学的时间，各家记载有所不同，部分认为是在光绪二年（1876年），如刘宝琛和王蘧常，王栻以《船政奏议汇编》中的两个折子为证，认为是在光绪三年（1877年），此处从王栻之说。（参见王栻：《严复传》，6页，上海，上海人民出版社，1975。）

④ 严复曾与驻英大使郭嵩焘论析中西学术政制之异同，“往往日夜不休”。严复在与郭嵩焘的讨论中，批评了“西学中源”论。（参见王蘧常：《严几道年谱》，见牛仰山、孙鸿霓编：《严复研究资料》，25页。）严复与郭嵩焘的具体讨论可见黄克武：《惟适之安》，导论，北京，社会科学文献出版社，2012。

⑤ 罗耀九：《严复年谱新编》，89页，厦门，鹭江出版社，2002。

⑥ 王栻：《严复集》，北京，中华书局，1986。本章所引《严复集》均为此版本。

⑦ 孙应祥、皮后锋：《〈严复集〉补编》，福州，福建人民出版社，2004。

复全集》[1]，内容更全。

严复的重要性不言而喻，关于严复的研究著作也是不胜枚举。就严复的思想和政治哲学这个角度来看，有几本著作是不得不提的。首先是王栻的《严复传》，这本书提出了一个三段论的看法，认为严复的思想有三个阶段，早年是全盘西化，中年由激进变为保守，晚年转向彻底保守。这种看法影响较大，在早期的严复研究中，采用此种说法的著作颇为多见。另外一本值得关注的是美国汉学家本杰明·史华慈的《寻求富强——严复与西方》[2]，本书比较系统地梳理了严复的译著，而得出的结论是严复因为寻求国家的富强而放弃了许多自由的原则，换言之，对国家富强的渴求超过了对个人自由的希望。这种说法在国内既有赞同者，也有不少批评的声音。事实上，这两种说法是在追问严复的思想在时间维度上是否具有连续性，严复的一些转变是否意味着他思想的根本性转变。与上面两种看法不同，李强对史华慈的结论提出了尖锐的批评，在一篇对《寻求富强》的书评中[3]，李强认为史华慈对严复的解释实际上没有看到传统文化对严复的重要影响，严复对于西方自由等具体概念的理解都受到了中国传统的深刻影响。

第一节　世变之亟：古今中西之变下的新时势

近代以来，中国面临着完全不同的局面。总体来说，中国由以中国为中心的古代世界进入以西方工业文明为底色的全球扩张的新世界，而这种进入是被迫的。在这个过程中，夷狄由北方的游牧民族转变为以大英帝国为主的西方列强。一方面，中国在“力”方面完全无法与西方抗衡，中国面临“打不过”的境地；另一方面，中国在“仁”方面也无法保持儒家的高贵，西方启蒙运动以来的制度和文化对中国而言也有先进性，中国面临“说不过”的境地。可以说，中国在被迫进入以民族国家为单位的新世界体系时，中国的儒家文明并不能化解总体性危机。由此有了中国士人阶层对中华道统和西方文明的反思。这

① 汪征鲁、方宝川、马勇主编：《严复全集》，福州，福建教育出版社，2014。

② ［美］本杰明·史华兹：《寻求富强——严复与西方》，南京，江苏人民出版社，1990。

③ 参见李强：《严复与中国近代思想的转型——兼评史华兹〈寻求富强：严复与西方〉》，载《中国书评》，1996（9）。

个反思贯穿了中国近现代的历史。

严复所处的时代是一个“三千年未有之变局”的时代，在这个时代，中国出现了全面性危机。对于古代中国而言，主要秉承的是一个天下体系。在天下体系的视野中，有几个很重要的出发点。其一，天下体系说的是中央和周边的关系，即有一个中央王朝，中央王朝在作同心圆式发展时，吸纳周边附属王国。其二，中央和周边区分的标准是儒家文明的兴盛与否。如果儒家文明兴盛，那就是中央；儒家文明不兴，野蛮之风盛行，那就是周边。其三，儒家文明是“只闻来学，不闻往教”。这就是说，中央王朝主要依靠文明的吸引而不是武力的征服，所以不带有强烈的扩张色彩。当然，需要指出的是，不带有扩张色彩并不是说完全否定战争。一旦周边王国突破边界，进攻中央王朝，天下体系就会呈现出防御的一面；或周边藩国发生内乱而要求中央王国出兵安定，中央王朝也会派出军队。

因为地域的原因，在中国历史上，以中央和周边为区分的天下体系表现出来就是农耕文明和游牧文明之争——以儒家小共同体为基础的农耕文明和以氏族部落为基础的游牧民族之争。在农耕文明和游牧文明之争中，农耕文明即使在军事上无法战胜游牧部落，在文化上也保持着优越性，游牧民族往往会在入主中原以后进行带有强烈儒家色彩的改革，以此缓解民族矛盾和新王朝分裂的危机，比如北魏孝文帝的改革等。这种过程也可以概括为游牧民族的儒家化。原因粗略而言，可以说是在农耕文明时代，儒家从家庭伦理出发，强调个人修德和兼济天下的统一，与古代的士大夫传统、官僚系统和士绅系统具有天然的亲和性。而清代则以一个“二元帝国”的形式暂时解决了农耕文明和游牧文明之争，即在统治阶级内部仍延续游牧文明那种部落式的、氏族式的统治方式和治理手段，而在统治阶级之外的国家治理方面，则实行儒家化，吸收儒家的制度，任用儒家官吏。

而进入近代以后，中国被强迫纳入世界体系之中。在这个世界体系中，夷夏之辨在新的语境下被重新开启，由农耕文明和游牧文明之争变为儒家文明和西方文明之争。以大的趋势而言，在魏晋南北朝之前，中国的农耕和游牧之争主要表现为西部的游牧民族和中原王朝之争，是东西之争；魏晋南北朝之后，则主要表现为北方的游牧民族和中原的华夏民族之争，可以概括为南北之争。因而，以中国历史的大脉络而言，夷夏之争也是有一个转变的，是由东西之争变为南北之争。但是进入近代后，夷夏之争被重新开启。首先，中国在“武力”上打不过。在天下体系中，夷夏之争的核心在“仁”，而不在“力”。换句话说，即使农耕文明被短暂地打断，华夏民族被游牧民族打败，被游牧民族统治，但是以儒家为根基的农耕文明也依然能够保持连续性。在这个体系中，中原王朝在军事上虽然失败了，但儒家有成熟的帝国治理方式和文明的生活方式，以儒家文明为核心的先进文明最终会为入主中原的“夷狄”（其他少数民族政权）所采用，进而整个国家开始儒家化，“夷狄”被儒家文明同化。但是在1840年之后，中国在由天下体系变为世界体系的进程中，不仅面临着“打不过”的问题，还面临着“说不过”的问题。西方文明作为“新夷狄”有两个基础：一个基础是基督教，这是一个一神教，要消灭其他民族的异族神，故而这种文明是绝对的，是侵略性的；另一个基础是工业和贸易，既有工业化，也有贸易，这是一神教扩张的物质基础和武力基础。在工业贸易和基督教的裹挟下，中国就同时面临着既打不过又说不过的问题。

因此，中国在近代出现了“总体性”危机。首先，在政治上，中国开始面临着主权危机。在天下体系中，中国虽有领土和疆域的区分，但并没有什么主权的概念。而在世界体系中，主权的独立是各个国家之间平等交往的基础。主权的承载是国家能力，尤其是国家武装力量。近代中国并没有建立起足够与西方相抗衡的军事力量，国家力量不够承载国家主权。严复在《论世之亟变》中有言：

> 乃一旦有数万里外之服岛夷，鸟言夔面，飘然戾止，叩关求通，所请不得，遂而突我海疆，虏我官宰，甚而至焚毁宫阙，震惊乘舆。当是之时，所不食其肉而寝其皮者，力不足耳。①

在主权出现危机的情况下，国家能力却不足，面对夷人的坚船利炮，中国却无力抵抗。

而主权危机又引发了政治危机和社会危机。这里面的逻辑在于，自春秋战国以来，“士”阶层的出现和勃兴，打造了中国“皇帝-官僚”制度的执政主体。这里面仍需要细分，尤其是宋以来，以文臣节制武将，兴科举吸收精英进入官僚系统，但是职位有限，而吸收的精英数量众多，于是在职位之外出现品位或爵位，仅有功名和身份，并无实权。尽管如此，这并不妨碍这一层次的“士”的自我认知，即作为帝国的执政群体。儒家经典的熏陶更是强化了这一自我认同。故而，中国的执政群体历来可以分为统治精英和士绅精英，前者是官僚系统的当权者，后者是官僚系统的边缘者，或称候补。当然，这两者并非

① 严复：《论世之亟变》，见《严复集》，第一册，4页。

全然的二分。当当权者到一定年龄致仕，荣归故里，这些人因为具有威望，且有“潜在”的执政能力①，往往会成为基层的蓄水池和稳定器，成为解决县以下地方事务的中坚力量。在清末世变之际，执政精英的紧迫感促使他们变革图强，由此形成旧有精英和变革精英之间的对抗。在严复看来，旧有精英并非不知道西方船坚炮利，其言：“夫士生今日，不睹西洋富强之效者，无目者也。谓不讲富强，而中国自可以安；谓不用西洋之术，而富强自可致；谓用西洋之术，无俟于通达时务之真人才，皆非狂易失心之人不为此。”② 关键在于私心，士大夫的私心使其即使认识到西方值得学习，但仍囿于自己的利益，不愿意进行改革，即使愿意改革，也不愿意改涉及自身利益尤其是核心利益的政治体制。由此而形成了改革与守旧的区分。而正是精英之间的分裂，加上主权危机的出现，使得政治危机随之出现。严复对此深恶痛绝：“推鄙夫之心，固若曰：危亡危亡，尚不可知；即或危亡，天下共之。吾奈何令若辈志得，而自退处无权势之地乎？”③ 这是自上而下来看。

自下而上来看，士绅阶层原本是帝国基层政权的稳定器和蓄水池，但是在内忧外患下，士绅阶层一方面有政治冲动，却无政治途径，帝制中国积累了越来越多的士绅基层的政治力量。另一方面，正是来自西方的冲击，使得原本较为封闭的乡村结构也被打破，士绅很难再以旧有的方式维持基层政治的稳定。

在古今中西之变之下，严复看到的是“世变之亟”：“呜呼！观今日之变，盖自秦以来未有若斯之亟也。”④

第二节　圣人与时势

在如此危局之下，变是必然的，问题是怎么变？严复所着眼的是思想方式的变革，首先要破除的成见是：圣人可以决定一切。在儒家传统中，圣人作为儒家的一个核心概念，是“德”与“位”的结合。有“德”且得“位”，谓之“圣王”；有“德”而无“位”，谓之“素王”。前者如尧舜禹，后者如孔子。事

① 因为门生故吏能够影响部分地方性事件，部分退休的中央官员甚至可以影响政局。
② 严复：《论世之亟变》，见《严复集》，第一册，4页。
③ 严复：《论世之亟变》，见《严复集》，第一册，4页。
④ 严复：《论世之亟变》，见《严复集》，第一册，4页。

实上，正是在孔子那里，开始出现“德”与“位”的分离，从而“立法”以“言”的形式而非以“位”的方式来实现，故而是“素王”。即使如此，在秦之后，“圣人”的地位也是在不断提升的。这固然与每个朝代的儒家士大夫希望为本朝王者树立一个“圣王”的典型形象相关，也与君主的双重身份相关。一方面，君主是个人，故而也会有常人的道德情感；另一方面，君主也是百姓万民的最高统治者和文官系统的最高代表，故而也需要身先垂范。这里潜在的要求是个体道德与历史理性的结合。用理学家的话语来说，这要求君主实现“内圣外王”①。正是基于这样一种史观，往往容易把帝国的兴衰寄于一人，此种做法在严复看来是不知时势，更不知其“理”。

严复首先提出“运会”以破圣人能够决定历史命运的说法：

> 夫世之变也，莫知其所由然，强而名之曰运会。运会既成，虽圣人无所为力，盖圣人亦运会中之一物。既为其中之一物，谓能取运会而转移之，无是理也。②

所谓“运会”，说的就是由时局触发的形势，称之为“时势”亦可。在严复看来，圣人也是时势之中的一个组成部分，并不是圣人决定时势。但是圣人之所以为圣人，是因为“彼圣人者，特知运会之所由趋，而逆睹其流极。唯知其所由趋，故后天而奉天时；唯逆睹其流极，故先天而天不违”③。

在这里，严复是有所针对的，即针对康有为等今文经学政治家，将所有的希望都寄托在光绪帝一人身上。严复并非反对君主有所作为，他所反对的是认为君主即能决定一切的思维方式。在他看来，君主不过是要顺从时势有所为，时势也会迫使君主不得不为。事实上，严复在《原强》和《拟上皇帝书》等文中都明确提出“标”与“本”的问题。“标者，在夫理财、经武、择交、善邻之间；本者，存夫立政、养才、风俗、人心之际。”④ 圣人顺应时势，在国家财

---

① 需要指出的是，这种“内圣外王”的论述实际上存在三个节点。第一个节点在西汉，以董仲舒为代表。实际上是以天的神圣性为基础，用天人交感的神学方式确认君主的内在品质，这仍然是以外在为规训的。第二个节点在魏晋，以王弼为代表。西汉的天人感应式对君主的限制，在经学僵化之后，无法继续发挥作用，王弼的思路是圣人是“物物而不累于物”，是“无情”的，将圣人的品质独立出来，以道家式的“以一统众”为归宿，这种圣人的品格虽以内在的修养为基础，但是这个修养是道家的，而非儒家的道德基础。第三个节点是两宋，以朱子为代表。朱子强调“格君心”，即君主要锤炼自己的道德品质，而且是纯粹的以“四书”为代表的儒家修养。这种“内圣外王”一直延续至明清。

② 严复：《论世变之亟》，见《严复集》，第一册，1页。

③ 严复：《论世之亟变》，见《严复集》，第一册，1页。

④ 严复：《拟上皇帝书》，见《严复集》，第一册，65页。

政、国防和外交等内政外交领域施展拳脚，是因为“势亟”，仅仅是治标之策。而唯有深培民德民力民智，化民成俗，才是治本之策。严复并不否认圣人的作用，只不过否认圣人对时局的决定性作用。

在“运会”之外，严复又辨君民之存，严复特举出韩非《原道》一篇，辨别圣人之所由出。在韩非那里，君主与圣人基本上是混用的。盖韩非认为君之所以存在，在于民争，民争要有所止，故立君。然而严复却认为韩非所谓的政治秩序的根源并非在于民争。韩非所未达者有三。其一，如果说圣人的存在是为了止争，那么在没有圣人之前，“人之类灭久矣”[①]，可见政治的根源并非止争，而在于自然天演，“至其明自然，则虽孔子无以易”[②]。其二，韩非认为君主是发号施令者，臣是执行君主政令者，而民则通过物质生产“以事上”。严复认为这是“知有一人而不知有亿兆也”[③]，将政治秩序的起源根植在君主而非民之中，这是第二个问题。其三，即使如后人所看到的，政治秩序建立后，为了维持秩序稳定，君臣之伦得以建立起来，但是如果以君臣之伦为“道之原”，那就是舍本逐末了。严复指出“君臣之伦出于不得已”，这是臣民为了保护自己的性命财产，让渡部分权利，“是故君也臣也，刑也兵也，皆缘卫民之事而后有也”[④]。严复虽然吸收了部分契约论的传统，但并没有停留在让渡部分权利，让一出生即宣告死亡的利维坦成为政治理由。恰恰相反，严复并未向后推出臣民对于君主的绝对服从，而是向前询问根源：既然君臣之伦是出于“不得已”，“不足以为道之原”，那“道之原”是什么？答曰：民之才、德、力。更进一步，民之才、德、力乃是为了“民之自由”。可以说，严复所认可的政治秩序的根源就是民之自由。[⑤]

虽然严复以“苟求自强，则六经且有不可用者”立论，突出时势的重要性，但不可否认的是严复仍然坚守儒家的民本传统。同时，保守主义的品质更重要的是对现实的观照，它从来不是从空想出发，而是直接面对现实政治，以现实和理想为经纬度，力求一个平衡点。比如，严复反对“然则及今而弃吾君臣”之论，在风俗未成，民之才、德、力未兴的情况下，取消君臣之伦，即想走向自治一途，无疑是一种空想。因为国家之功能，对内为统治，对外为抵御

① 严复：《辟韩》，见《严复集》，第一册，33页。
② 严复：《辟韩》，见《严复集》，第一册，33页。
③ 严复：《辟韩》，见《严复集》，第一册，34页。
④ 严复：《辟韩》，见《严复集》，第一册，34页。
⑤ 严复认为：“民之自由，天之所畀。”（严复：《辟韩》，见《严复集》，第一册，35页。）

外国武力，由此形成一集团，其“荦荦尤大者，则明刑、治兵两大事而已”[①]，如果国力不强，则民之自由亦无法保证。

严复破除圣人出而天下治的陋见，是突出时势。要面对此变局，不是圣人引导时势，而是时势引导圣人。

第三节　革命、改良与新经学

面对“世变之亟”，晚清士大夫阶层有多种反应。此固可简而言之，认为有维新派和顽固派。但是如果细究，可以发现维新派内部亦有不同。比如：是洋务维新还是制度维新？维新的路径是革命还是改良？改良的路径是得君行道还是觉民行道？维新派内部的不同派别之间的根本区别是什么？为何严复不赞同康有为等人的变法路径？这些问题是深入严复政治哲学必须要解决的问题。

自西方政治制度传入以来，国人亦以政党政治为理想的政治形态，遂有西方之人认为，中国面对古今中西之变有三种反应，可分为三党：“守旧党主联俄，意在保现在之局面；中立党主联日，意在保国而变法；维新党主联英，意以作乱为自振之机。”[②] 严复认为此种看法骤然而看似乎有点道理，但深思之后，甚不以为然。

严复首驳西人所谓“维新党”。西人所谓的“维新党”实际上是指中国的革命党。西人之所以许可以孙文为代表的革命党，一来是孙文等人尝“大言欲行其教于中国”，二来是借孙文等人的说辞来维护自己在中国的利益。大抵在严复看来，革命党首先领导人不成气候，因此革命事业也难成大势，“孙之为人，轻躁多欲，不足任重，粤人能言之者甚多”。革命领导者尚且如此，更何况革命事业，只能是“幻气游魂，幸逃法外，死灰不然，盖已无疑”。因此，革命党不可能成为中国的主流。即使是西人支持革命党，无疑也只是为了维护在华利益，而“非实见其人之足信也”[③]。

再来看西人所谓的“中立党”。这里所说的“中立党”实际上是指“维新党”，即主张维新变法之人。在严复看来，“维新党”亦不能称为一政党。首

---

① 严复：《辟韩》，见《严复集》，第一册，35页。
② 严复：《论中国分党》，见《严复集》，第二册，487页。
③ 严复：《论中国分党》，见《严复集》，第二册，488页。

先，以人数而言，维新之人少之又少，与守旧党相比，不过一与千之比，其数极小。[①] 其次，在这些人内部，能够真正懂得西方政治思想源流，能够依据西方政治，为中国开出维新变法之方的，又“不过数人”。事实上，很多被称为“维新党”的，不过是附庸“维新”一时之风气。这些人不外有三类：其一，将西方物质，比如眼镜、卷烟等等同于西方政治，随声附和；其二，见西方船坚炮利，而中国无法抵御，则思不若学习西方的技术；其三，守旧之人，因富盛名，为了爱惜自己的羽毛而举维新之名，实则是“郑声乱雅，乡愿乱德”。这三类人，均只有维新之貌，而没有维新之心。如此，西人所谓的“中立党”亦无法称之为党。

最后来看西人所谓的“守旧党”。严复对此攻之甚激，认为“至不称其名者，莫如守旧党”。事实上，严复并非彻底否定传统之长处，如其所言：“支那立国数千年，今虽不及欧美之盛，然亦非生番黑人也，盖亦必有道矣。真能守之，当有可观。”[②] 但是“守旧党”所守，并非“道”，而是流俗风气。以守旧之人攻击新党最常用的“五伦”为例，父母之丧，按礼当丁忧为父母服丧三年，但旧党“不曰某科不能改，即曰某缺不能补”，实际上担心的无疑是服丧三年之中不能做官，至于饮酒、食肉，更是无所顾忌，如此，父子之伦又何在？其余四伦，莫不如此。所以，旧党所守，非“道”，而是“流俗之习气，为己之私心”。如此之人，谓之趋时是可以的，但是认为其是守旧，无疑是不能成立的。此亦可见“守旧党”之不可称为党。

对于政党政治，严复实际上有一个转变。就早期而言，如上所言，严复虽然不全然同意中国已经形成政党分立的政治生态，但对于政党政治仍有所期待，如其称：“将欲如汉之党锢，唐之牛李，宋之蜀洛，明之东林，而亦不可得焉，岂能与东西诸国之各党比哉？”[③] 言语中透露出的哀其不幸、怒其不争的心态，亦道出了严复对于政党政治的几许期望。然而，严复终始未变的是，他认为“党非佳物”，是不得已而为之的产物。辛亥革命之后，严复曾言：“顾自旁观者细察而微论之，则其中知政党之为何物，能结合团体以催促政治之进步，不过居最少之数。”[④] 政党不过成为一些人的政治缘饰，是他们博取政治资本的工具，权力固然归于民，但其政治形势使得权力必归于党，这使严复认为

---

① 参见严复：《论中国分党》，见《严复集》，第二册，488页。

② 严复：《论中国分党》，见《严复集》，第二册，488页。

③ 严复：《论中国分党》，见《严复集》，第二册，490页。

④ 严复：《说党》，见《严复集》，第二册，299页。

政党政治“并非佳物”，却是势所使然的必然选择。而从立法权和行政权两权未尝分立出发，严复认为中国最适合的是两党制。此已涉及严复的政治制度设计，暂不深论。

这里需要辨明的是，严复对面临古今中西之变的中国的出路是如何考虑的。革命党固无须多说，严复实际对此是持否定态度的；守旧党，严复对之虽有激烈批判，却认为如真有所守，亦值得钦佩，实际上，严复在很大程度上把保守的成分融入了自己的学说中。以康有为、梁启超为中心的维新党提出的方案是变法维新，严复实际上也是赞同变法维新的，不过与康、梁有异，与章太炎也有异。康、梁的“新经学”实际上是今文经学和进化论的融合，尤其是将“三世论”改造为不断向前进化的历史秩序。而今文经学的底色实际就是以古绳今，以古为变法的基础，“道”在历史之前就已经实现。相对而言，章太炎的“新经学”实际上是佛学基础上的古文经学。古文经学认为“经”不过是“史”，是“道”在历史上的一个印记，不可能万世不变。但是，章太炎的古文经学没有解决政治与历史的关系，没有说明白变的基础。而严复的“新经学”则是融合天演进化论和诸子学的“新经学”。严复对于“道”的看法近乎古文经学，认为“道”在历史中，而非“道”就是三代以上已经完全确立的，历史之中所形成的“公理”也是“道”的一部分，“道”既有变的一面，也有不变的一面。如其所言：“正如周、孔之法，所不可尽行于今者，亦以今世之事，多为其所未经耳，非薄之也。”[①] 严复虽赞同变法维新，却有着不同的路径和政治哲学基础。

第四节　新经学——天演政治学

在内忧外患的局势下，严复也提出了自己的变革设想。如上文所言，严复的变革路径既不同于以今文经学为底色的康有为，也不同于以古文经学为基础的章太炎。这里关键的地方在于，严复将传统尤其是以儒家为基础的传统历史哲学与西方的契约论、进化主义相融合，融会出一种新的政治学，这是严复提出其变革方案的根据，即“新经学”，这种政治学可以称为“天演政治学”。在

① 严复：《政治讲义》，见《严复集》，第五册，1258页。

天演政治学内部，最重要的是三个部分：新天人之学、新历史观和新夷夏观。

一、新天人之学：天演到天理

自西方科学技术传入以来，对中国影响最大的并非技术的冲击，而是现代科学对于中国古代天人关系思考范型的解构。在传统中国，“天”的含义无论有何种变迁，其最核心的部分都是“天”的道德化，是儒家道德伦理的最高来源和最根本保证。沟口雄三曾指出，到了北宋王安石时代，已经把天作为自然界来认知，天作为外在于人的权威已经开始从人间世界里分离出去了。沟口质疑的是为何中国没有再往前走一步。如果向前再进一步，就是西方现代意义上的确立与外在权威相对立的人的主体性，实现人神分离，进而走出一条天人二分的道路。其根本就在于，道德化的“天”是儒家道德的最终来源。即使如王阳明，将道德内化于良知，但是王阳明依然把良知等同于“天”，是万物灵明觉知的根据。所以当西方的自然科学技术大规模冲击中国固有的天人秩序的时候，道德的根据就会被解构，从而出现天人之学的危机。

这个过程恰如严复所言：

> 余治天学，至于有明之世，波兰人歌白尼，尽破地静天动旧说，证地为日局行星之一，岁岁绕日，与诸纬彗孛同以定时循轨……喟然叹曰：伟哉科学！五洲政治之变，基于此矣。盖自古人群之为制，其始莫不法自然。故《易》曰：“天尊地卑，乾坤定矣”。有其至高者在上以为吾覆，有其至卑者居下以为吾践。此贵贱之所由分，而天泽之所以位也。乃知歌白尼之说确然不诬，民知向所对举而严分者，其于物为无所属也。苍苍然高者，绝远而已，积虚而已，无所谓上下也。无所谓上下，故向之名天者亡。名天者亡，故随地皆可以为极高，高下存乎人心，而彼自然，断断乎无此别也。①

上面这段话正是以哥白尼对地心说的扭转为起点，审视西方的科学技术进入中国后，对中国的天人秩序的冲击。“天”被解构为自然之天，没有任何道德属性，更没有任何秩序根据可言。古代的自然，实际上说的就是秩序，是以郭象等所谓的“性分”为基础的秩序，这种秩序是自然而然的，“天”是最终的保证。宋儒所谓的“天理”实际上也预设了这个前提。而当这种作为秩序的“自然”被作为物质的“自然”替代时，“天”就脱离了秩序属性，就纯粹是自

① 严复：《政治讲义》，见《严复集》，第五册，1241页。“歌白尼”，现一般译作“哥白尼”。

然界的一环，“无所谓上下”，也就无法成为道德的根据。正是基于此，严复感叹：“三百数十年之间，欧之事变，平等自由之说，所以日张而不可遏者，溯其发端，非由此乎？”[①] 这是古今中西之变的第一变。

严复深谙西方政治哲学，尤其是留学英国对其有着深刻的影响。面对天人之学，严复首先从契约论那里找到突破口。在契约论的构架内，其最终的依据是上帝，是上帝所赋予的自然法，这是为什么霍布斯在《利维坦》最后一部分会转向《圣经》的解释。契约论要解决的是两个重大问题：一个是政治秩序的构成，具体对象是主权和国家；另一个是政治秩序的道德基础，具体对象是正义和自然权利。这两个方面在霍布斯那里分别对应“利维坦是绝对的”和“利维坦是正义的”这两个核心命题。而这两个核心命题的基础都在于利维坦的建立是基于自然权利，即政治秩序的基础在于自然法。[②] 严复在很大程度上接受了契约论传统，尤其是霍布斯和洛克的论述，在《原强》《政治讲义》等地方多次引用霍布斯和洛克的观点作为他的论证基础。严复接受契约论将政治秩序的基础奠定在自然权利上，但严复将自然权利更改为“自然”，而所谓自然，最终根据也并非上帝，而是历史。这是严复接受契约论之后，在面对天人之变时的第二个应对。

而这个历史，背后的底色就是进化主义。如其所言：“盖今之国家，一切本由种族，演为今形，出于自然，非人制造。”[③] 这里的“自然”已经和上文所谓的天作为物质之“自然”有一段差距，这里的“自然”是相对于人为而言的。“自然”作为政治秩序的根据，亦可以称为“公例”。严复正是要在契约论中重新发现天人关系，或者说将契约论建立在天人关系基础之上。“前会讲义所发明者，有最要之公例，曰国家生于自然，非制造之物。此例入理愈深，将见之愈切。”[④] 所谓的“自然”实际上就是天演。其政治学在本质上是一种“历史天演涂术”。在国家的进化程度上，古今之别实际上是天演有别，“曰宗法，曰宗教，曰国家……是三者皆本诸天演之自然者也”[⑤]。这是严复所认为的政治秩序的第一个基础。

政治秩序的第二个基础是道德。严复并未完全接受契约论，其中一个很重

---

① 严复：《政治讲义》，见《严复集》，第五册，1241 页。

② 关于《利维坦》的相关论述可参见王利：《国家与正义：利维坦释义》，上海，上海人民出版社，2008。

③ 严复：《政治讲义》，见《严复集》，第五册，1251 页。

④ 严复：《政治讲义》，见《严复集》，第五册，1252 页。

⑤ 严复：《政治讲义》，见《严复集》，第五册，1265 页。

要的方面是没有接受自然状态。如上文所言，严复对于韩非政治哲学的构建颇有不满，因而作《辟韩》以驳之。而这种自然状态除了引导利维坦绝对主权的出场，往往还引申出人民的自由。严复对于动辄以自由作为政治秩序的根基并不认同。自由是纯粹从个人出发的，而在自由之外，乃有治理，这是从社会出发，是舍己而为人的政治秩序。严复认为："是故自由诚最高之幸福。但人既入群，而欲享幸福之实，所谓使最多数人民得最大幸福者，其物须与治理并施。"[①] 政治秩序的基础固然与自由相关，但政治秩序的根基却不能舍管辖而建立。在严复看来，自由，应该是受管束但不至于烦苛的意思。但问题是，如何界定自由与管束的界限？或者说，如何既要集权，又要保证个人的自由？这是中国在面临内忧外患的情况下，中国士大夫阶层迫切需要回答的一个带有全局性的问题。严复的回答是："亦惟自历史中求之。"[②] 道德的基础，新天理的形成，唯有以天演而寻之，这里潜在的意思是，中西的确各有其独特性，而非以西方为普世。所谓的普世，仅仅是指天演进化论，这在任何地区都是适用的。但是，进化得如何，进化有何种方向，却是有别的。所以，政治秩序的基础——自然和自由，与政治秩序的建构——集权，这两者的结合有着不同的情况，由此造就不同的政治制度。

总结而言，严复重新定义了天人之学。西方近代科学以来，道德之天、意志之天为自然之天所扫荡[③]，这是西方自由、启蒙之根源。然而，严复并不完全接受西方的契约论，而是在契约论中重新发现天人关系。"天"由道德之天、意志之天被转化为无意识的"自然"，即天演所成、自然而然。这种自然之天并不是物质自然，不是哥白尼所发现的那个自然之天，仅仅是指天没有造作，没有独立的意志。这本为儒家之本义。比如王夫之解释张载的《正蒙》，即认为气之流行，并非天有意识为之安排，而是流行到了这里，就成了这物，流行到那里，就成为那物，这即是物各安其性、各止所止，气的流行是自然而然的。这种天人关系不仅儒家重视，道家更重视。严复在契约论和国家建构中，首先重新发掘了传统的自然主义的天人关系。在政治秩序的基础上，严复从天演所造就的自然出发，力求在自由和集权之间找到一个结合点。他承认进化的普遍性，但也认为天演有其特殊性，这意味着政治制度的本土性高于普遍性，

---

① 严复：《政治讲义》，见《严复集》，第五册，1279 页。

② 严复：《政治讲义》，见《严复集》，第五册，1282 页。

③ 所谓"苍苍然高者，绝远而已，积虚而已，无所谓上下也。无所谓上下，故向之名天者亡""五洲政治之变，基于此矣"。（严复：《政治讲义》，见《严复集》，第五册，1241 页。）

在历史节点上，每一个地区均有与它相对应的政治秩序的安排。这是在面对古今中西之争时，严复重新发掘天人关系的深刻意义所在。

二、新历史观：进化论与传统史观的融合

伴随西方坚船利炮进入中国的是进化主义史观。这种历史观与传统中国的历史观有着很大的差别。就进化主义的历史观而言，这是一种向前看的历史观。且不论其是不是线性史观，但至少这是一种今胜于古的历史观。与之不同，古代中国的史观却是一种循环史观，甚至可以说是一种向后看的史观。但是需要看到，儒家的史观虽然被认为是循环史观，但是有今文经史观和古文经史观之别。今文经学强调“以古绳今”，古代被想象成理想的政治秩序，成为现在政治的典范，改革和变法均以想象的古代作为蓝本，而依据则是经典。与之不同，古文经学则强调“以今绳古”，当下政治才是最根本的，古代政治不过是历史的存在，改革和变法不能完全照搬古代的做法，故而“六经皆史”。但是即使如此，古文经学的历史观也不同于进化主义史观。进化主义是不停向前进化、今胜于昔的一种史观；而古文经学则承认历史在演进中也有其可取处和合理处，虽然这种史观是“以今绳古”，出发点是当下，但仍是一种向后看的史观，这与进化主义无疑有所不同。

无论是今文经学还是古文经学，都是传统史观，在中国被强行纳入近代后，都需要面对进化主义史观的挑战。今文经学对进化主义的吸收，完成于康有为。康有为改造了公羊学的三世说，在据乱世、升平世、太平世这三世里面又细分小三世，小三世又可继续分，以至于无穷。而历史的公例则是沿着大三世和小三世不断进化，最终达到太平世。[①] 严复并不认同康有为的公羊学，而在一定程度上与古文经学持有类似的史观。

严复需要解决的第一个问题是政治与历史的关系。这个问题之所以重要，首先在于它关涉中国走何种道路的问题：是继续走传统的治理道路，还是走西化的道路？其次，它也关涉新的史观建立在什么基础之上。严复认为政治实由史出：

> 虽然，科学日出，史之所载日减于古矣。而减之又减，终有其不可减

---

① “每世之中，又有三世焉。则据乱亦有乱世之升平、太平焉，太平世之始，亦有其据乱、升平之别。每小三世中，又有三世焉，于大三世中，又有三世焉。故三世而三重之，为九世。九世而三重之，为八十一世。展转三重，可至无量数，以待世运之变，而为进化之法。此孔子制作所以大也。盖世运既变，则旧法皆弊而生过矣，故必进化而后寡过也。”（《康有为全集》，第五集，387 页。）

者存，则凡治乱兴衰之由，而为道国者所取鉴者。是故所谓国史，亦终成一专门科学之历史。是专门科学何？即政治之学也。[①]

这里隐含的一个意思是："道"就在历史之中，是随着历史的发展而逐渐形成的。所谓"治乱兴衰之由"用传统的话语来说，就是"道"，用西方的话语来说，就是"政治学"。严复所认同的政治学并不是没有来由的奇思怪想，而是出自历史。这是政治秩序的另一个基础，即历史基础。

问题是，历史之所载何以能够"减之又减"，最终不可减者存？在这里，严复引入了一个新的概念——内籀。所谓内籀，即在一定经验基础上的归纳推理。而"内籀必资事实，而事实必由阅历。一人之阅历有限，故必聚古人与异地之人阅历为之。如此则必由纪载，纪载则历史也"[②]。历史的作用正在于此，只有历史存在，才有内籀的用力处，由内籀而有"公例"，"公例"则是政治科学之内容。换言之，政治不是无端的凭空猜想，而是自历史而来的。举一例而言，严复认为政治学所治无他，就是政府的千变万化而已，而这恰恰是有"公例"的："凡是人群，莫不有治人、治于人之伦理。治人者君，治于人者臣。君臣之相维以政府。有政府者，谓之国家。"[③] 而这四条公例，并非从思想直接得来的，而是由"历史之所传闻纪载而得之"。

由天演而有历史，由历史内籀而得公例，由公例而得政治科学，这是严复历史观的逻辑。"道"就在历史中，并随着历史不断扩充，这带着浓重的进化主义色彩。"道"不是一次性就获得的，也不是一成不变的，而是一个集合体，这个集合体要尊重两个基础——历史基础和现实基础，因此必须同时具备"向前看"和"向后看"两种历史眼光。严复的这种历史观实际上是融合传统的历史观和进化主义史观。在这个历史观下，中国变革是必然的，这是天演之所必然，中西问题被演化为古今问题，中国与西方之间的差别，核心是天演的不同；但是问题是怎么变革，不是"以古绳今"，也不是"全盘西化"，而是在历史的基础上，变革当下。这就不难理解严复为何赞同康有为之变法，但又不支持康有为的具体变法措施，根本原因在于变法的思想基础不同。

总结而言，中国自古流行一治一乱的循环史观，而严复则倡导天演政治学，更直接的说法应该是"历史政治学"。这个史观不是以目的论为核心的线性进化史观，也不是如宋儒所区分的"三代以上"和"三代以下"的循环史

① 严复：《政治讲义》，见《严复集》，第五册，1244 页。

② 严复：《政治讲义》，见《严复集》，第五册，1244 页。

③ 严复：《政治讲义》，见《严复集》，第五册，1253 页。

观，而是认为“道”就在历史中，而且历史的形成也会构成“道”的一部分。所以严复一直强调“政治与历史关系密切，所有公例，必从阅历而来，方无流弊”①。这种史观可以说是融合了进化史观和古文经学史观。所谓政治学，即是新经学，所谓历史学，即是新史学，经学出自史学。这是严复在中国主权危机下重建经史之学的一种努力。

三、新夷夏观：从夷夏到民族国家

严复要解决的第三个问题是，进入近代以后，中国面临“打不赢”和“说不过”两个困境，原先天下体系中的夷夏之辨已经无法解决近代世界的中国和世界的关系问题。严复的解决方案是，根据西方的契约论和国家学，将天下体系和夷夏关系转变为国家建构和民族国家之间的关系。古代中国之所以没有建立起现代意义上的国家，主要原因是“大一统”。“大一统”则意味着中国外患不够，即使有外患，也不存在亡种亡教的危机。而现在有了主权危机，外患严重，存在亡种亡教的危机。有此外患就要有新的国家建构，就要有主权的兴起。新的历史情境下，没有夷夏的划分，而只有民族国家的建构。这里的问题是，严复重建夷夏观的逻辑是怎样的？

首先，我们可以从日俄战争切入来看严复对夷夏观的重建。严复分析日俄战争，起因很明白，“方事初起，世谓此无异以侏儒而斗长狄”，而战争的结果乃证明此论“大谬不然”。可见，严复作《原败》一文，一来是为分析何以日胜而俄败，二来是更进一步扫除涤荡士大夫阶层旧有的夷夏观念。

严复百余年前论日俄战争，首论俄为何包藏祸心，直指奉天乃求出海口。次论俄为何据满洲而不退，因为俄皇无权，实权在太后，太后与诸大公听从内臣建议，以满洲高丽资源富于西伯利亚十倍有余，因而大力投资，以辽沈为中心，建新埠、开煤矿、修铁路、设银行，莫非俄皇太后与诸大公之财。再论俄日战因。近因有二：其一是帝国内部党争，主绥靖的大臣被挤压，而无谋之大臣上台，认为日本不会开战，即使战也不足为惧，至此，日俄战争已不可避免；其二，表面是俄皇尼古拉听信臣下谗言，背弃与日约定，实际是俄皇受制于太后，太后与诸公在辽沈资产众多，自不能撤离。于是日俄之战终不可避。行文自此，严复才转而论俄之败因。首先需要担责的便是“大臣之侵蚀公帑”。此为第一因。而海军军政散漫，通过贿赂海军一事，其战力之弱，不战可知。

---

① 严复：《政治讲义》，见《严复集》，第五册，1250页。

此为第二因。军政贪墨如此，俄内部就没人管？答曰没有。“司纠弹者之腐败，且更胜于他曹。”吏治如此，精英执政者还错判局势，诚为可叹。此为第三因。文治不行，俄国向来尚武而行征兵制，陆军武力又如何？俄日战争中的陆军，以预备役为主，不遣主力是因为内部有其他民族的反抗势力。预备役实际上就是民众，未经多少训练。此为第四因。所以，“东方之溃败，于俄国非因也，果也”①。

严复的诛心之论在于国外国内联动，国内有个小气候，国外有个大气候，小气候和大气候是相互影响的，俄日之战实则是俄国内外矛盾交织的结果。鉴俄日之战，论俄所以败，其实所想警示者乃在中国。对于中国而言，只要被纳入了工业文明时代，就开始有内外之别，夷夏之辨的天下观就变为民族国家之间的国家关系，总是有个国际与国内的联动。故而严复在《拟上皇帝书》中谈变法必要做之事有三：联各国之欢、结百姓之心、破把持之局。其中，关于联列强之欢，严复论曰：

> 一曰联各国之欢……设今者陛下奋宸断、降德音，令计臣筹数千万之款，备战舰十余艘为卫，上请皇太后暂为监国，从数百亲贤贵近之臣，航海以游西国，历聘诸有约者，与分庭抗礼。为言中国天子有意为治，今之来者，愿有以联各主之欢，以维持东方太平之局，怀保中外之民人。继自今事之彼此交利，如通商，如公法，义所可许者，吾将悉许之无所靳。且吾将变法进治，俾中西永永协和，惟各国之助我。而其有阴谋无义，侮夺吾土地，而蹂躏吾人民者，吾将与有义之国为连以御伐之。②

这里由重建夷夏观引发了一个命题：如何处理民族主义与世界主义的关系？只要有民族国家，民族性与世界性这个外交哲学就会无时无刻不像幽灵一样萦绕在帝国周围。这个命题可以说一直影响着之后的中国。但是，那时的清朝还没有能力应对西方的冲击，遑论融入世界秩序了。民族性和世界性要有承载体，那时候是民族国家和主权，现在是贸易和资本。所以，对于严复而言，并不是用世界主义来驯化民族主义，而是用民族主义来承接世界主义，所以严复仍然重权威，重视民族国家的构建，他对于袁世凯的纠结及批康有为皆在

① 严复：《原败》，见《严复集》，第一册，157～164页。严复没有深论的是帝国与革命。有两种帝国：一种是大陆型帝国，俄是典型；一种是海洋型帝国，英帝国是典型。大陆型帝国的难题在于，只要内部出现分裂，就会动摇整个帝国的合法性，整个帝国和宗主国就会面临分裂危机。海洋型帝国里，即使有分裂，也不影响其本土国的统一。故而，俄无法不以内部危机为重。

② 严复：《拟上皇帝书》，见《严复集》，第一册，69～72页。

于此。

进一步而言，民族主义如何应对西方的冲击？严复提出的“联各国之欢”实际上就是在国内讲国际平衡，这是魏源以夷制夷论和李鸿章列强保全论的延续。[①] 所谓在“国内讲国际平衡”，就是说在中国国内不能让一家列强独大，独大了中国就是殖民地了。这是以主权的破碎来换残缺的主权，故而是以民族性来应对世界主义。同时，如何才能生发民族性？“新民”，用培育新国民的方式来发育民族性，即严复在《原强》里所说的鼓民力、开民智和新民德。但是民力不厚，民智未开，民德不够，用此来应对西方的冲击，必然会导致国家的分裂，最终主权尚未建立，国已分。可以说，严复所重建的新夷夏观是收缩性的，是重点在内用力，核心是民族性的发育，而且这种民族性的发育必须以内部威权的重建为核心，以保持对外能够抵御列强，对内能够统一国权、开启民智。而所谓的自由政府，一来不适合现在的中国，二来意义并不明确。在严复看来，自由政府实际上是指责任政府。自由的多寡仅以国家面临外患为转移。此为时势。

严复的可取之处，在于从列强瓜分中国的现实出发，提出了以民族性对抗世界性的问题。问题有二。其一，帝国之间的平衡能否持续？从历史来看，其实是不可持续的，即使在某一时间段维持了相对的平衡，这种平衡也终究会因为利益的冲突而被打破，日俄战争便是一例。[②] 帝国平衡论的局限亦可从此而看出。相反，列宁则从另外一个角度看到了以民族性消化世界性的方案，也就是新兴帝国主义和老牌帝国主义之间的矛盾是不可调和的，这种不可调和必然会导致新旧矛盾在弱势国家爆发。因此，帝国之间没法平衡，也平衡不了。但是有矛盾就会有裂缝。所以，消化这种世界性的方案就是利用列强矛盾，从帝国主义最薄弱的链条着手，实现革命在最薄弱链条的成功，从而引发世界革命。其二，在当时的世界秩序中，中国的民族性的承载者是谁？严复的答案，从近期来看，是士大夫阶层；从远期来看，是民力、民智和民德。后者其实也是依赖于前者的。就前者而言，严复所针砭的的确是当时中国面临的最大问题。但解决这个问题的出路，严复恰恰没有给出来。这里的出路就在于把士大夫阶层重新组织起来。严复指出了问题，但没有提出解决方案。在历史的实践

① 严复曾长期在李鸿章手下为官，受李鸿章外交哲学影响也不无道理。

② 事实上，我们可以看到，在随后，直到建立新中国，中国始终受帝国平衡论的影响。但这一平衡论并非出自中国的士大夫阶层，而是出自美国。邹谠教授曾在《美国为什么失败》一书中详细讲述了美国在华门户开放和利益均沾政策所带来的后果。利益均沾和门户开放在本质上也是一种帝国平衡论。

中，有两种方案。一种是如日本所采取的，实行军国主义，以军队统帅建立新的民族国家。但在中国，带来的则是军阀混战。这里的根本原因在于国家规模不同。另一种方案则是政党政治，以政党组织士大夫阶层，同时吸收群众，形成精英与群众的融合。而上述这两个问题可以说是破解中国总体性危机的关键，对此，严复并没有给出一个明确的方案。这两个问题的解决要到列宁的帝国主义论传到中国后，中共以建立政党的方式统合精英，并且利用帝国主义之间的矛盾，在裂缝中寻找到了农村，以根据地的方式进行革命。当然，这是后话。

第五节　开明专制与立宪

在由天下体系到民族国家的建构中，中国必须建立起新的政治秩序。在严复那里，政治秩序的基础是天演、自由和历史，但政治秩序的建构之路为何？亦即如何以新的政治结构来承载民族性，以对抗世界性？

史华慈认为严复是为了追求富强，因而部分放弃甚至曲解了自由。事实上，一来，严复对政治秩序的理解，除了来自西方的契约论、进化论，还有一个底色就是中国的传统思想，在很大程度上，严复实际上继承了传统的古典哲学，并将传统的政治哲学与契约论、进化论等西方政治思想相融合。二来，严复说得很清楚，“政治宽严，自由多少，其等级可以国之险易、内患外忧之缓急为分”。换言之，自由的基础乃是政治的现实。

正是基于此，严复提出了一个可能的政治出路：专制立宪。在《政治讲义》第八会中，严复以“图穷而匕见”总结自己的政治方案，即专制。但此专制并非一般的专制之权，如其所言：“吾所发明，乃谓专制之权，亦系由下而成，使不由下，不能成立。”①换言之，这里的关键点是专制是出于上，还是出于下。此言所论，的确会出现“诸公闻此将曰，此真异闻”的惊叹。事实上，在严复看来，所谓的专制、立宪之别并不在于权力的分立，而在于“舆论者，拥戴之情之所由宣也”。对于专制政府，并无此监测舆论之机关，而立宪政府，不独有之，更可以通过议员之投票，直接显示舆论的向背。所以，这里的关键

① 严复：《政治讲义》，见《严复集》，第五册，1311页。

是建立议院国会。

可以从另外两个角度来理解严复所谓的立宪。一方面，在严复看来，“立宪者，立法也，非立所以治民之刑法也。何者？如是之法，即未立宪，固已有之。立宪者，即立此吾侪小人所一日可据以与君上为争之法典耳”[①]。就这个角度而言，严复所谓的立宪固然需要一个宪法体系，但更重要的是要有实现宪法体系的组织架构和政治渠道。这也是他在对英国宪政的观察基础之上得出的结论。孟德斯鸠所谓的“三权分立”，具体到政治实践中，立法和行政二权并未分立。严复认为，以英国为例，宰相固然是行政权的最高执掌者，但“一切新法皆由宰相发起”，因为宰相等执政集体，实则直接面对群众，对民情最为熟悉，故而在立法上反而对什么是民众需要的、对国家有利的法律更为清楚明白。如此，议院之权则专在监督行政之事，此权与行政亦无甚大区别。故而严复有言：“议院立法之外，且兼行法，而宰相等行法之余，兼领立法。”[②] 故而，所谓的“三权分立”不过是一种理想的制度设计，可以作为一种政治原则，但在具体的政治实践和操作中，则不得不设计具体的制度设计，以沟通立法和行政，否则所立之法将不合民情，亦不能为国所用。故而，立宪最重要的并不是简单地把立法权和行政权分开，而是建立一种政治协商、妥协的通道。在严复看来，这种政治协商和妥协实质就是舆论监测，故而在制度设计上是建立议院和国会。

另一方面，可以把严复与同一时期的几个人物合论。近代中国自由主义的滥觞，大致可以追溯到康有为、梁启超、章太炎和严复。无论将康梁章严看作资产阶级改良主义者，还是把他们看作保皇党、保守派，不可否认的是，他们是站在传统中国的角度来思考西方的冲击，力求实现国家富强和自由民主的有效结合。正因其想要实现国家富强和自由民主的结合，这批人呈现出力图在理论上和实践上贯通儒家文明和西方文明的特点。对于康梁而言，这个成果就是开明专制。康梁并不反对民主宪政，甚至认为民主宪政是中国的未来方向。然而由于中国未经启蒙、受外国列强侵凌已久、国族众多、幅员辽阔，因而贸然实行共和，非但无益于中国国家的强大，也无益于人民自由民主的实现。也正是看到了这点，严复才大谈鼓民力、开民智、新民德，认为唯有此才是中国富强的根本。但富强的根本不意味着现实的途径。梁启超和严复清楚地看到中国贸然实行宪政的弊端，提出在宪政之前还有一个“开明专制”阶段。就此而

---

① 严复：《政治讲义》，见《严复集》，第五册，1284 页。

② 严复：《论英国宪政两权未尝分立》，见《严复集》，第一册，224 页。

言，开明专制实际上是要调和现实和理想，实现儒家治理秩序和西方治理秩序的融合。① 需要特别说明的是，我们往往误以为开明专制是在为封建统治秩序辩护，是在维护清王朝的统治。事实上，“开明专制”并非强调“专制”，而是强调“开明”和“制”。② 一方面，这是无可奈何之举，统治秩序的崩溃，反而会使列强入侵更加容易，加速中国的国、教、种的灭亡，加速以夷变夏的进程；另一方面，唯有一个统一强大的新政府，才足以实现与列强的对抗，故而这些群体也急切地希望改变旧政府的腐败无能。所谓“制”，就是要有一个规则，任何人都在这个规则之下进行政治活动，而不是规则混乱，或者可以随意脱离这个规则的约束。在这方面，西方的契约论传统无疑是“开明专制”的底色。而“开明”意味着要变私为公，不再以帝王、统治阶级个人的利益作为建立治理秩序的根据，而是以国家利益作为建立治理秩序的根据。如上所言，之所以强调“专”，从消极方面而言，实际上是对现实和历史的一种妥协；从积极方面而言，实际上是要继承两千年儒家治理秩序的精华，并将此融入新的治理秩序之中。说到底，强调“开明专制”，从现实而言，是国家组织能力和汲取能力的不足，以及列强入侵所带来的压力；从历史而言，这实际上是继承儒家传统，将天道政治、文官体系、大一统、士大夫传统、士绅传统和家庭伦理继承下来，这些传统之所以重要，在于其对于实现国家的富强有着积极作用。

总结而言，严复面对的是一个古今中西之变的世界，在这个变局中，中国被强行纳入世界秩序，从而不得不对旧有的政治秩序进行变革。严复将进化主义和天演论融合进中国传统的秩序中，重新发现政治秩序的基础——自然、自由和历史，由此建构新的天人关系；并把进化主义史观融入传统的史观中，认为“道”在历史中形成，并且历史本身也是“道”的载体，这种政治哲学可以称为“历史政治学”，政治出自历史，由此变革了历史观；同时，将旧有的夷夏关系变革为民族国家关系，提出用鼓民力、开民智和新民德来发育民族性，并以专制立宪来承载民族性，以此对抗世界性。但是，严复所谓的专制并非旧有的意义，而是指权力出自下，而非出自上，这就要求开国会、设议院，由此

① 如严复在1906年的《政治讲义》中对西方多有保留，而认为“吾尝谓中国学者，不必远求哲学于西人，但求《齐物》、《养生》诸论，熟读深思，其人已断无顽固之理，而于时措之宜，思过半矣”（严复：《政治讲义》，见《严复集》，第五册，1254页）。

② 梁启超对“开明专制”有这样的解释：“发表其权力于形式以束缚人一部分之自由，谓之制。据此定义，更进而研究其所发表之形式，则良焉者谓之开明制，不良焉者谓之野蛮制。由专断而以不良的形式发表其权力，谓之野蛮专制，由专制而以良的形式发表其权力，谓之开明专制。”（梁启超：《开明专制论》，见《饮冰室合集》，文集之十七，21页。）

实现立宪国家的建立。这是在内忧外患之下严复提出的整体性解决方案。这个方案首先没有看到列强对利益追逐的持续，以及由此带来的平衡的不可持续。而直到列宁的帝国主义论，才充分利用了新旧帝国的矛盾，苏俄革命也因此得以成功。同时，严复虽一再指出圣人实际上为时势所造，并且可把握时势、顺应时势，故而他把希望寄托在士大夫阶层上，但是他给出的方案却不能很好地将士大夫组织起来。专制立宪的方案的确可以实现上下的互动，但是如何把精英统一、组织起来，这个问题始终没有解决。之后的中国进入政党政治时代，可以说也是对严复的一种历史回应。不过，严复在《论党》一文中，对政党的态度是消极不足而积极有余，可以说也是敏锐地看到了政党不失为整合士大夫的一种组织形式，也算是对政党政治予以了一定的期待。

陈　凌

参考文献

黄克武．惟适之安．北京：社会科学文献出版社，2012.

李泽厚．中国近代思想史论．北京：三联书店，2008.

［美］本杰明·史华兹．寻求富强——严复与西方．南京：江苏人民出版社，1990.

孙应祥，皮后锋．《严复集》补编．福州：福建人民出版社，2004.

王利．国家与正义：利维坦释义．上海：上海人民出版社，2008.

王蘧常．严几道年谱//牛仰山，孙鸿霓，编．严复研究资料．福州：海峡文艺出版社，1990.

王栻．严复传．上海：上海人民出版社，1975.

王栻．严复集．北京：中华书局，1986.

王宪明．语言、翻译与政治——严复译《社会通诠》研究．北京：北京大学出版社，2005.

第五章
革命与建国：孙中山的政治哲学

孙中山（1866—1925）的历史地位和历史作用首先是在政治史上彰显出来的，其在政治思想史和政治哲学史上的地位和作用是从属性的。与之相对照，康有为、梁启超、严复和章太炎在政治史上也有一定的地位和作用，但更多的是在思想史和学术史上产生历史影响。康、梁、严、章是“业余政治家”，学术是他们的“主业”，政治是他们的“副业”。在他们的身份中，学者比改良主义者或革命家具有更高的权重或更大的权重系数（各自情况有别）。相反，孙是“职业政治家”，革命就是他的职业。他的行动既是纯粹革命的行动，他的言论更非纯粹学术的言论可比。李泽厚说：“孙中山是积极的革命活动家，很少有时间、精力和兴趣去进行专门的思辨。”[①] 但孙中山的政治思想、政治哲学与他的政治活动之间的紧密联系，并不降低其学术价值。我们不能因孙中山的言论直白易懂而认定他的理论深度有所不够，政治哲学也不一定需要高深莫测。思想的真正价值在于它的原创性和影响力。

按冯友兰先生的划分，中国除先秦属于子学时代外，秦汉以降直至清末都是经学时代，“定于一尊”压倒“百家争鸣”，就是经典阐释压倒思想原创。中世“佛学东渐”，绝大多数“经”是“取”的，只有一部《坛经》是惠能的原创。近世“西学东渐”亦然。当时，康有为治公羊学和今文经学，“托古改制”；章太炎治古文经学和佛学唯识宗；严复译介西学：都是伪托“旧说”或借助“西学”。唯独孙中山敢于创立“新说”——三民主义，这个全盘改造中国的崭新的理论体系，是其他人没有理论勇气提出的。就影响力说，概而言

---

① 李泽厚：《中国近代思想史论》，313页，北京，人民出版社，1979。

之，中国统一以来先后出现过五种意识形态。秦始皇始以法家治国，汉初更以道家治国，汉武帝终以儒家治国，直至清末，大体未变。而三民主义则上继孔教（儒教），下接马列主义。金观涛、刘青峰将孙中山的三民主义与马列主义并列，认为孙中山的三民主义是替代中国传统儒家意识形态的20世纪中国两大意识形态之一。[①] 马列主义尚且以欧、俄外来思想为蓝本，而三民主义则是孙中山由熔铸中西思想而原创的本土理论体系，其影响的广泛和深远毋庸置疑。

当然，相比研究其他人的政治哲学，将孙中山的政治哲学和他的一般政治思想以及他的一般政治活动区分开来，是更加困难的。首先是孙中山的政治思想和他的政治活动的关系。孙中山一方面从他的政治活动的成败中汲取经验和教训，同时汲取各种思想资源，形成和发展自己的政治思想；另一方面，他根据自己的政治思想从事政治活动。孙中山的政治活动不断受到时势影响，这构成了一种语境，我们只能在这种语境中研究他的政治思想。但是，我们仍需将作为“原则”的思想和作为“策略”的思想区分开来。前者是受到“大历史”语境制约的、逻辑自洽而内在稳定的理论体系，后者是受到“小历史”语境左右的、因应时势而外在变动的理论碎片。唯其如此，我们才能避免陷入语境迷雾之中。其次是孙中山的政治哲学和他的政治思想的关系。一般地说，政治行为及其行为的准则——政治规范，以及规范的体系——政治制度，均需予以价值评判，价值评判更需依据评判标准。关于政治行为、政治规范、政治制度的价值评判和评判标准的知识体系，就是政治哲学。换句话说，政治哲学是关于政治行为、政治规范、政治制度的合法性和正当性的哲学论证和哲学辩护。政治哲学和一般政治思想、政治理论、政治学说的关系就是知识和意见的关系；政治哲学和政治科学的关系又是价值判断和事实判断的关系。概而言之，政治哲学也就是价值评判的知识体系。我们是这样将孙中山的政治哲学和他的一般政治思想区分开来的。上述两个方面好比三个图层：我们需要处理的第一图层是孙中山的政治哲学，同时既要考虑作为框架的第二图层的孙中山的政治思想，也要考虑作为背景的第三图层的孙中山的政治活动。此外，我们还需要注意到，孙中山的三民主义既是中国同盟会、中华革命党、中国国民党的政党意识形态，也是中华民国南京国民政府时期的国家意识形态。意识形态诉诸某一特定集团的利益和价值立场。而今，时过境迁，即使在我国台湾地区，在中国

---

① 参见金观涛、刘青峰：《开放中的变迁——再论中国社会超稳定结构》，北京，法律出版社，2010。

国民党那里，孙中山的三民主义也已经非意识形态化了。因此，我们应该超越任一特定集团的利益和价值立场，重新审视孙中山的理论体系，试图以超越意识形态的纯粹学术的态度去研究。

有关孙中山的政治思想和政治哲学的历史分期，中国共产党的权威说法是两次转向：从早期改良主义到革命民主主义，从旧三民主义到新三民主义。新旧三民主义的分野是孙中山的“联俄、联共、扶助农工”三大政策。但是，中国国民党主流观点并不认可这个说法，认为这是将孙中山“联俄、容共”的“策略”混同于他的“原则”。学界对于将孙中山的早期思想定位于改良还是革命一直存在诸多争议；至于孙中山的晚期思想，近来学界更倾向于以“以党建国、以党治国”的提出为更根本、更重要的转向。在这里，笔者以三民主义为基准，认为孙中山的政治思想、政治哲学分为三个阶段。第一阶段，前三民主义的早年探索：革命思想掺杂改良思想。第二阶段，三民主义的形成和发展：从一民主义（民族主义）、二民主义（民族主义、民权主义）到三民主义（民族主义、民权主义、民生主义）。三民主义大致可以分为破坏和建设亦即革命和建国两个方面，是孙中山创立的理论体系和意识形态，确立了孙中山在政治思想史和政治哲学史上的历史地位。第三阶段，后三民主义的晚年转向：民权主义转向党权主义。

有关孙中山的政治思想和政治哲学的历史文献，就笔者所参考和引用的，大致分为四类。一是孙中山的著述。我们主要采用了中国社会科学院近代史研究所等编辑、中华书局出版的《孙中山全集》（全十一册），同时参照秦孝仪主编、台湾“近代中国”出版社出版的《国父全集》（全十二册）。孙中山的文本，学界多有考订、补正。我们在参考和引用时，既注意到语境约束，还注意到文体约束（文体约束是语境约束的文本表现），在必要时予以阐明。二是批评者的著述。梁启超、章太炎等人，但凡与孙中山在某一方面有相互批评，即应予以关注。三是继承人的著述。在意识形态上，国、共两党分别是孙中山思想遗产在右和左两方面的继承人。中国国民党人如胡汉民、汪精卫、戴季陶、蒋介石、叶青（任卓宣）、崔书琴等人，是将孙中山神圣化和将三民主义意识形态化的代表；中国共产党人如陈独秀、李大钊、瞿秋白、毛泽东、洛甫（张闻天）、陈伯达等人，是从马列主义去阐释孙中山和三民主义的代表，亦应予以关注。四是研究者的著述。20世纪八九十年代以来，在台湾，在大陆，孙中山研究逐步“脱魅化”，亦即去意识形态化。台湾从“学术三民主义化”转为“三民主义学术化”，大陆孙中山研究同样实现了学术化的转向。本章仅仅是关于孙中山的政治哲学的初步研究，笔者参考和引用的相关文献不免挂一漏万，这也是应该预先说明的。

第一节　早年探索

我们首先需要关注的是孙中山的早期思想，这就需要对孙中山的早年生平，尤其他的“从师游学”经历有所了解。

有一件事是孙中山生平的转折点，就是 1896 年的“伦敦蒙难”。孙中山在《伦敦被难记》（1897）中自述：“予之知有政治生涯，实始于是年；予之以奔走国事，而使姓名喧腾于英人之口，实始于是地。”[①]

时有英国著名汉学家、曾任驻华外交官多年的翟理斯（H. A. Giles）编纂《中国人名辞典》（*Chinese Biographical Dictionary*，1898），约孙中山写一篇自传。孙中山在《复翟理斯函》（1896）中附录这篇自传如下：

> 仆姓孙名文，字载之，号逸仙，籍隶广东广州府香山县，生于一千八百六十六年华历十月十六日。幼读儒书，十二岁毕经业。十三岁随母往夏威仁岛（Hawaiian Islands），始见轮舟之奇，沧海之阔，自是有慕西学之心，穷天地之想。是年母复回华，文遂留岛依兄，入英监督所掌之书院（Iolani College，Honolulu）肄业英文。三年后，再入美人所设之书院（Oahu College，Honolulu）肄业，此为岛中最高之书院。初拟在此满业，即往美国入大书院，肄习专门之学。后兄因其切慕耶稣之道，恐文进教为亲督责，着令回华，是十八岁时也。抵家后，亲亦无所督责，随其所慕。居乡数月，即往香港，再习英文，先入拔萃书室（Diucison［Diocesan］Homc，Hongkong）。数月之后，转入香港书院（Queen's College H. K.）。又数月，因家事离院，再往夏岛（H. I.）。数月而回。自是停习英文，复治中国经史之学。二十一岁改习西医，先入广东省城美教士所设之博济医院（Canton Hospital）肄业。次年，转入香港新创之西医书院

---

① 广东省社会科学院历史研究室、中国社会科学院近代史研究所中华民国史研究室、中山大学历史系孙中山研究室合编：《孙中山全集》，第 1 卷，49～50 页，北京，中华书局，1981。下引《孙中山全集》均为此版本，不再标注编者。另见“国父全集编辑委员会”编辑，秦孝仪主编：《国父全集》，第 1～12 册，台北，“近代中国”出版社，1989。

(College of Medicine for Chinese，Hongkong)。五年满业，考拔前茅，时二十六岁矣。此从师游学之大略也。

文早岁志窥远大，性慕新奇，故所学多博杂不纯。于中学则独好三代两汉之文，于西学则雅癖达文之道 [Daiwinism]；而格致政事，亦常浏览。至于教则崇耶稣，于人则仰中华之汤武暨美国华盛顿焉！[①]

以上自传透露了传主的几个基本信息：其一，孙中山的家庭——父母双亲，以及胞兄孙眉对于他的游学和信教的影响；其二，孙中山的游历——生于广东广州香山，早年远至夏威夷岛，近至英据香港、葡据澳门，以及广州；其三，孙中山的学历——可谓中西兼备，古今贯通。[②] 所谓"博杂不纯"是思想家而非学问家的素质。孙中山所研究的不是任何一种专门学问，而是"革命学"。[③] 这也是孙中山相比同一时代其他人的特点。

孙中山是作为一个革命家名世的。他是先有改良思想，再具革命思想，还是少年立志革命？也就是说，是否存在着一个从改良到革命的早期转向？这是孙中山早期思想研究的一个关键问题。学界对此一直存在争议。

持孙中山先有改良思想，再具革命思想论者，其依据是孙中山早年的三个文本：一是《致郑藻如书》（1890），二是《农功》（1891），三是《上李鸿章书》（1894）。我们且看这三个文本究竟反映何种思想倾向。

---

① 《孙中山全集》，第1卷，47～48页。1897年孙文在日本化名中山樵，遂以孙中山名世。从自传看，孙中山的生日为1866年公历11月22日（即"华历十月十六日"），现行生辰纪念11月12日是1924年农历十月十六日对应的公历日期，有资料记载孙中山这一天过了生日，但孙中山是以农历算的，而后人以公历记，可谓"将错就错"。孙中山的美国国籍，可谓"权宜之计""非常手段"。孙中山的博士学位，应为英文doctor（医生）误译，可谓"以讹传讹"。

② 在《致郑藻如书》（1890）中，孙中山自述："某留心经济之学十有余年矣，远至欧洲时局之变迁，上至历朝制度之沿革，大则两间之天道人事，小则泰西之格致语言，多有旁及。""某今年二十有四矣，生而贫，既不能学八股以博科名，又无力纳粟以登仕版，而得之于赋界者；又不敢自弃于盛世。"（《孙中山全集》，第1卷，1页。）在《上李鸿章书》（1894）中，孙中山自述："窃文籍隶粤东，世居香邑，曾于香港考授英国医士。幼尝游学外洋，于泰西之语言文学，政治礼俗，与夫天算地舆之学，格物化学之理，皆略有所窥；而尤留心于其富国强兵之道，化民成俗之规；至于时局变迁之故，睦邻交际之宜，辄能洞其阃奥。""顾文之生二十有八年矣，自成童就傅以至于今，未尝离学，虽未能为八股以博科名，工章句以邀时誉，然于圣贤六经之旨，国家治乱之源，生民根本之计，则无时不往复于胸中；于今之所谓西学者概已有所涉猎，而所谓专门之学亦已穷求其一矣。"（《孙中山全集》，第1卷，8、16页。）这些自述都说明了中（旧）学、西（新）学在孙中山的知识结构中各自所占有的比重。孙中山《在沪尚贤堂茶话会上的演说》（1916）自述学生时代"随口唱过四书五经"，数年"忘其大半"，是通过西译"四书""五经"读通的。（参见《孙中山全集》，第3卷，321页，北京，中华书局，1984。）

③ 孙中山《与邵元冲的谈话》（1919）自述："余无所谓专也。""余所治者乃革命之学问也。凡一切学术，有可以助余革命之知识及能力者，余皆用以为研究之原料，而组成余之'革命学'也。"（《孙中山全集》，第5卷，55页，北京，中华书局，1985。）

在《致郑藻如书》中，孙中山自荐欲试“兴农”“戒烟”“兴学”三件“实事”，“兴利除害”①。这是孙中山关于县政的建言。

《农功》载入了当时改良派的代表人物郑观应的《盛世危言》一书。此文提出：“以农为经，以商为纬，本末备俱，巨细毕赅，是即强兵富国之先声，治国平天下之枢纽也。”②“农经商纬”突破了中国传统的“农本商末”“重本抑末”“重农抑商”的观念。这一突破是当时改良主义的主流倾向。

李鸿章是当时洋务派的著名代表人物，时人以为“识时务者”，孙中山引以为“良师益友”的英人康德黎（James Cantlie）称李鸿章为“中国之俾斯麦”。孙中山上书李鸿章，一说是经由郑观应的推荐，整个过程旁及何启、王韬；一说是通过魏桓、盛宙怀，经由盛宣怀的推荐。郑观应、何启、王韬是改良派，盛宙怀是洋务派。一次上书李鸿章，就揭示了孙中山与两派的交集。

在《上李鸿章书》中，孙中山首先称赞洋务运动“骎骎乎将与欧洲并驾矣”，而洋务派李鸿章等人则具有“安内攘外之大经，富国强兵之远略”，接着话锋一转，提出了“四纲”：“人能尽其才，地能尽其利，物能尽其用，货能畅其流。”他说：“窃尝深维欧洲富强之本，不尽在于船坚炮利、垒固兵强，而在于人能尽其才，地能尽其利，物能尽其用，货能畅其流——此四事者，富强之大经，治国之大本也。我国家欲恢扩宏图，勤求远略，仿行西法以筹自强，而不急于此四者，徒惟坚船利炮之是务，是舍本而图末也。”“四纲”之下各有“三目”：“所谓人能尽其才者，在教养有道，鼓励有方，任使得法也。”“所谓地能尽其利者，在农政有官，农务有学，耕耨有器也。”“所谓物能尽其用者，在穷理日精，机器日巧，不作无益以害有益也。”“所谓货能畅其流者，在关卡之无阻难，保商之有善法，多轮船铁道之载运也。”③

孙中山总结说：“夫人能尽其才则百事兴，地能尽其利则民食足，物能尽其用则材力丰，货能畅其流则财源裕。故曰：此四者，富强之大经，治国之大本也。四者既得，然后修我政理，宏我规模，治我军实，保我藩邦，欧洲其能匹哉！”中国兴衰取决于“四大端”是否知，能否行。“间尝统筹全局，窃以中国之人民材力，而能步武泰西，参行新法，其时不过二十年，必能驾欧洲而上

---

① 《孙中山全集》，第1卷，1～3页。孙中山《与宫崎寅藏的谈话》（1911年以前）述及当年“自治乡政之事多采余说”（《孙中山全集》，第1卷，584页），证明孙中山有自治乡政的经验和智慧，此为建言县政与国政之基础。

② 《孙中山全集》，第1卷，6页。

③ 《孙中山全集》，第1卷，8、10、11～12、13页。

之，盖谓此也。”“夫天下之事，不患不能行，而患无行之之人。方今中国之不振，固患于能行之人少，而尤患于不知之人多。……此中国之极大病源也。”“中国有此膏肓之病而不能除……更何期其效于二十年哉？”孙中山提出，四者之中，农政尤为当时急务：“夫国以民为本，民以食为天，不足食胡以养民？不养民胡以立国？是在先养而后教，此农政之兴尤为今日之急务也。”[①] 孙中山自荐欲试农政。这是孙中山关于国政的建言。李鸿章借口军务拒见，孙中山上书终告失败。

《上李鸿章书》集中反映了孙中山早期思想的若干基本特征。第一，孙中山采取上书这一形式，与康、梁“公车上书”（1895）不谋而合。由此是否可以证明孙中山早年属于改良派？当然，康、梁上书的对象是光绪皇帝，孙中山上书的对象既不是光绪皇帝，更不是慈禧太后。这与孙中山早年的“排满反清”思想有所关联。但是，若以为孙中山企图挑拨汉臣李鸿章与清廷的关系，则解读过度；若以为孙中山以上书为革命之掩护，则解读超前。第二，上书这种形式有它的语境，有它的文体。有些说法投合李鸿章的口味，不是孙中山的真实想法，譬如“明之闯贼，近之发匪”之类说法，显然不是孙中山的想法。但是，上书一面批评洋务派“舍本图末”，一面寄希望于李鸿章。这是在改良主义立场上批评洋务运动，而对于洋务派李鸿章等人又抱有幻想。第三，上书的核心是“四纲十二目”。就其思想形式说，是中国传统的“四民分业”：“人能尽其才”——“士业”，“地能尽其利”——“农业”，“物能尽其用”——“工业”，“货能畅其流”——“商业”。但其条目却包含了西方近代的经验和知识。这正是新的思想内容在旧的思想形式中的表现。然而它在总体上并未超越当时改良派的思想水平，例如郑观应《盛世危言》就曾提出“人尽其才”“地尽其利”“物畅其流”[②]。孙中山显然参考了郑观应的思想。第四，值得注意的是，上书并未讨论法政问题，提出诸如“君主立宪”之类观点，而类似观点则是当时改良主义的思想核心。这就表明，上书并未在根本上主张改良，更未在根本上反对革命。它的主题不是改良或革命的问题，而是建设（建国）。联系孙中山后来的实业计划（物质建设），孙中山早期思想的脉络就更加清晰了。

持孙中山少年立志革命论者，其依据是孙中山后来的几次追述：一是《伦

① 孙中山：《上李鸿章书》（1894），见《孙中山全集》，第1卷，15、15～16、16、17页。

② “治乱之源，富强之本，不尽在船坚炮利，而在议院上下一心，教育有法。兴学校，广书院，重技艺，别考课，使人尽其才；讲农学，利水道，化瘠土为良田，使地尽其利；造铁路，设电线，薄税敛，保商务，使物畅其流。”（郑观应：《盛世危言》，辛俊玲评注，10页，北京，华夏出版社，2002。）

敦被难记》(1897)，二是《孙文学说——行易知难》(1919，后编为《建国方略》之一《心理建设》)第八章“有志竟成”，三是《中国之革命》(1923)以及《在香港大学的演说》(1923)。我们且看这几次追述究竟支持哪种观点。

在《伦敦被难记》中，孙中山提及兴中会：“予在澳门，始知有一种政治运动，其宗旨在改造中国，故可名之为‘少年中国’党(按：即兴中会)。其党有见于中国之政体不合于时势之所需，故欲以和平之手段、渐进之方法请愿于朝廷，俾倡行新政。其最要者，则在改行立宪政体，以为专制及腐败政治之代。予当时不禁深表同情，而投身为彼党党员，盖自信固为国利民福计也。”“中国睡梦之深，至于此极，以维新之机苟非发之自上，殆无可望。此兴中会之所由设也。此兴中会之所以偏重于请愿上书等方法，冀九重之或一垂听，政府之或一奋起也。且近年以来，北京当道诸人与各国外交团触接较近，其与外国宪政当必略有所知。以是吾党党员本利国利民之诚意，会合全体，联名上书。时则日本正以雄狮进逼北京，在吾党固欲利用此时机，而在朝廷亦恐以惩治新党失全国之心，遂寝阁不报。顾中日战事既息，和议告成，而朝廷即悍然下诏，不特对于上书请愿之人加以谴责，且谓此等陈请变法之条陈，以后概不得擅上云云。”“吾党于是抚然长叹，知和平之法无可实施。然望治之心愈坚，要求之念愈切，积渐而知和平之手段不得不稍易以强迫。且同志之人所在而是，其上等社会多不满意于军界，盖海陆军人腐败贪黩，养成积习，外患既逼，则一败涂地矣。因此人民怨望之心愈推愈远，愈积愈深，多有慷慨自矢，徐图所以倾覆而变更之者。”[①] 这些文字似乎支持这样一种观点：早年孙中山属于改良派人物，当时兴中会属于改良派组织。孙中山以及兴中会同志因上书失败而转向革命。然而，孙中山《伦敦被难记》原是写给英人看的(原为英文)，它要争取英国舆论注意和同情自己被清使馆诱捕的遭际，配合康德黎的营救，结果因英政府干涉而被省释。此在文中即有表述。

在《孙文学说——行易知难》第八章“有志竟成”中，孙中山提及“予之《伦敦被难记》第一章之革命事由”，指出：“该章所述本甚简略，且于二十余年之前，革命之成否尚为问题，而当时虽在英京，然亦事多忌讳，故尚未敢自承兴中会为予所创设者，又未敢表示兴中会之本旨为倾覆满清者。今于此特修正之，以辅事实也。”[②] 这就颠覆了孙中山在《伦敦被难记》中的表述，使得“上书请愿，陈请变法”之类表述具有“康冠孙戴”或“梁冠孙戴”的嫌疑，

---

① 《孙中山全集》，第1卷，50、52页。

② 《孙中山全集》，第6卷，228页，北京，中华书局，1985。

或者是孙中山上书李鸿章之类行为的夸大。

自此，孙中山确立了少年立志革命的表述："予自乙酉中法战败之年，始决倾覆清廷、创建民国之志。由是以学堂为鼓吹之地，借医术为入世之媒，十年如一日。"与郑士良等"数年之间，每于学课余暇，皆致力于革命之鼓吹……大放厥词，无所忌讳"。与陈少白、尤列、杨鹤龄等并称"四大寇"。"此为予革命言论之时代也。""及予卒业之后，悬壶于澳门、羊城两地以问世，而实则为革命运动之开始也。……予乃与陆皓东北游京津，以窥清廷之虚实；深入武汉，以观长江之形势。"[①] 在《中国之革命》中，孙中山再次确认："予自乙酉中法战后，始有志于革命。"[②] 孙中山《在香港大学的演说》进一步做出说明："我之此等思想发源地即为香港。……我因此于大学毕业之后，即决计抛弃其医人生涯，而从事于医国事业。由此可知我之革命思想完全得之香港也。"[③]

然而，一个人的回忆不仅因时空间隔而模糊，而且因追忆者的语境而偏好选择性的记忆，这种情况是常见的。孙中山将其作为革命者的经历上溯至"乙酉中法战败之年"（1885），其时年十九岁，尚在香港学习，"始决倾覆清廷、创建民国之志"。这一追述是否可靠，值得考证。上述《上李鸿章书》等三个文本都在1885年后，既不能完全证明孙中山的改良立场，也完全不能证明孙中山的革命立场。此外的关键是兴中会的性质问题。1894—1895年，孙中山先后在檀香山、香港创立了兴中会，起草了章程和秘密盟书。《檀香山兴中会章程》和《香港兴中会章程》声言："振兴中华，维持国体。"《檀香山兴中会盟书》密约："驱除鞑虏，恢复中国，创立合众政府。"[④] 若我们推敲这几个关键词，则发现："振兴中华"显与孙的建设（建国）思想相关。"维持国体"，联系其上下文，"国体"并非与"政体"相应，而是与"子民"相应，是将中华国体与清廷划清界限，因而"维持"并无改良意图；并且是以"中国"（"华夏"）与"邻邦""异族"相对，显见革命意图。"驱除鞑虏，恢复中国"源自朱元璋《谕中原檄》（《大明太祖高皇帝实录》卷二十六，吴元年冬十月丙寅

① 孙中山：《孙文学说——行易知难》（1919），见《孙中山全集》，第6卷，229页。孙中山《与宫崎寅藏的谈话》（1911年以前）述及："革命思想之成熟固予长大后事，然革命之最初动机，则予在幼年时代与乡关宿老谈话时已起。宿老者谁？太平天国军中残败之老英雄是也。"亦有"四大寇""谈论时代"和"实行时代"之说。（参见《孙中山全集》，第1卷，583、584页。）

② 《孙中山全集》，第7卷，59页，北京，中华书局，1985。

③ 《孙中山全集》，第7卷，114～115页。

④ 《孙中山全集》，第1卷，19、20页。

条）中的“驱除胡虏，恢复中华，立纲陈纪，救济斯民”[①]，显见孙的民族革命思想。“创立合众政府”显见美国影响，却没有得到确切说明，且不是孙中山自行提出。同一时期，既有公开上书举动，又有秘密造反行为，说明当时孙的民权革命思想尚不成熟，它还可以兼容改良思想。概而言之，起码在甲午中日战争爆发之年（1894）前，孙中山“倾覆清廷”的民族革命思想是坚定的，其“创建民国”的民权革命思想还不纯粹，其中掺杂了改良思想。这是孙中山的早期思想特征。

孙中山的早期思想特征还有一些旁证。孙中山幼时听讲太平天国故事，学生时期称洪秀全为反清第一英雄，人称其为“洪秀全”，遂以“洪秀全第二”自命。[②] 这可证明孙的民族革命思想相当早熟。相比之下，孙的民权革命思想比较晚出。在这一问题上，孙与其所让与的兴中会“总统”（“伯理玺天德”，即 president）杨衢云意见不合。孙中山欲与康有为结交。康要孙“宜先具门生帖拜师乃可”，孙以康“妄自尊大，卒不往见”[③]。这是孙与康的初次交集。孙中山曾经与陈少白斟酌所草上李鸿章书稿：“谓吾辈革命有二途径：一为中央革命，一为地方革命。如此项条陈得鸿章采纳，则借此进身，可以实行中央革命，较地方革命为事半功倍。”[④] 这里所谓“中央革命”就是自上而下的改良，“地方革命”就是自下而上的革命。以改良为革命，两者并举，证明在孙中山的早期思想中，革命倾向和改良倾向兼容。而“陆皓东供词”又揭示了孙中山的革命立场：“吾方以外患之日迫，欲治其标；孙则主满仇之必报，思治其本。连日辩驳，宗旨遂定。此为孙君与吾倡行排满之始，盖务求警醒黄魂，光复汉族。”[⑤] 这里所谓“治标”就是枝节修复的改良，“治本”就是根本颠覆的革命。治本取代治标，但它显然是在民族革命方面。

到了甲午中日战争战败之年（1895），孙中山的思想发生了变化：革命思想凸显，改良思想淡出。孙中山《我的回忆——与伦敦〈海滨杂志〉记者的谈话》（1911）述及当年以“天命无常”为自己造反寻找合法性和正当性的根据[⑥]，这正是“革命”的意思。广州起义失败之后，孙中山约了陈少白同郑士

---

① 《抄本明实录》（影印本），第1册，113页，北京，线装书局，2005。

② 参见陈少白口述，许师慎笔记：《兴中会革命史要》，4、6页，台北，“中央”文物供应社，1956。

③ 冯自由：《革命逸史》（上），43页，北京，金城出版社，2014。

④ 冯自由：《中国革命运动二十六年组织史》（影印本），13页，上海，上海三联书店，2014。

⑤ 冯自由：《中华民国开国前革命史》（影印本），第一卷，20页，上海，上海三联书店，2014。

⑥ 参见《孙中山全集》，第1卷，548页。

良三人，乘船到日本神户，当时买了份日报来看，看到“中国革命党孙逸仙”等字样，孙中山等人自此便以“革命党”正名。[①] 此前中国革命党人尚未采用“革命”二字，而是沿用“造反”或“起义”“光复”等名词。英文 revolution 旧译“造反”，新译“革命”源自日文，它与《易经》“汤武革命”“应天顺人”“王者易姓”若合符节。这就是“革命”二字之由来。[②]

第二节 三民主义——革命共和的意识形态

如上所述，孙中山早期思想的主流倾向是革命，然而却是鲜明的旧式民族革命立场和模糊的新式民权革命立场的合成。而革命倾向又兼容改良倾向。从孙中山早期思想到成熟时期思想的过渡，与其描述为从改良到革命的转向，不如描述为从造反到革命的转向。

因此，孙中山政治思想和政治哲学的分期，关键不在于革命和改良的分野，而在于新式革命和旧式造反的分野。划清现代革命和传统造反之界限的则是三民主义。

孙中山的三民主义是逐步形成的。最初形成的是民族主义，然后形成民权主义，最后形成民生主义。换句话说，是由一民主义发展到二民主义，进而发展到三民主义。

孙中山的民族主义根源于幼年时代，相当长的时期停留于朱元璋和洪秀全旧式民族革命的认识水平；兴中会时期的孙中山已经有新式民权革命的意识。但是，孙中山即使立志革命，一段时期内还是无法剔除改良思想残余。譬如，孙中山认为自己与康有为属于“共同路线”，希望“联合行动”[③]，试图与李鸿章“密会”[④]，甚至梦想使中国政治改革各派（包括李、康）“联成一体”，并推容闳为“领袖”[⑤]。直到为梁启超所利用，孙中山才有觉悟。针对梁启超所谓“借名保皇，实则革命”说辞，孙中山发表《敬告同乡书》（1903），指出：“革

① 参见陈少白：《兴中会革命史要》，12 页。
② 参见冯自由：《革命逸史》（上），15 页。
③ 孙中山：《与斯韦顿汉等的谈话》（1900），见《孙中山全集》，第 1 卷，195 页。
④ 孙中山：《与宫崎寅藏的谈话》（1900），见《孙中山全集》，第 1 卷，196 页。
⑤ 孙中山：《与横滨某君的谈话》（1900），见《孙中山全集》，第 1 卷，198 页。

命、保皇二事决分两途，如黑白之不能混淆，如东西之不能易位。革命者志在扑满而兴汉，保皇者志在扶满而臣清，事理相反，背道而驰，互相冲突，互相水火，非一日矣。”① 与保皇派彻底决裂，使孙中山成为完全革命派。

1905 年，中国同盟会在日本东京成立。孙中山原本提名“中国革命同盟会”，还有人提名“对满同志会”，与会成员为了便于从事秘密组织活动，定名“中国同盟会”。孙中山的三民主义在此前后成型。这就是孙中山在《中国同盟会盟书及联系暗号》（1905）、《中国同盟会总章》（1905）、《中国同盟会革命方略》（1906）中提出的 16 字政纲（誓词）：“驱除鞑虏，恢复中华，建立民国，平均地权。”② 1905 年 11 月，孙中山在《〈民报〉发刊词》中提出“三大主义”：“曰民族，曰民权，曰民生。”③ 这标志着孙中山的三民主义正式形成。在《军政府宣言》（1906）中，孙中山提出“四纲”（“驱除鞑虏，恢复中华，建立民国，平均地权”）、“三期”（“军法之治、约法之治、宪法之治”）④，表明三民主义理论体系初步形成。孙中山《在东京〈民报〉创刊周年庆祝大会的演说》（1906）指出：“三大主义：第一是民族主义，第二是民权主义，第三是民生主义。”“总之，我们革命的目的是为众生谋幸福，因不愿少数满洲人专利，故要民族革命；不愿君主一人专利，故要政治革命；不愿少数富人专利，故要社会革命。这三样有一样做不到，也不是我们的本意。达到了这三样目的之后，我们中国当成为至完美的国家。”⑤ 这就明确将三大主义与三大革命关联起来。孙中山起初使用“三大主义”一词。1905 年 12 月，冯自由首先在《中国日报》上开始使用“三民主义”一词⑥，为孙中山所确认。这便是“三民主义”简称之由来。

冯自由说：“吾国清代革命党之变迁及进化，可分为三个时期：从甲申（一六四四）满清入关到甲午（一八九四）中日之战为一民主义时期。”“自乙未兴中会发起以至乙巳（一九〇五）同盟会成立，此十年间可以谓之二民主义

---

① 《孙中山全集》，第 1 卷，232 页。

② 此前还有《东京军事训练班誓词》（1903）、《致公堂重订新章要义》（1905）、《旅欧中国留学生盟书及联系暗号》（1905）载有 16 字（参见《孙中山全集》，第 1 卷，224、262、271～272、276～277、284、296～297、302 页）。《中华革命党盟书》（1910）载有 18 字：“废灭鞑虏清朝，创立中华民国，实行民生主义。”（《孙中山全集》，第 1 卷，439 页。）

③ 《孙中山全集》，第 1 卷，288 页。

④ 参见《孙中山全集》，第 1 卷，296～298 页。

⑤ 《孙中山全集》，第 1 卷，324、329 页。

⑥ 参见冯自由：《革命逸史》（上），245 页；冯自由：《革命逸史》（中），463 页，北京，金城出版社，2014。

时期。”“从同盟会成立以迄今日，可称为三民主义时期。”[①] 将全部清代革命党史概括为这样三个时期显然是不妥的，但用于概括孙中山思想史却非常贴切。

民元以后，孙中山首先从三民主义退行至一民主义（民生主义），再回到二民主义（民权主义、民生主义），复回到三民主义（民族主义、民权主义、民生主义）。从辛亥革命爆发到中华民国创立期间，孙中山一度认为民族、民权二主义俱已达到，唯有民生一主义尚未着手。《中国同盟会总章》（1912）以“巩固中华民国，实行民生主义”为宗旨，就是一民主义。讨袁期间，孙中山再从一民主义回到二民主义。《中华革命党总理誓约》（1914）、《中华革命党总章》（1914）以“民权、民生两主义”为宗旨，就是二民主义。护法期间，孙中山复从二民主义回到三民主义。《中国国民党规约》（1919）以“巩固共和，实行三民主义”为宗旨；《中国国民党总章》（1920）提及“三民主义”“五权宪法”“军政时期”“宪政时期”；《中国国民党规约》（1920）提及“三民主义”“五权宪法”；《中国国民党宣言》（1923）、《中国国民党党纲》（1923）提及“三民主义”。直至《中国国民党改组宣言》（1923），三民主义都是孙中山创立的革命党的宗旨。[②]

孙中山在世期间，曾有过一个写作计划，其中《民族主义》已经脱稿，《民权主义》《民生主义》草就大部，1922年因陈炯明叛变而悉被毁去。1924年1—8月，孙中山发表16次演讲，其中《民族主义》六讲，《民权主义》六讲，《民生主义》四讲（另有拟议中的两讲未能完成）。这样，直至1925年孙中山逝世，三民主义理论体系终于大体完成。

从成熟时期到晚期，孙中山的三民主义在其思想内容和表达形式上都有若干变化。《中国国民党第一次全国代表大会宣言》（1924）指出：“国民党之民族主义，有两方面之意义：一则中国民族自求解放；二则中国境内各民族一律平等。”“国民党之民权主义，于间接民权之外，复行直接民权，即为国民者不但有选举权，且兼有创制、复决、罢官诸权也。”“国民党之民生主义，其最要之原则不外二者：一曰平均地权；二曰节制资本。”“国民党之三民主义，其真释具如此。”[③]《国民政府建国大纲》（1924）指出：“建设之首要在民生。”“其

① 冯自由：《革命逸史》（上），243～244页。

② 参见《孙中山全集》，第2卷，160页，北京，中华书局，1982；《孙中山全集》，第3卷，96、97页；《孙中山全集》，第5卷，127、401～402、412页；《孙中山全集》，第7卷，1、4～5页；《孙中山全集》，第8卷，429页，北京，中华书局，1986。

③ 《孙中山全集》，第9卷，118、120、122页，北京，中华书局，1986。

次为民权。”“其三为民族。”“建设之程序分为三期：一曰军政时期；二曰训政时期；三曰宪政时期。”[①] 三民主义在思想内容和表达形式上的若干变化是否构成新旧三民主义的区分？这是国共之间意识形态斗争的焦点。

在《中国之革命》(1923) 中，孙中山在谈及“三民主义”时指出：“余之谋中国革命，其所持主义，有因袭吾国固有之思想者，有规抚欧洲之学说事迹者，有吾所独见而创获者。”[②] 孙中山的三民主义是针对中国革命问题，汲取中西思想资源，有所独创的理论体系。这个理论体系既不是相互割裂的三个主义，也不是东拼西凑的大杂烩或大拼盘，而是比较完整严密的理论体系。这也就是胡汉民提出的“三民主义的连环性”(《三民主义的连环性》，1928)，仿佛“一个三棱角的水晶体”，由任何一面都可以透视其他两面：“(一) 实行民权主义和民生主义的民族主义；(二) 实行民族主义和民生主义的民权主义；(三) 实行民族主义和民权主义的民生主义。”[③]

如何认识和评价孙中山的三民主义呢？关键在于如何认识和评价孙中山发动和领导的民主共和革命。总体来说，三民主义是民主共和革命的意识形态。

中国现代政治转型的目标是建立民主共和，其途径是在改良失败的前提下，选择革命的道路。三民主义作为一种意识形态，是以民主共和为目标模式、以革命为实现模式的。

民主共和是相应于君主专制而言的。所谓民主，在中国传统政治中，曾有孟子所谓“民为贵，社稷次之，君为轻”(《孟子·尽心下》)，主张仁政、王道，反对暴政、霸道。孙中山将这种民主理念与现代民主理念统一看待，这与陈独秀等人将传统民主理念与现代民主理念对立看待正好相反。现代民主理念来源于卢梭式的法国式民主主义思潮，主要的意思是“人民当家做主”“人民主权”“一切权力属于人民”，在历史上，它往往会走向极端而走向反面，演变为所谓“多数人的暴政”。所谓共和，在中国传统政治中，曾有“周召共和”范例，是贵族协商政治的表现。现代共和理念意味着政治的公共化，公共性政治就是一种协商政治，它既不同于个人独裁的专制政治，也不同于多数人的暴政。“西方 democracy 一词源于希腊文 demokratia，它是由 demos (人民) 和 kratos (权力、统治) 两个词连缀而成，意为人民支配或统治。而‘共和’来

---

① 《孙中山全集》，第 9 卷，126～127 页。

② 《孙中山全集》，第 7 卷，60 页。

③ 陈红民、方勇编：《中国近代思想家文库·胡汉民卷》，173、169 页，北京，中国人民大学出版社，2014。

自拉丁文 respublica，其原初的意思是公共事情（物），17 世纪之前常用来指涉国家（state or commonwealth）；此后其含义是指有别于世袭君主制的政治制度。共和政治或共和主义（republicanism）意味着国家事务从君主的家庭私事中分解出来，成为公共事务。换言之，‘民主’主张人民做主或大众支配，‘共和’则强调参政者的道德，主张私领域和公共领域的分离。”① 但是，“民主”与“共和”的区别被人们忽视了；在绝大多数情况下，它们是经常被人们混为一谈的。邹容在《革命军》（1903）中，最初提出的目标是“中华共和国”。② 在《中华民国解》（1907）中，章太炎引经据典，进行历史文化的考证和梳理，试图以欧洲民族国家为模板，建立一个以族群和文化同一为基础的中国：“建汉名以为族，而邦国之义斯在。建华名以为国，而种族之义亦在。此中华民国之所以谥。”③ 章太炎的旁征博引，主张以“中华之名词”为“一地域之国名”“一血统之种名”，反对仅仅以其为“一文化之族名”，确立中华民国的正统性和权威性，自有其意义和价值。但是，第一个提出“中华民国”国号的不是章太炎，而是孙中山。在《中国问题的真解决——向美国人民呼吁》（又名《支那问题真解》，1904）英文著作中，孙中山第一次提出了 National Republic of China 的英文概念（汉译“中华民国”）；《在东京〈民报〉创刊周年庆祝大会的演说》（1906）进一步使用了“中华民国”的中文概念。孙中山基于三民主义，尤其是民权主义的思想，特别是直接民权优于间接民权的思想，确立了中华民国的法理基础。④

但是，中国民主共和的目标不是通过改良而是通过革命实现的。“从词源上考察，古文‘革’字上为‘卅’，下为‘十’。其含义是‘三十年为一世而道更’，即‘革’是指某种到一定时间必定发生（周期性）的更替。‘命’的意思为（君主）用口下令，以形成某种秩序，即‘命’的意义在某种程度上和英文

---

① 金观涛、刘青峰：《观念史研究——中国现代重要政治术语的形成》，18 页，北京，法律出版社，2010。

② 邹容在《革命军》中提出二十五条“革命独立之大义”，其中第二十条明确提出：“定名中华共和国（清为一朝之名号，支那为外人呼我之词）。”第二十一条明确提出：“中华共和国为自由独立之国。”最后高呼三句口号：“黄汉人种革命独立万岁！中华共和国万岁！中华共和国四万万同胞的自由万岁！”（邹容：《革命军》，57、60 页，北京，华夏出版社，2002。）

③ 姜义华编：《中国近代思想家文库·章太炎卷》，43 页，北京，中国人民大学出版社，2015。

④ 参见《孙中山全集》，第 1 卷，254、329 页。《在沪尚贤堂茶话会上的演说》（1916）提及“中华民国之意义”，回答“何以不曰中华共和国，而必曰中华民国”问题（参见《孙中山全集》，第 3 卷，323 页），《在广州全国青年联合会的演说》（1923）论及“中华民国和‘中华帝国’不同，帝国是以皇帝一人为主，民国是以四万万人为主”（《孙中山全集》，第 8 卷，323 页），均有以“全民政治”为中华民国法理基础之意。

order 相当。‘革’与‘命’两个字的联用，是表达某种秩序或天命的周期性变化。”[①] 革命的传统含义是改朝换代。现代革命超越了改朝换代的历史循环，革命的现代含义是制度变更。邹容将“文明之革命”与“野蛮之革命”划分开来，他认为：“野蛮之革命，有破坏，无建设，横暴恣狙，适足以造成恐怖之时代。……为国民增祸乱。”“文明之革命，有破坏，有建设，为建设而破坏，为国民购自由、平等、独立、自主之一切权利，为国民增幸福。”[②] 这是革命的现代意识的自觉。但是，并非所有革命家都有类似自觉。章太炎始终将“革命”理解为“光复”：“抑吾闻之，同族相代，谓之革命；异族攘窃，谓之灭亡；改制同族，谓之革命；驱除异族，谓之光复。今中国既灭亡于逆胡，所当谋者光复也，非革命云尔。”[③] “吾所谓革命者，非革命也，曰光复也。光复中国之种族也，光复中国之州郡也，光复中国之政权也。以此光复之实，而被以革命之名。”[④] 而孙中山则将“国民革命”与“英雄革命”或曰“人民革命”与“帝王革命”划分开来，指出：“惟前代革命如有明及太平天国，只以驱除光复自任，此外无所转移。我等今日与前代殊，于驱除鞑虏、恢复中华之外，国体民生尚当与民变革。虽经纬万端，要其一贯之精神则为自由、平等、博爱。故前代为英雄革命，今日为国民革命。”[⑤] “今日之革命，与古代之革命不同。在中国古代，固已有行之者，如汤武革命，为帝王革命。今之革命，则为人民革命。”[⑥] 这同样是革命的现代意识的自觉。现代革命包括民族革命、政治革命、社会革命、文化革命等。民族国家的解放是民族革命，政治制度的变革是政治革命，社会制度的变革是社会革命，文化观念的变革是文化革命。孙中山的三民主义是为民族革命、政治革命、社会革命而创立的。

通常所谓革命是指一种群众性的、暴力式的历史运动。革命是既古老又现代的历史现象。在中国就有所谓“汤武革命”，商汤王放逐夏桀，周武王讨伐商纣，之所以称为革命，是因为这种改朝换代“顺乎天而应乎人”（《周易·革》）。革命就是顺乎天道又应乎人心，“吊民伐罪”。也就是说，革命无论诉诸群众，还是诉诸暴力，或者改变政权，必须具有一定的合法性和正当性，否则不能称为革命，它们或是动乱、暴乱、叛乱，或是政变，不能僭用革命名义。

---

① 金观涛、刘青峰：《观念史研究——中国现代重要政治术语的形成》，19 页。

② 邹容：《革命军》，35 页。

③ 章太炎：《〈革命军〉序》（1903），见姜义华编：《中国近代思想家文库·章太炎卷》，20～21 页。

④ 章太炎：《革命之道德》（1906），见姜义华编：《中国近代思想家文库·章太炎卷》，22 页。

⑤ 孙中山：《中国同盟会革命方略》（1906），见《孙中山全集》，第 1 卷，296 页。

⑥ 孙中山：《在桂林对滇赣粤军的演说》（1921），见《孙中山全集》，第 6 卷，11 页。

张灏指出："大约说来，近代世界的革命有两种：一种可称为'小革命'或'政治革命'，它是指以暴力推翻或夺取现有政权，而达到转变现存的政治秩序这一目的的革命，最显著的例子是1776年的美国革命和1911年中国辛亥革命；另一种是所谓的'大革命'或'社会革命'，它不但要以暴力改变现存政治秩序，而且要以政治的力量很迅速地改变现存的社会与文化秩序，最显著的例子是1789年的法国大革命与1917年的俄国革命，中国社会主义革命也属此类。"① "小革命"既指政治革命，也指民族革命；"大革命"既指社会革命，也指文化革命。通常所谓革命包括民族革命、政治革命、社会革命、文化革命四种基本形态，可以称为革命1.0版、2.0版、3.0版、4.0版。它们之间在广度、深度、烈度上是一个不断升级换代的过程。相比而言，低版本的革命期望低，代价低，风险小；高版本的革命期望高，代价高，风险大。换句话说，小革命易于成功，大革命易于失败。但是，只要革命任务没有完成，革命就会不断升级：从小革命到大革命，从民族革命、政治革命到社会革命、文化革命。

在中国，1911—1919年还是小革命时代，1919—1949年才是大革命时代。孙中山是跨越两个革命时代的历史人物。大革命与小革命的根本区别在于它不限于通过革命方式改变政权，还必须通过革命方式改变整个社会结构。它必须进行最广泛、深入和持久的社会动员，这就必须冲击旧的社会意识形态、社会心理、文化观念，灌输新的革命意识形态。孙中山在主观上是主张小革命反对大革命的，他主张民族革命（革命1.0版）和政治革命（革命2.0版），主张以民族革命和政治革命来取代社会革命（革命3.0版），反对文化革命（革命4.0版）。但是在客观上，正是孙中山不仅发动了中国的小革命（辛亥革命），而且发动了中国的大革命（国民革命）。

革命的根源存在于现实的境况之中，革命的动机存在于民众的不满之中，但革命并不能归结为个人的怨恨，相反，人们只有超越个人怨恨，才能革命。每一个人都有反抗的本能和情绪，但是个人反抗若要转变为社会革命，就得经过社会动员的中间环节，而意识形态则是进行社会动员的唯一方式。"意识形态（ideology，法文为idéologie）一词最早由法国特拉西（Destutt de Tracy）发明，原意是表达如何形成一种抽象观念的理论。……所谓意识形态，是指那些可以成为政治、社会组织合法性根据和运作基础的观念系统。""在政治思想研究中，通常把社会制度正当性的根据和指导社会行动的思想体系称为'意识

① ［美］张灏：《中国近百年来的革命思想道路》，载《开放时代》，1999（1）。

形态'。"[1] 换句话说，所谓意识形态是指人们政治行为、政治实践及其规范化和制度化的合法性、正当性的论证和辩护。它有两个基本元素：一是恐吓，二是许诺。（这里，恐吓和许诺既不是褒义词，也不是贬义词，而是两个中性词。）恐吓指向的是现在，就是向人们揭露现存世界的黑暗现状，论证通过革命改变现实世界的必要性；许诺指向的是未来，就是向人们描述理想社会的光明前景，论证通过革命走向理想社会的可能性。恐吓与许诺之间的张力表现了意识形态的强弱。一般地说，革命型意识形态强，改良型意识形态弱。孙中山的三民主义是民主共和的革命意识形态，比康梁君主立宪的改良意识形态强，比马列主义的革命意识形态弱。

革命意识形态必须充分论证革命的全部合法性和正当性。邹容在《革命军》中大声疾呼："革命者，天演之公例也。革命者，世界之公理也。革命者，争存争亡过渡时代之要义也。革命者，顺乎天而应乎人者也。革命者，去腐败而存良善者也，革命者，由野蛮而进文明者也。革命者，除奴隶而为主人者也！"[2] 章太炎在《驳康有为论革命书》(1903) 中豪迈宣称："公理之未明，即以革命明之；旧俗之俱在，即以革命去之。革命非天雄、大黄之猛剂，而实补泻兼备之良药矣！"[3] 而孙中山则通过三民主义理论体系充分地论证了民主共和革命的全部合法性和正当性。这个论证表明：革命的合法性和正当性首先根源于民生之中，其次奠基于民权之上。当然，革命之所以必须发动，是因为改良已经失败。历史是非常公正的。中国近现代史便是一个证明。按照最小代价法则，历史先将机会给予最有利者，只是由于他们错失历史机遇，历史才依次将机会给予较有利者、较不利者、最不利者，代价因此越来越大。清王朝有充分的机会改革，但是其一而再再而三地错失历史机遇。中国传统所谓天命，西方传统所谓神意，在某种意义上，是民意的曲折表达，革命虽然是非程序性的民意表达，但在没有合程序性的民意表达前提下，却是不可避免的选择。至于洋务派、改良派，历史给其提供了充分表演的时间和空间。当革命派成为主角时，洋务派和改良派成为配角。最后，甚至连革命派都让位于彻底革命派了。

之所以是三民主义，而不是一民主义和二民主义，是因为孙中山企图"毕其功于一役"，一次性完成民族革命、政治革命和社会革命的历史使命。一般

---

① 金观涛、刘青峰：《中国现代思想的起源——超稳定结构与中国政治文化的演变》，13～14 页，北京，法律出版社，2011；金观涛、刘青峰：《观念史研究——中国现代重要政治术语的形成》，4 页。

② 邹容：《革命军》，8 页。

③ 姜义华编：《中国近代思想家文库·章太炎卷》，16 页。

地说，意识形态的动员力度与社会的涉及层面正相关，社会的涉及层面越深、越广，意识形态的动员力度越强，其代价越高，其希望也就越大。也就是说，动员越广、越深，社会越有可能动乱，革命越有可能成功。反之，则可能性越低。相比之下，在三民主义中，民族主义涉及最广，但也最浅，几乎所有汉人都可以被“革命排满”这一口号动员起来。但是，仅有民族主义是不够的。原因有二：首先，只有民族主义就不可能实现现代意义上的革命，而是回到传统意义上的“改朝换代”道路上去；其次，社会各界并非具有同等民族主义情绪。当时人们将中国社会划分为上等社会、中等社会、下等社会，士阶层属于上等社会，中等社会就是学生社会，农工商属于下等社会；还有一种划分法，将中国社会划分为秘密社会、劳动社会、军人社会。[①] 概括地说，民族主义可以动员部分上等社会和中等社会、秘密社会和军人社会，甚至在一定程度上可以动员下等社会、劳动社会。民权主义的社会动员，相比民族主义的社会动员，较窄而又较深，能够动员受到西方文化教育的学生社会和军人社会。辛亥革命除了孙中山和个别革命党之外，多数人认同的是民族主义，民权主义只有少数人认同，民生主义为人所认同是国民革命以后的事情。换句话说，农工商阶层和劳动社会人员并没有为辛亥革命所充分动员，他们是为后来的国民革命所充分动员的。这就是三民主义的社会动员的力度和限度。

三民主义怎样论证民主共和革命之合法性与正当性呢？怎样进行民主共和革命之社会动员呢？下面分别予以评述。

第三节　民族主义与民族革命

民族主义并不是孙中山的独创，孙中山独创的是将民族主义与民权主义、民生主义联结起来，从而赋予民族主义以新的思想内容和新的思想形式。

梁启超在《政治学大家伯伦知理之学说》（1903）中曾划分大、小民族主义：“吾中国言民族者，当于小民族主义之外，更提倡大民族主义。小民族主义者何？汉族对于国内他族是也。大民族主义者何？合国内本部属部之诸族以对于国外之诸族是也。”他更主张“合汉，合满，合蒙，合回，合苗，合藏，

① 参见李新总主编，中国社会科学院近代史研究所中华民国史研究室编：《中华民国史》，第1卷（上），134、180页，北京，中华书局，2011。

组成一大民族”，“此大民族必以汉人为中心点，且其组织之者，必成于汉人之手”，反对“狭隘的民族复仇主义”[①]。按照梁启超的划分，康、梁属于“大民族主义”，而孙、章则属于“小民族主义”。但是，若我们这样理解孙中山，就中了梁启超的套。其实，梁启超的民族主义也好，孙中山的民族主义也罢，都有一个发展过程。梁启超的民族主义大致是从康有为的华夏主义和天下主义到民族主义和国家主义的转向。同样，孙中山的民族主义也有它的转向。

民族主义包括对内、对外两个方面。虽然孙中山的民族主义早期重在对内，晚期重在对外，但是，若我们以“反满”去概括其早期，以“反帝”来概括其晚期，则未免草率。孙中山的民族主义虽然前后各有重心，但是内外两个方面是贯穿始终的。并且，“反满”“反帝”仅仅是其内外两个方面的革命性表达，而其建设性表达则是孙中山的民族主义的要义。

诚然，仅就三民主义成型之前的早期思想而言，孙中山的民族主义和章太炎的民族主义是一致的。从兴中会时期的“驱除鞑虏，恢复中国”到同盟会时期的“驱除鞑虏，恢复中华”，孙中山的民族主义非常突出，诸如推崇会党“反清复明”宗旨，鼓吹“非我族类，其心必异”论调等。此与章太炎的民族主义大同小异。当然，章偏重于满汉种姓优劣、历史文化高下之辨析（诸如“夷夏之辨”“夷夏之防”“内诸夏外夷狄”等）；而孙则侧重于满族政治压迫赋予汉族政治反抗之法理。但是，孙、章一致主张“革命排满”，反对排外。相比以康有为、梁启超为代表的立宪党人的中华民族主义，以孙中山、章太炎为代表的革命党人的“反满”民族主义确实比较“狭隘”。为什么只“反满”，不“反帝”？或者，为什么先“反满”，后“反帝”？这是因为满汉矛盾之“旧仇”与帝国主义和中华民族的矛盾之“新恨”叠加到了一起。当时许多革命党人批判了清廷诸如“宁赠友邦，勿与家奴”（或曰“宁赠朋友，不予家奴”）、“量中华之物力，结与国之欢心”等卖国言行。更有陈天华在《猛回头》（1903）中揭露清政府已经是“洋人的朝廷”。[②] 虽然未必所有革命党人都意识到了这一点，但它却是“革命排满”的合法性和正当性之所在。事实证明，孙、章“革命排满”在社会动员力度上非康、梁“保皇立宪”所可比。同时，“革命排满”

① 《饮冰室合集》，文集之十三，75～76页。

② 陈天华《警世钟》最后高呼两句口号：“汉种万岁！中国万岁！”（陈天华：《猛回头·警世钟》，106页，北京，华夏出版社，2002。）“狗和华人不准入内”是经过陈的宣传引起民族主义义愤的又一个典型案例。孙中山亦有“双重奴隶”（汉人是满族人的奴隶，而满族人又是洋人的奴隶）之说，“狗同中国人不许入”之例，或受陈天华影响。

没有走向“民族复仇主义”。关键在于，孙中山将民族主义与民权主义、民生主义联结起来。他说：“民族主义，并非是遇着不同族的人便要排斥他，是不许那不同族的人来夺我民族的政权。”“民族革命的原故，是不甘心满洲人灭我们的国，主我们的政，定要扑灭他的政府，光复我们民族的国家。”① 这是将民族革命与政治革命联系起来的结果和表现，也是章太炎的“一民主义”不具有的，虽然由于自身的历史文化熏染，章也没有因“仇满”而走向“民族复仇主义”。

在三民主义“连环”推动下，孙中山的“小民族主义”同样转向“大民族主义”。

孙中山的对内民族主义前后有两次转向。第一次转向是从“革命排满”到“五族共和”。1912 年 1 月 1 日，孙中山就任临时大总统，发表《临时大总统宣言书》，开宗明义：“国家之本，在于人民。合汉、满、蒙、回、藏诸地为一国，即合汉、满、蒙、回、藏诸族为一人。是曰民族之统一。”② 但是，孙中山的“五族共和”（或曰“五族一家”）接着就被“种族同化”取代，从“五族一家”到“种族同化”是第二次转向。孙中山说：“现在说五族共和，实在这五族的名词很不切当。我们国内何止五族呢？我的意思，应该把我们中国所有各民族融成一个中华民族（如美国，本是欧洲许多民族合起来的，现在却只成了美国一个民族，为世界上最有光荣的民族）；并且要把中华民族造成很文明的民族，然后民族主义乃为完了。”③ “兄弟现在想得一个调和的方法，即拿汉族来做个中心，使之同化于我，并且为其他民族加入我们组织建国底机会。仿美利坚民族底规模，将汉族改为中华民族，组成一个完全底民族国家，与美国同为东西半球二大民族主义的国家。”④ 从“革命排满”到“五族共和”（“五族一家”），再到“种族同化”，是孙中山超越“小民族主义”，转向“大民族主义”的表现；尤其孙中山所谓“合一炉而冶之”是借鉴美国移民社会中“熔炉”（The Melting Pot）文化而又继承中国民族融合历史中汉族同化少数民族的传统。此外，孙中山的对外民族主义长期处于“和平主义”的阶段和层次。辛亥革命创立中华民国前后，孙中山长期寄希望于列强支持中国的革命和建设，为

① 孙中山：《在东京〈民报〉创刊周年庆祝大会的演说》（1906），见《孙中山全集》，第 1 卷，324、325 页。

② 《孙中山全集》，第 2 卷，2 页。

③ 孙中山：《在上海中国国民党本部会议的演说》（1920），见《孙中山全集》，第 5 卷，394 页。

④ 孙中山：《在中国国民党本部特设驻粤办事处的演说》（1921），见《孙中山全集》，第 5 卷，474 页。

了解除外人“黄祸”担忧，他将革命限制于“排满”，反对排外。孙中山的对外政策从《对外宣言》（1906）到《通告各国书》（1911）、《对外宣言书》（1912），承认革命之前清政府与各国缔结之条约，还有租界、借款等等，一概承认。[①] 但是，经讨袁、护法到北伐，孙中山逐步意识到了军阀势力和帝国主义的勾结。当孙中山重提民族主义时，这个民族主义主要不在“反满”，而在“反帝”。“反满”是在争汉族的解放以及国内各民族的平等，而“反帝”则是在争中华民族的解放以及国际各民族国家的平等。

1924年1—3月，孙中山在广州发表关于民族主义的系列讲演，系统地阐明了他的民族主义，同年4月由中国国民党中央执行委员会在广州编辑出版。

孙中山说：“什么是三民主义呢？用最简单的定义说，三民主义就是救国主义。什么是主义呢？主义就是一种思想、一种信仰和一种力量。”[②] 在将“三民主义”规定为“救国主义”后，孙中山接着说：“什么是民族主义呢？按中国历史上社会习惯诸情形讲，我可以用一句简单话说，民族主义就是国族主义。”[③] 孙中山的民族主义包括三个要点：一是区分了家族主义、宗族主义和国族主义的界限，强调民族主义就是国族主义；二是探讨了民族主义和世界主义的关系，坚持了民族主义的立场，揭露了世界主义的本质；三是将民族主义归结为文化保守主义，强调中国固有的团体、道德、智能和能力。

第一，孙中山区分了家族主义、宗族主义和国族主义的界限，强调民族主义就是国族主义。孙中山认为，中国只有家族主义和宗族主义，没有国族主义。因此，孙中山强调，在中国，民族就是国族，在外国不然。简单予以分别，民族是由天然力造成的，国家是由武力造成的。“换一句话说，自然力便是王道。用王道造成的团体，便是民族。武力就是霸道，用霸道造成的团体，便是国家。……所以一个团体，由于王道自然力结合而成的是民族，由于霸道人为力结合而成的便是国家，这便是国家和民族的分别。”[④] 孙中山分析了民族的起源，认为民族是拥有共同血统、共同生活、共同语言、共同宗教、共同风俗习惯的共同体。血统、生活、语言、宗教和风俗习惯就是所谓自然力。孙中山认为，由于中国人只有家族和宗族的团体，没有民族的精神，故而沦为“一盘散沙”，人为刀俎，我为鱼肉。相比其他民族，中国没有民族主义是积贫积

---

① 参见《孙中山全集》，第1卷，310、545页；《孙中山全集》，第2卷，10页。

② 《孙中山全集》，第9卷，184页。

③ 《孙中山全集》，第9卷，184～185页。

④ 《孙中山全集》，第9卷，186～187页。

弱的根源，存在着“亡国灭种”的危险。由于孙中山采取汉民族主义观点，因此在他看来，蒙古人建立的元朝、满洲人建立的清朝都意味着汉族人的亡国。孙中山特别注重人口问题，据他统计，截至当时近百年之内，美国人口增加十倍，英国人口增加三倍，日本人口也增加三倍，俄国是四倍，德国是两倍半，法国是四分之一。孙中山认为，法国人口增加率最低，是“中了马尔赛斯（即马尔萨斯）学说的毒”。相比各国人口，按照清乾隆时期调查数据，中国当时的人口是四万万，将及二百年没有增加。孙中山从人口危机来推论，认为中国过去（元朝、清朝）之所以亡国没有灭种，反而同化异族，是因为“少数征服多数”，中国人还可以做奴隶；将来列强征服中国是“多数征服少数”，中国人连奴隶也做不成了。这就是孙中山为人们所描述的我们民族的黑暗前景。在讨论民族问题的时候，孙中山强调的是自然力；在讨论国家问题的时候，孙中山强调的是人为力——政治力和经济力。

孙中山注意到了中国传统的朝贡体系，就是在历史上，中国最强盛时代，领土是很大的，北至黑龙江以北，南至喜马拉雅山以南，东至东海以东，西至葱岭以西，都是中国的领土。政治力量威震四邻。亚洲西南各国无不以称藩朝贡为荣。当时亚洲之中，配讲帝国主义的只有中国。但是，自从欧洲的帝国主义侵入亚洲，中国的王朝帝国朝贡体系就解体了，取而代之的是条约体系。中国的藩邦甚至中国的本土变成了列强的殖民地和半殖民地。孙中山认为，相比其他各国如高丽（即朝鲜）、安南（即越南）等，中国不是一国的奴隶，而是多国的奴隶，与其叫中国半殖民地，不如叫作“次殖民地”，就是连半殖民地都不如。

第二，孙中山探讨了民族主义和世界主义的关系，坚持了民族主义的立场，揭露了世界主义的本质。在三民主义中，孙中山之所以首先强调民族主义，是与他的革命模式相关联的。孙中山的革命模式主要依靠的是会党、华侨和留学生，这三种人最有民族主义精神。三民主义作为一种革命意识形态，首先动员这三种人参与革命，而“反清复明”的种族主义原本是会党的宗旨。孙中山研究了会党的起源，认为明朝遗老保存民族主义，就像富人保存宝贝一样，遇着强盗入室的时候，不将其藏在很贵重的铁箱里头，而藏在令人不注意的地方，遇到危急的时候，或者将其投入极污秽之地。因此，会党是最有民族主义的社会团体之一。针对当时新文化运动中的新青年强调世界主义（天下主义），孙中山坚持了民族主义的立场，揭露了世界主义的虚伪本质。大致地说，孙中山认为，强国强族可以讲世界主义，弱国弱族只能讲民族主义。孙中山认为，中国民族的来源，汉人的祖先是“百姓民族”（即华夏族），是由西方来的，过葱岭到天山，经新疆以至于黄河流域。“百姓民族”是外来的移民，中国的土著是“苗子民族”（即三苗族）。因此，汉人的前身是“百姓族”或者华夏族，当时实行的是帝国主义、殖民主义，亦即世界主义。但是，当中国面临亡国灭种危险时，就不能只讲世界主义，不讲民族主义了。他举例说：一个苦力，拿一支竹杠和两条绳子替旅客挑东西，买了一张彩票，藏在竹杠之内，结果中了头彩，发了大财。由于欢喜，便把手中的竹杠和绳子一起投入海中。用这个比喻说，彩票好比是世界主义，是可以发财的；竹杠好比是民族主义，是一种谋生的工具。民族主义一旦扔掉，世界主义就落空了。孙中山分析了当时各个民族的境遇，特别是白种人的境遇，如条顿民族（德国）、斯拉夫民族（俄国）、撒克逊民族——“盎格鲁-撒克逊”（英国、美国）、拉丁民族（法国、意大利、西班牙、葡萄牙）等，以与汉人的境遇来比。第一次世界大战以后，美国总统威尔逊主张“民族自决”，俄国革命领袖列宁强调被压迫民族的“民族自决”。孙中山站在这一民族主义立场之上，揭露了世界主义的虚伪本质，他说：“其实他们主张的世界主义，就是变相的帝国主义与变相的侵略主义。”“什么是帝国主义呢？就是用政治力去侵略别国的主义。”[①] 孙中山指出，我们民族所受的祸害，包括受政治力（兵力、外交）、经济力、列强人口增加的压迫。他强调必须由家族主义和宗族主义发展到国族主义，抵抗外国的方法，包括积极的振起民族精神，求民权、民生之解决，以及消极的如康第（即甘地）“不合作”等两种。

第三，孙中山将民族主义归结为文化保守主义，强调中国固有的团体、道德、智能和能力。孙中山的民族主义在文化上表现为文化保守主义，即文化民族主义。孙中山认为，我们若要恢复民族地位，首先就要恢复民族主义。他说：“能知与合群，便是恢复民族主义的方法。”[②] 孙中山强调恢复中国固有的团体，从家族团体和宗族团体发展到国族团体；恢复中国固有的道德——忠孝、仁爱、信义、和平；恢复固有的智能——“格物、致知、诚意、正心、修身、齐家、治国、平天下”（《大学》）；以及恢复固有的能力。孙中山认为，中国要“迎头赶上”外国列强，“后来居上”，然后要“济弱扶倾”。他说：“我们要将来能够治国平天下，便先要恢复民族主义和民族地位。用固有的道德和平做基础，去统一世界，成一个大同之治，这便是我们四万万人

① 《孙中山全集》，第9卷，223～224、221页。
② 《孙中山全集》，第9卷，242页。

的大责任。诸君都是四万万人的一分子，都应该担负这个责任，便是我们民族的真精神！”①

总之，孙中山的民族主义包括内外两个方面。对内民族主义的基本脉络是“革命排满”-“五族共和”-“种族同化”；对外民族主义的基本脉络是“革命反帝”-“民族自决”-“世界大同”。“排满”和“反帝”是革命性表达，“五族共和”“种族同化”和“民族自决”“世界大同”是建设性表达。孙中山的民族主义，主张将中国传统的家族主义和宗族主义发展为现代的民族主义即国族主义；根据国情和时代的特点，处理民族主义和世界主义的关系；在文化上，将民族主义归结为文化保守主义。孙中山的民族主义的中心意图是将中国建立为现代民族国家，同时充分继承中国传统帝国内外政治、文化遗产。

若要理解孙中山的民族主义，我们需要理解他的问题意识。孙中山认为近代中国积贫积弱的根源是“一盘散沙”，而民族主义则是组织民族的意识形态。中华民族如何重新组织起来？孙中山与新文化运动中的新青年进行了论战。首先，孙中山虽然承认传统中国的组织单位是家族和宗族，却并不认为它是阻碍民族或国族形成和发展的消极因素，也不主张仿照西方，以个人为单位重新组织社会，组织国家，而是恰恰相反，认为通过传统的家族和宗族可以组织现代的民族或国族。其次，孙中山置世界主义于理想境界，始终以民族主义为现实的路径。最后，孙中山主张文化保守主义，充分肯定中国传统政治哲学，同时借鉴西方物质科学，反对文化激进主义的全盘反传统和全盘西方化主张。上述三点使得孙中山和新文化运动中的新青年划清了界限。因此，孙中山虽然肯定了民族革命、政治革命，甚至在某种程度上肯定了社会革命的必要性和可能性，但他却否定了文化革命的必要性和可能性。这构成了孙中山思想和自由主义尤其是左翼思潮的严格区分。

当然，孙中山的文化保守主义既未走向康有为的“国教”论，也未走向章太炎的“国粹”论。康有为奏请“设立教部教会，并以孔圣纪年，听民间庙祀先圣，而罢废淫祀，以重国教”②。他以孔教为“人道教”，与佛、耶等“神道教”分别，将“保教”与“保国”“保种”相提并论。章太炎主张“用宗教发起信心，增进国民的道德”，“用国粹激动种姓，增进爱国的热肠”。他认为孔教、基督教“必不可用”，主张用佛教。他提倡国粹，“不是要人尊信孔教，只

---

① 《孙中山全集》，第9卷，253～254页。

② 康有为：《请尊孔圣为国教立教部教会以孔子纪年而废淫祀折》（1898），见《康有为全集》，第四集，96页。

是要人爱惜我们汉种的历史。这个历史，是就广义说的，其中可以分为三项：一是语言文字，二是典章制度，三是人物事迹。”① 相比而言，孙中山思想就没有宗教层面，他个人信仰基督教，却从未像康有为那样试图以之为“国教”，也未像章太炎那样以之为“国民信仰”。他的“中国固有”四项——团体、道德、智能和能力，既异于康有为的“国教”，也异于章太炎的“国粹”三项——语言文字、典章制度和人物事迹。

一个相关问题是孙中山的所谓“道统”论，但是有关材料并非来自孙中山本人的论述（无论是大陆版的《孙中山全集》，还是台湾版的《国父全集》，均无这方面的论述），而是来自蒋介石的“证言”。在《中国魂》（1934）中，蒋介石回忆，孙中山曾对共产国际代表马林说过这样一段话：“我们中国有一个立国的精神，有一个自尧、舜、禹、汤、文、武、周公、孔子数千年来历圣相传的正统思想，这个就是我们中华民族的道统，我的革命思想、革命主义，就是从这个道统遗传下来的。我现在就是要继承我们中华民族的道统，就是要继续发扬我们中华民族历代祖宗遗传下来的正统精神。”② “道统”论标志着孙中山逝世之后，孙中山被神圣化，三民主义被意识形态化的一种方向。

同时，孙中山的文化保守主义被强化了。这一方面的首倡者是戴季陶。在《孙文主义之哲学的基础》（1925）中，戴季陶认为：“先生的思想可以分为‘能作’与‘所作’的两个部分。能作的部分，是先生关于道德的主张；所作的部分，是先生政治的主张。能作的部分，是继承古代中国正统的伦理思想；所作的部分，是由现代世界的经济组织国家组织国际关系种种制度上面着眼，

---

① 章太炎：《东京留学生欢迎会演说录》（1906），见姜义华编：《中国近代思想家文库·章太炎卷》，137、138、140 页。

② 张其昀主编：《先总统蒋公全集》，第 1 册，856 页，台北，“中国文化大学中华学术院”，1984。但是，在《孙文主义之哲学的基础》（1925）中，戴季陶回忆，孙中山答马林问是：“中国有一个正统的道德思想，自尧、舜、禹、汤、文、武、周公至孔子而绝。我的思想，就是继承这一个正统思想来发扬光大的。”（桑兵、朱凤林编：《中国近代思想家文库·戴季陶卷》，425 页，北京，中国人民大学出版社，2014。）然而，根据马林本人回忆（伊罗生：《与斯内夫特谈话记录》，斯内夫特即马林），当时的情境是：“（孙中山）宣称马克思主义里面没有什么新的东西，中国的经典学说早在两千年前就都已经说过了。……孙向我说明他是怎样发展一个有希望的青年军官加入国民党的：‘一连八天，每天八小时，我向他解释我是从孔子到现在的中国伟大的改革家的直接继承者，如果在我生前不发生重大的变革，中国的进一步发展将推迟六百年。’”（《马林在中国的有关资料》，24～25 页，北京，人民出版社，1984。）依据上述考证，我们可以断定，孙中山的所谓“道统”论虽有一定史影，却经过了戴季陶、蒋介石的再三加工。

创制出的新理论。”① 所谓“能作”与“所作”的关系，其实是“本末体用”关系的翻版。戴季陶以此将孙中山思想解释为“道德为本、政治为末”和“中体西用”的模式，为回到中国传统德治亦即伦理政治作理论的论证和辩护。戴季陶将孙中山“纯正化”，形成所谓“纯正三民主义”，更得蒋介石的阐发。蒋介石特别倡导“忠、孝、仁、爱、信、义、和、平”之八德，“礼、义、廉、耻”之四维，以及“人心惟危，道心惟微，惟精惟一，允执厥中”（《尚书·虞书·大禹谟》）的“道统四语诀”。蒋介石强调：“所谓三民主义的本质……就是伦理、民主与科学。”②“伦理、民主、科学，乃三民主义思想之本质，亦即为中华民族传统文化之基石也。”③ 中国国民党20世纪30年代在江西南昌进行的“新生活运动”，20世纪60年代在台湾进行的“中华文化复兴运动”，就是中国国民党的文化保守主义意识形态的产物和表现，它与中国共产党20世纪40年代在陕北延安开展的“延安整风运动”等所反映的文化激进主义大异其趣。此间差别可以上溯到孙中山与新文化运动中的新青年之间的论战那里去。

第四节　民权主义与政治革命

孙中山的三民主义不是相互独立平行的三个组成部分，而是围绕一个核心构成的理论体系，这个核心就是民权主义。没有民权主义的民族主义就是一个落后的理论体系，没有民权主义的民生主义就是一个空想的理论体系。孙中山思想的先进性和现实性就在于他的民权主义。民权主义使孙中山成为“先知先觉”而又“先行”的伟大思想家和政治家。

孙中山的民权主义是在批判地借鉴欧美政治理论和实践，同时批判地继承

① 桑兵、朱凤林编：《中国近代思想家文车·戴季陶卷》，414页。戴季陶在解释孔子“述而不作”时说：“‘作’字的范围，是专指议礼制度考文而言。这三件大事，一是社会制度，二是国家制度，三是学术文化的工具。”他还说《中庸》是孔子的“原理论”，《大学》是孔子的“方法论”。（桑兵、朱凤林编：《中国近代思想家文库·戴季陶卷》，428页。）此亦可见“能作”与“所作”的区分。

② 蒋介石：《三民主义的本质》（1952），见张其昀主编：《先总统蒋公全集》，第2册，2225页，台北，“中国文化大学中华学术院”，1984。

③ 蒋介石：《对中山楼中华文化落成纪念文》（1966），见张其昀主编：《先总统蒋公全集》，第3册，4231页，台北，“中国文化大学中华学术院”，1984。

中国政治传统而又有所独创的基础上形成和发展起来的。相比民族主义，孙中山的民权主义比较晚出，早年的孙中山甚至认为，只要赶走满族人，汉人当皇帝也可以。从兴中会时期的“创立合众政府”到同盟会时期的“建立民国”，孙中山的民权主义由模糊发展到鲜明，由旧式造反发展到新式革命，由兼容改良发展到完全革命。孙中山在《在东京〈民报〉创刊周年庆祝大会的演说》（1906）中明确指出：“照现在这样的政治论起来，就算汉人为君主，也不能不革命。”① 南京临时政府时期，在临时大总统孙中山主持下，《中华民国临时约法》（1912）明文规定：“中华民国之主权属于国民全体。”② 孙中山原本是反对专制，主张共和的，但是他将专制理解为少数人专理国政，将共和理解为多数人维持国政，因此也就没有将共和与民主区分开来，而是以民主来取代共和。孙中山对于各国宪法进行了研究，提出五权宪法。这是他汲取中西思想资源，有所独创的心血结晶。一方面，孙中山将欧美民权理论与民权实践对照，发现许多弊端；另一方面，他又抱着“取法乎上”的态度，溯源于中国政治传统民本之道，“然有其思想而无其制度，故以民立国之制，不可不取资于欧美”③。溯源于传统可谓“祖述民本”，取资于欧美可谓“宪章民权”。从辛亥革命到讨袁、护法，直至北伐，孙中山为反对“假共和”，捍卫“真共和”而奋斗终生。他对于自己所创始的中华民国“有共和之名，无共和之实”进行了毕生的反思，认定自己所创立的三民主义是唯一正确的理论主张，五权宪法是唯一有效的制度设计。

1924 年 3—4 月，孙中山在广州发表关于民权主义的系列讲演，系统地阐明了他的民权主义，同年 8 月由中国国民党中央执行委员会在广州编辑出版。

孙中山说：“什么叫做民权主义呢？……什么是民？大凡有团体有组织的众人，就叫做民。什么是权呢？权就是力量，就是威势。那些力量大到同国家一样，就叫做权。……有行使命令的力量，有制服群伦的力量，就叫做权。把民同权合拢起来说，民权就是人民的政治力量。什么叫做政治的力量呢？……什么是政治？……政治两字的意思，浅而言之，政就是众人的事，治就是管理，管理众人的事便是政治。有管理众人之事的力量，便是政权。今以人民管

① 《孙中山全集》，第 1 卷，325 页。

② 《孙中山全集》，第 2 卷，220 页。在回忆这段往事时，孙中山在《在广东省教育会的演说》（1921）中声明：“在南京所订民国约法，内中只有‘中华民国之主权属于国民全体’一条是兄弟所主张的，其余都不是兄弟的意思，兄弟不负这个责任。”（《孙中山全集》，第 5 卷，497 页。）

③ 孙中山：《中国革命史》（1923），见《孙中山全集》，第 7 卷，60 页。

理政事，便叫做民权。”[①] 孙中山的民权主义包括三个要点：一是在民生史观基础上提出了民权主义，认为民权是历史进化的结果和表现；二是用民族、民权、民生的观念替换了自由、平等、博爱的观念；三是提出了全民政治的观念，主张权能分别、政权和治权分别、民权和政府权分别。此外提出了军政、训政、宪政三个时期，主张逐步实现民权。

第一，孙中山在民生史观基础上提出了民权主义，认为民权是历史进化的结果和表现。孙中山将人类生存概括为两件最大的事：一是保，二是养。保就是自卫，养就是觅食。人类为了自卫和觅食分别经历了太古洪荒时期、古代神权时期、中古君权时期以及现代民权时期。“再概括的说一说：第一个时期，是人同兽争，不是用权，是用气力。第二个时期，是人同天争，是用神权。第三个时期，是人同人争，国同国争，这个民族同那个民族争，是用君权。到了现在的第四个时期，国内相争，人民同君主相争。”“在这个时代之中，可以说是善人同恶人争，公理同强权争。到这个时代，民权渐渐发达，所以叫做民权时代。这个时代是很新的。”[②] 这就是孙中山的历史观。他提到了卢梭的《民约论》（即《社会契约论》），对卢梭的“天赋民权”并不赞同，认为民权不是天赋的，而是历史进化的结果和表现。“世界潮流浩浩荡荡，顺之则昌，逆之则亡。”孙中山的民权主义是建立在这样一个历史观基础之上的。

第二，孙中山用民族、民权、民主的观念替代了自由、平等、博爱的观念。孙中山认为，法国革命的三大口号——“自由、平等、博爱”，是基于法国或欧洲的历史和实际情况提出的。欧洲人在历史上极不自由，包括思想不自由、言论不自由和行动不自由，所以，法国革命以争自由为口号，如“不自由，毋宁死”等，以便进行社会动员。中国人在历史上并非极不自由，而是太过自由，因而中国人不知自由，只知发财，所以，中国革命不能争个人自由，只能争国家自由。孙中山说：“个人不可太过自由，国家要得完全自由。到了国家能够行动自由，中国便是强盛的国家。要这样做去，便要大家牺牲自由。”[③] 孙中山认为中国人个人太过自由，成为“一盘散沙”，“放荡不羁”，必须加入“士敏土”（即水泥），由家族主义和宗族主义的小团体发展为民族主义的大团体，才能获得国家和民族的自由。正如用民族主义来替代自由主义一样，孙中山用民权主义来替代平等主义。孙中山认为，欧洲人在历史上既没有

---

① 《孙中山全集》，第 9 卷，254～255 页。

② 《孙中山全集》，第 9 卷，261 页。

③ 《孙中山全集》，第 9 卷，282 页。

自由，也没有平等，因此欧洲革命既要争自由，也要争平等。相反，中国人在历史上没有不自由、不平等，因此中国革命不是争自由平等，而是争三民主义。孙中山区分了不平等（阶梯式——帝、王、公、侯、伯、子、男、民阶梯式不平等）、假平等（平头的平等——圣、贤、才、智、平、庸、愚、劣结果的平等）、真平等（平脚的平等——圣、贤、才、智、平、庸、愚、劣起点的平等）。他说："我从前发明过一个道理，就是世界人类其得之天赋者约分三种：有先知先觉者，有后知后觉者，有不知不觉者。先知先觉者为发明家，后知后觉者为宣传家，不知不觉者为实行家。此三种人互相为用，协力进行，则人类之文明进步必能一日千里。……从此以后，要调和三种之人使之平等，则人人当以服务为目的，而不以夺取为目的。……这就是平等之精义。"又说："我对于人类的分别，是何所根据呢？就是根据于各人天赋的聪明才力。照我的分别，应该有三种人：第一种人叫做先知先觉。……先知先觉的人是世界上的创造者，是人类中的发明家。第二种人叫做后知后觉。……第三种人叫做不知不觉。……照现在政治运动的言词说，第一种人是发明家，第二种人是宣传家，第三种人是实行家。天下事业的进步都是靠实行，所以世界上进步的责任，都在第三种人的身上。"[①] 至于博爱，孙中山将其等同于民生主义。正如用法国革命的三大口号——"自由、平等、博爱"来解释民族、民权、民生一样，孙中山用林肯的三大主义——"The government of the people，by the people，for the people"（"民有、民治、民享"）来解释民族、民权、民生。

第三，孙中山提出了全民政治的观念，主张权能分别、政权和治权分别、民权和政府权分别。孙中山认为民权在历史上经历过三次阻碍：第一次是美国革命，主张民权的人分成两派，哈美尔顿（即汉密尔顿）派从"性恶论"出发，主张政府集权；遮化臣（即杰弗逊）派从"性善论"出发，主张极端的民权。结果政府集权派战胜极端的民权派。针对当时有人主张中国学习美国联邦制，实行联省制，孙中山评论说，对于历来统一的中国本土，只能实行单一制，对于已经分离的藩邦，才能实行联邦制。第二次是法国革命，人民得到了充分的民权，拿去滥用，结果变成了暴民政治。第三次是丕士麦（即俾斯麦）实行国家社会主义。总结历史经验教训，孙中山认真研究了瑞士和美国的民权理论和实践，认为必须从一种民权（即选举权）发展成瑞士的三种民权（选举权、创制权、复决权）和美国的四种民权（选举权、罢免权、创制权、复决

① 《孙中山全集》，第 9 卷，298～299、323 页。

权）。孙中山对于西方的“代议政体”（“议会政治”）不以为然，对于俄国的“人民独裁”不甚了然，他自己倾向于所谓“全民政治”（“民主政治”），就是用直接民权来取代间接民权。他提出了“权能分别”的道理，主张以民权为政权，以政府权为治权。他有一个著名的比喻，就是认为民权时代的人民就像君权时代的皇帝一样，人民只是阿斗，有权无能，应当将全部权力委托给诸葛亮，诸葛亮就是政府，无权有能。他说：“政是众人之事，集合众人之事的大力量，便叫做政权；政权就可以说是民权。治是管理众人之事，集合管理众人之事的大力量，便叫做治权；治权就可以说是政府权。所以政治之中，包含有两个力量：一个是政权，一个是治权。这两个力量，一个是管理政府的力量，一个是政府自身的力量。”① 他提出了四个民权（政权）——选举权、罢免权、创制权、复决权。选举权、罢免权是从官制来说的，创制权、复决权是从法制来说的。四个民权表明，人民对于政府就像工人对于机器一样，既可以发动，也可以制动。同时，他提出了五个政府权（治权）——行政权、立法权、司法权、考试权、监察权。五权分立综合了西方的三权分立和中国传统的三权分立，西方的三权分立是行政权、立法权、司法权三分，中国传统的三权分立是君权、考试权、监察权三分。

此外，民权主义表现在革命方略上。孙中山提出了军政、训政、宪政三个时期，主张逐步实现民权。在中国同盟会时期，孙中山提出“军法之治、约法之治、宪法之治”三期。《军政府宣言》（1906）指出，“四纲”（即“驱除鞑虏，恢复中华，建立民国，平均地权”），“其措施之次序则分三期，第一期为军法之治。……第二期为约法之治。……第三期为宪法之治。……此三期，第一期为军政府督率国民扫除旧污之时代；第二期为军政府授地方自治权于人民，而自总揽国事之时代；第三期为军政府解除权柄，宪法上国家机关分掌国事之时代。俾我国民循序以进，养成自由平等之资格，中华民国之根本胥于是乎在焉”②。从中华革命党时期到中国国民党时期，孙中山在明确三民主义、五权宪法后，改为“军政、训政、宪政”三个时期。《孙文学说——行易知难》指出：“予之于革命建设也，本世界进化之潮流，循各国已行之先例，鉴其利弊得失，思之稔熟，筹之有素，而后订为革命方略，规定革命进行之时期为三：第一，军政时期；第二，训政时期；第三，宪政时期。第一为破坏时期。……第二为过渡时期。……第三为建设完成时期。……此宪政时期，即建设告竣之

① 《孙中山全集》，第9卷，345页。

② 《孙中山全集》，第1卷，297～298页。

时，而革命收工之日。此革命方略之大要也。”[①]《国民政府建国大纲》（1924）同样指出：“建设之程序分为三期：一曰军政时期；二曰训政时期；三曰宪政时期。”[②] 孙中山的前后论述大同小异，譬如关于军法之治（军政）三年和约法之治（训政）六年的年限规定，前后也都是一致的。整个过程是从人民委托政府全权代理始，经过政府训练人民自治能力，到政府还政于民，人民行使全权止。但是，三期从“法治”到“政治”一字之差，除了表述上的修订之外，是否还有思想上的变更，值得考虑。例如，“约法之治”给人的印象是政府和人民之权利和义务的契约关系，而“训政”给人的印象则是政府自上而下训示，人民自下而上受训，孙中山就以“伊尹训太甲”“周公训成王”为例。至于孙中山晚年提出的“党治”，亦非训政。训政确立的是政府和人民的关系，党治在这一关系中以政党介入，孙中山晚年更以“太后听政”为例。

总之，孙中山的民权主义以民生史观为基础，也就是说，民权是以民生为基础的。他将自由、平等、博爱分别归属于民族、民权、民生三大主义。孙中山的民权主义接近于卢梭法国式的民主主义，与洛克英国式的自由主义相背离。孙中山几乎没有提及洛克和英国“光荣革命”。虽然他对于卢梭和法国革命有所批评，向往瑞士和美国的民主，但是，孙中山的民权主义更倾向于民主主义的思想立场，具有走向集权主义的思想倾向。同时，孙中山的民权主义虽然没有陷入平均主义之中，但也与平等主义相背离。它是精英主义，不是平民主义。孙中山的民权主义在具体运作上包括两个基本方面：一是制度设计，二是程序设计。这是关于中华民国作为一个现代国家之国体和政体的制度设计和程序设计。

问题在于，孙中山对于中西历史和实际情况的理解是否符合事实，有无想象成分？例如中国人的自由状况、中国人的平等状况，尤其是中国传统的“君权、考试权、监察权三权分立”的情况，值得商榷。在历史上，孙中山的民权主义造成实践和理论之间的隔离。首先，以保障民权（政权）为目的，但是“权能分别”的理论预设，造成政府权（治权）膨胀的实践后果。其次，逐步实现民权是一个善良的愿望，但在现实政治中却为阻碍实现宪政（民治）等丑恶伎俩提供了借口。

民初，大家对于“民权”和“民主”的理解大致是相比“君权”“君主”而言的。人们从传统政治思维来考虑问题，以为人民取代了皇帝的位置，人民

---

① 《孙中山全集》，第 6 卷，204～205 页。

② 《孙中山全集》，第 9 卷，127 页。

就是皇帝。孙中山的“权能分别”理论、“训政”理论，就是把人民当皇帝。这种思维方式注定民权落空。以前是“帝国”，现在是“民国”，皇帝由人民来取代。但是，皇帝不管怎样，毕竟是一个实实在在、有血有肉的个体，而人民则是一个抽象的概念。人民需要代表就像灵魂需要身体一样。君主似乎消失，但是君臣之间人身依附关系依然存在，转换为国民（个人）与集体、国家之间的关系，因为领袖代表国家，所以进而转换为国民（个人）与领袖之间的关系，还是人身依附关系。这里的要害是把人民想象为皇帝，皇帝不在，皇帝这个位置还在，将人民放在这个位置上就像填充一样。因此，所谓权能分别，就是在处理人民的政权（主权）和政府的治权的关系时，一方面赋予人民虚权，另一方面则授予政府实权。结果，人民的主权落空，成为傀儡人民，政府的权力坐实，成为万能政府。人民的主权通过这个原则就全部转化为政府的权力，政府全权代表人民。这就是权能分别的把戏。通过这样一个戏法，人民主权变成政府集权。所谓训政，就是抽象的人民概念被当作“主人”，而具体的国民个人则继续被“公仆”不断规训。民权完全被歪曲，民主彻底被颠倒。当然，军政也好，训政也罢，都是暂时的，是过渡性质的，最后的目的是实行宪政。

因此，孙中山的宪政思想才是他的民权主义的核心，才是真正进步的和革命的因素。在他的宪政思想中，积极的因素是主要方面，消极的因素则是次要方面。

孙中山指出：“宪法者，国家之构成法，亦即人民权利之保障书也。”① “到底什么叫做宪法？所谓宪法者，就是将政权分几部分，各司其事。”② 这一理解包括人民权利的保障、政府权力的分立两个基本方面。孙中山在主观上既要保障人民权利，又要保障政府权力，反过来说，既要限制政府权力，又要限制人民权利。这一愿望在原则上是没有问题的，但是实行起来，人民权利就落空，政府权力尤其行政权力就坐大。之所以出现这样一个局面，除了种种经济、社会、政治、文化因素之外，就宪法思想的提出、宪政制度的设计说，在人民权利方面，重公权（积极权利）、轻私权（消极权利）是一个弊端，在政府权力方面，行政权力没有得到立法、司法权力的有效制约，考试、监察权形同虚设则是另一个弊端。

民初，民权名分既定，尚待落实。北洋政府时期的基本政治转型原本是建

---

① 孙中山：《〈中华民国宪法史〉前编序》（1920），见《孙中山全集》，第5卷，319页。

② 孙中山：《在广东省教育会的演说》（1921），见《孙中山全集》，第5卷，486页。

立民国、确立民权，但是，民权自始至终没有落实，实际的政治运作模式是军阀政治，而最后的结果则是以党国体制来收拾局面，这是北洋政府时期政治转型的三部曲。从民权落空、军政坐实，到党治收拾局面，在这三部曲中，究竟何种机制在起作用？这是我们所应该探讨的问题。民权原则落实在制度上的最好时期是民国初期。召开国会，制定约法，成立政见议会选举型政党，甚至建立责任内阁，形成了民国初期的“民主幻象”。之所以是幻象，是因为军阀统治才是民国政治混乱的真相。

1912 年成立南京临时政府（同年转往北京）和临时参议院，制定《临时约法》。民初政党林立，最大的政党有两个：一是 1912 年宋教仁组建的国民党，一是 1913 年梁启超组建的进步党。1913 年首开国会，成立正式政府，袁世凯就任正式大总统，颁布《约法》（1914，史称“袁记约法”），明文规定：“中华民国之主权本于国民全体。”[①] 后来各次立法都确认了这一原则。在中国历史上，人民似乎破天荒第一次享有“主权”，一度激发了全国人民议政参政的热情。当时国会、总统选举非常热闹。每一党派为了竞选议员，竞选总统，玩弄各种政治花招，贿选、作弊，无所不用其极。安福系贿选、曹锟贿选，比袁世凯称帝、张勋复辟有过之而无不及，彻底摧毁了人们对民初民主政治的想象。当时举国上下对于贿选深恶痛绝。人们不是从法律制度上考虑问题，而是从道德标准上考虑问题。其实贿选这样一个问题，其他国家和地区的民主政治实践同样存在，但是在民初这样一种环境中，大家完全不能接受。贿选议员竟被称作“猪仔议员”，甚至遭到通缉，简直匪夷所思。

最后，国会也好，约法也罢，政见议会选举型政党也好，责任内阁也罢，还有这一整套民权观念的种种制度表现，在北洋政府时期就都彻底毁灭了。议员是贿选出来的，总统是贿选出来的，民主制度走到了这一步，它的信用在人们心目中荡然无存。

中华民国北洋政府统治时期，取代所谓军政时期的，实际是大军阀以统一为名，行专制之实，小军阀以自治之名，行割据之实，大小军阀变成大小皇帝；南京国民政府统治时期，取代所谓训政时期的，实际是中国国民党一党专政、蒋介石专制独裁，而且新军阀取代旧军阀，国共两党长期武装斗争。

南京国民政府时期，根据孙中山的民权主义，中国国民党就搞了五权宪法，还搞了五院制度。1947 年颁布的《宪法》明文规定：“中华民国基于三民

---

① 李新总主编，中国社会科学院近代史研究所中华民国史研究室编：《中华民国史》，第 2 卷（下），455 页，北京，中华书局，2011。

主义，为民有民治民享之民主共和国；中华民国之主权属于国民全体；中华民国各民族一律平等。”① 中国国民党从大陆败退至台湾，继续训政、党治状态，直到20世纪80年代末期，蒋经国解除戒严，开放党禁、报禁，中国国民党结束一党专政，还政于民，算是实现了孙中山的民权主义的理论构想。至于中国共产党所提出的民主集中制的建党原则和人民民主专政的建国原则，则参照了苏联的政治制度。但是，毛泽东将新民主主义与新三民主义联结起来，延安时期提出新民主主义宪政，某种程度上是受到孙中山宪政思想影响的。

第五节　民生主义与社会革命

在孙中山的三民主义中，民族主义重在利用既往革命之资源，民权主义重在完成现在革命之任务，而民生主义则重在防范未来革命之风险。孙中山通过对于欧美社会的考察，意识到了社会危机触发社会革命的风险，从而主张中国要通过化解社会危机来预防社会革命。“未雨绸缪”“防微杜渐”，这意味着孙中山企图以小革命来限制大革命。在《〈民报〉发刊词》（1905）中，孙中山说：“夫欧美社会之祸，伏之数十年，及今而后发见之，又不能使之遽去。吾国治民生主义者，发达最先，睹其祸害于未萌，诚可举政治革命、社会革命毕其功于一役。还视欧美，彼且瞠乎后也。”② “毕其功于一役”，亦即一次性完成民族革命、政治革命和社会革命的历史使命。这就是孙中山所谓的“一次革命”论。

孙中山的民生主义源于他自己的生存境遇。据他自己《与宫崎寅藏的谈话》（1911年以前）追述：“吾受幼时境遇之刺激，颇感到实际上及学理上有讲求此问题之必要。吾若非生而为贫困之农家子，则或忽视此重大问题亦未可知。”③ 据冯自由追述，孙中山“在己亥庚子间（一八九九至一九〇〇）与章太炎、梁启超及留东学界之余等晤谈时，恒以我国未来之社会问题及土地问题为资料。如三代之井田，王莽之王田与禁奴，王安石之青苗，洪秀全之公仓，均

① 李新总主编，中国社会科学院近代史研究所中华民国史研究室编：《中华民国史》，第11卷，536页。

② 《孙中山全集》，第1卷，289页。

③ 《孙中山全集》，第1卷，583页。

在讨论之列。其对于欧美学者之经济思想，最服膺者为亨利·佐治（Henry George）之单税论，即平均地权之思想所由起也。”[①] 除与章太炎、梁启超等讨论土地问题外，孙中山还与当时社会主义若干代表人物接触。孙中山到过比利时，访问国际社会党执行局，与主席王德威尔得、书记胡斯曼晤谈，“向国际社会党执行局请求接纳他的党为成员”[②]。他曾在上海与中国社会党本部长江亢虎晤谈，声称“余实完全社会主义家也”[③]。与社会主义思潮的接触，也推动了孙中山的民生主义的形成和发展。一方面是对社会主义的向往，另一方面则是对资本主义的批判。孙中山曾说过：“资本家者无良心者也。”[④] 这种批判虽然限于道德谴责，但也初具经济分析。

中国原本就有“国计民生”之说。1905 年 11 月，孙中山在《〈民报〉发刊词》中正式提出“民生主义”。邓慕韩记：“一日，请国父撰一发刊词，以冠篇首。国父慨然允诺，爰命汉民记录其意，曰：‘吾国定名民国，党曰民党，权曰民权；现欲将吾平日所提倡之种族革命、政治革命、社会（亦名经济）革命，以一民字贯之。种族则拟为民族，政治则拟为民权，社会则尚未能定。’当时座中各有献议，均未能当。余无意中提出吾国常用国计民生，可否定名民生，众均曰善。遂以社会革命定名民生。由是民族、民权、民生三大主义之名词，于《民报》发刊词确定之。”[⑤] 孙中山在民生主义系列讲演中说：“我们提倡民生主义二十多年，当初详细研究，反复思维，总是觉得用‘民生’这两个字来包括社会问题，较之用‘社会’或‘共产’等名词为适当，切实而且明了，故采用之。”[⑥]

从同盟会时期的“平均地权”起，孙中山的民生主义公布于世。但是，在相当一段历史时期内，相比民族主义、民权主义，孙中山的民生主义可谓应者寥寥。据冯自由追述，在同盟会成立时，“在座会员有数人对于‘平均地权’有疑异要求取消，孙总理乃起而演讲世界各国社会革命之历史及其趋势。……剀切解释，至一小时之久，众始无言”[⑦]。共进会之誓约为“驱除鞑虏，恢复中

① 冯自由：《革命逸史》（上），244 页；冯自由：《革命逸史》（中），463 页。

② 孙中山：《访问国际社会党执行局的谈话报道》（1905），见《孙中山全集》，第 1 卷，273～274 页。

③ 孙中山：《与江亢虎的谈话》（1911），见《孙中山全集》，第 1 卷，580 页。

④ 孙中山：《在武昌十三团体联合欢迎会的演说》（1912），见《孙中山全集》，第 2 卷，333 页。

⑤ 陈锡祺主编：《孙中山年谱长编》（上册），363 页，北京，中华书局，1991。

⑥ 《孙中山全集》，第 9 卷，365 页。

⑦ 冯自由：《革命逸史》（上），244 页；冯自由：《革命逸史》（中），462 页。

华，创立民国，平均人权”①，唯独将“平均地权”修改为“平均人权”。公民党亦是拒绝承认“平均地权”。这就是说，即使在革命党内，民生主义也都受到怀疑。

1924 年 8 月，继《民族主义》《民权主义》后，孙中山在广州发表民生主义系列讲演，系统地阐明了他的民生主义，但计划中的六讲却只完成了四讲，同年 12 月由中国国民党中央执行委员会在广州编辑出版。

孙中山说：“什么叫做民生主义呢？……可说民生就是人民的生活、社会的生存、国民的生计、群众的生命便是。……故民生主义就是社会主义，又名共产主义，即是大同主义。”② 孙中山的民生主义包括三个要点：一是用民生主义替代了社会主义、共产主义；二是以平均地权、节制资本为两个基本方面；三是研究了食、衣、住、行四个基本问题。

第一，孙中山用民生主义替代了社会主义、共产主义。他认为社会主义中的最大问题就是社会经济问题，亦即生活问题。他将社会问题还原为民生问题，从而为他将社会主义还原为民生主义奠定了学理的基础和前提。孙中山介绍了社会主义思潮：一是乌托邦派，二是科学派。尤其介绍了以马克思为代表的科学派社会主义，包括科学派社会党内部相互冲突的两派：一是激烈派，二是妥协家同和平派。他认为马克思之于社会主义的影响，好比卢梭之于民权主义的影响。马克思科学派社会主义“全凭事实，不尚理想”③。同时他借用当时美国的一位马克思的信徒威廉氏［即摩里斯·威廉（Maurice William），其代表作为《社会史观》］，对马克思持批评态度。他批评了马克思的以物质为历史的重心（即唯物史观）、阶级战争（即阶级斗争学说）、盈余价值（即剩余价值学说）三个基本方面。首先，历史的重心是民生，不是物质；其次，以阶级战争为因、社会进化为果是倒果为因，经济进化（如“社会与工业之改良、运输与交通收归公有、直接征税与分配之社会化”等）可以替代阶级战争；最后，“所有工业生产的盈余价值，不专是工厂内工人劳动的结果，凡是社会上各种有用有能力的分子，无论是直接间接，在生产方面或者是在消费方面，都有多少贡献”④。马克思所谓资本家多得盈余价值有三个条件（“减少工人的工钱，延长工人作工的时间，抬高出品的价格”）不合理，不符合事实，等等。概括

① 冯自由：《革命逸史》（上），245 页；冯自由：《革命逸史》（中），462～463 页。
② 《孙中山全集》，第 9 卷，355 页。
③ 《孙中山全集》，第 9 卷，362 页。
④ 《孙中山全集》，第 9 卷，370 页。

起来，孙中山认为马克思是一位“社会病理家”，而他自己则是一位“社会生理家”。所谓“社会病理家”是指马克思以物质为历史的重心，强调工人和资本家的利益冲突，主张阶级战争、无产专制；所谓“社会生理家”是指他自己以民生为社会历史的重心，认为“民生问题才可说是社会进化的原动力”，“民生就是政治的中心，就是经济的中心和种种历史活动的中心”[①]，强调工人和资本家的利益调和，用阶级合作、全民政治来替代阶级战争、无产专制。孙中山显然是支持妥协家、和平派，反对激烈派的。例如他以英国工人罢工要求八小时的工作时间为例，说明社会改良可以替代社会革命。他有两个发现：一是他发现传统中国社会没有类似欧美资本主义社会的贫富差别，只有大贫和小贫的差别；二是他发现当时中国社会存在类似欧美资本主义社会革命的风险，主张以民生主义来预防。孙中山区分共产主义和民生主义，认为“共产主义是民生的理想，民生主义是共产的实行”，“民生主义就是共产主义，就是社会主义”，两者“是一个好朋友”。“办法各有不同”，目的大体一致。“三民主义之中的共产主义，大目的就是要众人能够共产。不过我们所主张的共产，是共将来，不是共现在。”[②] 他说：“我们讲到民生主义，虽然是很崇拜马克思的学问，但是不能用马克思的办法到中国来实行。”“我们今日师马克思之意则可，用马克思之法则不可。”[③] 他以苏俄放弃战时共产主义政策，实行新经济政策为例，证明马克思共产主义的失败、民生主义的成功。当然，孙中山的民生主义和马克思的共产主义的分别，不仅在于二者目的相同，办法各异，而且在于二者哲学、政治学和经济学前提的显著差异。

第二，孙中山以平均地权、节制资本为两个基本方面。土地问题历来是民生问题的根本，孙中山注意到了这一问题，主张用和平方法来解决，避免暴力革命。具体地说，孙中山借鉴了当时美国学者亨利·佐治［即亨利·乔治(Henry George)，其代表作为《进步与贫困》］的“单税”主张，在当时中国地价没有普遍增长时，容许地主自定地价，政府照价抽税或者照价收买。若地主定价过高，政府就高额抽税，若地主定价过低，政府就低价收买，由此迫使地主适度定价，以后涨价部分便为国家所有。孙中山认为，将来真正达到民生主义目的，完全解决农民问题，就是要实现“耕者有其田”。这是平均地权。节制资本，一方面是要节制私人资本，另一方面则是要增加国家资本，发展国

① 《孙中山全集》，第9卷，371、377页。

② 《孙中山全集》，第9卷，381、386、388、389～390页。

③ 《孙中山全集》，第9卷，391、392页。

家实业。

第三，孙中山研究了食、衣、住、行四个基本问题。他认为，解决民生问题，一是解决生产的问题，二是解决分配的问题。他强调："在私人资本制度之下，种种生产的方法都是向往一个目标来进行，这个目标是什么呢？就是赚钱。……我们所注重的分配方法，目标不是在赚钱，是要供给大家公众来使用。……我们的民生主义，目的是在打破资本制度。""民生主义和资本主义根本上不同的地方，就是资本主义是以赚钱为目的，民生主义是以养民为目的。"① 赚钱是追求盈余价值，养民是满足基本需要。孙中山提出了食、衣、住、行四种基本需要。他将人类生活程度分为三级：一是需要，二是安适，三是奢侈。他说："我们现在要解决民生问题，并不是要解决安适问题，也不是要解决奢侈问题，只要解决需要问题。这个需要问题，就是要全国四万万人都可以得衣食的需要，要四万万人都是丰衣足食。"② 因此，民生主义就是消费主义。"消费是什么问题呢？就是解决众人的生存的问题，也就是民生问题。"③

在三民主义中，民生主义是民族主义、民权主义的完成。孙中山总结说："我们三民主义的意思，就是民有、民治、民享，这个民有、民治、民享的意思，就是国家是人民所共有，政治是人民所共管，利益是人民所共享。"④

孙中山的民生主义系列讲演只讲完了食、衣两个基本问题就中绝了。戴季陶声称在孙夫人（宋庆龄）处看见孙中山"所亲笔记出的民生问题目录当中，在食、衣、住、行之外，还有两个题目：一个是养生，一个是送死"⑤。蒋介石以"育"（养育教育）、"乐"（正当娱乐）补述。孙中山还提出了"民生哲学"。陈立夫则提出了"唯生论"。在三民主义的继承和发展中，民生主义成为更根本和更重要的方面。

民生主义和共产主义的关系问题，是国共两党意识形态争论的一大焦点。在孙中山生前，国共还处于合作阶段时，这场争论就开始了。孙中山说："北京一班新青年非常崇拜新思想。……认定'共产主义'与'民生主义'为不同

① 《孙中山全集》，第9卷，409～410页。

② 《孙中山全集》，第9卷，414页。

③ 《孙中山全集》，第9卷，376～377页。

④ 《孙中山全集》，第9卷，394页。

⑤ 桑兵、朱凤林编：《近代中国思想家文库·戴季陶卷》，416页。

之二种主义。我们老同志亦认定‘民生’与‘共产’为绝对不同之二种主义。……本党既服从民生主义，则所谓‘社会主义’‘共产主义’与‘集产主义’，均包括其中。”[①] 虽然孙中山试图像在组织上用国民党包容共产党一样，在思想上用三民主义包容共产主义，但是孙中山死后，随着国共分裂，两党意识形态也分裂了。有关这一问题，中国国民党方面有崔书琴的《孙中山与共产主义》、任卓宣（叶青）的《三民主义与共产主义》等著述，中国共产党方面有毛泽东和张闻天（洛甫）等的相关著述。概括起来，中国国民党方面偏重于在三民主义和共产主义之间划清界限，以思想战和文化战来继续政治战和军事战；中国共产党方面侧重于将共产主义凌驾于三民主义之上，通过历史主义和阶级分析的方法，以高下论二者关系。显然，这是两种意识形态之间的斗争，而非学术的争论。

综上所述，孙中山的民生主义是预防中国再度发生社会革命所提出的主张，也是替代中国社会主义、共产主义的主张，通过倡导民生主义就是社会主义、共产主义来模糊其中的区别。但是，在各种社会主义思潮中，孙中山对于共产主义敬而远之，对于社会民主主义则有所理解和同情，他比较向往和执着的是国家社会主义。孙中山对待社会主义，尤其对待马克思科学派社会主义的态度，包括两个方面：一是他肯定社会主义所揭示的社会问题、经济问题，将这一问题归结为生活问题、民生问题；二是他否定马克思科学派社会主义所主张的阶级战争、无产专制的理论和实践，以阶级合作、全民政治来替代。孙中山对马克思的批评，虽然充满了表面性和片面性，但也有它的意义和价值。首先，在历史的重心问题上，孙中山以“民生”来替代“物质”，与其说针对唯物主义历史观，不如说针对经济决定论和经济一元论。马克思和恩格斯对经济决定论和经济一元论是持批评态度的。当代西方马克思主义哲学的主流思潮主张超越唯物主义、回到实践哲学的倾向，与孙中山的民生史观殊途同归。其次，在阶级战争问题上，孙中山显然是理解和同情社会民主主义的。马列主义是主张阶级斗争、无产阶级革命和无产阶级专政的，伯恩施坦修正主义主张阶级合作、资本主义改良和社会主义民主。最后，在盈余价值问题上，孙中山的批评虽然无法与马克思的研究相抗衡，某种意义上却更有道理。在政治经济学史上，价值论有两种：一是劳动价值论，二是生产要素价值论。古典政治经济学家尽管强调劳动是价值的源泉，但也都没有排除其他生产要素。只有马克思

① 孙中山：《关于民生主义之说明》（1924），见《孙中山全集》，第9卷，111～112页。

将劳动价值论和生产要素价值论尖锐对立起来，坚持劳动价值论，反对生产要素价值论，认为资本和土地的价值或价格——利润和地租，归根结底是工人劳动——生产和再生产的产物和表现，不过为资本家和地主根据所有权而占有罢了。马克思纯化劳动价值论，在价值创造上不仅严格排除劳动以外的要素——资本和土地，而且将其严格限制在生产劳动内，排除非生产劳动。生产劳动是实现价值增值的劳动，不实现价值增值，就是非生产劳动。这样一来，不仅管理活动，而且服务行业，均非生产劳动。至于教育、科学（除科技工艺外）、文化事业，更在排除之列。它们不是生产价值、创造价值、实现价值增值，只是消费价值、享用价值，或者不过是在转移价值而已。孙中山对于马克思劳动价值论和建立在劳动价值论基础上的剩余价值论的批评虽然没有走向生产要素价值论，却扩展了劳动的定义。我们将会发现，这种扩展既与他的精英主义历史观契合，也与他的知识价值论契合。

现代社会问题往往围绕经济问题而展开，社会改革也常常以经济改革为中心。近代经济结构包括三个基本要素：土地、资本、劳动。在资本主义经济关系中，地租、利润、工资是三种基本物象，它们反映了三种基本人格——地主、资本家、劳动者。解放资本，就要消除土地的支配权；解放劳动，就要消除资本的支配权。孙中山的民生主义两大政策就是实现资本和劳动的解放，是在保留私有产权前提下，采取和平的而非暴力的、渐进的而非激进的、改良的而非革命的办法，达到社会经济改革的目的。但是，无论平均地权，还是节制资本，办法都是限制私人产权，目的都是扩张国家产权。这是国家资本主义政策，也是国家社会主义政策。

在资本主义经济关系中，生产、分配、交换和消费是四个基本环节。孙中山的民生主义以消费为本位，研究了生产和分配。资本主义生产以赚钱为目的，民生主义生产以养民为目的。这跟社会主义生产目的没有任何区别。资本主义生产目的是追逐剩余价值（利润），社会主义生产目的是满足社会需要，一在价值（交换价值）方面，一在使用价值方面。这样一来，社会主义反而失去了生产的动力，造成消费短缺，以至经济短缺，影响国计民生。

我们可以将列宁对孙中山的批评与孙中山对马克思科学派社会主义的批评互文看待。在《中国的民主主义和民粹主义》（1912）中，列宁曾经这样评论："孙中山的纲领的字里行间都充满了战斗的、真诚的民主主义。""但是在这位中国民粹主义者那里，这种战斗的民主主义思想首先是同社会主义空想、同使中国避免走资本主义道路即防止资本主义的愿望结合在一起的，其次是同宣传和实行激进的土地改革的计划结合在一起的。后面这两种思想政治倾向正是构成具有独特含义的（即不同于民主主义的、超出民主主义的）民粹主义的因素。”“因此，这位中国民主主义者的主观社会主义思想和纲领，事实上仅仅是‘改变不动产的全部法权根据’的纲领，仅仅是消灭封建剥削的纲领。”“孙中山的民粹主义的实质，他的进步的、战斗的、革命的资产阶级民主主义土地改革纲领以及他的所谓社会主义理论的实质就在这里。”“从学理上来说，这个理论是小资产阶级反动‘社会主义者’的理论。这是因为认为在中国可以‘防止’资本主义，认为中国既然落后就比较容易实行‘社会革命’等等的看法，都是极其反动的空想。”列宁预言，将来“中国社会民主工党”“在批判孙中山的小资产阶级空想和反动观点时，大概会细心地挑选出他的政治纲领和土地纲领中的革命民主主义内核，并加以保护和发展”①。

孙中山大约不会同意列宁对他的批评。根据他自己的评价，他是社会主义者，不是资本主义者。至于他的社会主义是主观的还是客观的，是空想的还是科学的，可谓见仁见智。至于列宁赠予他的两顶帽子——民主主义、民粹主义，可谓量身定制。从孙中山的民生主义的主张和方案来衡量，相比“威权政治＋市场经济”的模式，“威权政治＋计划经济”的模式更接近于他的构想。同样，根据孙中山自己的评价，他是代表全民族和全国民的，不是代表哪个阶级的。列宁说他代表资产阶级，与他历来反感资产阶级相悖。但是孙中山的思想，如精英主义历史观、知识价值论等，确有小资产阶级气质。小资产阶级就是平民。在民生主义这个角度，孙中山也可以被看成一位伟大的平民政治家和思想家。

历史证明，孙中山的民生主义和“一次革命”论没有达到预期目的。中国还是走上了社会革命的道路，还是走上了社会主义、共产主义的道路。中国共产党、毛泽东依据马列主义思想并将之与中国革命实际相结合，为了动员农民，进行了土地革命，这与孙中山的民生主义有所区别；1949 年中华人民共和国成立之后，中国共产党进行土地改革，继而实行合作化、人民公社化，此与孙中山的民生主义更无联系。中国国民党、蒋介石从大陆败退至台湾，总结经验教训，从 20 世纪 50 年代起，进行土地改革，算是实现了孙中山的民生主义的理论构想。

---

① 中共中央编译局编：《列宁选集》，第 2 卷，291、292～293、293、293～294、296 页，北京，人民出版社，2012。

第六节　建国方略——民主建国的行动纲领

孙中山平生的代表作有两部：一是《建国方略》（1917—1919），二是《三民主义》（1924）。虽《建国方略》著述在先，《三民主义》讲演在后，但无论在理论的形成时间上，还是在体系的逻辑关联上，除个别表述打上当时烙印外，都是三民主义在先，建国方略在后。

当我们从三民主义之研究过渡到建国方略之研究时，首先需要了解两个问题：一是主义和方略的关系；二是革命和建国的关系。主义是思想主张，方略是实施方案；主义是意识形态，方略是行动纲领。孙中山说："政纲和主义的性质，本来是不同的。主义是永远不能更改的，政纲是随时可以修正的。"① 孙中山是作为一位职业革命家名垂青史的。但是孙中山反复强调，革命是不得已而为之的事情。他个人的兴趣不在革命，而在建设。革命易，建设难。即使革命，非求革命之破坏，乃求革命之建设。《孙文学说——行易知难》指出："何谓革命之建设？革命之建设者，非常之建设也，亦速成之建设也。……是革命之破坏与革命之建设必相辅而行，犹人之两足、鸟之双翼也。"② 然而，革命以建设为目标，但建设却因革命而中止。

关于《建国方略》写作计划，孙中山曾与人有过几次说明。一是，"合改造心理、物质、社会、政治四种一书，名曰《建设方略》"③。二是，"文所著之《外交政策》一册，乃《国家建设》全书之一也"④。三是，"当革命破坏告成之际，建设发端之始，予乃不禁兴高采烈，欲以予生平之抱负，与积年研究之所得，定为《建国计划》（即《三民主义》《五权宪法》《国防计划》《革命方略》等），举而行之，以求一跃而登中国于富强之地焉"⑤。四是，"文自蓄志革命，即研究建设之方略，辛亥以来，有怀未遂，顾建设一日未成就，即民国一日未

---

① 孙中山：《中国国民党第一次全国代表大会闭幕词》（1924），见《孙中山全集》，第 9 卷，178 页。

② 《孙中山全集》，第 6 卷，207 页。

③ 孙中山：《在广东省第五次教育大会闭幕式的演说》（1921），见《孙中山全集》，第 5 卷，566～567 页。

④ 孙中山：《复廖仲恺胡汉民函》（1921），见《孙中山全集》，第 5 卷，569 页。

⑤ 孙中山：《致廖仲恺函》（1921），见《孙中山全集》，第 5 卷，570～572 页。

安全，耿耿之诚，无时或释。曾以所见著之篇帙，成为《建国方略》一书，虽卷帙未完，而规模略具”[①]。总起来说，孙中山有一宏大“建国计划”，已完成的是《建国方略》一书，包括《心理建设》《物质建设》《社会建设》三册，未完成的是《国家建设》一书，包括《民族主义》《民权主义》《民生主义》《五权宪法》《地方政府》《中央政府》《外交政策》《国防计划》八册。其中，《三民主义》已通过讲演结集，《五权宪法》亦通过演说成文，《外交政策》《国防计划》在书信中已见目录，《地方政府》《中央政府》未见构思。

相比《三民主义》，《建国方略》更多技术性，更少思辨性。譬如《心理建设》例证“行易知难”，以为“孙文学说”；《物质建设》详订“实业计划”；《社会建设》细列“会议通则”，以为“民权初步”。因此在研究中，我们需要从孙中山的技术叙述枝节中，复原他的根本哲学思想。

关于三民主义与建国方略（或曰建设方略）的关系，既可以用三民主义来涵括建国方略，也可以用建国方略去涵括三民主义。就前者言，物质建设是民生主义的补充，社会建设是民权主义的补充，心理建设是民族主义尤其是文化民族主义的补充。就后者言，整个三民主义，以及五权宪法、地方政府、中央政府、外交政策、国防计划，都属于国家建设（或曰政治建设），与心理建设、物质建设、社会建设，共同构成四大建设。

至于革命方略与建国（建设）方略的关系，革命方略大致将革命划分为军政、训政、宪政（或曰军法之治、约法之治、宪法之治）三个时期，要求革命循序进行。建国方略大致将建国划分为心理建设、物质建设、社会建设、国家建设四个部分，要求建设系统推进。

鉴于国家建设在三民主义评述中论及，下面分别评述心理、物质、社会三大建设。

一、行易知难与心理建设

孙中山早年就注意到了“知行”问题（或曰“言行”问题）。《致郑藻如书》（1890）声言：“坐而言者，未必可起而行。”[②]《上李鸿章书》（1894）自许：“可以坐言而起行，所谓非欲徒托空言者此也。”[③]

1919年春夏间，孙中山撰写了《孙文学说——行易知难》一书，同年出

---

① 孙中山：《复上海各路商界总联合会函》（1922），见《孙中山全集》，第6卷，538页。

② 《孙中山全集》，第1卷，1页。

③ 《孙中山全集》，第1卷，18页。

版，后又编为《建国方略》之一《心理建设》。他将自己所发明的“行易知难”一说命名为“孙文学说”，足见其以之为荣耀。

孙中山在总结“革命之建设”失败教训时，虽承认自己“德薄”“能鲜”，然归咎同党“信仰不笃、奉行不力”，“以思想错误而懈志”。孙中山所谓“思想错误”，即“知之非艰，行之惟艰”（《尚书·说命中》）之说（始于傅说对武丁之言）以及阳明“知行合一”（《传习录》）之说。孙中山说：“夫国者人之积也，人者心之器也，而国事者一人群心理之现象也。是故政治之隆污，系乎人心之振靡。吾心信其可行，则移山填海之难，终有成功之日；吾心信其不可行，则反掌折枝之易，亦无收效之期也。心之为用大矣哉！夫心也者，万事之本源也。”“夫国者，人之积也。人者，心之器也。国家政治者，一人群心理之现象也。是以建国之基，当发端于心理。”① 这就是孙中山为什么在建国方略中首先考虑心理建设的道理。所谓“孙文学说”概括起来非常简单，就是针对“知之非艰，行之惟艰”“知行合一”这些传统说法，提出“行易知难”这一中心思想，并以日常生活中的饮食、用钱、作文以及其他七事（建屋、造船、筑城、开河、电学、化学、进化）为证。其中，在饮食一事中论及“生元”（细胞），在用钱一事中论及“中准”（钱币），在作文一事中论及“理则”（逻辑），在进化一事中论及“太极”（“伊太”）等，反映了孙中山广博的科学、经济和文化方面的知识。“总而论之，有此十证以为‘行易知难’之铁案，则‘知之非艰，行之惟艰’之古说，与阳明‘知行合一’之格言，皆可从根本上而推翻之矣。”②《心理建设》讨论的主题是知行关系：一极是“知”，另一极是“行”。在这两个方面，孙中山都超越了中国传统。一方面，中国传统所谓知，只是伦理意识；孙中山所谓知，更是科学知识。他说：“夫科学者，统系之学也，条理之学也。凡真知特识，必从科学而来也。舍科学而外之所谓知识者，多非真知识也。”③ 按照西方新学标准衡量中国旧学，中国古代经验科学从未达到理论科学高度，“非真知识”。另一方面，中国传统所谓行，只是道德践行；孙中山所谓行，更是社会行动，如革命、建设以及所列十事等。孙中山之所以能破旧说，能立新说，首先是因为他所使用的概念已经淘汰旧意，赋予新意。他不是在旧有意义上反驳旧说，而是在更新意义上创立新说。由此，“行易知难”替代“知易行难”，“分知分行”替代“知行合一”。其结论是：“能知必能行”，

① 《孙中山全集》，第6卷，158～159、214页。
② 《孙中山全集》，第6卷，197页。
③ 《孙中山全集》，第6卷，200页。

"不知亦能行"，"有志竟成"。

在孙中山的例证中，也有一些纯粹哲学思想。譬如孙中山"以饮食为证"，提出了"生元"说："生物之元子，学者多译之为'细胞'，而作者今特创名之曰'生元'，盖取生物元始之意也。生元者何物也？曰：其为物也，精矣、微矣、神矣、妙矣，不可思议者矣！按今日科学所能窥者，则生元之为物也，乃有知觉灵明者也，乃有动作思为者也，乃有主意计划者也。"① "以进化为证"，孙中山更指出："进化之时期有三：其一为物质进化之时期，其二为物种进化之时期，其三则为人类进化之时期。元始之时，太极（此用以译西名'伊太'也）动而生电子，电子凝而成元素，元素合而成物质，物质聚而成地球，此世界进化之第一时期也。……由生元之始生而至于成人，则为第二期之进化。物种由微而显，由简而繁，本物竞天择之原则，经几许优胜劣败，生存淘汰，新陈代谢，千百万年，而人类乃成。人类初出之时，亦与禽兽无异；再经几许万年之进化，而始长成人性。而人类之进化，于是乎起源。此期之进化原则，则与物种之进化原则不同：物种以竞争为原则，人类则以互助为原则。社会国家者，互助之体也；道德仁义者，互助之用也。人类顺此原则则昌，不顺此原则则亡。……人类进化之目的为何？即孔子所谓'大道之行也，天下为公'，耶稣所谓'尔旨得成，在地若天'，此人类所希望，化现在之痛苦世界而为极乐之天堂者是也。"② 由此可见，孙中山主张进化论的世界观（宇宙观）。他以"太极"（＝"伊太"，即"以太"）为物质进化之元始，构造其自然观，而又以"生元"（＝"细胞"）为物种进化之元始，构造其历史观。这是以近代科学知识为基础的自然哲学和历史哲学。孙中山对于进化论有所取舍，于物种采"竞争"原则，于人类采"互助"原则，这就与赫胥黎社会进化论划清了界限。

中国传统的历史观是天命循环论，天命循环为王朝更替提供了合法性和正当性的论证。严复翻译赫胥黎的《天演论》（即《进化论与伦理学》），提出"物竞天择，适者生存"，为变法、改良提供了合法性和正当性的论证。孙中山的历史观承上启下，上承以严复为代表的进化论历史观，下启马列主义的唯物史观，为革命提供了合法性和正当性的论证。孙中山说："夫以今人之眼光，

---

① 《孙中山全集》，第6卷，163页。有关其纯粹哲学思想，孙中山的《在桂林对滇赣粤军的演说》（1921）在阐述精神教育时，提及物质与精神的关系。他说："总括宇宙现象，要不外物质与精神二者。精神虽为物质之对，然实相辅为用。考从前科学未发达时代，往往以精神与物质为绝对分离，而不知二者本合为一。在中国学者，亦恒言有体有用。何谓体？即物质。何谓用？即精神。"（《孙中山全集》，第6卷，12页。）此可谓物质精神体用合一论。

② 《孙中山全集》，第6卷，195～196页。

以考世界人类之进化，当分为三时期：第一由草昧进文明，为不知而行之时期；第二由文明再进文明，为行而后知之时期；第三自科学发明而后，为知而后行之时期。”① 孙中山的历史观是精英主义历史观，堪与大众主义历史观两相对照。

孙中山的进化论概以三段论表现出来，除了利用现成科学材料之外，缺乏真正实证研究，这就具有形式主义特征。譬如孙中山“以用钱为证”。首先，他研究了金钱：“统此两用（‘百货交易之中介，百货价格之标准’），而名之曰‘中准’，故为一简明之定义曰：‘钱币者，百货之中准也。’”其次，他区分了“买卖”与“交易”：“交易者，以货易货也；买卖者，以钱易货也。”最后，他考察了“货物‘中准’之变迁”：“需要时代，以日中为市为金钱也；安适时代，以金钱为金钱也；繁华时代，以契券为金钱也。”② 这是金钱进化论，又是一个三段论。

《孙文学说——行易知难》（《心理建设》）所涉及的纯粹哲学问题，除了世界观和历史观之外，就是认识论或知识论。人们从“行易知难”（“知难行易”）中推出各种认识论或知识论的命题，诸如“行先知后”还是“知先行后”，“因行而知”还是“因知而行”等等，由此辨析它的哲学属性。此属无谓争论。作为职业政治家，孙中山对于形而上学问题并无真正兴趣。因此，我们只有从政治哲学视角来重新审视“孙文学说”，才能真正把握它的精华。由此，我们可以将“知难行易”分析为两个原子命题：一是“知难”，二是“行易”。而“知难行易”则是二者合成的一个分子命题。须知，在日常语言中，“难”“易”既是从价值论讲的，如“难能可贵”，也是从意志论讲的，如“革心易行”。由此，我们先分论“知难”“行易”，再合论“知难行易”。

第一，“知难”。“知难”就是知识价值，“知难”论就是知识价值论。之所以“难能可贵”，是因为稀缺性，稀缺性导出其价值属性。为此，孙中山转述了一个故事：“有某家水管偶生窒碍，家主即雇工匠为之修理。工匠一至，不过举手之劳，而水管即复回原状。而家主叩以工值几何，工匠曰：‘五十元零四角。’家主曰：‘此举手之劳，我亦能为之，何索值之奢而零星也？何以不五

① 《孙中山全集》，第6卷，199～200页。又说：‘夫人群之进化，以时考之，则分为三时期。如上所述：曰不知而行之时期，曰行而后知之时期，曰知而后行之时期。而以人言之，则有三系焉：其一，先知先觉者，为创造发明；其二，后知后觉者，为仿效推行；其三，不知不觉者，为竭力乐成。”“上所谓文明之进化，成于三系之人：其一，先知先觉者即发明家也；其二，后知后觉者即鼓吹家也；其三，不知不觉者即实行家也。”（《孙中山全集》，第6卷，201、203页。）

② 《孙中山全集》，第6卷，170、172、177页。

十元，不五十一元，而独五十元零四角何为者？’工匠曰：‘五十元者，我知识之值也；四角者，我劳力之值也。如君今欲自为之，我可取消我劳力之值，而只索知识之值耳。’家主哑然失笑，而照索给之。”① 孙中山具有知识价值论思想，在当时中国具体历史条件下，是非常难能可贵的。

第二，“行易”。“行易”就是行动意志，“行易”论就是行动意志论。之所以“革心易行”，是因为意志力，意志力便是行动心理。“能知必能行”是有知识的行动，“不知亦能行”是无知识的行动。两种行动说明：知识是行动的充分条件，行动的必要条件是意志。孙中山本人就是意志力的化身，“屡败屡起，百折不馁”。在辛亥革命爆发后，孙中山返回中国，正是众望所归。他却告诉人们：“革命不在金钱，而全在热心。吾此次回国，未带金钱，所带者精神而已。”②《孙文学说——行易知难》开篇“自序”：“文奔走国事三十余年，毕生学力，尽萃于斯，精诚无间，百折不回，满清之威力所不能屈，穷途之困苦所不能挠。吾志所向，一往无前，愈挫愈奋，再接再励，用能鼓动风潮，造成时势。”③ 孙中山虽认为行动取决于意志力，但不等于他允许非理性行动。在“有志竟成”一章中，他说：“夫事有顺乎天理，应乎人情，适乎世界之潮流，合乎人群之需要，而为先知先觉者所决志行之，则断无不成者也，此古今之革命维新、兴邦建国等事业是也。”④ 他追述自己十战十败之革命往事，可谓屡战屡败而又屡败屡战。虽然其中不乏盲动、冒险，却达到了“鼓动风潮，造成时势”的目的。

第三，“知难行易”。在“分知分行”中，孙中山注意到了劳心劳力之分或脑力体力之分的社会分工趋势。因此他认为，就一时代一事业言“知行合一”，甚为适当；然合知行于一身，则殊不通于今日。于是他区分“先知先觉者”“后知后觉者”和“不知不觉者”三种人。对于“先知先觉者”，“后知后觉者”和“不知不觉者”唯有“笃信”“力行”而已。这样，在“分知分行”基础上重新构造“知行合一”，就是一个类似“政教合一”的结构：“知”是“教”，

① 《孙中山全集》，第 6 卷，196～197 页。孙中山的《在桂林学界欢迎会的演说》(1922) 同样转述了这样“一段故事”：“有一个人家的自来水管坏了，那个人家的主人，请一个工人去修理，那工人稍为动一动手，就修好了。”他向主人索要“五十元零几毫”，并解释说：“这那晓得怎么样修理的知识，是很难的，所以我多要一点价值，那五十元便是知识的价值；至于动手去实行修理是很容易的，所以我少要一点工钱，那几毫便是我动手的工钱。”(《孙中山全集》，第 6 卷，71～72 页。) 直到现在，类似这样一个故事仍然是关于知识价值的经典说明。

② 孙中山：《与上海〈大陆报〉主笔的谈话》(1911)，见《孙中山全集》，第 1 卷，573 页。

③ 《孙中山全集》，第 6 卷，157 页。

④ 《孙中山全集》，第 6 卷，228 页。

即意识形态；“行”是“政”，即政治行动。一切政治行动都要置于意识形态指导之下，一切行动者都要置于觉知者教导之下。“行易知难”就是这样一个为孙中山神圣化、三民主义意识形态化奠基的哲学命题。其目标是塑造卡里斯玛（charisma）型人物，建立意识形态政社一体化组织。

所谓心理建设是通过“精神教育”实现的。鉴于当时处于革命战争年代，孙中山特别强调军人精神教育。他指出：“智、仁、勇三者，即为军人精神之要素。”① 他强调“攻心为上”“至诚感神”，主张“攻心”“革心”“心战”，倡导从“化家为国”到“化国为家”，直至“不怕死”“乐死”“以死为幸福”等等。最能体现军人精神风貌的是孙中山所亲拟的《陆军军官学校训词》（1924）：“三民主义，吾党所宗，以建民国，以进大同。咨尔多士，为民前锋，夙夜匪懈，主义是从。矢勤矢勇，必信必忠，一心一德，贯彻始终。”②

总之，所谓孙文学说——行易知难，予“知行”旧题以新意，在自然进化论和历史进化论基础上提出精英主义历史观，以知识价值论、行动意志论为理论前提，其目的在塑造卡里斯玛型人物，建立意识形态政社一体化组织，其办法在精神教育。正是在这一意义上，蒋介石继承孙中山衣钵，倡导“力行哲学”。毛泽东在《实践论》中，以马列主义为指针，研究认识和实践的关系亦即知行关系，将认识奠定在实践基础上，在某种意义上是孙文学说——行易知难的颠倒。

二、实业计划与物质建设

中国传统士农工商“四民分业”，实业概指农工商业。中国古代“以农立国”，直至近代才有改变。王韬、郑观应、马建忠、薛福成、陈炽等人主张“以商立国”，“振兴商务”。康有为、梁启超、严复、谭嗣同、张謇等人主张“以工立国”，“振兴实业”。梁启超指出：“中国……他日必以工立国者也。”③康有为请定“国是”：“定为工国而讲求物质。”④ 还有张謇提出“棉铁主义”（或曰“棉铁政策”）等等。这些就是当时中国“实业救国”思潮。

孙中山的早期“实业救国”思想大致处于“以农立国”“以商立国”两者之间。从《致郑藻如书》（1890）、《农功》（1891）到《上李鸿章书》（1894）

① 《孙中山全集》，第 6 卷，16 页。

② 《孙中山全集》，第 10 卷，300 页，北京，中华书局，1986。

③ 梁启超：《变法通议·论译书》（1897），见《饮冰室合集》，文集之一，70 页。

④ 康有为：《请厉工艺奖创新折》（1898），见《康有为全集》，第四集，302 页。

都是这样，尤其《农功》所提出的“农经商纬”思想更是如此。由于投身革命事业，孙中山没有多少时间和精力考虑实业问题。然而，孙中山在将临时大总统职位转让给袁世凯后，一度提出了十年修筑二十万里铁路的宏大实业救国计划。这一计划当时是无法实现的，却反映了孙中山的宏图大志。当时，袁世凯练兵，孙中山修路，一度成为国民所关注的焦点。孙中山说：“维持现状，我不如袁，规划将来，袁不如我。”[①] 孙中山就这样开始研究实业问题了。在《中国实业如何能够发展》（1919）中，他从美国实业大王骆基化罗（即洛克菲勒）那里了解到“发展实业之四要素”——“劳力、资本、经营之才能、主顾之社会”。联系中国实际，因为地大物博、人口众多，所以“劳力与人工”丰富，“资本与人才”欠缺。“然则欲图中国实业之发展者，所当注重之问题，即资本与人才而已。”“夫资本者，乃助人力以生产之机器也。今日所谓实业者，实机器毕生之事业而已。是故资本即机器，机器即资本，名异而实同也。”[②]

1920 年 7 月，孙中山撰写了《实业计划》一书，原为英文，原名 *The International Development of China*，1918 年曾出版过部分章节，1920 年出版全书英文本，1921 年出版中文本，后又编为《建国方略》之二《物质建设》。

《实业计划》反映了孙中山的如下三种基本思想倾向。

第一，开放主义。《实业计划》中译名为《国际共同发展中国实业计划书——补助世界战后整顿实业之方法》，此谓开放主义。孙中山在“自序”中说：“欧战甫完之夕，作者始从事于研究国际共同发展中国实业，而成此六种计划。盖欲利用战时宏大规模之机器及完全组织之人工，以助长中国实业之发达，而成我国民一突飞之进步，且以助各国战后工人问题之解决。”[③] 此即利用欧战（即第一次世界大战）后之时机，使欧美之资本、人才与中国之劳力、人工两相为用。虽然这一宏大实业计划当时无从着手，但是孙中山从经济全球化亦即国际资本大循环出发考虑问题，确为真知灼见。在这一发展思路中，孙中山注意到了主权问题。他说：“惟发展之权，操之在我则存，操之在人则亡，此后中国存亡之关键，则在此实业发展之一事也。”[④] 在他看来，“世界有三大问题，即国际战争、商业战争与阶级战争是也”。“商业战争，亦战争之一种，

① 孙中山：《与某人的谈话》（1912），见《孙中山全集》，第 2 卷，440 页。

② 《孙中山全集》，第 5 卷，133 页。

③ 《孙中山全集》，第 6 卷，248 页。

④ 《孙中山全集》，第 6 卷，248～249 页。

是资本家与资本家之战争也。”“阶级战争，即工人与资本家之战争也。”① 但是孙中山认为三大战争是可以避免的。“故在吾之国际发展实业计划，拟将一概工业组成一极大公司，归诸中国人民公有，但须得国际资本家为共同经济利益之协助。”② 这是一个幻想，不切实际。他说：“夫物质文明之标的，非私人之利益，乃公共之利益。而其最直截之途径，不在竞争，而在互助。……简括言之，此乃吾之意见，盖欲使外国之资本主义以造成中国之社会主义，而调和此人类进化之两种经济能力，使之互相为用，以促进将来世界之文明也。”③ 历史证明，“使外国之资本主义以造成中国之社会主义”，确有先见之明。

第二，计划主义。《实业计划》包括六大计划，布局当时中国中部、北部、南部，以至东三省、蒙古、新疆、青海、西藏，涉及交通之开发、商港之开辟、铁路中心及终点并商港地设新式市街、水力之发展、设冶铁制钢并造士敏土之大工厂、矿业之发展、农业之发展、灌溉、建造森林、移民十策。可谓计算周密，谋划细致。此谓计划主义。孙中山解释说：“此书为实业计划之大方针，为国家经济之大政策而已。至其实施之细密计划，必当再经一度专门名家之调查，科学实验之审定，乃可从事。故所举之计划，当有种种之变更改良，读者幸勿以此书为一成不易之论，庶乎可。”④

第三，民生主义。孙中山注意到了当时欧美国家在“易手工用机器之工业革命”后，出现“推行工业统一于国有”之“第二工业革命”，指出：“于中国两种革命必须同时并举，既废手工采机器，又统一而国有之。”⑤ 他说：“中国实业之开发应分两路进行：（一）个人企业，（二）国家经营是也。凡夫事物之可以委诸个人，或其较国家经营为适宜者，应任个人为之，由国家奖励，而以法律保护之。……至其不能委诸个人及有独占性质者，应由国家经营之。”⑥ 在《实业计划》中，孙中山将工业分成两类：一是“关键及根本工业”，二是“工业本部”。“所谓工业本部者，乃以个人及家族生活所必需，且生活安适所由得。”“据近世文明言，生活之物质原件共有五种，即食、衣、住、行及印刷是也。”⑦ 前者大约是生产资料生产的第一部类，后者大约是消费资料生产的第二

① 《孙中山全集》，第6卷，394、396、397页。
② 《孙中山全集》，第6卷，397页。
③ 《孙中山全集》，第6卷，398页。
④ 《孙中山全集》，第6卷，249页。
⑤ 《孙中山全集》，第6卷，250页。
⑥ 《孙中山全集》，第6卷，253～254页。
⑦ 《孙中山全集》，第6卷，377、378页。

部类（之所以增加印刷，是因为考虑到了精神消费）。第一部类生产服务于第二部类生产，此即民生主义，亦即消费主义。

总之，孙中山的《实业计划》既是计划经济思想的源头，又是经济开放思想的源头，是民生主义的补充。后来台湾和大陆的经济建设和经济复兴，在某种程度上实现了孙中山的宏大愿景。

三、民权初步与社会建设

在孙中山思想的研究中，《三民主义》以及《建国方略》中的《心理建设》《实业计划》是为人们所注重的，相比之下，《民权初步》历来为人们所轻视，譬之“小道”。初读此书，有关会议程序和规则的描述似乎烦琐可笑，然而深思全书旨趣所在，读者应能领会作者良苦用心。

孙中山始终认为，中华民族积贫积弱的根源是“一盘散沙”。为了解决这一问题，孙中山前后提出过三个方案。其一，通过中国固有的家族团体和宗族团体，组织现代的民族团体或国族团体。此在《民族主义》《民权主义》两次系列讲演中即有系统论述。其二，通过演练集会，“教国民行民权”，使“一盘散沙之民众”成“民国主人之国民”。此即《民权初步》。其三，“以党建国，以党治国”，就是通过组织意识形态政社一体化政党，进而组织意识形态政社一体化国家。相比而言，第一方案除证明孙中山属于文化保守主义者外，理论上说不通，实际上行不通，因为中国固有的家族和宗族只能形成“家长制”“一言堂”，不能形成现代的民族或国族。第三方案实际上得以贯彻，但理论上却是从“民权”到“党权”的退行。唯独第二方案理论上是自洽的，实际上亦有一定的适用性和可行性。

1917 年 2 月 21 日，孙中山撰写了《会议通则》一书，同年出版，后又改名《民权初步》，编为《建国方略》之三《社会建设》。

《民权初步》反映了孙中山的如下三种基本思想倾向。

第一，民权主义。辛亥之后，孙中山亲历民初民主幻象，以及袁氏帝制自为，为了“造成纯粹民国”“发达民权”，主张“从固结人心、纠合群力始”，通过“集会”整合“乌合”之众，反对“帝政”“专制”。他认为“中国人……集会之原则、集会之条理、集会之习惯、集会之经验，皆阙然无有”，因而从“西学”中发现“议学”亦即“议事之学”，“西人”习为“第二天性”，养成“合群团体之力”。《民权初步》从“西国议学之书”中“取材”“数种”，“尤以沙德氏（即沙德，Harriette Lucy Shattuck）之书（其代表作为《妇女参政议事手册》）为最多”（学界考证孙中山还参考了《罗伯特议事规则》）。孙中山指出：《民权初步》是“教国民行民权之第一步”。“此书譬之兵家之操典，化学之公式，非浏览诵读之书，乃习练演试之书也。若以浏览诵读而治此书，则必味如嚼蜡，终无所得。若以习练演试而治此书，则将如瞰蔗，渐入佳境。一旦贯通，则会议之妙用，可全然领略矣。”家族、社会、学校、农团、工党、商会、公司、国会、省会、县会、国务会议、军事会议，“皆当以此为法则”①。孙中山正是基于民权主义，探讨了集会的程序和集会的规则。此谓“行远自迩，登高自卑”。民权主义是“道”，民权初步是“技”，二者亦是“本末体用”关系。

第二，工具主义。孙中山历来注重形式，《孙文学说——行易知难》特别提及“宣誓”一事，高估其意义和价值，竟认为辛亥胜利、讨袁成功，皆有赖于此。②《民权初步》包括结会、动议、修正案、动议之顺序、权宜及秩序问题，正文总计5卷20章157节。孙中山首先给“会议”下了定义：“凡研究事理而为之解决，一人谓之独思，二人谓之对话，三人以上而循有一定规则者则谓之会议。”“会议有三种：其一，临时集会，为应付特别事件而生者；其二，委员会，乃受高级团体之命令而成，以审查所指定之事，而为之解决或为之筹备者；其三，永久社会，为有定目的而设者。此三者之分别，则如一、二两种为暂时之会，其三为永久之会。又其一、其三为独立之团体，而委员会则为附属之团体。”③ 这是“会议”概念的内涵和外延。孙中山在“独思”“对话”和“会议”三者之间划界，涉及私人领域和公共领域的划界，作为公共领域，包括临时集会和永久社会的会议是需要讲求规则、程序的。孙中山说：“凡有同声相应、同气相求者，皆可召来会议。”④ 这种理解方式或有误差，但由此认定这里有着“党同伐异”倾向却属于以偏概全。通读全文，有关会议的规则和程序是以容忍各种不同甚至相反立场为前提的。尤其孙中山规定：“会长为全体之公仆，非为一部分或一人而服务，是故彼虽为一会之长，而非一会之主人翁也。”“会长乃会场之公仆而不为主宰也。”⑤ 这一规定就反映了民主原则。其次，孙中山进而探讨议事程序。“议场每行一事，其手续有三：其一，动议；

① 《孙中山全集》，第6卷，413～414页。
② 参见《孙中山全集》，第6卷，212～215页。
③ 《孙中山全集》，第6卷，415页。
④ 《孙中山全集》，第6卷，416页。
⑤ 《孙中山全集》，第6卷，425、482页。

其二，讨论；其三，表决。……动议者，为对于事体处分之提案也。”“以狭义言之，讨论即对于一问题，具有成见，意趣不同，表决背驰，而下反对之驳议也。但以广义言之，即包括对于问题一切之评论，无论其为反对与赞同也。”[①]从动议，经过讨论，到表决，构成一个完整会议程序，其中规则均有严密探讨。最后，孙中山进而探讨修正案、动议之顺序、权宜及秩序问题。动议的“改变方式或意义之手续，名曰‘修正’”。“顺序”“乃指处分动议之秩序而言”。“权宜问题，乃有关于在场之额外事件问题也。”“秩序问题与权宜问题之别者，在直接关系当议之事件，而有所改正，或完备其进行之手续者。”[②]概而言之，后面三个部分是前面两个部分的补充，使其更加完整严密。上述几个方面正是一种工具主义，亦即一种实用主义。有关会议的程序和规则，其现实性与合理性在于能否引导会议取得成功。孙中山解释说：《民权初步》作为集会演习“指南”，任一团体或全照本书，或另立专条均可。“惟须注意：切不可订立条例与通行议场公例抵触者，方为妥善。”“更有一事当为各社会之忠告者：则切不可因一时情面或他种理由，而设一先例，以致将来有碍一会之自由行动者。……盖先例非一成不变者也，其效力只行于未得良法之前；如一旦得更良之法，则当以代之也。”“再者，若一社会察觉其前时所行之事有不合通则者，则尽可由之，而不必追加改正，只宜慎重不必行之于下次足矣。”[③]

第三，社会主义。在《民生主义》系列讲演中，孙中山将民生主义等同于社会主义。其实，孙中山所谓民生主义不过就是国家社会主义、国家资本主义或曰国家主义；孙中山所谓社会革命就是经济革命而已。但是，社会还有另外一层含义。在《民族主义》系列讲演中，孙中山说：“‘社会’两个字，就有两个用法：一个是指一般人群而言，一个是指一种有组织之团体而言。”[④]从前一种社会到后一种社会，就是组织社会。社会相应国家而言，社会组织相应国家组织而言。孙中山说：“社会者，即分工之最大场所也。合农、工、商等之各种组织，而始成一大社会。”[⑤]分工构成社会，社会结构是分工造成的。组织社会是组织国家的基础。《民权初步》以集会、结社为组织社会之“生元”或细

---

① 《孙中山全集》，第 6 卷，429、434～435 页。

② 《孙中山全集》，第 6 卷，451、463、479、481 页。

③ 《孙中山全集》，第 6 卷，489 页。

④ 《孙中山全集》，第 9 卷，185 页。

⑤ 孙中山：《在桂林对滇赣粤军的演说》(1921)，见《孙中山全集》，第 6 卷，18 页。

胞，这是另外一种社会主义。相比国家主义以国家为本位，社会主义是以社会为本位的。当然，孙中山没有将社会理解为个人之间基于产权所有所形成的权利和义务的契约关系亦即市民社会或曰公民社会，这是由他的整个理论体系所决定的，也是他的预期所不能达到的缘由。

总之，孙中山的《民权初步》重程序，讲规则，是法治主义的思路，是民主、共和的奠基。但是，由于民主、共和屡遭挫折，或中断，或扭曲，人治主义更与一切程序、规则相悖，《民权初步》甚至从孙中山自己开始就悬置起来了。但是它的思想光辉是不会被历史遮蔽的。

第七节　晚年转向

孙中山生平两次转折点，一是1896年的“伦敦蒙难”，二是1922年的“广州蒙难”。孙中山因陈炯明叛变而被难，推动了他晚年思想的转向。

孙中山的思想是否存在一个晚年转向？是否存在新旧三民主义区分？这是国共两党意识形态争论中的一大焦点。

1940年，在《新民主主义论》中，毛泽东以孙中山在《中国国民党第一次全国代表大会宣言》（1924）中所重新解释的三民主义为依据，以新民主主义革命和旧民主主义革命两个时期的划分为前提，以“联俄、联共、扶助农工”三大政策为标准，划分新旧三民主义：三大政策提出前为旧三民主义，三大政策提出后为新三民主义。他说：“这种新时期的革命的三民主义，新三民主义或真三民主义，是联俄、联共、扶助农工三大政策的三民主义。没有三大政策，或三大政策缺一，在新时期中，就都是伪三民主义，或半三民主义。”[①] 毛泽东由此将新三民主义与新民主主义革命联结起来，这一观点成为中国共产党方面研究孙中山三民主义的定论。

但是，中国国民党方面是反对区分孙中山新旧三民主义的。汪精卫在针对时人以三大政策来替代三民主义时，特别提出：“政策与主义是有分别的。不论是政策或是主义，都是依着时代与环境而定的，在某一时代某一环境下需要什么政策什么主义，然后才定出什么政策什么主义，故主义与政策总脱不了时

① 《毛泽东选集》，第2卷，689～690页，北京，人民出版社，1991。

代环境的关系。可是主义的时间性要长些，有固定性，有永久性。政策的时间便不同了，政策系由主义发展出来的，没有主义的时间性长。三民主义是中国国民党的主义，时间性是很长的，自秘密革命运动起以至军政训政完全依三民主义而实行的，到宪政时期更是如此。至于政策是主义的产物，由主义按着时间与环境而定出一种适用的政策，故主义不与政策相提并论的。"[①] 这一观点为中国国民党方面所沿用，以此捍卫孙中山三民主义的前后一致与不可分割。除此以外，中国国民党方面承认曾采用过"联俄"政策，但反对将"容共"政策混淆为"联共"政策，也否认曾采用过"扶助农工"政策，认为中国国民党是"扶助国民"的，其中包含"扶助农工"，但不会单纯"扶助农工"。

上述意识形态争论自有国共两党之政治考量。在学术上，孰是孰非，我们只有依据孙中山思想历史发展的内在逻辑予以辨析。

首先，"联俄"是国共双方共同承认的孙中山晚年的一大政策。至于这一政策是否造成主义转向，需要了解"联俄"政策的性质和指向。政策虽然不是主义，但也不与主义截然二分。

早年的孙中山对于列强均有一定的好感和期待。孙中山最有好感的是日本，譬如以日本为"第二故乡"，以兄弟关系喻中日"同种同文"等。但是日本对中国的侵略野心消解了孙中山的亲善愿望。他说："日本维新是中国革命的第一步，中国革命是日本维新的第二步。中国革命同日本维新实在是一个意义。可惜日本人维新之后得到了强盛，反忘却了中国革命之失败，所以中日感情日渐疏远。"[②] 孙中山主张以中日提携为基础，联合亚洲各国各族，抵抗欧美列强。此谓"大亚洲主义"。孙中山说："要之，亚细亚者，为亚细亚人之亚细亚也。"[③]"我们现在讲'大亚洲主义'，研究到这个地步，究竟是什么问题呢？简而言之，就是文化问题，就是东方文化和西方文化的比较和冲突问题。东方的文化是王道，西方的文化是霸道；讲王道是主张仁义道德，讲霸道是主张功利强权。讲仁义道德，是由正义公理来感化人；讲功利强权，是用洋枪大炮来压迫人。""我们讲大亚洲主义，研究到结果，究竟要解决什么问题呢？就是为亚洲受痛苦的民族，要怎么样才可以抵抗欧洲强盛民族的问题。简而言之，就

---

① 汪精卫：《武汉分共之经过》（1927），见《汪精卫全集》，第 1 卷，83～84 页，上海，三民公司，1929。

② 孙中山：《与长崎新闻记者的谈话》（1924），见《孙中山全集》，第 11 卷，365 页，北京，中华书局，1986。

③ 孙中山：《在日本东亚同文会欢迎会的演说》（1913），见《孙中山全集》，第 3 卷，15 页。

是要为被压迫的民族来打不平的问题。……我们讲大亚洲主义，以王道为基础，是为打不平。……你们日本民族既得到了欧美的霸道的文化，又有亚洲王道文化的本质，从今以后对于世界文化的前途，究竟是做西方霸道的鹰犬，或是做东方王道的干城，就在你们日本国民去详审慎择。”① 孙中山大亚洲主义坚持“王道”，反对“霸道”，与其民族主义、世界主义一致，虽然过于理想，不切实际，却与日本和汪伪的大亚洲主义大异其趣。另一方面，孙中山最为期待的是西方列强，尤其是美国，还有英、法两国。他说：“美国为世界第一共和国，吾国共和，是美国首先承认，即所以承认国会也。”② “美国素重感情，主持人道；法国尊重主权，又尚道义；而英国外交，则专重利害，唯其主张，中正不偏，又能识别是非，主持公理，故其对外态度，常不失其大国之风，在在令以敬爱。吾国建设，当以英国公正之态度、美国远大之规模，以及法国爱国之精神为模范，以树吾民国千百年永久之计。”③ 孙中山晚年从日、美、英、法诸国转向俄国是时势造成的。

“五四”前后是民国历史的一大转折。中国加入协约国阵营，虽然只是名义，并未实质参加第一次世界大战，但是人民对于胜利之后改变中国国际地位抱有莫大希望。《威尔逊十四条宣言》（1918）、国际联盟（1920）引起了中国人民的热烈反响。而巴黎和会（1919）以及山东问题的交涉和失败，又引起了中国人民的强烈愤慨。五四运动爆发，它的影响是深远的。中国人民的心理和意识，由美国转向了苏俄，由威尔逊转向了列宁。苏俄两次对华宣言亦即《加拉罕宣言》（1919、1920），声明放弃帝俄在华所有特权，虽然只是口头承诺，并无行动兑现，但在中国人民心目中却赢得了良好声誉。相比美国，当时苏俄采取了更加友好亲善的外交姿态，采取了更加灵活务实的外交方针。为了打破西方资本帝国主义的包围，扩大苏俄社会主义的影响，苏俄外交国际战略兼有意识形态和国家利益的双重目标，一方面通过共产国际寻找意识形态意义上的同志，另一方面则寻找国家利益意义上的朋友。在当时的中国，这两方面战略都获得了极大的成就。苏俄既通过共产国际帮助陈独秀和李大钊创立中国共产党，又在考虑吴佩孚和冯玉祥后，最终锁定孙中山，帮助他改组中国国民党。

---

① 孙中山：《对神户商业会议所等团体的演说》（1924），见《孙中山全集》，第 11 卷，407、409 页。

② 孙中山：《在宴请美领事会上的讲话》（1918），见《孙中山全集》，第 4 卷，399 页，北京，中华书局，1985。

③ 孙中山：《在摩轩号舰对幕僚的谈话》（1922），见《孙中山全集》，第 6 卷，516 页。

在新文化运动中崛起的以陈独秀和李大钊为代表的一批知识分子接受马列主义，于1921年创立中国共产党。同时，孙中山晚年思想也在转向。他对于俄国革命成就心存向往。他一直在西方学习和生活，却为西方所冷落，而苏俄则表示了热情的态度。正是在这种情况下，孙中山决心“以俄为师”。他说：“盖今日革命，非学俄国不可。……我党今后之革命，非以俄为师，断无成就。”①

问题在于，孙中山的“以俄为师”究竟是要学习俄国哪一方面？《孙文越飞联合宣言》(1923) 特别指出：“孙逸仙博士以为共产组织，甚至苏维埃制度，事实均不能引用于中国。因中国并无使此项共产制度或苏维埃制度可以成功之情况也。此项见解，越飞君完全同意。且以为中国最要最急之问题，乃在民国的统一之成功，与完全国家的独立之获得。”② 孙中山的“以俄为师”不是要学俄国共产制度或苏维埃制度，那么究竟要学什么？他说：“中国革命的目的和俄国相同，俄国革命的目的也是和中国相同，中国同俄国革命都是走一条路。所以中国同俄国不只是亲善，照革命的关系，实在是一家。至于说到国家制度，中国有中国的制度，俄国有俄国的制度。因为中国同俄国的国情彼此向来不相同，所以制度也不能相同。”“中国将来是三民主义和五权宪法的制度。”“近来俄国革命成功，还不忘中国革命之失败，所以中国国民同俄国国民，因革命之奋斗，日加亲善。”③ 既然革命目的相同，国家制度有异，那就只有在革命办法上学习。

其次，“联共”还是“容共”？当时国共合作首先是苏俄双重外交国际战略推动的。国共合作究竟采取党外合作形式还是党内合作形式，这在国共双方都有争论。就中国共产党方面说，国共合作就是中国共产党在保持独立性前提下，通过区分中国国民党左中右翼，联合左派，中立中派，反对右派，争取领

---

① 孙中山：《致蒋中正函》(1924)，见《孙中山全集》，第11卷，145页。

② 《孙中山全集》，第7卷，51～52页。1921年，“8、9月间，……共产主义代表马林南下拜访孙中山，陈说十月革命的经验，并提出关于中国革命的两条建议：(一) 组成一能联合各革命阶级，尤其是工农大众的政党。(二) 要有真正的革命武装，应设立一军官学校。”(吴相湘：《孙逸仙先生传》，下册，1508页，台北，远东图书公司，1982；引自陈锡祺主编：《孙中山年谱长编》，下册，1410页，北京，中华书局，1991。)“越飞在会谈中告诉孙中山，俄国革命的胜利是由于有很好组织的红军和政党，因此，中国的主要任务是组织好革命的政党。越飞建议孙中山重新解释三民主义，改变三民主义的方向，使之具有反帝的内容、群众路线，并建议同苏联和共产党合作。”[[美] 霍罗布尼奇：《米哈伊尔·鲍罗廷与中国革命 (1923—1925)》，202页，密歇根大学出版社，1979；引自陈锡祺主编：《孙中山年谱长编》，下册，1563页。] 马林和越飞的建议都包含了建立意识形态政党、动员工农民众、建立革命武装等项，这些建议一定打动了孙中山，推动了孙中山晚年思想转向。

③ 孙中山：《与长崎新闻记者的谈话》(1924)，见《孙中山全集》，第11卷，365页。

导权。就中国国民党方面说，国共合作就是中国国民党容纳以至溶化中国共产党。就孙中山本意说，就像他要在理论上以三民主义替代社会主义、共产主义，在实践中以民族革命、政治革命替代社会革命一样，在组织上他要用中国国民党的“大圈子”容纳以至溶化中国共产党的“小圈子”。

最后，“扶助农工”还是“扶助国民”？鉴于孙中山反对阶级战争、无产专制，孙中山只能为动员农夫、工人参加国民革命而“扶助农工”。在国民革命中，农夫、工人且与知识阶级、商人并列（士农工商）。但这一动员却是从小革命到大革命，从民族革命、政治革命到社会革命的历史转折。

正是在这一意义上，孙中山的晚年思想转向是成立的。“联俄、联共、扶助农工”三大政策只是表面现象，深层本质在于三民主义确实在一些基点上发生了变化。仅以《中国国民党第一次全国代表大会宣言》（1924，以下简称《宣言》）所重新解释的三民主义为例。首先，民族主义明确从“排满”发展到“反帝”，从“五族共和”“种族同化”发展到“民族自决”“世界大同”。其次，关于民权主义，《宣言》明确指出：“近世各国所谓民权制度，往往为资产阶级所专有，适成为压迫平民之工具。若国民党之民权主义，则为一般平民所共有，非少数者所得而私也。……盖民国之民权，唯民国之国民乃能享之，必不轻授此权于反对民国之人，使得借以破坏民国。详言之，则凡真正反对帝国主义之个人及团体，均得享有一切自由及权利；而凡卖国罔民以效忠于帝国主义及军阀者，无论其为团体或个人，皆不得享有此等自由及权利。”① 最后，关于民生主义，《宣言》明确指出：“国民革命之运动，必恃全国农夫、工人之参加，然后可以决胜，盖无可疑者。……盖国民党现正从事于反抗帝国主义与军阀，反抗不利于农夫、工人之特殊阶级，以谋农夫、工人之解放。质言之，即为农夫、工人而奋斗，亦即农夫、工人为自身而奋斗也。”② 上述提法虽然没有阶级战争、无产专制一类表述，却相当接近此类意思。

孙中山的晚年思想转向，其中最根本和最主要的方面，就是从民权主义退行到党权主义。这又包括两个方面：一是建党、治党思想的转变，从革命党，经政见议会选举型政党，到意识形态政社一体化政党。二是建国、治国思想的转变，从军政（军法之治），经训政（约法之治），到以党建国、以党治国。

---

① 《孙中山全集》，第 9 卷，120 页。

② 《孙中山全集》，第 9 卷，121 页。

孙中山最早创立的政党是中国同盟会（1905），是一个自由联合的革命团体，指导思想相当混乱，组织成分非常复杂。在指导思想上，虽然孙中山提出了三民主义（民族主义、民权主义、民生主义），但是同盟会会员有的只认可一民主义（民族主义），有的只认可二民主义（民族主义、民权主义），很少有人理解、同情、信奉孙中山的三民主义，尤其是其中的民生主义。在组织成分上，同盟会派别林立：孙中山的兴中会、黄兴的华兴会，孙黄联合形成了同盟会的主流派，还有其他派，像光复会、武汉革命党人等。虽然孙中山的威望最高，却并非人人服从。辛亥革命胜利之后，张謇、黄兴、宋教仁、章太炎等提出“革命军起，革命党消”（或曰“革命事起，革命党消”），同盟会陷于瓦解。

袁世凯当政时期，1912 年，宋教仁组建国民党。这个国民党就是西方政见议会选举型政党，就是为了竞选，在国会中获取多数，以成立责任内阁为宗旨。1913 年，梁启超组建进步党。这个进步党也是西方政见议会选举型政党。当时孙中山是赞成多党（两党）政治的。他针对当时的情况指出：“事实上，中国的党、社，已经太多，最好他们能联合成两三个有力的大党。”① “要知文明各国不能仅有一政党，若仅有一政党，仍是专制政体，政治不能有进步。”② “党之用意，彼此助政治之发达，两党互相进退。得国民赞成多数者为在位党，起而掌握政治之权；国民赞成少数者为在野党，居于监督之地位，研究政治之适当与否。凡一党秉政，不能事事皆臻完善，必有在野党从旁观察，以监督其举动，可以随时指明。国民见在位党之政策不利于国家，必思有以改弦更张，因而赞成在野党之政策者必居多数。在野党得多数国民之信仰，即可起而代握政权，变而为在位党。盖一党之精神才力，必有缺乏之时，而世界状态，变迁无常，不能以一种政策永久不变，必须两党在位、在野互相替代，国家之政治方能日有进步。”③ 表面上，当时中国朝着西方议会政治方向发展，是迄今为止距离西方议会政治最为接近的年代。国民党、进步党，这两个党似乎极有可能形成西方式的两党轮流执政局面。但是，实质上，以袁世凯为代表的北洋系控制了局面。袁世凯利用进步党打压国民党。宋教仁被暗杀，孙中山和黄兴发动二次革命失败，国民党被取缔。在袁世凯利用进步党“清剿”国民党后，国会遭难，《临时约法》被撕毁，被“袁记约法”取代。这样就证明，国民党、进

---

① 孙中山：《中华民国》（1912），见《孙中山全集》，第 2 卷，393 页。

② 孙中山：《在国民党成立大会上的演说》（1912），见《孙中山全集》，第 2 卷，408 页。

③ 孙中山：《在东京留日三团体欢迎会的演说》（1913），见《孙中山全集》，第 3 卷，35 页。

步党，这两个党其实是唇亡齿寒的关系。而袁世凯则在消除一切障碍后，帝制自为。

二次革命失败之后，孙中山认为同盟会不行了，国民党不行了，必须重新建党。1914 年，孙中山创立中华革命党，实行党魁威权制度，每个党员皆须重写誓约，加按指模，以示坚决“附从孙先生”，以至于黄兴受不了，拒绝入党。陈其美等人挺而支持孙中山。但是中华革命党在反袁斗争中影响很小。不是孙中山和黄兴，而是蔡锷等人发动护国运动成功，最终推翻袁氏统治。

如果我们考察中国国民党党史的话，就会发现它的两个源头：一个是中国同盟会，一个是中华革命党。孙中山深感革命领袖的权威为国家元首、政府首脑的权威所不及。在《孙文学说——行易知难》中，他感叹：“予为民国总统时之主张，反不若为革命领袖时之有效而见之施行矣。”① 但是，中国国民党的威权主义和党国体制应该是从中华革命党成立起逐步形成、发展起来的。孙中山标榜所谓“孙文革命”，就是以自身为革命人格化身。他说：“‘我这三民主义、五权宪法，也可以叫做孙文革命。所以服从我，就是服从我所主张的革命；服从我的革命，自然应该服从我。’……当时许多的人反对我把个人做主义去办党，不知党本是人治，不像国家的法治。……综而言之，党用人治的长处很多，人治力量乃大。”② 孙中山同样标榜所谓“政党政治”就是知识阶级专政。他说：“彼英、美政治虽如此发达，却是政权不在普通人民手里。究竟在什么人手里呢？老实说，就是在知识阶级的手里。这就叫做政党政治。”③ 这就用“人治”颠覆了“法治”，而又用“专政”颠覆了“民主”，已经接近一党政治、一个主义、一个领袖。

孙中山晚年两次改组国民党。1919 年改组国民党，加上“中国”两个字，叫作“中国国民党”。1924 年改组中国国民党，这时完全是在苏俄帮助下改组的。因此，严格地说，中国国民党，特别是 1924 年改组的中国国民党也是一个列宁党，当然不如 1921 年成立的中国共产党接近列宁党的标准。相比之下，中国共产党是以马列主义为指导的强意识形态政社一体化政党，而中国国民党

---

① 《孙中山全集》，第 6 卷，158 页。

② 孙中山：《在上海中国国民党本部会议的演说》（1920），见《孙中山全集》，第 5 卷，393～394 页。

③ 孙中山：《在中国国民党本部特设驻粤办事处的演说》（1921），见《孙中山全集》，第 5 卷，481 页。

则是以三民主义为指导的弱意识形态政社一体化政党。孙中山比较“兵力”与“心力”，认为：“建国方法有二：一曰军队之力量；二曰主义之力量。”① “要政治上切实的道理实行出来，统共有两种方法：一是用武力压逼群众，强迫去行——中国古时政治变更大多数都是用这种方法。二是靠宣传，使人心悦诚服，情愿奉令去行——这种方法在中国历史上不多见。”② “凡武力与帝国主义结合者无不败。反之，与国民结合以速国民革命之进行者无不胜。今日以后，当划一国民革命之新时代，使武力与帝国主义结合之现象，永绝迹于国内。其代之而兴之现象，第一步使武力与国民相结合，第二步使武力为国民之武力，国民革命必于此时乃能告厥成功。”③ 而列宁党则为孙中山提供了一种“主义之力量”（“心力”），这种力量比单纯“军队之力量”（“兵力”）更强大。动员民众，建立武装，“使武力与国民相结合”，“使武力为国民之武力”，关键在于建立意识形态政党。金观涛、刘青峰指出：“列宁主义政党（包括国共两党）的三大功能：保持党员的意识形态认同，将党员转化为军人和各级干部，组织群众运动在基层确立新意识形态权威。这三项功能恰好是实现中国重新整合的必要条件。”④

党国体制不是从政见议会选举型政党，而是从意识形态政社一体化政党形成和发展起来的。晚年，孙中山针对“革命军起，革命党消”这一说法，提出“革命军起，革命党成”，主张“以党治国”。他说：“所谓以党治国，并不是要党员都做官，然后中国才可以治；是要本党的主义实行，全国人都遵守本党的主义，中国然后才可以治。简而言之，以党治国并不是用本党的党员治国，是用本党的主义治国，诸君要辨别得很清楚。至于本党党员若是确为人才，能胜大任的，自当优先任用，以便实行本党的主义。倘若有一件事发生，在一个时机或者一个地方，于本党中求不出相当人才，自非借才于党外不可。”⑤ 同时，孙中山主张“以党建国”，亦即通过改组国民党的手段，达到改造国家的目的。他说：“我以为今日是一大纪念日，应重新组织，把党放在国上。……党之于国家，即如棚寮之于洋楼。党有力量，可以建国。故大家应有此思想与力量，以党建国。”⑥

---

① 孙中山：《在广州大本营对国民党员的演说》（1923），见《孙中山全集》，第 8 卷，503 页。
② 孙中山：《在广州对国民党员的演说》（1923），见《孙中山全集》，第 8 卷，567 页。
③ 孙中山：《北上宣言》（1924），见《孙中山全集》，第 11 卷，296～297 页。
④ 金观涛、刘青峰：《开放中的变迁——再论中国社会超稳定结构》，257 页。
⑤ 孙中山：《在广州中国国民党恳亲大会的演说》（1923），见《孙中山全集》，第 8 卷，282 页。
⑥ 孙中山：《关于组织国民政府案之说明》（1924），见《孙中山全集》，第 9 卷，104 页。

我们通常认为孙中山晚年“以俄为师”、思想转向的核心是他的三大政策——“联俄、联共、扶助农工”，认为这才是从旧三民主义到新三民主义的关键。但是，孙中山晚年从民国体制到党国体制，才是最根本、最重要的思想转向。孙中山晚年的思想转向是为时势所逼迫的，毕生反对专制独裁的民主主义者最终成为实行专制独裁的威权主义者，目的为手段所腐蚀，原则为策略所腐蚀。吴佩孚曾批评过孙中山“纯为理想”，不择手段。[①] 其说虽然充满偏见，但也直指要害。孙中山原本是一个真诚的民主主义者，从创立中国同盟会，创建中华革命党，到改组中国国民党，他屡战屡败而又屡败屡战，终于在铁与血的历史中变成一个威权主义者，虽然民主依然是他的目标，威权却已经是他的手段。这个教训是十分深刻的。

孙中山生前曾有过一次谈话（《与日人某君的谈话》，1924），针对“赤化”嫌疑，他自辩说：“我辈之三民主义首渊源于孟子，更基于程伊川之说。孟子实为我等民主主义之鼻祖。社会改造本导于程伊川，乃民生主义之先觉。其说民主、尊民生之议论，见之于二程语丝。仅民族主义，我辈于孟子得一暗示，复鉴于近世之世界情势而提倡之也。要之，三民主义非列宁之糟粕，不过演绎中华三千年来汉民族所保有之治国平天下之理想而成之者也。文虽不肖，岂肯

① 徐绍桢劝说吴佩孚与孙中山合作，“吴佩孚等称：吾观孙先生过去之经历，虽可认为一伟大人物，然彼之知识与言论，与其谓为中国之固有，毋宁认为祖述泰西之为愈。彼不据摭我国数千年来蓄积之文物，在传统的根柢之上，施以适应时地人之建设，乃骤然揭橥三民主义而拟施于固有文化有基础之中国，其不能及时实行固宜”。“彼所理想之主义，迄于今日尚未见有任何给予国利民福，目前干戈之扰攘、苍生之困厄，岂非数倍于彼所视为腐烂而成为打倒对象之前清末叶政府耶？孙先生一出，精神的或实际政治的，果有何物以裨补中国乎？不独此也，彼急求成功，为敷衍一时计，从来不问其对手为何人，只有乞助于妥协一途，甚至联络日本，因无结果，乃转而利用俄国，不图反为俄国所利用。然其所以标榜于外者，则仍为救治中国数千年之痼疾也。彼不求传统之药方，而强用辛辣强烈之俄国猛剂，其失亦甚。孙先生联结俄国共产党，冀利用其学说组织，以谋自己事功之顺利，以为到时断绝其关系，取所谓‘飞鸟尽，良弓藏’之态度，则可坐收其利而不致遗患后来，其纯为理想，彰彰明甚。”“孙先生提倡三民主义，即民族主义、民权主义、民生主义，若单以主义而论，无一而非适切之主张。三民主义，由一面观之，虽为政治之题目，然概括而言，毕竟为权利之主张，若一面念及义务附随权利之真理时，则不可不考虑及于实行义务之训练方法。若徒唱权利以饵民，而不关心于义务训练，则作为一个实际政治家，势必使人民趋利，大局非土崩瓦解不止。枭雄张作霖曾对孙先生使者汪兆铭解释三民主义之际，漫然说及应加‘民德主义’，不为无见，盖民德乃指彻底之义务观念也。”“余信政治上之要谛，在于道德，而孙先生则认政治为一种技术。不知《大学》所谓治国平天下之根源，在于诚意正心修身，示人以万姓率由之轨范。余奉此信条而不渝，故不能与孙先生共同行动。”（吴相湘：《孙逸仙先生传》，下册，1529～1531页；引自《孙中山年谱长编》，下册，1696～1697页。）吴佩孚对于孙中山的认识和评价，代表了北洋系对于孙中山的基本看法：一是根据的是西方外来文化，而非中国固有文化；二是“纯为理想”，不择手段；三是认政治为技术，而非认政治为道德。

尝列宁等人之糟粕。况如共产主义，不过中国古代所留之小理想者哉。”① 从孟子、程颐到孙中山，似乎就是孙中山自命中华“道统”，与列宁主义划清界限的写照。

1925 年 3 月 12 日，孙中山逝世。“遗嘱”由汪精卫代拟，孙中山签字。其中，《国事遗嘱》写道：“余致力国民革命凡四十年，其目的在求中国之自由平等。积四十年之经验，深知欲达到此目的，必须唤起民众及联合世界上以平等待我之民族，共同奋斗。”②

孙中山逝世后，胡汉民发挥了孙中山的训政理论，提出党国体制。胡汉民的党国理论是比较极端的，他的党国理论概括起来就是“党外无党”“党外无政，政外无党”。在《党外无政政外无党——行政院党义研究会演讲词》（1929）中，胡汉民说：“三民主义就是中国现在最高的伦理，总理的遗教就是中国的先天宪法。……总理遗嘱上所说的建国方略、建国大纲、三民主义及第一次全国代表大会宣言，就是中国的不成文的宪法。这些既是先天宪法与最高伦理，可见我们对它只有服从遵守，努力实行，更无一点怀疑或变更的余地。”③ 总理不仅取代，而且超越了孔子的位置。胡汉民特别区分了国民党的

---

① 《孙中山全集》，第 9 卷，532 页。在研究孙中山晚年的思想时，这篇“谈话”起码比“遗嘱”更珍贵。除正文引文外，下列四点值得注意：其一，孙中山评说当时北洋系要人，涉及张作霖、吴佩孚、唐继尧、冯玉祥、阎锡山、段祺瑞、徐世昌、唐绍仪等人。其中，孙中山对于吴佩孚评价较高：“诚可谓卓越之军人，然非支配大局之政治家。……至若我辈，则屡败屡增加势力，此为军人与政治家不同之处。要之吴实一卓越之军人也。”“由此观之，中国之人物，均属过去之人，前途有为之士，不能不求之于新进政治家及壮年军人也。”其二，孙中山评说当时国民党要人，涉及廖仲恺、胡汉民、伍朝枢、汪精卫、邹鲁、蒋介石等人。其中，孙中山对于蒋介石评价最高：“我辈知蒋介石为英杰……且人物雄略沉毅，将蔚为军官中之大器。”其三，孙中山相信北伐军的力量，准备与北洋系妥协。“然我军已有成竹在胸，一旦将长江占领后，即暂时出持久态度，谋与北方同志之段祺瑞同志一派提携，徐徐再打开统一的局面。”其四，孙中山相信国民党的力量，准备与共产党决裂：“因此国民党内分急进派与稳健派，亦不得已之举。张继、冯自由、谢英伯为稳健派；徐谦、谭平山等为急进派；而我及汪精卫、胡汉民等可称为综合派。是皆为国民党而努力，时虽有意见之冲突、反目、抗争之状态，而各人胸中毫无私见，依然奉大国民党主义。虽止包容民国三分之一，最近将来，定可支配大局无疑矣。此际因共产派而置国民于分裂，可断言其必无疑矣。若共产党而有纷乱我党之阴谋，则只有断然绝其提携，而一扫之于民国以外而已。”（《孙中山全集》，第 9 卷，533～534、534、535、536 页。）这篇“谈话”对于孙中山逝世后局势发展似有预言。孙中山《与蒋中正的谈话》（1924）期望蒋介石：“余所提倡之主义，冀能早日实行，今观黄埔军校学生，能忍苦耐劳，努力奋斗如此，必能继吾之革命事业，必能继续我之生命，实行我之主义。凡人总有一死，只要死得其所。若二三年前，余即不能死；今有学生诸君，可完成吾未竟之志，则可以死矣！”（《孙中山全集》，第 11 卷，312 页。）

② 《孙中山全集》，第 11 卷，639 页。孙中山《与汪精卫的谈话》（1925）遗命汪精卫：“吾死之后，可葬于南京紫金山麓，因南京为临时政府成立之地，所以不可忘辛亥革命也。遗体可用科学方法永久保存。”（《孙中山全集》，第 11 卷，638 页。）

③ 陈红民、方勇编：《中国近代思想家文库·胡汉民卷》，243 页。

“训政”和共产党的“专政”的界限：一为国民的，一为阶级的；一为民主的，一为专制的。胡汉民提出“训政保姆”论，党是人民的保姆，人民处于幼年，需要一个保姆，这个保姆就是党。胡汉民主张以总理遗教来治党和治国，所谓“见之于党义，成之为国是”，这就是所谓的党国体制。胡汉民提出党国体制原本是针对蒋介石个人军事独裁而言的，却为蒋介石所利用。蒋介石不仅主张“以党治国”，甚至主张以军治国，提出“四化论”——“军队党化”“党军队化”“行政机关军队化”“社会军队化”，要求军队党化的同时，“党员与行政人员社会民众皆使一一军队化”。[①] 可见蒋介石确实具有军事独裁乃至法西斯思想倾向。南京国民政府成立以后，召开国民会议，颁布《训政时期约法》(1931)，最终确立党国体制。

陈独秀曾撰写过“国民党四字经”：“党外无党，帝王思想；党内无派，千奇百怪。”[②] “文革”时期，毛泽东曾引用过上述四句。[③] 这大概可以算作中国共产党对于中国国民党“以党建国”“以党治国”或党国体制的表态。

整个党国体制的建立是因为人民主权的观念和制度表现——约法、国会、政见议会选举型政党、责任内阁等等，受军阀政治干扰，完全失败，于是中国走上了一条崭新的道路。由于俄国十月革命的影响，由于列宁党（布尔什维克）的影响，陈独秀和李大钊成立中国共产党，而孙中山则改组中国国民党。

孙中山晚年思想转向，提出“以党建国”“以党治国”，经过胡汉民和蒋介石，南京国民政府最终建立党国体制。民国变成党国，三民主义政党意识形态变成国家意识形态，名义上是一个退步，实质上仍然是一个进步。因为北洋政府时期名义上是人民主权，实质上是军阀统治。所以南京国民政府时期党国体制对于军阀政治现实是进一步，对于民国政治理想是退一步。进一步、退一步，这就是民国政治的吊诡。

迄今为止，关于孙中山的评说，大致可以分为四类。一是完全肯定，以中

---

① 蒋介石：《今后贯彻革命实行主义之主张》(1928)，见《蒋中正总统档案·事略稿本》，第4册，61页，台北，“国史馆”，2003。

② 除正文引用四句外，还有以下一些：“以党治国，放屁胡说；党化教育，专制余毒。三民主义，胡说道地；五权宪法，夹七夹八。建国大纲，官样文章；清党反共，革命送终。军政时期，军阀得意；训政时期，官僚运气；宪政时期，遥遥无期；忠实党员，只要洋钱。恭读遗嘱，阿弥陀佛。”[任建树：《新发现陈独秀的一首民歌》，载《民国档案》，1993(2)。] 根据他的考证，这首民歌原载1927年12月26日《上海工人》第43期反面中缝。虽然未署名，但可以确认是陈独秀的作品。

③ 参见《建国以来毛泽东文稿》，第12册，101页，北京，中央文献出版社，1998。

国国民党为代表，甚至将孙中山神圣化。二是基本肯定，以中国共产党为代表，认为孙中山是伟大的革命先行者，但革命不彻底。中国国民党和中国共产党都认同孙中山。在学术界，最近一些年来，否定的倾向愈益压倒肯定的倾向：一是基本否定，由否定其思想、事业到否定其人格；二是完全否定，甚至将孙中山妖魔化。这种否定要么攻其一点，不及其余，如以《中日盟约》(1905) 来指责孙中山的"卖国"等；要么一厢情愿，不顾事实。李泽厚主张"告别革命"，就是"告别辛亥革命"，认为革命不如改良，孙中山的暴力革命与民主共和不如康有为、梁启超的和平改良与君主立宪，否定孙中山的暴力革命，但是肯定他的革命精神、民主信念、民生主义。① 这就开启了"倒孙"思潮，诸如指控孙中山"上断改良之路，下启国共之祸"等等。现在越来越多的人不承认孙中山是一个民主主义者，相反，人们更愿意相信他是一个威权主义者；至于民生主义，被许多人尤其是一些社会主义者描述为空想社会主义，而非科学社会主义；甚至连民族主义也受到责难，人们都认为孙中山的民族主义不如康有为、梁启超的民族主义。一方面是"告别革命"，另一方面则是"走向共和"，这是当今时代的两大主题。而究竟应该"告别"孙中山，还是"走向"孙中山，则需要我们将自己和孙中山一起置于"革命"与"建国"的夹缝之中深长思考。

孙中山一生有两件大事：一是发动和领导辛亥革命，推翻清王朝，创立中华民国；二是发动和领导国民革命，为推翻北洋军阀统治、创建南京国民政府奠定了基础。在评说孙中山的问题上，我们需要注意前后两期变化。孙中山在《孙文学说——行易知难》(1919) 第八章"有志竟成"中，叙述了辛亥革命的前史，突出个人作用，尤其认为"由立志之日起至同盟［会］成立之时，几为予一人之革命也"②。这样，辛亥革命似乎就仅仅是孙中山、革命党发动和领导的，其他派系——立宪派、北洋系，要么投机革命，要么反对革命。其实，革命党除了孙黄主流派之外，还有光复会、武汉革命党人，除了革命党之外，还有立宪派、北洋系，辛亥革命是他们之间互动的结果。孙黄一派的革命策略大致是黄兴所谓"地方革命"策略。在当时革命策略的争论中，黄兴反对"中央革命"(从清朝首都北京发难)，主张"地方革命"(从一省首先发动，各省响应，最后推翻清政府)。但是究竟采取"边地革命"策略（在沿海、边疆发

① 参见李泽厚、刘再复：《告别革命——回望二十世纪中国》，香港，天地图书有限公司，1995。

② 《孙中山全集》，第 6 卷，228 页。

动），还是采取“中部革命”策略（在长江流域发动），又有争论。[①] 孙中山注重以广州为核心的南方地区，是与他依靠会党、华侨、留学生这一革命模式相关的。他们以留学生为基干从事宣传、组织工作：孙中山经常发挥他的演说能力，向华侨募捐筹款，向洋人购买枪炮等武器，招募会党发难；黄兴更是身先士卒，屡战屡败而又屡败屡战。孙黄由此获得巨大声望（如孙中山被人叫作“孙大炮”等）。但是，历史证明，孙黄革命模式在实践中是失败的，没有一次获得成功。蔡元培、陶成章和章太炎领导的光复会注重东南地区，他们将革命理解为暴动、暗杀，虽然表现了革命的牺牲精神，却不可能触动清王朝的统治基础。武汉革命党人注重中部地区，同时注重新军，革命党人加入行伍，组建军队。正是他们组织领导了武昌起义的筹备工作，奠定了辛亥革命胜利的基础。除了革命党的暴力革命之外，还有立宪派的和平改良、洋务派的富国强兵，他们之间形成某种共谋关系甚至在一定程度上形成某种同盟关系，最终动摇了清王朝统治的合法性和正当性。概而言之，没有以孙中山为代表的革命派的理论、宣传和组织，没有武汉革命党人正确的革命策略和有效的革命组织，没有立宪派和洋务派的参与和推动，甚至没有以袁世凯为代表的北洋派利用革命，投机取巧，利用阴谋手腕实现个人野心，则武昌起义既不可能发动，更不可能引起连锁反应，辛亥革命也就不可能完成推翻清王朝和建立中华民国的历史使命。但是，随着革命党与立宪派的龃龉、与北洋系的敌对，革命党便走向了单干。从护国战争、护法战争到北伐战争，便是这样一个历史过程。国民革命的确是孙中山、革命党单独发动和领导的。孙中山晚年改变了革命策略。在苏俄扶持以及中共帮助下，孙中山改组国民党，唤起民众，联合友邦，兼容友党，通过创建党军的办法，达到创立党国的目的。孙中山逝世时，立宪派已被淘汰出局，北洋系将被消灭干净，但新军阀却取代旧军阀，而革命党则派生为国共两党，合而又分，和而又战，演绎了中国现代历史波澜壮阔的宏伟篇章。

孙中山素有中华民国“国父”称号，换句话说，就是现代中国“国父”。这一问题还有一些争议。但是，即使不是唯一，孙中山仍然是当之无愧的第一“国父”。在《中国革命史》（1923）中，孙中山将革命概括为“主义、方略、运动”三个方面，而又将革命运动概括为“立党、宣传、起义”三个方面。[②]

① 参见《中华民国史》，第1卷（上），246～247页；《中华民国史》，第1卷（下），506、561页。

② 参见《孙中山全集》，第7卷，59～71页。

从辛亥之役、讨袁之役、护法之役到北伐之役，孙中山始终站在发动者和领导者的位置上，他的工作包括三个方面。第一，理论工作。孙中山创立了三民主义理论体系，从而为动员民众推翻清王朝，建立中华民国，进而推翻北洋军阀，建立国民政府奠定了理论基础。在当时各种思潮中，只有孙中山的三民主义可以成为革命动员与共和诉求的意识形态。第二，宣传领导作用。除了孙中山所创立的革命团体和革命政党之外，其他的革命团体和革命政党很少具有三民主义革命纲领，大多只有民族主义，许多没有民权主义，更多没有民生主义。如果不是孙中山一个人的坚持和努力，三民主义是无法得到贯彻执行的。第三，组织领导作用。孙中山创立了第一个革命党。在中国历史上，孙中山创立的中国同盟会是第一个革命性政党。后来更有中华革命党、中国国民党继之。以孙中山为代表的革命党领导了辛亥革命，推翻了清王朝，建立了中华民国；继而开展护国、护法运动，直至开展国民革命，为推翻北洋军阀统治，建立南京国民政府奠定了基础。

总体来说，孙中山的理论体系，尤其是三民主义的意义和价值，首先在于它的问题意识。直到今天，当我们思考中国民族问题、政治问题和社会问题时，仍然可以运用三民主义的结构和框架，提出、分析和解决问题。其次在于它提出的解决方案。不论在理论上正确还是错误，在实践中有效还是无效，三民主义都是具有启发性的思想。最后在于它的影响。在中国现代历史上，确实没有第三个理论体系像马列主义、三民主义那样具有全国性和全民性的影响。作为一个革命家，孙中山知道革命存在着一个悖论：一个政权，可以通过革命建立起来，不能通过革命巩固下去。所以，他一直寻求以建国（建设）来完成革命。孙中山有两句名言：一是“天下为公”，二是“革命尚未成功，同志仍需努力”。

程广云

参考文献

陈伯达．三民主义概论．延安：新华书店，1941.

陈红民，方勇，编．中国近代思想家文库·胡汉民卷．北京：中国人民大学出版社，2014.

陈少白，口述．许师慎，笔记．兴中会革命史要．台北：“中央”文物供应社，1956.

陈天华．猛回头·警世钟．北京：华夏出版社，2002.

陈锡祺，主编．孙中山年谱长编．北京：中华书局，1991.

崔书琴．三民主义新论．台北：（台湾）商务印书馆，1992.

崔书琴．孙中山与共产主义．香港：亚洲出版社，1954.

冯友兰．中国现代哲学史．香港：（香港）中华书局，1992.

冯自由．革命逸史．北京：金城出版社，2014.

冯自由．中国革命运动二十六年组织史．影印本．上海：上海三联书店，2014.

冯自由．中华民国开国前革命史．影印本．上海：上海三联书店，2014.

傅启学．中山思想体系．台北：（台湾）商务印书馆，1985.

广东省社会科学院历史研究室，中国社会科学院近代史研究所中华民国史研究室，中山大学历史系孙中山研究室，编．孙中山全集．北京：中华书局，1981—1986.

国父全集编辑委员会，编辑．秦孝仪，主编．国父全集．台北：近代中国出版社，1989.

建国以来毛泽东文稿：第12册．北京：中央文献出版社，1998.

蒋永敬．国民党兴衰史．台北：（台湾）商务印书馆，2011.

蒋永敬．孙中山与辛亥革命．台北：（台湾）商务印书馆，2011.

蒋中正总统档案·事略稿本．台北："国史馆"，2003.

金观涛，刘青峰．观念史研究——中国现代重要政治术语的形成．北京：法律出版社，2010.

金观涛，刘青峰．开放中的变迁——再论中国社会超稳定结构．北京：法律出版社，2010.

金观涛，刘青峰．中国现代思想的起源——超稳定结构与中国政治文化的演变．北京：法律出版社，2011.

李新，总主编．中国社会科学院近代史研究所中华民国史研究室，编．中华民国史．北京：中华书局，2011.

李泽厚．中国近代思想史论．北京：人民出版社，1979.

李泽原，刘再复．告别革命——回望二十世纪中国．香港：天地图书有限公司，1995.

马林在中国的有关资料．北京：人民出版社，1984.

毛泽东选集：第2卷．北京：人民出版社，1991.

［美］霍罗布尼奇．米哈伊尔·鲍罗廷与中国革命（1923—1925）．密歇根大学出版社，1979.

任卓宣．三民主义与共产主义：比较研究．台北：帕米尔书店，1982.

桑兵，朱凤林，编．中国近代思想家文库·戴季陶卷．北京：中国人民大学出版社，2014.

汪精卫全集．上海：三民公司，1929.

王德昭．孙中山政治思想研究．香港：（香港）商务印书馆，2011.

吴相湘．孙逸仙先生传．台北：远东图书公司，1982.

张其昀，主编．先总统蒋公全集．台北：“中国文化大学中华学术院”，1984.

张闻天，等．三民主义与共产主义．延安：新华书店，1943.

张玉法．中华民国史稿．台北：联经出版事业有限责任公司，2001.

中共中央编译局，编．列宁选集：第 2 卷．北京：人民出版社，2012.

邹容．革命军．北京：华夏出版社，2002.

索　引

M

O

P

Q

R

S

Y

Z

图书在版编目（CIP）数据

中国政治哲学史．第三卷/干春松主编．—北京：中国人民大学出版社，2017.3
（政治哲学史/张志伟，韩东晖，干春松总主编）
ISBN 978-7-300-24255-2

Ⅰ.①中… Ⅱ.①干… Ⅲ.①政治哲学-政治思想史-中国 Ⅳ.①D092

中国版本图书馆 CIP 数据核字（2017）第 048731 号

国家出版基金项目
政治哲学史
总主编　张志伟　韩东晖　干春松
中国政治哲学史（第三卷）
干春松　主编
Zhongguo Zhengzhi Zhexue Shi（Di-san Juan）

出版发行	中国人民大学出版社		
社　　址	北京中关村大街 31 号	**邮政编码**	100080
电　　话	010－62511242（总编室）		010－62511770（质管部）
	010－82501766（邮购部）		010－62514148（门市部）
	010－62515195（发行公司）		010－62515275（盗版举报）
网　　址	http://www.crup.com.cn		
	http://www.ttrnet.com(人大教研网)		
经　　销	新华书店		
印　　刷	涿州市星河印刷有限公司		
规　　格	170mm×240mm　16 开本	**版　　次**	2017 年 3 月第 1 版
印　　张	23.5 插页 3	**印　　次**	2017 年 3 月第 1 次印刷
字　　数	403 000	**定　　价**	89.00 元